빼앗긴 사람들

아시아총서 15

빼앗긴 사람들

아시아 여성과 개발

우르와시 부딸리아 편저

김선미, 백경흔, 이미경, 정규리, 최형미, 홍선희 옮김

이화여자대학교 아시아여성학센터 기획 | 장필화, 노지은 엮음

산지니

생존을 위해 저항의 의지를 싹 틔우며
매일매일을 투쟁 속에서 보내는 사람들에게 바칩니다.

발전과 여성/젠더 관계의
새로운 성찰을 위하여

장필화, 노지은

우리가 '발전'의 의미에 대하여 다시 한 번 생각해봐야 한다는 인식은 오랫동안 가부장제가 지배한 인간 역사에 대한 비판과 그 궤를 같이한다. 자연은 정복의 대상으로 여겨져왔으며, 자연과 동일시되던 여성 또한 인류의 발전 과정에서 희생되어왔다. 서구 제국주의 열강의 식민 지배에서 벗어났음에도 불구하고 서구 근대화가 우수하다는 논리하에 발전의 경로를 달려온 아시아 여러 국가들의 근대 역사는 이와 같이 개발 논리에 비가시화되었던 이들의 희생을 바탕으로 진행되었다.

　1992년 리우 환경회의에서는 환경과 개발에 관한 리우 선언을 통하여 '지속가능한 개발'에 대해서 본격적으로 논의하기 시작하였다. 이미 20세기 중후반, 인류는 발전이란 이름으로 자행된 자연환경의 파괴와 그에 따른 재앙을 수차례 겪으면서 각성하기 시작했다. 그럼에도 불구하고 아직까지 인류사회는 발전에 대한 환상에서 벗어나지 못하고 있다. 대한민국은 소위 '한강의 기적'을 통하여 일본의 식민지배와, 냉전의 시작을 알리는 한국전쟁의 폐허에서부터 오늘날의 놀라운 발전을 이룩

했다는 평을 받고 있다. 그러나 개발 논리에만 치우친 나머지 한국 사회는 1990년대 말 찾아온 금융위기를 비롯하여 지금까지도 발전의 성장통 부작용에서 벗어나지 못하고 있다. 이와 같은 발전의 부작용은 비단 한국만의 문제가 아닌 전 세계의 문제임을 우리는 2008년 세계 금융위기를 통하여 똑똑히 보았다. 또한 2011년 동일본 대지진을 통하여 기술에 대한 장밋빛 미래가 오히려 디스토피아를 초래할 수 있음을 보았으며 이러한 환경 재앙은 여전히 현재진행형이다.

한국은 일본과 같이 세계 최저의 출산율을 보이며 최고의 자살률, 최장의 노동 시간, 우울증, 버블경제, 고리대금, 주입식 교육, 높은 사교육비, 기러기 아빠, 과로사 같은 문제로 시름하는 사회다. 이런 상태에서 '지속가능한 성장'이라는 목표를 달성하기는 불가능하다. '효율성'을 최고의 가치로 여긴다면 출산이나 돌봄은 불필요한 것이고 심지어 장애물이기까지 하다. 임신한 여성은 회사에 폐를 끼치고 회사 일에 지장을 준다는 자책감을 가짐과 동시에 앞으로 닥칠 차별을 염려할 수밖에 없다. 이것은 한 회사의 문제도 아니고 임신한 여성의 문제도 아니다.

오로지 이익을 창출하기 위한 시장의 틀 안에서는 우리가 진정으로 소중하게 생각하는 것들의 가치가 들어설 자리가 없다. 평화, 자연보존, 출산 등은 가치가 없는 반면 무기 제조와 무역은 가치가 있다. 여성이 하는 많은 활동이 경제활동, 생산적 활동이라고 여겨지지 않는다. 식품 조리, 가공, 어린이 양육, 노인 돌봄, 청소, 빨래 등은 생산적인 노동으로 간주되지 않는 것이다. 식품을 생산하는 것보다 자신의 소비를 위해 준비하고 가공하는 것이 왜 덜 생산적인 것인가? 왜 자녀 양육이 가축 돌보는 것보다 덜 생산적이라고 간주되는 것인가? 수도 사업소에서 물을 끌어오는 남자는 생산 노동자로 인식되는데 가족을 위해 우물에서 물을 길어오는 여성은 왜 그렇지 못한가?

이에 대한 답은 이런 전형적인 여성의 노동을 시장에 개입시키지 않기 때문이라는 것이다. 또는 인간 자원을 생산하고 유지하는 노동은 생물학적으로 혹은 자연적으로 성별에 따라 분업되기 때문이라는 반응도 있다. 여성의 자녀양육 능력이 여성의 자연적 능력으로 여겨지고 다양한 업무들이 이렇게 비가시화되면서 여성의 노동은 경제라는 범주에서 빠지게 된다. 여성에 대한 고정관념은 그들의 활동에 대한 평가에 영향을 미친다. 경제활동의 정의를 재화와 용역을 생산하는 것으로만 한정한다면 생산과 비생산적 노동의 경계는 매우 모호하기 때문에 여성의 경제적 참여의 중요성과 성격을 측정하는 데 문제가 있다.

전 세계적으로 성별 직종 분리는 여전히 존재하며 경제위기는 여성 집중 분야인 수출 제조업과 수출 농업에 종사하는 여성들에게 큰 타격을 가하고 있다. 여성 노동자가 70~80%를 상회하는 분야로는 의류, 전자산업 등을 들 수 있고 이는 동아시아 공장 노동자 여성들에게서 두드러진다. 농업에서도 수출용 과수, 화훼 농업은 저임금 여성 노동자가 집중되어 있기 때문에 세계적 경제위기가 가져오는 부정적 영향은 매우 직접적으로 나타난다. 소액금융기관에서 대출하는 빈곤층 고객의 85%가 여성이라는 사실은 이미 잘 알려져 있다. 이는 성별분업, 직종 분리 현상이 경제위기에서 다른 결과를 보여주는 한 실례이다. 또한 성별 임금 차이는 여전히 전 세계적으로 보편적이다. 한국과 일본에서 여성이 받는 평균 임금이 남성 임금에 비해 30% 적고, 그 세계 평균은 20%이다. 2000년에 이르기까지 10년간의 금융규제 완화와 20년간의 구조조정, 임금 정체 이후 불평등이 극심해졌다. 세계 상위 1% 부자가 지구 자산의 40%를 소유하고 상위 2%가 51%를 소유하는 반면 가난한 사람들, 주로 여성들은 전 세계 부의 겨우 1%만을 소유하기 때문에 생활수준의 하락, 불안정성과 취약성이 증가한다. 그러나 더 큰 그림은 통계적으로 잘 잡히지 않는다. 우선 공식 영역에서 노동, 실업 등 통계에 성별 분리 통계가 잡히지 않는 문제가 있기 때문이다. 개발도상국 노동시장의 60~70%가 비공식부문에 속해 있고, 이 문제가 정책결정자에게 심각하게 인식되지 않는 경우도 많다. 또한 여전히 여성을 2차적 생계부양자/노동자로 간주하는 성별 규범이 있기 때문에 문제를 인식하지 못하고 대책을 마련하지 못한다. 따라서 불평등은 심화된다. 이러한 성 불평등의 결과로 여성이 피해를 입는 것은 곧바로 여성 개인의 문제가 아니라 그 여성이 책임지는 가족의 빈곤으로 이어지기 때문에 이 세상에 단순한 성별문제, 여성문제, 성차별이란 현실적으로 있을 수 없다.

현재까지 종합된 바에 의하면 경제위기는 빈곤층 특히 여성들의 빈곤을 가중시키는 결과를 가져온다. 2008년 전 세계를 강타한 경제위기는 미국의 금융 위기가 그 진원지인데 이를 촉발시킨 주요 요인 중 하나는 금융정책과 경제 불평등의 심화가 악순환의 고리에 빠져 있다는 것이다. 지난 21년 동안 미국 경제가 새롭게 창출한 모든 금융 자산 중 42%가 상위 1%에 집중되었다. 금융 분야가 극심한 불평등을 야기해온 것은 금융기관과 기업들이 엄청난 규모로 확장하면서 이익은 사유화하지만 부실로 말미암아 생기는 손실은 사회화해왔기 때문이다. 금융위기 이후 신자유주의를 통해 빈곤의 여성화가 가속되었다. 금융경제에는 여성들이 거의 종사하지 않으며 실물경제에서는 여성들은 주로 시간제로 일하고 비정규직, 또는 여성 집중 직종에 몰려 있으며 남성들보다 적은 임금을 받는다. 특히 문제가 되는 것은 비공식, 그림자 경제인데 이 부문에서 과반수를 차지하는 여성들은 가난하고 취약하다. 그들은 소규모 생계형 농업 노동을 할 뿐만 아니라 각 가정에서 가정주부로 일하고 있다. 특히 개발도상국에서 여성들은 자영 노동자, 무급 가족노동자로서 어떤 법적, 제도적 보호 없이 비공식적 활동에 밀집되어 있다. 또한 기후변화가 지구의 평균 온도를 상승시키고, 해수면 상승을 초래하고 수자원 공급 차질을 빚고 있다는 사실은 이미 잘 알려진 것이지만, 여성이 남성에 비해 기후변화와 자연재해로 인해 훨씬 더 큰 영향과 피해를 입고 있다는 사실은 그다지 많이 알려져 있지 않다. 자연재해로 사망하는 여성의 수는 상상 외로 크다. 기후변화와 자연재해로 인한 피해는 여성의 사회경제적 지위, 문화적 환경과 깊은 관련이 있다. 가족

돌봄 노동, 자원에 대한 접근성, 취약성, 이동 반경, 정보 접근성, 교육 혜택, 가족 내 의사 결정 위치에 따라 여성들의 대응 방식이나 대응 정도가 달라진다.

한국전쟁 후 1953년 한국은 지구상에서 가장 발전 가능성이 낮은 나라라는 평가를 받았었다. 인구밀도가 높고, 천연자원은 부족하고, 전쟁으로 인프라가 파괴된 데다, 남북분단으로 인한 구조적 불균형의 문제를 안고 있고, 인구의 60% 이상이 농업 인구이면서도 국토의 70% 이상이 산인 나라, 전후 복구, 재건을 위해 국제사회 원조를 받는 수원국이었던 한국이 60년이 지난 2010년 OECD DAC에 가입하여 대외 원조 공여국이 되었다. 가장 간단한 수치로 보면 1962년 82달러였던 GNP가 2008년에 19,296달러로 무려 200배 성장한 한국의 경제발전은 신흥산업국가(NICs)의 성공 사례로 국제 사회의 관심을 받아왔다. 정부주도형, 혹은 수출주도형 경제로 출발하여 오일쇼크와 세계경제위기를 겪어온 한국 경제는 이제 경이로운 사례 분석의 대상이 되고 있다.

'한강의 기적'이라고 표현되는 한국 발전 과정은 글로벌 경제 흐름의 특정한 시기와 한국 내 정치 · 경제 · 사회 · 문화 전반에서 겪어온 긍정적, 부정적 요소들을 함께 조망하지 않은 채 다른 개발도상국의 모델이 될 수는 없다. 1961년 군사 쿠데타로 출발하여 권위주의적 정치, 장기간의 1인 독재, 언론, 인권, 사회운동 탄압, 정경유착이 유지될 수 있었던 것은 냉전 시대에 지정학적으로 교묘한 위치를 점한 분단국가로 자리 잡은 한국의 독특한 특성이기 때문이다. 일제강점기와 한국 전쟁을 거치면서 신분 차별의 기반이 약해지고 빈부 격차가 적어졌기 때문에 한국 사회는 가난하지만 평등한 사회로 새로이 출발할 수 있었다. 평등의식과 교육의 보편화는 삶의 현장에서 겪는 부당한 인권 침해를 극복하고자 하는 사회 운동을 발전시키는 초석이 되었고 민주화의 열망으로 발전되었다. 바로 이런 점들을 개발도상국이 주목하고 있다.

한국 경제 성장이 정부가 주도한 '계획'에 바탕을 두고 출발했다는 점에서 경제개발 계획은 중요한 분석 자료이다. 그런데 총 6차에 걸친 경제개발 5개년계획에는 아무리 찾아봐도 여성들에 대한 언급도 없고 젠더 구분도 보이지 않는다. 1차 경제개발 5개년계획(1962-1966)년부터 가족계획사업에 역점을 두었다는 것을 감안하면 이것은 심층 분석해 볼 만한 일이다. 1963년 보건국 모자보건과 설치, 피임 보급 체계의 확립, '어머니회'의 조직, 1973년 모자보건법 제정, 교과과정에 인구교육을 포함하는 등 홍보, 계몽, 가정방문, 집단지도, 가족계획상담소를 설치하면서 여성은 암시적으로 어머니로 포괄되었으며 그 존재는 출산력이 개발에 저해가 되므로 통제되어야 하는 대상이었다. 급격한 인구증가가 경제사회발전을 저해하는 요인이라는 인식을 바탕으로 한 인구정책은 1990년까지도 '인구문제완화'를 위한 해외이주법 제정과 연결되었다. 1993년 가임여성 1인당 출생아 수가 1.75명으로 저하되어 1996년에 새로운 인구정책을 발표하면서 출산억제를 통한 인구정책 패러다임에 변화가 온다. 여기에는 성비불균형 시정, 청소년 성문제 등 사회적 정책과제도 포함된다. 2003년 출생아 수가 1.19명으로 더욱 떨어지면서 2006년 저출산, 고령사회 대응 전략으로 정책이 변하고 있다.

여성의 출산력이 경제발전의 저해 요인 혹은 통제 대상으로 규정되는 한편, 여성의 노동력에 대한 정책은 부재했다. 남녀고용평등법은 1987년에 제정되었는데 그 실효성에 대해서는 논의의 여지가 많다. 이러한 법적 장치나 의식이 자리 잡기 오래전인 1960-70년대 이미 현실에서 노동집약적 수출산업의 주역은 단연 여성이었다. 이 기간 동안 15세에서 20세까지의 연령 집단에서만 여성 경제활동참여가 남성에 비해 그 절대 숫자가 더 크다는 점은 유의할 만하다. 즉 현재라면 대부분 중·고등학교를 거쳐 대학에 다닐 능력 있는 젊은 여성들이 경공업 공장에서 저임금 노동자로서 정확하고 빠른 손놀림으로 수출주도 경제를 견인했다.

그러나 여성을 노동자로 개념화하기보다는 결혼 전에 잠시 머물러 가는 임시적, 보조적 노동자라는 관념이 지배적이었기 때문에 여성

인력을 더 향상시킬 수 있는 기술교육과 훈련의 대상으로 설정하지는
못했다. 가족 차원에서 이들의 임금은 남자 형제/가족들을 교육시키는
기초가 되었지만 이에 대한 공적인 인식과 인정이 따라주지는 못했다.
교육을 받고 자격증을 획득한 남자들에게 가능했던 사회적 신분 상승의
기회는 여성들에게는 지극히 제한되었고 1960-70년대 주역들은 도시
저소득층을 형성하여 도시 비공식부문 노동자층을 형성해왔다. 경제개
발계획 3차 이후부터 포함되기 시작한 노동 부문에서도 여성 노동자는
관심 밖에 있었다. 1980년대 이후 한국 경제 구조는 중화학공업의 진흥
을 통해 재편되기 시작하면서 성별분업, 성별임금의 격차가 벌어지게
되었다.

1997년도 경제위기 이후 IMF는 강한 구조조정을 요구했다. 경제위기
직전인 1997년 말, 여성경제활동참가율은 역사적으로 가장 높은 50%에
육박했다. 그러나 지난 10여 년간 경제회복에 대한 선전은 요란했지만
여성 참가율은 그 이전의 증가세를 회복하지 못하고 있다. 노동 유연화
정책은 여성들이 특히 복지 혜택이 없는 시간제, 단기 계약직, 비정규직
에 몰려 불안정 고용을 벗어나지 못하는 비율을 증가시켰다. 노동 유연화
정책은 노동자 보호 장치를 제거하고 임금을 끌어내리며 노조를 해체하
고 이에 더해 여성은 여전히 가정에서 이루어지는 대부분의 무급노동을
수행하게 한다.

우리는 우선, 발전 과정에서 여성과 남성의 경험이 다르다는 사실을
인식해야 한다. 여성은 인류의 시초에서부터 언제 어디서나 항상 일해왔
다. 여성은 출산, 돌봄의 주역인 재생산노동자, 생산노동자이며 생계유
지 노동자이다. 식수, 식품 조달자이며, 종자 보존자이고 토착 지식을
발전시켜 생계유지 방식을 전수하는 자이다. 여성을 지원하는 것은
살림, 아이들, 노인, 환자 돌봄이라는 최소한 3중의 효과가 있다. 따라서
개발 사업에 여성이 참여하는 것이 성공의 관건이다.

이제는 생태계 보존의 문제와 여성/젠더의 문제를 동시에 분석하고

대안을 마련할 때이다. 자연이 제공하는 자원, 환경 자본을 무한한 것, 소진되지 않는 것으로 보는 잘못된 전제에 기반한 생산시스템이 그 패러다임을 바꿔야 할 때이다. 개발도상국 농촌 여성들은 식수와 식량 확보, 조리와 난방을 위한 에너지 확보에 책임을 지고 있기 때문에 기후 적응 자원의 상당 부분은 농촌 지역 여성들에게 제공되어야 한다. 이 여성들은 세계 식량 생산량의 1/2을 책임지며 개발도상국 식량 소비의 60~70%를 차지하는 쌀, 옥수수, 밀과 같은 주요 식량의 주 생산자이다. 이들 작물은 가난한 농촌 사람들의 식량 소비의 90%에 해당되며 따라서 빈민들이 가족에게 필요한 음식을 확보하는 데 이 여성들이 중요한 역할을 한다.

'빈곤'은 물질적인 재화의 빈곤만이 아니라 교육의 결핍, 지식과 정보의 결핍, 정치력의 결핍, 법적 지위의 열등성, 사회적 관계에서의 주변화, 신체적으로 건강하지 않은 상태, 시간 부족까지도 총체적으로 고려해야 하는 개념이다. 아무도 빈곤을 원하지 않는다. 우리 모두는 인간으로서 빈곤하지 않을 보편적 권리를 갖는다. 따라서 우리는 빈곤과 인권을 떼어놓고 생각할 수 없다. 이러한 맥락에서 성적 권리와 성적 빈곤에 대해서도 다시 생각해볼 수 있을 것이다. 안전한 성에 대한 정보와 교육의 결핍, 성적 소수자들에 대한 낙인, 결혼과 출산에 대한 사회적 압력, 성적 관계의 위계와 위험, 성폭력, 성매매 등을 성적 빈곤 상태로 규정한다면, 개발도상국이나 선진국을 막론하고 전 지구적으로 성적 빈곤 상태는 우리를 계속 위협하고 있다. 또한 한국의 경제개발계획 추진 과정에서 여성들이 출산력 통제의 대상으로 다뤄졌던 경험을 다시 상기해보았을 때, 국가와 사회 '발전'이라는 명목으로 여성의 몸과 성을 재생산의 수단으로만 도구화하고, 의료적 개입이 필요한 질병과 관리의 대상으로 접근하는 방식은 재고되어야 할 것이다.

우리는 로컬과 커뮤니티, 그리고 자연계와 관계를 회복하기 위한 모든 방법을 찾아야 한다. 그러기 위해서는 '어떤 문제를 일으킨 것과 똑같은 사고방식으로 그 문제를 해결하는 것은 불가능하다'는 점을 깨달아야 한다. 문제를 해결하기 위해서는 제일 먼저 그러한 문제를 일으킨 사고방식에서 벗어날 필요가 있다. 자연으로부터 떨어져 나온 인류는 지구 온난화와 기후 변동이라는 문제를 만들었으며, 이러한 문제들은 '대지에서 떨어져 나온 인류'라는 사고방식으로는 절대로 해결할 수 없다. 이제부터 '이렇게 해야만 한다'거나 '그렇게 해선 안 된다'가 아니라 '그렇게 하고 싶다'가 되어야 '나눔의 상상력'이 날개를 펼칠 수 있다.

이러한 이유로 에코페미니즘의 관점에서 발전의 모습을 새로이 조명해보고자 하는 과정에서 아레나(ARENA, Asian Regional Exchange for New Alternative, 새로운 대안을 위한 아시아 지역 교류)가 2005년에 내놓은 『빼앗긴 사람들(The Disenfranchised)』의 한국어 번역판을 한국의 이화여자대학교 아시아여성학센터에서 발간하게 된 것은 의미 있는 일이다. 아레나가 1990년대 중반 이래로 진행해온 프로젝트는 아시아권에서 발전의 미명하에 가해지고 있는 상처와 아픔을 잘 드러내준다. 한국의 사례 연구가 포함되었던 첫 번째 프로젝트 『추방당한 사람들(The Dispossessed)』에 이어 새천년이 이르러 진행된 후속 『빼앗긴 사람들』은 브릭스 국가에 이어 세계 경제에서 떠오르고 있는 신흥 개발 국가들에 포함되는 인도네시아, 베트남, 방글라데시의 경제발전 과정 이면의 모습들을 그리고 있다. 이러한 모습은 빈부 격차와 환경 파괴뿐만 아니라 환경 난민, 인권 유린 등이 각각의 문제가 아닌 하나의 통합된 관점에서 새로운 패러다임의 전환을 통해 해결되어야 함을 여실하게 보여주고 있다.

이 책은 특히 아시아 각국의 여성들, 아이들과 같은 약자들이 개발의 한가운데서 어떻게 권리를 빼앗기고 희생당하는지를 사례연구와 통계를 통해 잘 보여주는 책이다. 아시아 각국의 이야기지만 결코 한국과 무관한 이야기일 수 없다. 그 이유로 두 가지를 들 수 있다. 첫째, 한국의 경제발전 과정에서 한국 또한 아시아 각국의 발전에 관여하였으며 지금도 여전히 그것은 계속되고 있다. 그 형태는 경제적인 목적을 위해서일 수도 있으며 원조의 형태일 수도 있다. 두 번째 이유는 한국의 다문화 사회 진입에 있다. 다문화 사회에 들어서면서 아시아 각국의 이주여성과 이주 노동자들로 인해 우리의 생활 속에 아시아 각국은 더욱 밀접하게 들어와 있다. 이로 인해 우리는 아시아 각국을 더욱 촘촘하게 들여다볼 필요성을 느낀다. 아시아 발전을 경제발전만이 아닌 다양한 각도에서 조명해봐야 할 것이다. 경제발전의 성과와 그 과정에 대한 책들은 많지만, 이 책은 여성의 시각으로 발전의 모습을 다루었다는 데 의의가 있다고 할 수 있다. 이는 아시아 속의 한국으로서의 우리 모습을 성찰하게 해주기도 한다. 이 책을 통해 진정한 발전이란 무엇인가를 다시 생각하길 바라며, 결혼 이주 여성 · 이주 노동자들의 문제를 다룰 때 그들의 삶의 배경을 더욱 깊이 이해하는 데 도움이 되고자 한다.

한국어판 발간을 위한 번역 작업은 2011년 가을부터 이화여자대학교 여성학과 전공과목으로 개설된 '여성과 발전' 수업에 참여한 대학원생들이 아시아 국가들의 젠더 관련 국가 보고서를 찾아 스터디를 하는 과정에서 논의되기 시작되었다. 학생들은 발제와 토론을 거치면서 한국에서는 이와 같은 자료를 접하기 어렵다는 것을 공감하고 이를 더 많은 사람들과 공유하기 위하여 자발적으로 번역 스터디를 시작하였고, 인도네시아(정규리), 싱가포르(백경혼), 버마(이미경), 타이완(최형미), 방글라데시(홍선희), 베트남(김선미) 총 6개국 국가 보고서의 번역을 마칠 수 있었다. 이 학생들은 각자 초벌 번역을 마친 후, 바쁜 개인 일정에도 불구하고 윤문과 교정 작업을 위하여 시간을 내어 만났으며 작업을 보다 용이하게 위하여 김현아 학생이 합류하여 많은 도움을 주었다.

처음에는 아레나와 연락이 닿지 않아 번역 출간 준비 작업이 중단되는 우여곡절을 겪기도 하였다. 다행히 아시아여성학센터에서 발간하는 〈아시아여성학저널(Asian Journal of Women's Studies)〉의 공동 편집자인 말라 쿨라 박사를 통하여 편저자인 우르와시 부딸리아와 연락이 닿았다. 대구가톨릭대학 이정옥 교수의 도움으로 현 아레나 대표 라우킨치(Lau Kin-chi) 교수를 서울에서 직접 만나게 된 것도 더할 나위 없는 좋은 인연이었다. 출간이 결정된 이후 번역을 맡은 학생들은 오랜 시간이 흘렀음에도 불구하고 마지막까지 각자의 원고를 검토하는 수고를 마다하지 않았다. 특별히 전문번역가로서 인내심을 가지고 꼼꼼히 감수를 맡아준 이현정 씨의 노고가 없었더라면 이 책은 나오기 어려웠을 것이다.

번역과 윤문, 교정 작업을 거치는 동안 아시아여성학센터는 2012년 1월부터 아시아 여성 활동가들을 대상으로 여성학 교육을 제공하는 '이화 글로벌 임파워먼트 프로그램(EGEP)'라는 국제교육프로그램의 조직과 운영을 맡게 되었는데, 이 책에서 다루고 있는 국가들에서 온 아시아의 여성 활동가들을 맞이하는 준비 과정에서 이 책이 많은 도움이 되었다. 번역을 맡았던 학생들 중에서는 'EGEP 프렌즈' 또는 스태프로 활발히 참여해서 서로의 경험을 공유하기도 하였다. 그리하여 이 책은 한국과 아시아의 여성과 발전 문제에 대한 상호 이해를 넓히기 위해 이화여자대학교의 EGEP 사업의 지원을 받아 번역·출간하게 되었다. 끝으로 이 책의 출간을 맡아준 산지니 출판사와 편집자, 그 외 이 책이 나오기까지 도와주신 모든 분들께 감사의 인사를 전한다.

지니 나크필-마니퐁(Jeannie Nacpil-Manipon)

그것은 정치가들의 약속이자, 관료들의 정당화요, 추방된 자들의 망상
이었다. 그것은 제3세계가 제1세계처럼 된다는 것이다. 하라는 대로
하고 아무 말도 하지 않고 불평하지도 않으면, 부유하고 세련되고
행복한 제1세계처럼 된다는 것. 텔레비전 역사물의 결말에서는, 굶주
림으로 죽은 사람들의 선한 행동이 미래의 번영으로 보상될 것이다.
"우리는 그들처럼 될 수 있다." 저개발국이 개발을 향해 가는, 후발주자
들이 근대화를 향해 가는 고속도로에 늘어선 거대하고 빛나는 광고판
들이 이렇게 선언했다.[1]

— 에두아르도 갈레아노, 『그들처럼 되기』

바로 그 '개발로 가는 고속도로'가 이 책에서 중점적으로 다루는 것이다.
그 고속도로 앞에, 뒤에, 혹은 그 주변에는 무엇이 놓여 있는가? 개발을
위해 소중한 것들을 잃지는 않았는가? 이를테면 토지가 불도저로 뒤집어
지고, 삶이 흩어지고, 공동체가 추방되지는 않았는가? 몇 년 전 아레나는
개발이 아시아 지역에 미친 역기능에 관한 논문들을 모아 『추방당한
사람들: 아시아 개발의 희생자들(The dispossessed: Victims of
Development in Asia)』이라는 책을 발간했는데, 그 질문의 여정을

이 책에서 계속해나가고 있다. 그때 우리는 그 한 권의 책만으로는 불충분하다는 것을 깨달았다. 연구하고 파헤치고 드러낼 것들이 많이 남아 있었기 때문이다.

아레나는 새로운 비전과 프로그램을 통해 새천년을 맞이할 준비를 했고, 동시에 개발과 인간 안전(human security)이라는 대안적 개념을 기초로 아시아를 다시 구상하기 위해 학자, 활동가, 풀뿌리 운동 실천가들과 함께 하고자 하였다(인간 안전은 국가 안보[national security]와 대비되어, 국가보다는 개인, 인간 중심의 안전 개념이 필요하다는 관점에서 등장한 개념이다. 1994년 유엔개발계획[UNDP]은 경제, 식량, 보건, 환경 등 인간 안전의 일곱 가지 영역을 제시했다―옮긴이). 실제로 이전부터 진행된 아시아의 전 지구화는 대규모 자원 수탈을 통한 기업 이익의 광폭한 추구, 국가의 경제 정책 강요, 그리고 엘리트층 이익을 보장하기 위해 설계된 사회 통제 메커니즘 등을 특징으로 한다. 인간과 환경은 헤아릴 수 없는 피해를 입었으며 지금도 피해를 입고 있다. 이는 전체적으로 지구와 인간 안전에 심각하고 급박한 위협이 되고 있다. 그래서 이 두 번째 책 『빼앗긴 사람들: 아시아 개발의 희생자들(The Disenfranchised: Victims of Development in Asia)』의 방대한 작업은 '개발'과 '안전'의 연관성에 초점을 맞추었다.

우리가 논문 초고를 토론하기 위한 워크숍에 가는 중, 9·11 테러라 불리는 비극이 발생하였다. 아레나의 스태프인 아디티 초드후리는 아메리카항공으로 이동하던 중 홍콩 공항에서 하룻밤 동안 발이 묶였다. 그 당시 모든 아메리카항공 소속 비행기가 운행되지 않았고 공항들은 보안 조치를 강화하느라 혼란에 휩싸여 있었기 때문에 나를 포함한 워크숍 참가자들이 모두 항공편을 새로 예약해야 했다. 이러한 사건에도 불구하고 워크숍은 예정대로 델리에서 개최되었다. 우리는 방글라데시, 버마, 인도네시아, 싱가포르, 대만, 베트남에서 이루어진 개발과 겉으로 드러나지 않은 '개발의 희생자들'에 관한 수많은 논문을 꼼꼼히 살펴보왔다. 이 과정에서 안전에 대한 불안감의 증폭과 전쟁의 조짐이 우리를 하나의 팀으로 묶어주었다. 조지 부시 미 대통령의 '당신은 우리 편이거나 적이거나 둘 중 하나다'라는 서늘한 위협을 발단으로 9·11 테러가 발생한 직후였기 때문이었다.

'9·11 이후의 아시아'에서 제기된 여러 가지 이슈를 다루는 와중에 이 책의 프로젝트를 끝내는 것은 아레나에게는 쉽지 않은 일이었다. 우리는 심지어 아시아에서 나날이 세력을 키우는 군사주의에 대응할 방식을 찾아내고 새로운 프로그램을 만들어 테러와의 전쟁을 비판하면서도, 계속해서 '개발의 희생자들' 프로젝트를 진행했고 이를 통해 영감을 얻었다. 무엇이 위태로운가를 고민해보면 개발 이슈가 전쟁보다 덜 급박하다고 할 수 없다. 실제로 이 둘은 역사 속에서 연결되어 있다. 캄보디아와 아프가니스탄에서처럼 전쟁 뒤에 '개발'이 이어지는 경우가 종종 있기 때문이다. 또 일본과 미국의 경우처럼 '과도한 개발' 뒤에 전쟁을 벌이는 것으로 나아가기도 한다. 조상 대대로 살아온 고향을 빼앗긴 선주민 공동체의 눈에는, 또 농업 공동체로 살아오다가 토지와 생계 수단을 빼앗긴 자들의 눈에는 '개발' 그 자체가 하나의 전쟁이 아닐까? 또한 전쟁을 포함하는 '개발'이 바로 패권 추구에 내포되어 있는 것이 아닌가? 개발 그 자체가 헤게모니 담론으로 전개되는 것이 아닌가?

이 책은 아레나가 패권에 대한 저항과 대안을 다시 생각하기 위해 관심의 방향을 돌렸을 때 최종적으로 완성되었다. 아시아의 패권 과정을 이해하려면 개발주의 담론의 지배를 고려해야만 한다. 번영을 약속하며 유혹하는 개발주의 담론은, '저개발' 상태의 '우리'는 열등하고, 발전한 그들은 선진적이고 우월하다고 전제하는 위험 또한 가지고 있다. 갈레아노가 지적한 바와 같이 발전을 향한 고속도로에 늘어선 광고판은 우리로 하여금 '우리도 그들처럼 될 수 있다'고, 그리고 '우리가 그들처럼 되어야 한다'고 믿게 만든다. 우리 안에 잘못되고 부족한 것, 실현되지 않은 것들이 존재한다면, 그들 안에는 완벽하고 바람직하고 이상적인 것이 존재한다고 가정한다.

아래로부터가 아닌 위로부터 강요되는 개발은 빈곤, 후진적이고 열등한 상황을 해결할 유일한 방법으로 처방되고 소비되며, 서구의 '그들'의 기준에 반하는 것은 후진적이고 열등한 것으로 정의되고 평가된다. 다른 말로 하면, 개발은 물질적인 삶, 경제적인 측면에서 부정적인 효과를 드러내고 재생산할 뿐 아니라, '그들처럼' 되기를 원하도록, '그들처럼' 주조되도록 하는 식민주의적 담론을 전제로 하고 있으며 식민주의 담론을 구성한다.

오만함이 은밀히 내재한 '선진/후진(발전/저개발)' 이분법은 그러한 식민주의적 담론에 의해 만들어지며 또 그 이분법이 식민주의 담론을 만들어낸다. 그리고 그 이분법에는 속임수도 숨어 있다. 왜냐하면 이러한 담론에 유혹당해 최선을 다한다 할지라도 '그들처럼 되는 것'은 불가능한 일이기 때문이다. '후진적인 우리'의 열등한 위치는 '선진적인 그들'이 갖는 우월성의 조건이자 결과이기 때문에 '그들처럼 되는 것'은 결코 도달할 수 없는 목표다. 어떤 구성물의 기초 위에서 '선진/발전'과 '저개발/개발도상' 사이의 권력 관계—그 관계는 권력 관계라고 볼 수밖에 없다—가 유지되고 그 관계는 담론을 통해 봉인된다. 이제는 보통 남북 관계라고 일컬어지는 이 관계에서, '저개발 또는 개발도상의' 남반구는 '발전한' 북반구의 과다 소비, 과잉 생산의 사회적 환경적 비용을 떠안고 있다.

그래서 엘리트 중심적이고 북반구를 떠받드는 개발 담론은 아시아 지역 내 지배 계층의 경제, 정치 프로젝트에 대한 동의를 확보하기 위해 기획되기도 하지만, 크게 보면 패권적 세계질서를 정당화하고 보호하며 재생산하는 역할을 한다. 그러한 담론과 프로젝트 뒤에 놓인 목표는 자본주의의 전 지구화에 유리한 환경을 만들어내는 것이며, 그 사실은 시간이 흐를수록 많은 사람들에게 매우 분명하게 드러날 것이다. 개발이라는 처방은 빠른 경제 성장, 무역 장벽 제거(선진국의 잉여 상품을 개발도상국에 싼 값에 수출할 수 있게 하는), 귀중한 자연 자원 수탈, 사람들의 삶과 환경을 희생해서 벌이는 대규모 건설 사업 등을 포함한다. 가야트리 스피박이 지적한 것처럼 개발은 '문명화(근대화/민주화)라는 신제국주의의 사명'이라 할 수 있다.[2]

2001년 9·11 비극의 여파가 남아 있는 가운데 이루어진 미국 부시 대통령의 '우리 편이 아니면 테러리스트 편이다'라는 발언은 전쟁을 예고하는, 세상을 미국의 우방과 적으로 가르는 것이었다. 54년 전 미국 대통령도 그와 비슷하게 세계를 둘로 가르는 발언을 했는데, 그것은 미국이 제3세계를 '발전'시키는 구세주가 되겠다고 자처하는 선언이었고 세계를 개발주의의 방향으로 가게 만드는 것이었다. 2차 세계대전이 끝난 뒤 1949년, 당시 미국 대통령 해리 트루먼은 도움이 필요한 가난한 '저개발' 국가들에게 '기술 지원'을 제공하는 대규모 원조 사업을 하겠다고 선언하고 공산주의 위협을 막기 위한 마셜 플랜을 즉시 시행하기 시작했다.[3] 이처럼 개발은 '가난한 나라'에 대한 전후 재건과 원조라는 기치하에 미국식의 번영, 민주주의 개념을 전파하는 역할을 했다.[4] 그러한 이유로 패권주의적인 새로운 전후 세계 질서에서 개발은 긍정적인 것, 바람직한 것, 온갖 좋은 것을 의미하게 되었고, '개발'을 향해 미친 듯이 달려가는 것은 제3세계의 저개발, '후진성'의 오명을 지우는 노력이라고 여겨졌다.

그러나 모든 사람이 자유와 번영을 누리리라는 전망은 실현되지 않았다. 개발은 그 자체로 부작용을 일으킬 뿐이라는 것이 드러났다. 위에서 강요한 개발일수록 더 많은 문제가 생겼고 더 많은 사람들을 빈곤으로, 끊임없이 빼앗기는 상태로 몰아넣었다. 아르투로 에스코바르(Arturo Escobar)가 지적한 것처럼 제3세계에서 개발은 하나의 강박이 되어서 파괴적인 힘이 되어버렸다. "저개발은 지구 표면에서 그것을 완전히 없애버리려고 하는 정치 공학의 대상이 되었지만 저개발은 없어지기는 커녕 끝없이 확대되었다."[5]

이것이 바로 보통 사람들에게 개발이 의미하는 것이고 이 책에서는 그것을 드러내고자 한다. 패권에 저항하고 대안을 상상하기 위해서는 개발주의 담론의 가면을 벗기고 그것에 맞서야 한다. 자원 수탈, 주민들의 대규모 이주, 정체성과 역사 말살, 지식과 생명체의 약탈, 상품화, 여성의 착취와 억압, 특히 여성주의자들이 빈곤의 여성화라 부른 것 등 개발 과정에서 일어난 폭력을 파악하는 것에서부터 개발주의 담론의 가면을 벗기는 것이 시작된다. 그리고 그와 함께 여기에 언급하기에 너무나 많은 다른 부작용들, 전 세계 사람들의 안전한 미래를 위태롭게 하는 것도 함께 이해해야 한다.

이러한 착취적이고 반인도적인 과정을 뒤엎고 폭력적인 형태의 개발이 아닌 지속가능한 대안을 제시하는 것이 필요하다. 그것은 단순히 개발을 거부하는 것, 단지 '그들처럼' 되기를 거부하는 것이 되어서는 안 된다. 착취, 수탈당한 것들을 회복하고 관계를 보다 정당하고 공평하게 재구성함으로써 새로운 패러다임을 근본적으로, 철저하게 다시 구상하는 것이 되어야 한다. 이를 통해 이 세상을 살아가는 모든 이들이 지속가능하고 의미 있는 방식으로 다 함께 살아갈 수 있을 것이다. 이 급진적인 재구성을 향한 첫 발자국은 편집자 우르와시 부딸리아가 '사람 중심'의 개발이라고 칭하는 것이 될 수 있다. 그것은 '빼앗긴 자'들의 요구와 희망을 개발의 중심에 올려놓는 것이다. 이 책은 왜 이러한 첫걸음이 매우 긴급하고 절실히 필요한지 논의할 것이다.

많은 사람들이 이 책의 결실을 보기 위한 여정에 참여했다. 『추방당한 사람들』에서 같이 작업했던 아레나 사무국의 제임스 키즈행게이트, 그리고 인도의 비노드 라이나가 이 책을 처음 기획하는 작업에서 핵심적인 역할을 맡아주었다. 이 프로젝트는 아레나 운영위원회의 위원들, 특히 일본의 마사키 오하시, 말레이시아의 사로제니 렝감, 홍콩의 라우킨 치, 인도의 하르쉬 세티와 KK 크리슈나 쿠마르, 그리고 아레나의 동지들인 인도의 수미트 초드후리, 인도네시아의 멜라니 부디안타, 베트남의 레 티 퀴가 수년간 끊임없이 이끌어주고 지지해주었다. 필요한 기금은 아레나 사무국 구성원들이 도맡아 마련해주었는데 그들의 노력은 옥스팜 홍콩 지부(로저 리카포트와 티토스 에스케타가 도움을 주었다), 일본재단(Japan Foundation), 캐나다 성공회 세계구호개발기금(PWRDF) 등의 호응을 이끌어냈다. 우리는 이들 기부자들과 개발의 희생자 프로젝트 파트너들에게 무한한 감사를 표하고자 한다. 또한 우리 핵심 프로그램의 오랜 후원자들인 독일의 EED, 네덜란드의 ICCO, 액션 에이드 아시아 지부(Action Aid-Asia)에도 감사의 말을 전한다. 우리가 국가 연구 보고서를 작성하면서 시간과 재능을 나눠줄 저자들을 물색할 때 맥스 에디거, 조이 오건, 알렉스 마르셀리노, 샬말리 구탈을 비롯한 아레나의 많은 친구들이 도움을 주었다. 아레나 사무국 구성원들 모두 프로젝트 관리를 위한 사무실 분위기를 따뜻하게 해주고 많은 도움을 주었다. 특히 라우 와이 킹은 재무와 관련해서 우리가 길을 헤매지 않게 도와주었다. 책의 형태와 디자인에 있어서 매우 소중한 도움을 제공해준 테오디 마니퐁과 편집에 도움을 준 미라 부딸리아에게도 감사의 인사를 전한다. 그들의 영감이 증언의 책자로 나올 수 있도록 열정과 인내심을 가지고 글을 써준 저자들 이루완토, 미나 쉬브다스와 해너 팬디언, 미오 니운트와 낸시 허드슨-로드, 청 슈 메이, 청 융-펑, 홍 신 란, 슈 추안 청, 리 청 취와 린 이 런, 이미티아즈 아메드와 비나약 센, 응우엔 민 루안과 레 티 느함 뚜엣에게는 감사하다는 말로 다 표현할 수 없는 깊은 감사를 드린다. 또 이 연구를 위한 정보와 데이터를 제공해주었지만 그들의 안전을 위해 여기서 밝힐 수 없는 수많은 사람들에게도 고마움을 전한다.

가장 큰 감사의 인사는 전체 프로젝트에 가장 많은 시간과 노력,

열정을 쏟으며 헌신한 두 사람에게 보내고 싶다. 우르와시 부딸리아는 수십 년 동안의 지식과 페미니스트 활동 경험을 이 책에 불어넣었고, 아디티 초드후리는 코디네이터의 역할을 하면서 아레나의 스태프이자 회원으로서 책임을 다했으며 작가이자 편집자의 직업적 경험뿐만 아니라 빼앗긴 자들의 대의를 향한 무한한 열정을 이 프로젝트에 쏟았다.

이 책은 에두아르도 갈레아노가 말한 '발전을 향한 거대한 고속도로에 서 있는 현란한 광고판'에 비하면, 규모로 보나 매력적인 전망으로 보나, 작고 미약하기만 하다. 이 책과 이후에 나올 다른 책들을 다 합해도, 그 광고판을 찢어버리고 다른 것으로 바꾸게 할 힘은 없겠지만, 이 책이 그 고속도로 아래에 사는 우리 삶의 현실을 이해하는 데 기여했으면 하는 것이 우리의 바람이다. 그 고속도로가 향해 가는 발전의 발가벗은 모습을 보여주려고 한 이 책이, 곳곳에서 저항의 싹을 틔우고 대안을 모색하게 만드는 데 기여하기를 바란다.

| 목차 |

버마

군사정부의 볼모: 버마의 개발

베트남

성과와 과제: 개발 중의 베트남

서장

우르와시 부딸리아(Urvashi Butalia)

이 책은 약 10년 전에 시작된 아레나 프로젝트의 두 번째 부분에 해당된다. '추방당한 사람들: 아시아 개발의 희생자들'이라 명명된 이 프로젝트는 아시아 지역 10개국 사회의 주변부에 존재하는 보통 사람들에게 개발이 무엇을 의미하는지 연구하고자 했다. 중국, 일본, 인도, 말레이시아, 네팔, 파키스탄, 필리핀, 한국, 스리랑카, 태국이 그 10개국에 포함되었다. 많은 것이 그렇지만, 거대한 프로젝트도 작은 것에서 출발한다. 20세기에 발생한 최악의 개발 참사 중 하나로 꼽히는 인도 보팔 가스 폭발 사고 10주기 추모행사에서 운동가 및 연구자들이 아레나의 주관하에 홍콩에서 만나게 되었다. 그것은 개발에 대해, 개발의 양면 가치, 상반되는 의미에 대해 다시 생각하게끔 하는 기회가 되었다. 여러 해 전, 모한다스 카람찬드 간디(마하트마 간디)는 개발이 인간의 능력과 권리를 펼치는 데에 필수적인 것이 아니라 인간과 자연에 대한 착취에 기초하는 것이며, 상황에 따라 달라지는 물질적 발전의 한 경로일 뿐이라고 말했다. 간디 사후 거의 반세기가 지나고 전 세계가 큰 변화를 마주한 현재 시점에서 이 주장은 여전히 유효할까? 아레나 모임 참가자들은 스스로에게 이런 질문을 던졌다. 개발에 대해 다시 생각하고 완전히 '좋은' 것이라 여겨졌던 것이 정말로 긍정적인 변화를 가져오는 데 도움이 되었는가, 아니면 해결하겠다고 한 문제들을 더 크게 키웠을 뿐인가?

보팔 가스 폭발 사고가 이러한 토론의 맥락을 제공했지만, 이 질문들은 많은 다른 이슈들, 예를 들어 수익 중심의 개발, 생태계 파괴, 도시 집중으로 인한 인구의 압박 등과도 관련이 있었고 여러 다른 나라들에서는 중요하게 제기되는 문제들이었다.

이러한 토론은 여러 갈래의 연구 프로젝트로 이어졌고 그 결과 한 권의 책이 탄생하였다. 연구자들은 개발 과정 및 그 영향이 나라마다 다른 경로를 거쳐왔음을 밝히고 각 나라의 역사적 배경을 검토하여 현재 상황을 만든 정치적 · 경제적 · 문화적 맥락을 제시했다. 이후 그들은 특정한 개발 프로젝트의 사례 연구를 살펴보았고 개발 프로젝트의 효과에 대해, 그리고 그에 저항한 평범한 사람들 및 시민단체들의 역할에 대해서도 연구하였다. 그다음 '주요 이슈' 부분에서는 여러 개발의 맥락에서 쓰이는 용어들(예를 들어, 교육, 근대화, 인구증가 등)을 정리하여 사례 연구가 보여주는 큰 그림을 채우는 데 도움을 주고 있으며, 언어도 편향성과 역사로부터 자유롭지 못함을 보여준다. 통계 자료를 담은 마지막 부분은 앞의 질적 연구의 결론에 양적인 토대를 제시하였다.

중요한 발견과 교훈들이 많이 나왔다. 저자들은 모든 개발을 부정적으로 볼 수는 없다는 것을 인정하고 또 전통으로 돌아가자는 식의 낭만적인 태도는 피하면서, 개발 과정 자체의 성격에 대해 꿰뚫어보려고 했다. 그리고 개발의 혜택을 주고자 했던 사람들을 더 많이 포함하고 그들의 요구를 더 섬세하게 충족시킬 수 있는지, 어떻게 하면 그렇게 할 수 있는지 고민하였다. 저자들의 통찰과 많은 역사적 사건들의 발견으로 오싹한 사건 연대기라 이름 붙일 만한 것이 만들어졌는데, 이는 개발의 개념 그 자체에 의문을 제기한다. 또 이 연구들이 보여주는 것은, 개발에 관한 논쟁이 이제 더는 자본주의, 사회주의의 이원론으로 볼 수 없다는 사실이다. 실제로 두 모델 모두 문제점 및 의문점을 가지고 있으며 둘 다 지속가능성과 생존이라는 핵심적인 요소에 적절한 관심을 기울이지 않았기 때문이다.

초기의 토론 이후 몇 년이 지난 뒤에 두 번째 책이 구성되던 그 시기까지 1997년의 경제위기가 아시아를 덮쳤고 많은 국가들은 개발의 파편들을 주워 모아 다시 경제를 되살리려 하는 고통스러운 과정을 시작하고 있었다. 수익 위주의 개발, 전 지구화 과정, 그리고 경제의 시장화 같은 혹독한 현실은 자업자득이나 마찬가지였다.

이러한 상황에서 첫 번째 연구에 이어 두 번째 연구를 시작하는 것이 더욱 시급해졌다. 이를 위해 첫 번째로 선정된 국가들은 방글라데시, 홍콩, 몽골, 대만, 베트남, 캄보디아, 라오스, 버마/미얀마였는데, 뒤의 4개국은 과도기에 있는 것으로 보였다. 그런데 거의 시작 단계에서부터 몇 가지 현실적인 문제들이 계속해서 따라다녔다. 몇 가지 예외는 있었지만 거의 모든 국가들에서 연구의 공식 언어인 영어 사용자 연구자를 정하는 데에 어려움이 있었다. 언어 문제 외에 또 절박했던 어려움은 저자가 있는 장소와 관련이 있었다. 버마/미얀마가 대표적인 예라고 할 수 있다. 예를 들어 그 나라에 있는 저자가 군사정권이 시도하는 개발 경로에 문제를 제기하는 것은 목숨을 걸어야 하는 일이 아닐까? 특히 버마/미얀마처럼 폐쇄된 국가 같은 경우에는 그 나라에 거주하지 않으면 개발이 가져온 진정한 영향을 가늠하기 어렵다. 그와 비슷하게, 베트남이 택한 국가 주도형 시장화 정책을 생각해보면 국가가 스스로 택한 사회주의 방식에서 점차 벗어나기 시작할 때, 저자가 이러한 상황에 대해 비판할 수 있는 여지가 얼마나 있을까? 이런 문제들 때문에 초안에 있었던 국가들을 5개 국가로 줄여 방글라데시, 버마/미얀마, 인도네시아, 대만, 베트남이 그 5개국이 되었다. 그 후, 여섯 번째 국가로 소위 선진국이라 불리는 싱가포르가 추가되었다. 그러나 이렇게 축소되었지만 각기 다른 개발 모델들의 풍부한 예를 제공하였고, 군사정부, 비민주적 정권, 소수집단의 주변화, 근본주의 세력 부상, 동질화, 세계화 같은 개발의 동반자를 보여주었다. 이 모든 것들은 개발의 개념이라 받아들여지는 것의 양면성을 드러낸다. 즉 인권을 대가로 경제발전을 이루거나,

근본주의와 공존하는, 근본주의를 고무하는 시장경제를 가지게 된다.

　이러한 노력에도 불구하고 많은 문제점들이 남아 있었다. 연구방법 및 능력, 자료의 부족 등의 불균형이나 언어와 소통의 어려움에 관한 문제들이었다. 비록 언어 소통은 기술의 발전으로 상당히 쉬워졌지만 그래도 여전히 어려움으로 남아 있었다. 또 운동가이면서 연구자인 경우가 많았기 때문에 운동이 연구, 글쓰기보다 우선한다거나 프로젝트를 지연시켜 여전히 어려운 문제가 남아 있었다. 이러한 이유 때문에 독자들에게 이 책의 몇몇 에세이는 약간 진부한 것으로 보일 수 있다. 하지만 여기서 중요하게 생각해야 할 점은 이런 공동 작업의 과정이 결과물만큼 중요하다는 것, 그리고 모든 과정에서 이어진 토론, 공유, 의견 교환 및 참가자와 연구자 간의 지속적인 피드백을 가져왔다는 것이다.

　물론 독자들은 자신만의 결론을 낼 것이다. 그리고 여기에 실린 글들이 불균형하다는 문제는 있지만 여기엔 곰곰이 생각해볼 자료들이 많이 있다. 싱가포르와 같은 '선진국'에서는 인구과잉이나 자원 부족 문제에 대해 다룰 필요가 없지만 숨겨진 '차이'는 여전히 첨예하게 대립 중이다. 핵가족과 그 필요성을 전제하는 국가 안에서 다른 섹슈얼리티를 가진 사람들이 취할 수 있는 공간은 무엇이 있을까? 그들은 자기 권리를 말하고 요구하고 주장할 수 있을까? 그들도 발전의 혜택을 받을 가치가 있을까?

　싱가포르에서는 소위 '과도한 발전'이나 또는 특정 종류의 권리를 희생시키는 발전이 이 문제라고 한다면, 방글라데시는 다수의 특권에 기초해 지어진 국가라는 점에서 다른 모델을 보여준다. 방글라데시에서는 소수자에 대한 인식 자체가 없고 소수자들도 개발의 혜택을 동등하게 받을 자격이 있다는 인식이 없다. 게다가 국가의 기초가 되는 공동체를 묶을 때 뒤에 남겨지는 사람들이 있을 수 있다는 생각을 하지 않는다. 초기부터 방글라데시가 추구한 개발 모델은 자본 집약적인 대규모 댐 건설 같은 것이었다. 그리고 이를 만들 때 빈곤층의 노동력을 대거 사용하면서도 그들에게는 혜택이 거의 가지 않았다. 저자는 이러한 현대의 (잘못된) 개발로 인해 환경 안전(environmental security)이 빠르게 망가졌다고 지적하면서 특히 세 가지 요소를 지목하였다. 물 불안(강과 저수지가 마르는 것, 수원지를 둘러싼 갈등, 물 전쟁 등), 토지 안전의 파괴(특히 토양 악화로 경작이 어려워짐), 식량 불안(앞의 두 문제가 일어날 때 함께 생기기도 하고, 과도한 인구 증가로 생기기도 한다)이 그 세 가지다.

베트남에도 이와 유사한 문제들이 나타난다. 인구 증가(1945년 2,000만 명에서 이 글을 쓰는 현재 7,600만 명으로 인구가 증가하였다. 몇 년 전까지만 해도 매년 130만 명에서 140만 명씩 인구가 늘어났다), 환경오염, 수자원 부족, 낮은 경제성장, 빈부 격차의 확대 및 일자리 부족 문제가 나타났다. 동시에 베트남이 프랑스에게 식민 지배를 받았다는 점과 오랫동안 미국과 전쟁을 했다는 점, 남과 북이 분단된 점 등은 베트남의 상황을 특이하게 만들었다. 전쟁과 분쟁(그리고 고엽제 피해)이 오래 이어졌고, 그 뒤로 빠른 도시화와 이농으로 인한 대규모 인구 이동, 산림 파괴 등이 일어난 탓에 본래 농업 경제였던 베트남 경제는 큰 타격을 입었다. 그리고 남북 베트남 통일 이후 70년대 중반이 되어서야 경제를 재건하려는 어설픈 첫걸음이 시작되었다. 5개년 계획의 도입이 이 과정에서 시작되었다. 중앙 계획 경제에서 국가 '관리'하의 시장 경제로 이행하는 매우 독특한 변화가 시작되었는데, 이것은 종종 문화와 전통, 그리고 변화와 근대화 사이의 긴장, 밀고 당기기가 수반되는 어려운 일이었다. 베트남은 1990년대에 경제 위기와 자연재해의 타격을 받았고 젊은이들의 마약 복용 증가 등에 타격을 받은 뒤 지금은 산업화의 길에 들어서 있다.

반대로 버마/미얀마는 아시아에서 인구가 가장 적게 분포된 나라 중 하나로 여전히 농업 경제가 주업이며 느린 경제 성장을 하는 나라다.

민족 다양성은 베트남과 견줄 만하며(실제로 베트남보다 더 다양하다) 자연 자원도 그러하다. 그러나 이 나라의 정치적인 궤도는 베트남과 매우 다르다. 학생 시위가 잔인하게 짓밟힌 1980년대 후반 군사 정권하에서 국가법질서회복위원회(SLORC)가 정권을 잡았다. 이후 민족민주동맹(NLD)에서 합법적으로 선출된 아웅산 수치가 가택 연금되면서 이 나라의 기본권은 작동을 멈췄고 가난은 소용돌이치듯 심화되었다. 버마/미얀마는 인구의 1/3이 빈곤선 아래에 있고 사람들이 식량을 찾아 이주하기 때문에 국내에서 대규모 인구 이동이 이루어진다. 하지만 실질적인 인구 증가는 없는 상황이다. 엄청난 자연 자원에도 불구하고 버마/미얀마는 시장 주도형 개발의 길과 멀리 떨어져 있다. 개발의 성격이 다름에도 불구하고 많은 문제점을 드러내어, 개발이라는 동전의 다른 면의 예를 많이 보여주었다.

인도네시아는 유사하면서도 다른 문제를 보여준다. 많은 섬들로 이루어져 있고 많은 부족과 다양한 인종의 사람들이 모여 있기 때문에 나라를 하나로 유지하려면 많은 노력이 필요하다. 게다가 정치적 탄압과 인권침해로 '질서'를 잡으려 하는 국가의 시도가 사회 구조를 지속적으로 약화시켰다. 자카르타 같은 중심지들은 도시화가 빠르게 진행되었고 표면적으로는 많은 변화를 보여주었다. 하지만 이때 소규모 행상 같은 실제 문제들은 해결되지 않았다. 아체나 서파푸아 같은 지역은 '주류'에서 소외되어 고립된 상태로 방치되었고 이 지역에서 자원과 자유를 요구하는 분쟁은 근본주의와 폭력을 점점 더 크게 키우는 비옥한 토양이 되었다. 일본 등 부자 나라들이 인도네시아의 숲과 천연자원을 착취하는 것은 이 나라를 더 심각한 빈곤으로 몰아넣었다. 예전에는 풍요롭던 자원과 문화적으로 다양하던 국가는 이제 '골칫거리' 장소로 보이게 되었고 이 사례는 개발이 어떻게 수많은 부정적 결과를 가져올 수 있는지를 보여주었다.

빠른 산업화, 천연자원의 착취, 공해 산업 투자, 댐 건설 등을 포함하는 대만의 역사는 환경을 엄청나게 황폐화했고 환경 오염을 야기했다. 대만에 대한 논문은 댐 건설에 대한 사람들의 저항에 초점을 맞추었고 페미니스트 운동과 노동운동을 우선적으로 살펴보았다. 그리고 이때 노동자, 여성의 권리, 특히 이주 노동자 문제와 종종 여성들이 성매매에 휘말리고 성노동자로 일하게 되는 과정에 관심을 두었다. 대만의 경우는 개발 프로젝트가 사람 중심의 방식을 벗어날 때 무슨 일이 벌어지는지를 분명하게 보여준다.

이처럼 이 책에서는 매우 다른 연구들이 함께 융합되어 사람 중심의 발전을 위해 필요한 우리들의 관심을 여러 가지 문제로 이끈다. 분명히 이들이 다루는 문제들 중 일부는 식민지배, 점령, 전쟁 같은 역사의 산물이다. 그러나 어떤 문제들은 그 나라와 국민들이 내린 정치적 선택에서 나오는 것이다. 즉 민주주의, 사회주의, 자본주의 모두 각각 문제가 있고 전 지구화 과정도 마찬가지다. 이러한 문제들이 만성적인지, 체제 자체에 내재하는 부분인지, 과도기적인 것인지는 신중하게 토론되어야 하는 질문들이다. 이러한 토론에는 가끔 이 책에 포함된 연구에서 쓰이는 비교와 대조가 유용할 수 있다. 예를 들어 환경오염과 환경 파괴가 큰 걱정거리인데, 우리는 이러한 문제가 심화될 수 있다는 점도 인정해야 하며, 개발이 사람 중심으로 이루어지게 하려면 환경 부담을 줄이고 사람들의 생존을 위해 자연자원을 활용할 수 있게 하는 대안을 마련해야 한다.

이런 내용은 새로운 통찰이 아니다. 다 아는 것을 다시 이야기하는 것이 무슨 소용 있냐고 물을지도 모른다. 이미 충분히 많은 글에서 똑같은 점을 지적하고 비슷한 결론을 내리지 않았던가? 물론 그렇다. 그러나 개발로 인해 고통을 겪는 사람들이 개발을 비판할 때에는, 개발의 이익을 챙기는 데 대한 관심만이 아니라 장기적으로 지속가능한, 좀 더 우호적이고 덜 착취적인 대안을 내놓을 가능성도 그 비판 속에 들어 있다. 이 책의 글들이 그런 것에 조금이라도 기여한다면 이 책의 목적은 이루어진 것이다.

인도네시아

그림자 사람들

인도네시아 개발의 희생자

이루완토(Irwanto)

인도네시아에서 새천년의 첫 해는 축축했다. 1998년에서 1999년에 이르는 긴 가뭄과는 사뭇 대조적으로, 일 년 내내 간헐적으로 비가 내렸다. 어떤 사람들은 신들이 눈물을 흘리는 것이라고 했다. 신들이 이 나라에서 벌어지는 일들을 보고 슬퍼하고 노여워한다는 것이었다. 불행히도 신들의 눈물은 욕야카르타(Yogjakarta) 주에서는 산사태, 니아스 섬(Nias I.)에서는 홍수를 일으켰다. 신들이 화가 나서 발을 구르는 바람에 자바 서부와 벵쿨루 지역에서는 지진이 일어났다. 이런 일들은 가난한 사람들의 생명과 재산을 앗아갔다.

인도네시아에서는 목숨이 값어치 없이 다루어진다. 아름다운 말루카의 향료 제도(Spice Islands), 암본에서는 형제자매들이 신의 이름으로 서로를 죽였다. 기독교인과 무슬림은 국기의 색깔인 붉은색과 흰색으로 나누어졌다. 아이들도 학교 준비물을 어떤 색으로 골라야 하는지 알고 있었다. 잘못된 색을 고르는 것은 낙인과 고립, 죽음을 선택하는 것이었다. 동칼리만탄에서는 다야크족, 말레이족, 부기족이 이주민인 마두라족을 몰아내기 위해 학살했다. 부족 간의 전쟁에서 많은 사람이 죽었는데 그중에는 여성과 아동, 노인들도 있었다.

아체와 서파푸아는 석유와 금이 많이 나는 곳이지만 주민들은 그 혜택에서 오랫동안 소외되어 있었다. 권력 남용과 탐욕의 목격자였던 그들은 급기야 살던 땅에서 쫓겨나기까지 했다. 구리 광산이 있는 템바가푸라(Tembagapura)에 사는 아무그메족은 땅을 어머니 대지라고 우러러보고 천연 자원은 어머니 대지가 그들의 생계를 위해 내어준 것이라고 여기는 사람들인데, 그들은 제멋대로 땅을 점거하고 자원을 빼돌리는 도둑 취급을 받았다.

자카르타 주지사는 도시 거리를 깨끗이 하고 교통을 원활하게 만들겠다고 노점상과 삼륜차(베칵)를 중심가에서 몰아내도록 경찰 지구대에 지시했다. 2001년 8월 15일 경찰은 질서 재정립이라는 페네르티반(penertiban)을 실시했다. 경찰관들은 곤봉 등으로 무장하고 중심가의 주요 교차로와 버스 승강장에서 노점상과 삼륜차 운전수를 몰아내었다. 삼륜차 운전수들은 이미 독재자 수하르토의 하야 이후로 저항할 준비를 해오고 있었다. 질서 재정립이 시행되기 몇 달 전에 그들은 자카르타에서 삼륜차를 운전할 권리를 되찾기 위해 한 NGO의 도움을 받아 이미 노조를 결성했던 것이다. 그러나 경찰과의 충돌로 여러 명이 다치고 경찰차 두 대가 부서지고 전소했다. 그 와중에 임무 수행 중이던 고령의 경찰관(64세)이 사망하는 사고가 발생하기도 했다. 인도네시아가 독립을 얻은 지 약 60년이나 지났지만 많은 삼륜차 운전수들은 아직 자유가 멀리 있다고 느낀다.

변화를 겪고 있는 인도네시아에 그런 이야기는 얼마든지 있고 그만큼 위기에 처한 삶들도 많다. 끝없는 아름다움으로 유명한 인도네시아는 1998년부터 혹독한 정치적 전환기를 겪어왔다. 정치적 전환기 동안 아체, 서파푸아, 티모르, 암본, 말루카의 일부 지역, 동칼리만탄, 자카르타와 동자바에서 유혈사태가 벌어졌다. 분리주의 운동, 종교 분쟁, 종족 분쟁, 폭력배 간의 싸움, 촌락 간의 싸움으로 빚어진 정치 불안 때문에, 또 정의를 요구하는 시위에 대한 탄압 때문에 수천의 생명이 희생되었다.

그러나 아이러니하게도 갈등을 심화시키고 공공장소를 폭파하고 자기네 특권을 지키고 책임을 피하기 위해 군인들을 이용한 지난 정권의 파벌들과 마찬가지로, 부패한 군부와 관료들은 여전히 자유의 몸으로 살고 있다. 일부는 재판을 받았지만 대부분은 벌을 받지 않았다. 게다가 감옥행을 선고받은 자들의 형기 역시 길지 않다.

이 글은 정의를 얻지 못한 사람들의 이야기를 다룬다. 정부가 언론을 완벽히 통제하고 있기 때문에 이 가혹한 경험은 대중에게 알려지지 않았다. 대개의 경우 이러한 사람들은 국가 차원의 통계에도 포함되지 않는다. 사회학자이자 호주국립대학의 인도네시아 전공자인 테렌스 헐(Terrence Hull, 1993; 1999)은 인도네시아 통계청(CBS)[1]의 통계를 '와양' 통계라고 부른다(와양은 자바에서 유래한 전통 그림자 인형극이다).

예를 들어, 1997-1998년의 엘니뇨로 인한 긴 가뭄 동안 식량 부족의 위험이 있다는 것을 통계청을 비롯한 전국적인 데이터베이스 시스템이 미리 경고하지 못했다. 1985년 수하르토는 쌀 자급을 이루었다는 명목으로 FAO에서 상을 받았다. 1997년 7월, 태국과 말레이시아, 싱가포르에서 시작한 동남아시아 통화위기가 인도네시아를 덮쳤을 때, 인도네시아 정부는 통화위기에서 사회·정치적 위기로 번진 이 위기에 대처할 수 없었다. 이 위기는 모든 정부 기관을 무력하게 만들었다. 언론은 식량 공급이 안정적이라는 정부의 입장만 보도했다. 6개월 정도 지나자 심각한 영양실조 사례들이 드러나기 시작했다. 그러나 그 위기로 피해를 입은 사람들이 얼마나 되는지는 파악되지 않았다.

마찬가지로, 아동노동 문제의 규모 역시 통계청 데이터를 통해서는 알 수 없다. 그 데이터에 따르면 1998년 경제활동을 하는 10~14세 아동은 180만 명이지만 그 수치가 옳지 않다는 것은 아래의 사실로 알 수 있다.

a) 학교에 다니지 않는 7~15세 아동이 700만 명 이상이다.

b) 경제활동을 하는 5~9세 아동의 수는 25만 명이 안 된다.

c) 경제활동을 하는 아동 중에는 학교에 다니는 아동도 포함된다.

해당 데이터는 설명될 수 없다는 이유로 1998년 「아동 복지 통계」와 2000년 「노동 통계」[2]에서 누락되었다.

> **성과급 노동**
>
> 많은 제조업체들이 아이를 포함한 가족 전체를 고용하고 성과급으로 임금을 지불했다. 공식적인 계약이나 복리 후생은 전혀 제공되지 않았다. -Irwato et al.(1999).

이 글은 국가 개발이 낳은 비극에 대해서도 이야기하려고 한다. 공익 또는 국익이라는 미명하에 많은 사람들이 땅과 생업을 포기해야만 했다. 많은 노동자들이 개발의 도구로 격하되었으며 문제가 생기면 버려졌다. 땅과 노동에 의해 이익을 얻는 사람들은 그들이 관리하는 것이 단지 노동자 개인이 아니라는 사실을 종종 잊어버렸다. 노동자 한 사람의 소득에 의존해서 사는 가족이 있고, 가족 중에는 아이들과 노인들도 있다. 그리고 그들은 모두 서로서로에게 연결되어 있을 뿐 아니라, 인도네시아라는 국가가 형성되기 전부터 수백 년 동안 사람들이 살아온 땅과도 연결되어 있다.

국토와 국민

동서로 5,200km 이상 뻗어 있는 인도네시아는 세계에서 가장 큰 군도이다. 인도네시아에는 세계 열대우림의 10%, 아시아의 삼림 전체의 40%가 분포하며, 1,500종의 조류, 500종의 포유류(전 세계 포유류의 8분의 1), 7,000종에 달하는 어류, 그리고 3만여 종의 식물이 있다. 전 세계의 꽃피는 식물 중 10분의 1이 인도네시아에서 자생한다. 사람들 역시 그에 못지않게 다양하다. 『그린 인도네시아』의 저자 샤프와 컴포스트는 인도네시아 국민들에 대해 다음과 같이 설명했다.

인도네시아인들의 얼굴은 흰색, 금빛, 갈색으로 다양하다. 인도네시아에는 아리아계, 몽골계, 말레이계, 멜라네시아계, 오스트로네시아계 등이 있는데 이는 단순화한 것이고 실은 336개의 부족이 있다. 공용어가 있지만 방언을 제외하고도 총 250개의 다양한 언어가 사용된다(Sharp & Compost, 1997: 9).

인도네시아 인구는 2억 명으로 다섯 개의 주요 섬에 불균등하게 분포하고 있다. 표1은 다섯 개 중 가장 작은 자바 섬에 인도네시아 인구 대부분이 거주함을 보여준다. 통계를 보면 수마트라 섬의 인구가 빠르게 증가하고 있고 자바 섬 인구 비율은 감소하고 있다는 사실도 알 수 있다.

자바 섬 인구가 총 인구에서 차지하는 비율은 서서히 감소하고 있으나 자바 섬에 사는 사람 수는 점점 더 늘어나고 있다. 표1의 수치들은 자바 섬이 과포화 상태임을 보여준다. 총 인구의 59%에 달하는 1억 2,120만 명이 국토의 6.9%를 차지하는 이 섬에 살고 있다. 그러나 자바 섬이 다른 섬에 비해 가장 비옥하며 주요 쌀 생산지라는 점을 유념해야 할 것이다.

> ### 체포된 농부들
>
> 2001년 8월 19일에 경찰은 서자바 주 타식말라야에서 한 주 앞서 농부 12명을 수감한 데 이어 18명의 농부들을 연행하였다. 유사한 사건이 자바와 수마트라의 다른 지역에서도 발생하였다. 농민단체 지도자가 심한 구타를 당했고 경찰들이 보는 가운데 폭력배들은 수많은 농가들에 불을 질렀다. 사기업과 국영기업에 땅을 빼앗긴 농민들은 재판에서 진 뒤에도 토지를 되돌려 받기 위한 노력을 계속하고 있다. 『콤파스 신문(Kompas Daily)』, 2001년 8월 21일(Petani Kembali ditangkapi).

식량 생산의 60% 이상이 자바 섬에서 이루어진다. 그런데 인도네시아에서는 비옥한 경작지가 공업지역이나 택지로 바뀌는 일이 빈번히 일어나고 자바 섬 또한 빠른 속도로 산업화되고 있다. 통계청 데이터에 따르면 다른 용도로 전환된 농경지 128만 헥타르 중에서 68.3%는 논이었고,

전환된 토지의 79.3%는 자바 섬에 있다(Suryana & Rusastra, 1998). 농경지가 사라지는 것은 인구 증가 때문이기도 하지만, 전체 공장의 55%가 자바 섬에 있고 공장이 연간 18.2%의 비율로 증가하니 필연적인 결과라 할 수 있다.

인구의 증가 비율을 보면 연령대에 따라 상이한 증가율이 나타난다. 표2는 이 나라의 인구가 급속한 전환을 겪고 있음을 보여준다. 저연령층은 고연령층에 비해 인구 증가 속도가 느리다. 인도네시아는 2000년에 순재생산률(net reproduction rate)이 1에 도달할 것이라고 예측되었다. UN은 2020년에 인도네시아의 0세에서 39세 인구 증가율이 0.0에 도달할 것이라고 예측하였다(McNicoll, 1997).

인구통계학자들은 이 기간을 높은 생산성과 경쟁력을 구가하는 황금기로 본다(Wiranatakusumah & Anwar, 1994). 인구 구조는 어린 아동에서 생산성 있는 연령대의 사람들 중심으로 천천히 이동할 것이다. 이는 인도네시아에서 어린 피부양자들이 줄어들지만 동시에 고연령층 피부양자들은 늘어난다는 것을 의미한다(Irwanto & Tan, 1996). 표4에서 보듯, 고연령층 피부양자 비율은 빠르게 증가하며 저연령층은 감소할 것이다. 불행히도 현재 인도네시아는 한동안 지속된 통화, 사회, 정치 위기의 가혹한 결과와 마주하고 있다. 인도네시아가 경제 문제를 비롯한 다른 문제를 해결하느라 분투하는 동안 이러한 부양의 문제는 더욱 해결하기 어려워질 것이다. 위기가 삶의 질, 미래의 인적자원의 질에 어떠한 영향을 끼쳤는가의 문제는 이후에 논의할 것이다.

인도네시아의 지방자치와 국가주의

신생 국가로서 인도네시아는 아직도 가장 적합한 통치 형태를 모색하는 중이다. 1945년 수카르노가 인도네시아 공화국(NKRI)의 독립을 선포했을 때 이는 식민주의에 저항하는 민족주의자들의 열망이 모여서 이루어진 일이었는데 그 씨앗은 1928년, 전국의 젊은 독립운동가 대표들이 모여 언어, 국가, 국토의 통일을 선언한 데서 비롯되었다. 이러한 정신은 일본이 네덜란드를 인도네시아에서 몰아내었을 때 결실을 맺었다. 수카르노 치하에서 인도네시아는 연방국가(1949-1950), 연합국가([unified nation-state] 1945-1949), 연방국가(1950-현재까지) 등을 실험적으로 시도하였으나 현재까지의 역사를 살펴볼 때 기본적으로 연방제에 반대하는 체제를 고수하고 있다.

수카르노 통치 초기에 정부는 연합군, 특히 미군과 영국군의 지원을 받아 다시 돌아온 네덜란드와 맞서야 했다. 그리고 내부적으로는 일본이 물러간 뒤 공백이 생긴 권력을 둘러싸고 이념과 지역 간에 갈등이 극심해졌다. 수카르노의 기조 정책은 제국주의, 신식민주의, 자국 내 분리주의에 대해 공격적으로 나가는 것이었다. 수카르노는 지역의 분리주의 운동을 억누르기 위해 군사력에 크게 의존했고 이는 자신의 대표적인 정책에는 양날의 검이 되었다.[5] 시간이 흐를수록 그는 이 큰 나라를 다스리기 위한 가장 좋은 방법은 중앙 권력의 강화라고 믿게 되었다.

1968년 수하르토가 권력을 잡았을 때 그는 여태 계속되어온 지역 소요의 역사를 되풀이하고 싶지 않았다. 새로 임명된 내각은 중앙정부의 권력을 절대적 권력, 통치의 중심으로 공고히 만들기 위해 애썼다. 그는 국가의 이익을 공동체의 이익보다 우위에 두었으며, 중앙정부의 권력을 지역정부의 이익보다 우선시했다(Malley, 1999). 수카르노가 통일 국가를 위해 신식민주의를 공공의 적으로 설정했다면, 수하르토 정권은 공산주의가 국가의 잠재적 위협이라고 국민을 세뇌하는 방법을 썼다. 이는 이데올로기 캠페인에 그친 것이 아니라 행동으로 옮겨져 매우 가혹한 결과를 낳았다. 수하르토 정권은 적법하지 않은 국내 치안 기관 (kopkamtib)을 20년 넘게 운영했는데 이 기관은 '정권의 적'들을 언제든지 체포할 수 있었다. 공산주의에 동조한다는 혐의를 씌워 쥐도 새도 모르게 끌고 가는 일이 다반사였다. 이러한 경향은 오늘날까지도 이어진다. 이에 더해 수하르토 정권은 수카르노가 독립에 기여한 부분을 축소하고 공산당과 사회주의가 이 나라에 맞지 않으며 수하르토 장군이 국가 발전의 구세주이자 아버지라는 관점으로 역사를 왜곡했다(Adam, 1999).

수하르토 시대의 중앙집권은 다양한 조치로 이루어졌다. 무엇보다도 이 정권은 50개 이상의 정당을 정부의 인가를 받은 세 개의 정당으로 통합했다. 기존의 이슬람 정당들은 PPP(partai persatuan pembangunan)로 통합되었고, 수카르노파 정당, 기독교 정당, 사회주의 정당들이 PDI(partai demokrat Indonesia)로 통합되었으며, 그리고 '신질서' 정권을 지지하는 여당 골카(Golka)가 있다. 당국이 손쉽게 감시하고 접근할 수 있도록 정당은 본부를 자카르타에 두어야 했다. 이 정당들—특히 PPP와 PDI—은 강제 통합의 결과물이기 때문에 내부 갈등이 끊이지 않았다. 그러면 정부와 여당은 그것을 정치적으로 이용했다. 동시에 수하르토 정부는 일반 국민들, 특히 주요 대학의 학생들이 정치의식을 갖지 못하게 했다.[6] 교내에서 실질적인 정치 행위는 금지되었고 학생들이나 단체 구성원은 기존의 정치 메커니즘을 통해서만 정치적 이상을 펼칠 수 있었다. 1972년부터 1998년까지 여러 차례의 대선 대부분에서 수하르토는 이 정당들의 전폭적인 지지를 받았다.

중앙집권화의 두 번째 조치는 정기적인 로테이션을 통해 군 사령관의 역할을 축소시키고 권위를 주지사에 귀속시킴으로써 지방 군 사령부를 약화시킨 것이다. 또한 지방 주지사들 및 지방자치단체장은 주로 군부에서 임명되어 지방 사령관보다 높은 지위를 가지게 되었다. 이러한 정책을 통해 수하르토 정권은 지방정부의 권위의 우위에 있는 절대적인 권력을 누릴 수 있었다. 현역이나 퇴역 군인이 주요 부처의 장관이나 지방자치단체장으로 임명되는 경우도 드물지 않았다(Malley, 1999). 공무와 정치에 군대가 개입하는 것은 공화국이 처음 형성될 때부터 이어져왔다. 인도네시아라는 국가가 생긴 이래로 늘 군부는 나라를 지키는 것만큼이나 정치 영역에 간섭하는 일을 하느라 바빴다. 군부는 그 두 가지가 동전의 양면이라고 주장했고 수하르토는 군대의 그 두 가지 역할을 하는 데 매우 능숙했다. 수하르토는 충직한 퇴역 장교에게 민간 기관의 고소득 고위직 자리를 보장해주었다.

가장 중요한 세 번째 조치는 1974년의 주 정부 행정에 관한 법률(Law No.5/1974), 그리고 1979년의 지방정부 행정에 관한 법률(Law No. 5/1979)이다. 해당 법 조항들은 지방 행정이 중앙정부 행정의 연장선 상에 있다고 명문화한다. 법 조항에는 주 정부 당국은 '주 내부의 정부'라고 되어 있다(Mallay, 1999: 134). 불행히도 이 법은 자바 섬의 현실을 표준으로 삼아서, 또 네덜란드 총독부가 자바에서 로컬 차원에서 시행했던 통치 정책을 표준으로 삼아서, 모든 지방 행정을 그에 맞추어 하게 만든다. 다시 말해 이 법의 시행은 인도네시아의 다원적 공동체를 전면 부정하는 것이다. 이 법이 문화적 긴장, 지역의 갈등에 기여했고 그것이 쌓여서 말루카와 칼리만탄의 민족 분쟁, 종교 분쟁으로 폭발했다고 많은 사람들이 생각한다(Abdulla, 2001; Syah, 2001; Ngo, 2001).

> **소외되는 전통적인 지도자들**
>
> 1979년의 지방정부 행정에 관한 법률(Law No. 5/1979)은 마을 지도자들을 정부가 지명하도록 했기 때문에 전통적인 지도자들을 소외시켰다. 전통적인 지도자들은 비공식적인 지도자의 위치로 밀려나게 되었다. 분쟁이 일어났을 때, 군대나 경찰—종종 매우 부패한—이 문제를 해결하기 위하여 불려왔다. 정의가 제대로 구현되지 못할 때, 갈등은 쉽게 일어나고 공동체 전체가 그에 휩쓸리게 된다. 비공식적인 지도자들은 합법적인 권한을 가질 수 없으므로 그런 시기에 갈등 해결에 도움을 주지 못한다. -Syah, 2001; Ngo, 2001.

또한 중앙 집중을 가능하게 한 것은 각 주에 행정 및 개발 예산을 기획하고 분배하는 역할을 하는 국가개발기획원(바페나스)을 자바에 설치한 것이다. 사실상 외국인 투자는 국무부 그리고 바페나스 두 개의 부처를 통과하게 된다. 그러므로 지방자치단체는 예산 운용을 위한 기획 및 결정력이 없고 중앙정부에게 의존하는 형편이다. 전환기의 인도네시아에서 이 같은 중앙집중 통치가 정치적 긴장을 유발하고 권력

남용의 원인이 되었다고 말레이(Malley, 1999)는 지적한다. 1997년의 위기 이후로 몇몇 지역은 지자체에 더 많은 자율성을 부여하는 개혁이 있지 않는 한 공화국으로부터 분리되겠다는 입장을 되풀이해서 밝혔다.

앞에서 언급했듯 신질서 정부(1966년 수하르토가 권력을 잡으면서 자신의 체제를 신질서 체제라고 일컬었다—옮긴이 주)는 군대를 이용하고 정치화하여 중앙정부를 강화했다. 실제로 군대는 이 정권의 가장 강력한 지지자였고 군대의 지배적인 역할은 심각한 딜레마를 낳았다. 새 정부는 한편으로는 국가 개발에 유리한 환경을 조성할 수 있는 안정성을 얻길 원했고 그런 점에서 정치적인 혼란을 그냥

> **우리는 연방 국가가 아니다!— 내무부 장관 발언**
>
> 수년간 내무부 장관은 군 장성 중에서 지명되었다. 현재의 내무부 장관은 퇴역 3성 장군이다. 그는 지방자치의 과정이 한계를 넘어섰기 때문에 법규 제22호가 검토되어야 한다고 주장한다. 내무부 장관은 탈중심화의 과정에서 어떤 주들이 잘못된 지역주의를 보여주었다고 말한다. 그는 지방자치법을 검토하고자 하는 정부의 입장을 옹호하며 '인도네시아는 연방 국가가 아니다.'라고 말한 적이 있다. 『콤파스(Kompas)』 2001년 8월 29일; 『템포』 2001년 9월 2일.

두고 볼 수 없었다. 그러나 다른 한편으로 모든 정치, 행정 조직에 군부가 존재하는 것은 개발의 공공 기반을 경직시키고 한정시켰다. 또 행정기관에 포진한 군인 출신들은 신질서 정부의 권위주의를 더 강화했다. 수하르토 정권 내내 정책 입안자들이 대통령이나 그의 신임을 받고 임명된 군인 출신들에게 위협을 받았던 것이 한 예다. 이러한 환경에서 권력 남용은 피할 수 없는 일이었다.

1998년 대규모 시위와 경제 위기로 인해 수하르토가 하야했지만, 그다음 대통령 하비비는 엄격한 중앙집권체계로 조성된 관료제를 무력화하기 위해 지방자치법(Law No.22/1999)과 중앙정부와 지방정부 간의 예산 균형에 관한 법안(No.25/1999)을 제출했다. 이 법안은 이전 것보다 진보적인 것이었다. 이 법에서는 탈중심 정책을 "지방정부가 스스로의 능력과 이상에 따라 지역 공동체의 필요를 충족하는 것"이라고

서술하고 있다. 이 법안에 따르면 지방 자치의 단위는 군(Kabupaten)이 되어야 한다. 예산 균형에 관한 법 또한 "합의된 방식에 의거해 지방정부는 중앙정부와 공유하는 모든 이용 가능한 자원에 대한 권한이 있다"고 명시한다. 그러나 불행히도 하비비는 국민협의회의 국정보고 평가 투표에서 불신임을 받고 1999년 사퇴했다.

압둘라만 와히드의 짧은 임기(1999년 10월 24일~2001년 7월 22일) 동안에는 2001년 1월, 앞의 두 개 법률이 발효되었다는 점을 제외하면 지역자치의 시행이나 고취에 눈에 띄는 진전이 없었다. 2000년 3월 10일에서 5월 10일에 이르는 기간 동안 네 개 전국 일간지에 나타난 지방자치 담론에 관한 연구에서 밝혀진 점은 다음과 같다.

a) 중앙정부는 지방정부의 능력을 불신하며 이는 정부가 탈중심화를 위해 진지한 노력을 하지 않음을 시사한다.
b) 현재 정책의 부적합성에 대한 비판은 대부분 리아우(Riau)나 이리안 자야(Irian Jaya) 등 부유한 지역에서 나왔다. 이는 2000년 법안이 시행된 동기가 분리주의를 막기 위한 정치적 목적에서 기인함을 시사한다.
c) 대부분의 담론은 중앙정부의 정책 결정자들에게서 시작되었으며 지역 공무원들의 능력 배양 계획에 대한 언급과 논의는 매우 적었다.

하비비의 탄핵 이후 대통령직을 이양받은 메가와티 수카르노푸트리는 2001년 8월 16일 국민협의회에 아래와 같이 선언했다.

우리가 현재까지 고수해온 중앙집권 정책은 비효율적일 뿐 아니라 우리 국민의 자주성과 창조성이 성장할 기회를 가로막고 있다.

이 글을 쓰고 있는 현재는 자치 단위를 둘러싼 법 개정 논의와 공적 담론이 더욱 활발해졌다. 지자체장들은 억울하게 권한을 잃었고 그 결과 많은 의원들과 정치인들이 자치 단위를 군이 아닌 주로 조정하는 법 개정과 보완을 제안했다. 주간지 『템포(Tempo)』(2002년 2월 18일)는 법 개정안에 네 가지 중요한 쟁점이 있다고 밝혔다.

    a) 이전에 명시된 것(Law No.22/1999)에 비해 지방정부가 중앙정부에 대해 힘이 약하다.

    b) 지역은 영해에 대해 권한을 갖지 않는다.

    c) 대통령은 주 의회를 해체할 권한이 있다.

    법 개정 위원회에 소속된 라이아스 라시드 박사(Dr. Ryaas Rasyid)는 이와 같은 개정안이 비합리적이라고 논평하며 이렇게 물었다. "그렇다면 자치는 대체 어디에 있는가?"(『템포』, 2002년 2월 18일, 31쪽).

    정치사회학자 앤디 말라란겡(Malarangeng, 2001)은 자치의 단위를 개선하자는 현재의 담론이 중앙정부에 대한 지역 당국의 불신을 드러낸다고 지적한다. 게다가 그는 현재의 담론은 탈중심화가 분리주의 문제를 해결하기보다는 심화할 것이라는 잘못된 추측에서 나왔다고 본다. 탈중심화 과정이 중단되고 퇴행한다면 중앙정부는 지방단체에게 신뢰성을 잃게 된다는 것이 그의 분석이다. 다음 선거에서 이것은 현 정부의 자살행위로 드러날 것이라고 그는 보았다. 인도네시아의 지방자치 제도에 대한 도널드 에머슨의 관찰이 타당한 것 같다. 그는 중앙정부와 군대가 온전한 지방자치를 할 준비가 되어 있지 않다고 분석했다(Emmerson, 1999).

    지방자치의 또 다른 주요 쟁점은 법치에 관한 것이다. 독립 이래, 특히 수하르토 정권 동안 법은 행정부와 별개로 독립적으로 시행될 수 없었다. 신질서 정부는 사실상 권력 남용을 합리화하기 위해 사법 체계를 정치적으로 이용했기 때문이다(Wignjosoebroto, 1994; Mahfud, 1998; Sujata, 2000). 현재의 위기에서 빨리 회복할 방안을 제시하며 세계은행(2000b)은 법원으로 대표되는 사법부 자체가 근본적으로 부패했으며 비효율적이라는 결론을 내놓았다. 검찰과 경찰이 비리와 뇌물 수수의 협력자 역할을 하는 일이 잦기 때문이었다.

메가와티 대통령은 검찰청에서 기념 연설을 하면서 사법부가 재판을 거래한다는 불신을 청산하고 대중의 신뢰를 되찾으라고 법무장관에게 요구했다. 그 주에 언론은 다섯 명의 대법원 판사가 연루된 뇌물수수 사건을 보도했다(『템포』 2001년 8월 27일~9월 2일). 사법부의 부패와 비효율성은 당국이 국민에게 공공 서비스를 제공하는 방식에도 영향을 미쳤다. 이처럼 공공 서비스의 인프라가 사법부와 마찬가지로 부패하고 비효율적이라는 것은 공공연한 사실이다. 공공 서비스의 질이 낮은 것은 자원이 적게 할당되기 때문이기도 하지만 그 적은 자원의 오용, 부패 때문이기도 하다. 그러나 법보다 돈이 더 힘이 세기 때문에 공무원의 부패 사건이 법정까지 가는 경우는 거의 없다.[7]

경제와 위기

독립 후 첫 20년간 경제는 소홀하게 취급되었고 심각하게 잘못 운용되고 있었다. 60년대에는 인플레이션이 600% 이상 치솟았고 빈곤은 고질적인 문제가 되었다. 수카르노가 "원조금과 함께 지옥에나 가버려라(Go to hell with your aid)"(1964년 수카르노가 미국 대사에게 한 말—옮긴이 주)라며 반제국주의 경제를 추진하던 때에 특히 자바의 촌락들에서 빈곤이 심각했다. 이 기간에 1인당 GDP 성장률은 2차 세계대전 이전인 1913년보다 낮았다(Booth, 1999). 그러나 1968년부터 수하르토가 정권을 잡자 상황이 나아지기 시작했다. 신질서 정부는 실용주의를 추구하는 경제학자들의 도움을 받아 외국인 투자를 유치했다. 서구의 투자를 유치하고, 특히 이전에는 거부했던 일본의 투자를 주로 유치하여 인플레이션, 예산 적자를 줄이려고 애썼고, 5개년개발계획(REPELITA)

을 세워 중장기 목표를 구체화했다. 1968년에서 1981년까지의 연간 성장률이 평균 7%를 기록한 것은 이러한 노력의 결과였다. 1974년의 원유 가격 상승도 부분적으로 성장에 기여했다.

개발 첫 10년간 농촌 경제와 농업 부문이 가장 우선적으로 다루어졌다. 도로, 운하 그리고 교통수단이 빠른 속도로 개발되었다. 휴고(Hugo, 2000)는 1970년대에 특히 자바에서 농촌 주민 대부분이 현대식 교통수단을 이용할 수 있었으며 많은 사람들이 오토바이를 구입했다는 점을 지적했다. 1966년에 모터사이클은 199명당 한 대가 등록되어 있었다. 1980년(38명당 1대), 1993년(17명당 1대)에는 그 비율이 훨씬 낮아졌다. 1968년에서 1995년에 이르는 약 30년간의 경향을 살펴보면 아래와 같은 사실을 알 수 있다(Booth, 1999).

a) 도로가 8배 늘어났고
b) 주민들이 사용하는 자동차의 수는 21배 늘어났으며
c) 가정에 공급된 전력은 최소한 30배가 늘었다.

녹색혁명 기간 동안 농업 부분은 GDP의 56% 이상을 차지했고 1968년에서 1973년까지 매년 8%의 성장률을 보였다. 이 기간 동안 정부는 석유에서 얻은 수익을 농업 생산성 개선을 위해 보조금을 지급했다.[8] 특히 수확량이 많고 기후 변화에 강한 벼 품종 개발을 위해 많은 투자를 했다. 이러한 투자로 인해 1985년에는 쌀 수확량이 49% 증가했으며 그해 인도네시아는 쌀 자급이 가능해졌다고 발표했다. 쌀 수확량을 총 인구수로 나누어 1인당 쌀을 소비할 수 있는 양을 계산해보면 연간 100kg에서 146kg으로 늘어났으며 육류, 우유, 채소 등 다른 식품의 생산 및 소비도 늘어났다(Booth, 1999; Birowo & Sanusi, 1985).

3차 5개년개발계획 때는 1980년대의 원유, 가스 가격 하락으로 인하여 제조 분야가 우선적으로 개발되기 시작했다. 물론 제조업의 개발은

식량 수급의 안정화 없이는 불가능했을 것이다. 쌀 생산의 연간 성장률은 6.5%였던 것이 1985년에는 2.5%로 하락했다. 1991년에 GDP에 농업이 기여하는 정도는 20% 이하로 줄어들었다(Hill, 1992). 자바 외의 지역에서는 농지 면적은 더 많았지만 생산량은 늘 자바보다 적었다. 한편 자바의 농민들은 소득을 높이기 위해 쌀 농사를 채소 농사로 바꾸었다. 엘니뇨로 인한 심한 가뭄은 논외로 하더라도, 1997년 무렵이 되면 관개시설을 갖춘 자바의 경작지는 생산량이 이미 최대치에 달하여 기존의 기술과 자재로는 더 이상의 생산성 향상을 기대할 수 없게 되었다.

개발의 우선순위 변경은 고용에도 영향을 미쳤다. 1968년에는 전체 노동력의 약 71%가 농업에 종사했지만 1991년이 되자 농업 인구는 전체의 44%로 감소했다. 한편 1980년에 제조업 분야는 전체 노동력의 9.1%를 차지했으나 1997년에는 약 25%까지 늘었다(Nachrowi et al., 1995; CBS, 1998b). 이와 같이 제조업의 비중이 커진 것은 80년대 중반 탄화수소(천연가스의 주요 구성성분) 가격이 급격히 하락하면서 더욱 가속화되었다. 정부는 재빨리 루피아(인도네시아의 화폐 단위)의 가치를 절하하고 수출 위주의 제조업에 박차를 가했다. 인도네시아는 80년대 말에는 평균 7%의 연간 성장률을 유지했으며, 1990년에서 1996년에는 매년 평균 8%나 되는 성장률을 보였다(Feridhanusetyawan & Anas, 2000). 경제 분야의 성공을 보여주는 또 다른 지표는 외국인의 직접 투자가 증가했다는 것이다. 이는 국제 투자자들 사이에서 인도네시아 경제에 대한 신뢰가 확보되었다는 것을 보여준다. 표4를 보면 1990년에서 1997년 사이에 외국인의 직접투자가 400% 이상 상승했으나 1998년에 급격히 하락했음을 알 수 있다.

「1997년 세계 경쟁력 보고서(The world competitiveness report 1997)」는 인도네시아를 OECD 국가보다 약간 낮은 중간 위치의 신생 시장에 포함시킨다(Feridhanusetyawan & Anas). 1997년까지 80% 이상의 성인 남성과 48% 이상의 성인 여성이 유급으로 고용되어 있었고 노동자 대부분은 최저임금을 받아 빈곤선을 겨우 넘어서는 생활을 하고 있었다(Islam & Nazara, 2000).

그런데 높은 생산성과 빠른 경제개발로 인해 인도네시아 내부에 잠재해 있던 문제들이 불거져 나왔다. 첫째, 외국인 투자와 해외 부채―특히 민간영역에서의―의 높은 비중 때문에 인도네시아의 채무상환비율(DSR)이 문제가 되기 시작했다. 이것은 1986년 루피아의 평가절하, 그리고 엔화의 가치상승과 연관되어 있었다. 1981년에서 1986년에 이르는 기간 동안 공공부문의 대외채무는 매년 약 15.5% 상승했고 민간부문의 대외채무는 8.1% 상승했다. 이러한 상황은 1986년 이후로 바뀌어 공공부문의 대외채무는 매년 7%, 민간부문의 대외채무는 20% 상승했다(Soesastro, 1995). 1996-1997 회계연도에 채무상환비율은 30%로, 연간 수출액을 웃돌았다(Booth, 1999).

둘째, 공공부문과 민간부문 양쪽에서 고질적인 뇌물 수수와 부정부패가 있었다. 그런 문제로 인해 국가 보조금은 제대로 배분되지 않았고 선주민들을 몰아내는 부패한 대규모 사업들이 진행되었는데 이는 사회적·정치적 불안을 야기했다. 한 예로 가난한 사람들이 기름을 싸게 살 수 있도록 지원되는 유류 보조금은 권력층 측근

> **공기업**
> 1995년의 한 연구에 따르면, 인도네시아에서 국영 제지펄프 공장들은 사기업 공장에 비해 한 공장당 다섯 배 이상 많은 오염 물질을 배출한다(Pargal & Wheeler, 1995).
> 국영 기업 페르타미나의 비효율적인 자원 조달과 배분 절차로 인한 손실은 약 20억 US달러로 추산되었고 그중 80%는 페르타미나 본사의 운영에서 발생한다.
> -The World Bank(2000c).

들의 주머니만 두둑하게 만들어주기 일쑤였다. 석유와 가스 업체들은 보조금 혜택을 주어야 할 석유와 가스를 해외에 팔아 넘겨 국내 시장의 부족 사태와 정치적 분란을 야기했다. 벌목업체들은 거주자들의 권리를 짓밟고 지역주민의 생계를 파괴하면서 중앙, 지방정부의 관료들에게 뇌물을 주고 자기도 한몫 챙겼다. 이들은 현재까지도 법의 심판을 받지

않고 있다. 쌀가루를 비롯한 다른 주요 물자들에 대해서도 비슷한 상황이 일어나 부자들 배만 불리는 결과를 낳았다. 뇌물 수수와 비리는 모든 경제적 기회에 뇌물을 위한 30%의 추가 비용을 발생시킴으로써 물가 상승의 요인이 되기도 한다(Schwarz, 1999).

셋째, 경제적 이득을 위한 권력 남용이 심각하게 일어났다. 식품 산업, 통신, 교통 분야의 독점 정책은 장관령과 대통령령에 의해 뒷받침되었다. 이는 수하르토 가족의 기업 왕국에서도 나타난다. 1980년대 말에서 1996년까지 수하르토 가족과 그 측근들은 콩, 플라스틱, 정향, 통신, 자동차, 고속도로 등을 독점해 높은 수익을 올렸고 많은 중소기업과 조합, 농부들은 하던 사업을 포기해야만 했다(Booth, 1999; Abimanyu, 1997).

넷째, 공기업이 비효율적으로 운영되었다. 많은 공기업이 경제적으로 성장 불가능하다고 세계은행은 지적했다(World Bank, 2000a.c.). 1989년 재무장관은 국영기업 189개 및 정부 출자 기업 28개에 대한 회계감사를 지시하였다. 해당 기업 중 3분의 2의 재정이 부실하다는 사실이 밝혀졌지만 이 기업—대기업인 페르타미나(Pertamina), 가루다(Garuda), PT 티마(PT Timah), 누타니오(Nurtanio)[9]를 포함—들을 민영화하려는 계획은 무산되었다. 장관들은 경제에서 국가의 역할이 크다고 생각한다며 자신들의 정치적 이익을 위해 공기업들의 민영화에 반대했고 수하르토 대통령도 민영화로 얻을 이득이 없었기 때문이다(Schwarz, 1999). 이 공기업들이 여당과 수하르토 가족의 지속적인 수입원이라는 사실은 이미 널리 알려져 있었다. 공기업은 인도네시아 최고의 경영대, 공대를 졸업한 프리부미(pribumi: 네덜란드, 중국인 커뮤니티와 대비하여 선주민들을 일컫는 말)들이 커리어를 쌓는 곳이라는 점을 브레스넌(Bresnan, 1995)은 지적했다. 공기업의 프리부미 중 많은 이들이 자바가 아닌 지역의 무슬림 가정 출신이며 이슬람교도와 이슬람 단체의 지위와 입장을 강화하겠다는 사명감을 가지고 있다.

공기업은 상당한 자원을 관리하기 때문에 실제적으로 또 상징적으로 국가의 이익을 대변하는 공기업 직원들은 상당한 힘을 가지고 있다.

인적 자원의 질

1945년 8월 17일 독립이 선언되자 일본군은 곧 철수하였고 새로운 정부에 남겨진 것은 국가의 운명에 대한 책임감과 정치의식을 가진 가난한 국민들이었다. 이 신생국가는 출범 후 첫 20년간은 외부 세력(연합군, 네덜란드)과 내부 세력(분리주의자)이 남기고 간 문제들에 집중했고 경제와 인적 자원 개발에 할애할 시간은 적었다. 인도네시아 공화국의 초대 대통령 수카르노는 통일 국가 인도네시아라는 이데올로기 강화, 그리고 공격적인 외교를 통한 전 세계 식민주의 종식에 열의를 가졌다. 그는 비동맹 국가들로 구성된 연방에 대한 굳은 신념을 가지고 있기도 했다.

1966년 1월 10일, 학생 시위대가 '민중의 세 가지 요구(Tri Tuntunam Rakyat)'라는 것을 내걸고 공산당 축출, 수카르노를 배제한 새 내각 구성, 생필품 가격 인하를 요구했다. 수카르노는 학생들의 요구를 거절했고 이는 그의 하야를 불러온 이유 중 하나가 된다. 신질서 정부는 권력을 잡자마자 경기를 부양하고 인적 자원 개발을 위한 투자를 늘렸다.

인적자원에 관한 아래의 정보들은 현재 사용 가능한 데이터에서 추출한 것이다. 아래의 데이터에서 볼 수 있듯 인도네시아는 인적 자원에 대한 투자에서 뒤처지고 있다. 인접 국가인 말레이시아, 태국, 필리핀은 보건과 교육에 두 배의 예산을 사용한다. 인도네시아는 지난 30년간 괄목할 발전을 보이기는 했으나 아직 충분하지 않다.

보건과 영양
인적 자원의 질을 개선하는 것은 일생에 걸쳐 이루어져야 하는 과정이다.

이 일은 아이가 태어나기 전, 태내에 있을 때의 영양 공급부터 시작된다. 그러므로 분석을 위하여 가임기 여성이 처해 있는 상황을 우선 살펴보기로 한다.

산모들의 영양 상태와 건강

유니세프(2000a)는 가임기 여성 중 4분의 1이 만성적인 에너지 결핍(CED) 및 영양실조의 위험에 처해 있다고 분석한다. 「1995년 모자보건조사(Maternal and Child Health Survey 1995)」에 따르면 조사에 응답한 여성의 24%가 상완 둘레 23.5cm 이하였다. 이 문제는 특히 서부, 동부 누사탱가라에서 심각하다. 각 지역의 상황은 표5에서 볼 수 있다.

연령대별로 보았을 때 이 문제는 특히 저연령층에서 광범위하게 나타난다. 15~19세 여성의 1/3, 그리고 22~29세 여성의 약 1/4이 에너지 결핍의 징후를 보이고 있다. 에너지 결핍을 겪는 여성은 저체중아를 출산할 확률이 높으며 이는 또 다른 심각한 문제들로 이어진다. 에너지 결핍은 영양실조의 한 징후에 불과하며, 영양실조의 다른 징후들도 나타난다. 약 37%의 임산부는 다소간의 빈혈이 있는데 빈혈 역시 저체중아나 미숙아 출산, 혹은 유산의 위험을 높인다. 그 외의 질병, 특히 말라리아(임산부의 5%), B형 간염(임산부의 11.5%) 같은 기생충 감염, 그리고 전염병, 성병(인구 1만 명당 1~2명 이하) 역시 지속적으로 산모들을 위험에 빠뜨리는 요소다.

여성의 성과 재생산 건강

1999년 통계청의 아동 복지 통계에 따르면 10~24세의 기혼 여성 중 30%가 17세 이전에 결혼했다.[10] 이러한 상황이 개선되는 속도는 무척 느리며 교육부는 이 문제를 그다지 심각하게 받아들이지 않는 것으로 보인다. 이는 사안의 민감성 때문이다. 또한 결혼 연령은 조금씩 높아지고 있으나 성경험 연령은 그보다 낮다.

교육

입학 및 중퇴 비율

세계은행(World Bank, 1998)에 의하면 인도네시아는 인구의 규모와 낮은 1인당 소득에 비해 취학 연령 아동의 입학률이 가장 높은 국가 중 하나다. 현재 인도네시아의 초등학교 입학률은 94%, 중학교 입학률은 52%에 달한다. 불행히도 여전히 7~12세 아동 중 180만 명, 13~15세 사이의 아동 중 420만 명이 중퇴, 미입학 등의 사유로 학교에 다니지 않는다(Unicef, 그림1 참조).

빈곤층 아동은 형편이 나은 가정의 아동에 비해 중등 이상의 교육을 받기 어렵다. 표8은 경기가 좋은 시기에도 빈곤층 아동은 교육 접근성이 낮음을 보여준다.

통계에서 알 수 있는 것은 빈곤층 아동이 학교에 입학하더라도 고등교육으로 올라갈수록 학업을 지속하는 비율이 낮아진다는 것이다. 인도네시아에서는 공립학교를 포함해서 모든 교육이 유상으로 이루어진다. 교육비가 매우 저렴하다고 해도 통학 비용, 교과서, 교복과 기타 경비를 다 합치면 한 아이를 학교에 보내는 데 드는 비용은 빈곤층 가정에는 심각한 경제적 부담이 된다. 일하는 아동들, 부랑아에 대한 연구가 반복적으로 보여주는 것은 교육비 지출이 불가능하다는 것 또한 아동 노동의 요인 중 일부라는 것이다(Irwanto 1997; Irwanto et al., 1999; Irwanto et al., 2001).

빈곤 가정, 혹은 농촌 지역 가정에서 아동들이 고등교육을 받지 못하는 이유는 적어도 세 가지가 더 있다. 첫 번째 명백한 이유는 학교가 너무 멀다는 것이다. 중앙자바 주 인드라마유 군(郡) 본가스 펜틸 마을에서 섹스 산업에 종사하는 소녀들에 대한 기술연구를 보면, 이 지역에는

무시당하는 선주민 공동체

사업 이익을 추구하는 사람들과 선주민 공동체 사이에서 일어난 갈등 때문에 선주민 지역에 교육 서비스를 제공하는 것이 불가능한 경우도 있다. 현재 갈등을 겪는 것으로 알려진 선주민들은 수마트라 북부의 수가파족, 소롱(파푸아)의 모이족, 아무그메와 카모로(파푸아), 칼리(술라웨시), 다약크(칼리만탄), 중앙자바의 커둥 옴보 공동체와 케네케족인데, 모두 기업이 그들의 땅을 차지하고 지역 공동체를 무시하는 데 대해 항의하고 있다. -CRC-FPR, 2001.

마을에서 멀리 떨어진 중학교가 하나밖에 없기 때문에 접근이 어렵다는 점이 명백히 드러난다. 물론 이것이 유일한 이유는 아니며 나머지는 추후 논의할 것이다. 그러나 아이가 자기 학비를 스스로 벌기 위해 일을 해야 할 때 접근성은 심각한 문제가 된다. 많은 아이들이 이른 아침 노동을 시작하기 때문에 멀리 있는 학교로 등교하는 일은 힘에 부치는 일이다.

아이들이 학교에 다니기 어려운 또 다른 이유는 출생증명서가 없다는 점이다. 1999년 전국 사회 경제 조사에 의하면 0~5세 아동 중 30.6%만이 출생증명서를 가지고 있다(CBS, 2000). 이는 매년 어린이날에 논의되는 문제지만 이를 해결하기 위한 노력은 아직도 찾아보기 어렵다.

또 하나, 특히 여자아이들이 학교에 가지 못하는 큰 이유는 생계비를 벌어야 한다는 압박이다. 여러 제조회사와 인력 공급 업체들은 도시 지역에서 일할 어린 노동자, 특히 여성 노동자들을 활발히 모집하고 있다. 아동들이 학교와 가정을 떠나서 고위험 직종에 저임금으로 종사하는 것을 막는 법적인 개입은 현재까지 한 번도 이루어지지 않았다(Irwanto et al., 2001).

지리적 위치 또한 중요한 요인이 된다. 교통이나 전기 등 기반 시설이 아직까지 제대로 개발되지 않은 지역의 아동들은 학교에 다니는 일이 무척 어려우며 이들 중 대부분은 선주민 공동체에 속해 있다. 「인도네시아 아동권리장전, 첫 번째 정기 보고서(CRC-FPR)」에 의하면 약 120만 명의 인구가 학교 접근이 어려운 지역에 살고 있다. 이러한 지역의 교육은 방문교사프로그램(Program Guru Kunjung)의 지원을 받고 있는데 이는 가장 가까운 지역의 교사가 일주일에 한두 번 방문하여 가르치는 것이다. 그러나 이러한 프로그램은 대개 재정 지원이 빈약하고 감독이 허술하다(Irwanto et al., 1999).

마지막으로 결혼 연령 등 사회문화적 요소 역시 9년간의 보통교육이라는 국가 차원의 규정(1996)을 심각하게 방해하고 있다. 앞서 언급했듯 많은 여아들이 17세 이전에 결혼한다. 즉 중학교를 끝으로 학업을 그만두는 것이다. 실제로 상당 수 아동들이 중학교를 마치기 전에 결혼한다.

교육의 질

초등교육 과정의 입학 비율은 국제적 수준에 도달하고 있으나 우리는 여전히 몇 가지 심각한 문제들에 직면해 있다. 수료 비율은 초등, 중등 모두 95% 이상으로 만족스러운 것으로 나타난다. 그러나 교육문화부 (MOEC)에서 1996-1997년에 실시한 코호트 분석에 따르면 초등과정 수료자들 중 57.4%만이 6년 내에 과정을 끝마쳤으며 중학교 수료자들 중에서는 84.7%가 3년 내에 끝마친 것으로 나타난다. 초등과정을 8년 안에 끝마친 학생들은 약 81.8%를 차지한다.

이에 더해, 학생들의 국가고사(EBTANAS) 점수 역시 부진하다. 제대로 운영된 학교는 전체의 절반 이하이고, 대부분은 제대로 기능하지 못했으며, 사립학교의 경우 이러한 경향이 더욱 심하다는 것을 그림2에서 볼 수 있다. 세계은행은 1994년에 비슷한 경향을 지적하며 그 요인 중 하나로 교사의 질을 들었다. 초등학교, 특히 사립학교에서 대부분의 교사는 고등학교 수준의 교원양성기관 출신임에도 불구하고 사범교육을 거치지 않았다. 게다가 보수가 낮아서 교사들 대부분이 부업을 하는 실정이다. 실제로 초등학교 교사 80%가 부업을 한두 개 가지고 있는 것으로 조사되었다(Unicef). 그러니 학생들에게 투입할 시간이 부족하여 교사로서는 최소한의 일만 하는 것이다.

이는 인도네시아 같은 개발도상국에게 무척 심각한 문제이다. 국제 경쟁력에서 교육의 질은 무척이나 중요하기 때문이다.

교육에 대한 투자

교육에 대한 투자 정도가 교육의 질을 보장할 수는 없지만 투자는 반드시 필요한 조건이다. 유니세프의 「2001년 세계개발보고서」에 의하면, 지난 30년간 인도네시아는 국가 예산의 15% 미만, GNP의 1.5% 미만을 교육에 투자했다. 이 수치는 이웃 나라인 말레이시아(4.9%), 태국 (4.8%), 필리핀(3.4%), 베트남(3.0%)보다 낮은 것이다. 국가 예산에서 지원되는 부분이 적으므로 가정에서 교육비의 절반을 부담해야 되고 이는 빈곤층에서도 마찬가지다. 그래프3은 국가 예산에서 교육 예산이 차지하는 비중이 갈수록 적어지고 있음을 보여준다.

그런 교육 예산을 가지고 국가는 교사의 낮은 봉급과 기본적인 시설 유지비, 교육 행정 비용만 겨우 대고 있는 것이다. 이 상황에서 교수법 훈련을 통해 교육의 질을 향상시키는 것은 불가능에 가깝다.

노동력과 소득

인도네시아에 인구가 많은 것은 사실이다. 그러나 인도네시아 사람들은 인근 지역에서 가장 낮은 임금을 받고 있다. 인도네시아에서 교사의 평균 월급은 50달러 이하인데 이는 말레이시아 교사 월급의 10분의 1, 필리핀 교사 월급의 절반에 해당한다. 아이러니하게도 값싼 노동력은 이 나라의 경쟁력에 있어서는 이점이 된다. 인도네시아 노동자의 목소리는 국가와 부유한 고용주들의 이익을 위해 오랜 기간 억눌려 있었기에 들리지 않았다.

신질서 정부는 강한 노동자 단체나 노조의 존재가 경제 안정 및 국가에 위협이 될 것이라고 보았다. 또한 이 정부는 노동조합이 매개가 되어 공산주의와 결합한 사회주의 당파가 부활할까 봐 경계하였다. 이를 막기 위해 전국의 노동자들을 대변하는 단 하나의 노동조합만 허용했다.

그런데 '노동자' 대신 '근로자'라는 말을 쓰게 하여 이 조직은 인도네시아 근로자연합(SPSI)이라는 이름을 갖게 되었는데 이는 인간 존재의 중요한 측면인 노동을 낮추어 보는 관점을 취하는 것이다. 게다가 단 하나뿐인 이 근로자 연합은 정부의 엄격한 통제를 받았으며 여당인 골카 당은 근로자들을 위협하고 근로자들을 여당의 의제에 끌어들이는 수단으로 근로자 연합을 이용하였다.

그러나 그렇다고 해서 그들이 노동자의 복지를 완전히 등한시했던 것은 아니다. 사실 노동자들의 분규를 막기 위한 수단으로 최소한의 요구 조건은 점차 충족해주었기 때문이다. 분규가 통제를 벗어나는 것으로 보이면 가혹한 조치—이따금 치명적인 방식으로—가 취해졌다. 이러한 경우에는 거의 언제나 군이 개입했다. 1998년까지 인도네시아에서 일어난 노동 분규는 이런 방식으로 다루어졌다. 인도네시아 노동자들 대부분은 이러한 가혹한 대우와 저임금, 고용 불안을 받아들여야 했다. 국가는 노동자들에게 실직 시 지원 대책을 전혀 마련해주지 않았다. 40% 이하의 기업에서 근로자 사회보험(JAMSOSTEK)의 형태로 고용 보장 장치를 두고 있으나 실직자들을 위한 사회보장제도는 없다. 이는 국제노동기구(ILO) 협약 제192호에 명시된 사회보장의 최저기준에 미달하는 것으로 ILO의 비난을 받았다. 인도네시아의 노동자가 생존하려면 열심히 일을 하는 것 외에 다른 선택을 하기는 불가능하며 이는 고용과 실업에 관한 통계에 타당성이 없음을 의미한다(Ananta & Anwar, 1995). 최악의 경우에는 여성들과, 어린아이들을 팔아넘김으로써 가족이 겨우 생존하기도 한다(Irwanto et al., 2001).

1997년에 최악의 상황이 실제로 벌어졌다. 건설 공사장이나 제조회사에 고용되었던 노동자들이 일자리를 잃었다. 표5는 1990년 이후로 한 달 필수 지출액이 몇 배나 늘었음을 보여준다. 최저 임금으로 계산한 소득을 보면 이 상황의 심각성이 더 분명히 나타난다. 그해의 소득은 그 전해 소득에 비해 실질적으로는 훨씬 감소한 것이었다. 표6을 보면

1999년과 1996년의 최저임금의 실질적 가치가 차이 난다는 것을 알수 있다. 1999년 노동자들이 받은 임금의 가치는 3년 전에 비해 약 50% 적었다. 이러한 상황은 거의 모든 직종의 노동자들에게 나타났다.

1996년 세계은행은 인도네시아 정부의 '지역 최저임금' 인상 정책에 대해 경고했다. 세계은행은 이 인상 정책이 다음과 같은 결과를 불러올 수 있다고 밝혔다.

> (…) 이는 특히 여성, 청년 고용의 창출에 부정적인 효과를 불러올 것이다. 경쟁력을 떨어뜨리고 고용 성장률을 낮추며 역설적으로 빈곤과 사회불안을 증대시킬 위험이 있기에 경고가 필요하다 (World Bank, 1996).

이것은 1996년의 일이지만 이 경고는 오늘날까지 유효하다. 이렇게 취약한 경제구조에서는 최저임금의 인상이 인플레이션에 지대한 영향을 끼치며 경제적으로 역효과를 창출하기 때문이다.

둘째, 1998년의 정치 개혁으로 모든 분야가 모든 수준에서 민주화의 전망을 갖게 되었음에도 불구하고 노동 영역은 여전히 정부, 그리고 기업주에게 엄격하게 통제받고 있다. 1999년에는 전국 차원의 노동조합이 20개 이상 설립되어 인가를 받았다. 그러나 노동운동가들은 주·군 단위에서는 인가가 더 어렵다고 주장한다. 인도네시아경영자총회(APINDO)에 의해 인가가 거부된 노동조합들도 있으며, 실질적으로는 전국노동조합총연맹(FSPSI)만이 유일하게 정부의 인정을 받아 그 결과로 자주 정부와의 대화 및 토론에 참여할 기회를 얻는다.

장기간의 경제위기로부터 회복하려면 인도네시아 노동력의 문제 몇 가지를 해결해야 한다. 현재 노동인구 70% 이상이 중학교(10학년) 이하의 교육 수준을 가지고 있다. 여성은 대체로 남성보다 낮은 수준의 교육을 받는다. 앞서 언급했듯 사회보장은 노동자 대부분에게 제공되지 않으며 기존의 사회보험 정책도 잘 지켜지지 않는다. 인도네시아인들 대부분은 강력한 노동조합을 갖기까지 오랜 기다림이 필요할 것이라 본다.

2002년, 상황이 나아졌는가

금융위기 후 4년, 어떤 변화가 생겼는가? 내가 보기에 인도네시아는 자리보전하고 누운 허약한 비만 노인 같다. 움직일 때마다 통증을 느끼고, 몸의 각 부분이 서로 협조하지 못하고 따로 논다. 이 시기 인도네시아에 어떤 일들이 생겨났는지를 돌아보는 것은 정말 어려운 일이다. 1998년부터 근현대사에서 가장 심한 독재정권에 속하는 수하르토 정권이 몰락했고 그 후 현재까지 세 명의 대통령이 나왔다. 현 대통령 메가와티를 포함해 셋 모두가 부패, 정경유착과 족벌주의에서는 자유로웠으나 아무도 그 세 가지 문제를 확실히 청산하고 나라를 올바로 이끌지는 못한 것 같다. 실제로 앞의 두 대통령은 장관 및 관료들의 부패와 족벌주의를 청산할 능력이 없었기 때문에 의회에서 탄핵당했다.

이 세 명의 지도자에겐 또 다른 공통점이 있다. 이들은 대다수 국민, 특히 빈곤층, 영세 사업자, 취학 연령 아동이 있는 가정, 농민, 어민, 노동자들의 요구를 진지하게 받아들이지 않았다. 정부는 부채, IMF 그리고 당리당략만 걱정했다. 권력과 탐욕의 정치가 공공 담론을 지배했다. 엘리트들의 분쟁은 민족, 종교에 따라 구분되는 집단들로 확산되었고 그 사이에서 세 대통령 중 그 누구도 민중에게 정의를 구현해 보이거나 질서를 회복시키는 능력을 보여주지 못했다.

많은 인권 침해 사건들—노동운동가 마르시나 살해 사건, 운동가들의 실종(1998년 11명이 실종되었다), 1998년의 세만지(Semangi) 사태에서 일어난 학생 시위대 사망, 자카르타와 다른 대도시들에서 일어난 5월 13일 시위, 2002년 12월 크리스마스 폭파 사건, 동티모르·아체·

서 파푸아에서 일어난 학살—은 모두 미결 상태의 사건들이다. 현재의 메가와티 정부는 군대와 연관된 것에는 약한 모습을 보인다.

경제는 여전히 침체되어 있고(World Bank, 2001) 2001년 9월의 수치를 보면 성장은 느리며 수출은 눈에 띄게 감소했다(2000년 9월 보다 24.2% 하락). 유류 보조금 축소는 기름값 인상으로 이어졌고 그로 인해 사람들의 삶은 더 팍팍해졌다. 수치상으로 빈곤 인구는 1999년의 27%에서 2000년 2월에는 15%까지 줄어들었으나 여전히 많은 젊은이들이 실직 상태이며 거리에서 푼돈을 받고 일한다. 자카르타를 비롯한 대도시에서 젊은

> **열사 마르시나**
>
> 1993년 마르시나는 노동자들의 권리를 지키고자 한 대가로 잔혹하게 살해당했다. 그해 초에 동자바 주지사는 동자바 주의 기업주들에게 서신을 보내어 임금을 20% 인상할 것을 요청했다. 그러나 임금을 인상한 기업주는 몇 안 되었다. 마르시나는 1993년 5월 3일부터 5일에 걸쳐 동자바 주 시도아르조에서 일어난 시위에 참여한 노동자 수백 명 중 하나였다. 그녀가 일하는 회사(PT, CPS)가 지방군 사령부와 협력하여 그녀의 동료들이 일을 그만두도록 만들었기 때문에 군 사령부를 고발할 계획이었다. 그녀는 1993년 5월 4일 밤 행방불명되었고 응안죽의 윌라간이라는 이웃마을의 논 한가운데 있는 오두막에서 주검으로 발견되었다. 부검 결과에 의하면 성기부터 복부까지 넓게 찢어진 상처가 있었고 골반이 부러졌고 온몸이 멍투성이였다. 이 사건은 지금까지도 의문이 풀리지 않은 채로 있다 (2002년 4월).

층의 범죄가 늘어나는 추세다. 학자이자 마을 지도자인 누르콜리스 마지드(Nurcholis Madjid)는 한 인터뷰에서, 인도네시아는 병든 국가이며 인도네시아가 인근 국가들에 비해 발전의 많은 측면에서 뒤처지고 있다고 주장했다. 그러나 "모든 인도네시아 국민들은, 특히 권력층과 정치인들은 단순하고 소박한 삶을 살려고 하지 않는다"(『자카르타 포스트』, 2002년 1월 26일, 1면).

새천년의 시작에도 홍수가 있었는데 2002년 1월 말 인도네시아는 다시 한 번 홍수를 겪었다. 자카르타를 비롯한 자바 전역이 홍수 피해를 입었고 중앙자바 주, 동자바 주가 가장 큰 피해를 입었다. 자카르타가

2주 가까이 홍수의 여파를 겪었으며 20명 이상의 성인과 아동이 목숨을 잃었다. 홍수가 나고 사흘이 지나서야 피해 지역을 방문한 대통령은 지역주민들에게 야유를 받았다. 주민들은 우리에게 필요한 것은 동정이 아니라 식량과 대피소라고 말했다. 이는 정부가 얼마나 느리고 비효율적으로 대응하는지, 얼마나 현장 사정에 무지한지를 보여주는 예다.

오늘날 우리에게는 모든 문제에 대처할 수 있는 훌륭한 지도자가 필요하다. 인도네시아는 정체성의 정치가 수반하는 고통을 겪는 중이다. 소규모 경제 활성화, 샤리아 법(이슬람 율법)을 헌법, 연방제도, 지방자치에 적용하는 문제, 정치 영역에서 군대의 역할을 축소하는 것 등 다양한 쟁점들이 활발히 논의되고 개발되는 중이다. 그러나 문제는, 현 정부가 그들이 추구하는 길의 비전을 선명하게 보여주지 못한다는 것이다. 거기다 현 정부는 민중의 열망을 고려하지 않는다는 인상을 주고 있다. 어떤 미래로 갈 것을 선택했는지 정부가 국민들에게 분명하게 보여주지 못하면, 국민이 행동하고 스스로 선택하게 될 것이다.

주요 이슈

권력 남용과 부정부패

인도네시아는 부패가 '용인되는' 사회로서, 세계에서 세 번째로 부패 지수가 높다. 슈워츠(Schwarz, 1999)는 부패가 두 가지 형태로 나타난 다고 정의한다. 인도네시아인들 대부분은 공무원들이 아주 적은 봉급을 받고 있으니 지위를 이용해 부수입을 좀 챙겨도 괜찮다고 여긴다. 공무 원에게 뇌물이나 선물을 주면 일이 더 쉽고 빨리 진행되도록 만들 수 있다. 많은 사람들이 이러한 상황에서 부정부패는 피할 수 없는 일이라고 믿는다. 불행히도 적당히 뒷돈을 챙기는 것과 부정 축재 사이 에는 명확한 경계가 존재하지 않는다. 같은 이유로 회사들 역시 수익사 업의 독점이나 탈세를 위해 공무원에게 거액의 뇌물을 주는 실정이다. 부패와 권력 남용의 많은 사례가 한때 최고의 가문이었던 수하르토 집안에서 나타났다.

슈워츠는 수하르토의 아내와 자녀들, 친척들이 인도네시아의 모든 사업 거래를 통제한다는 점을 지적한다. 신질서 정부 시기에 배척당했던 정치학자 조지 아디티온드로의 주장에 의하면, 수하르토 가문이 250개 이상의 회사를 소유하며 건축, 채굴, 통신, 화학, 석유, 식품 등 주요 산업을 독점하고 있다. 그뿐만 아니라 수하르토는 사회 문화적 목적으로 설립된 22개 재단도 마음대로 주물렀다. 수하르토의 자녀나 측근이 운영하는 재단까지 포함하면 그 수는 100개에 달한다(Aditjondro, 1998). 실제로 이 재단에서 조성된 기금은 수하르토 측근에게 대출되거 나 수하르토 자신의 입지를 공고히 하고 정적들의 입지를 약화시키는

데 사용되었다. 이 재단 중에는 록펠러나 포드 재단보다 기금을 더 많이 축척해둔 곳도 있다. 수하르토는 "우리나라의 부패는 부패한 정신의 결과물이 아니라 경제적인 압력 때문에 생겨나는 것"이라는 입장을 밝힌 적이 있다(Schwarz, 1999:136).

국채

현재 인도네시아 정부는 653조 루피아라는 많은 국채를 가지고 있는데 (1US달러는 9,000루피아[IDR]이다) 이는 대부분 주요 은행의 자본 확충(recapitalisation)으로 생긴 것이다. 그러나 인도네시아 은행구조 조정위원회(IBRA)가 통제하는 자산의 실제 가치는 167조 74억 루피아가 안 될 것으로 추산된다. 이는 인도네시아에 커다란 재정 부담을 주고 있다. 채무의 대부분은 2004-2009년 사이에 만기가 된다. 지불해야 할 이자만 약 88조 5천억 루피아이며 이는 정부 수입의 약 27%에 해당한다. 인도네시아가 이 곤경에서 쉽게 빠져나갈 길은 없어 보인다 (CSIS staff, 2001).

가족계획

가족계획 사업은 신질서 정부의 성공적인 업적에 속한다. 1969년에 가족계획 사업의 기초가 만들어졌고 그 이듬해에 가족계획청이 출범했다. 아디에토모(Adieotomo, 1997)는 1970년대 초반부터 출산율이 감소한 것은 이 가족계획 사업 덕이라고 주장한다. 이것의 목적은 인구 조절과 인도네시아 가정의 복지 향상이었다. 물론 이 계획은 바람직한 결과를 가져오긴 했다. 특히 여성의 재생산권에 대한 인식이 확산되고 출산 간격을 조절할 수 있게 되는 등 권익 향상의 효과를 낳았으나, 사업 시행 방식이 사업 목적과 부합하지 않는 경우가 있었다. 많은 지역에서 이 사업은 여성과 그 가족에게 적절하고 충분한 정보 제공 없이 강제되었다. 수조 달러의 예산이 투입되었고, 1967-1969년에 5.7이었던 출산율은 90년대에 2.9까지 큰 폭으로 감소했다(Adioetomo, 1997). 그러나 이 사업은 여성들에게 바람직하지 않은 결과를 낳기도 했다. 호르몬 요법이 광범위하게 사용되어 신체적·정신적 건강에 나쁜 영향을 주었다는 점이 많은 연구들에서 지적된다. 이 프로그램은 여러 지역에서 강압적으로 시행되었다는 점에서도 비판을 받았다.

산불 연무 피해

1997년에서 1998년에 이르는 건기 동안 인도네시아는 다시 한 번 전 세계의 주목을 받았다. 수천 헥타르의 열대림에서 산불이 일어났기 때문이다. 산불로 발생한 연기는 싱가포르, 말레이시아, 인도네시아(특히 칼리만탄과 수마트라 지역)의 많은 사람들에게 피해를 주었다. 산불은 건강 문제 외에도 정치적·경제적 파급 효과를 낳았다. 인도네시아의 열대림에서 발생한 산불은 인재인 동시에 자연재해였다. 1997년에서 1998년까지 엘니뇨로 인해 인근 지역 전체에 기후변화가 일어났으며 인도네시아의 주요 섬에 긴 가뭄이 들었다. 그런데 벌목 회사들—토착 기업도 있고 다국적 기업도 있다—이 무책임하게 작은 나무와 덤불에 불을 놓아 땅을 말끔하게 하려 한 것이 화재의 원인이 되었다.

1997년 산림부의 산림보호과는 면밀한 조사를 거쳐 화재로 인해 132,000헥타르의 산림이 사라졌다고 밝혔다. 그중에는 보호림(10,560 헥타르), 상업적 목적으로 조성된 산림(98,434헥타르), 보호림(7,721 헥타르), 휴양림(1,774헥타르), 국립공원(12,910헥타르), 산림공원(485헥타르), 연구용 산림(34.75헥타르)이 포함되어 있었다.

1997년과 2000년 3월에 잠비 지역과 서칼리만탄 지역에 산불을 일으킨 주범으로 네 개의 플랜테이션 회사(PT ADEI 플랜테이션, PT

Musi Mas, PT Jatim Jaya Perkasa, PT Inti Indo Sawit)가 지목되었다. 화재로 발생한 연기는 싱가포르에서도 큰 문제를 일으켰다. 2001년 3월 11일 발생한 짙은 연기는 잠비와 인근 지역을 모두 뒤덮었다.

　서칼리만탄 주에서도, 폰티아낙에서 싱가카왕까지 150km에 달하는 지역에서 산불이 일어났다. PT BPK사가 소유한 수백 헥타르의 야자나무 농장도 산불로 파괴되었다. 지질기상청은 폰티아낙 주변에 최소 23개 발화지가 있었다고 발표했다. 도시 전체가 짙은 연무로 뒤덮여 낮에도 불을 켜야 할 정도로 깜깜했다.

　정부와 산림부는 최선을 다해 플랜테이션 회사들을 법정에 세울 증거를 수집하였고 말레이시아 회사인 PT ADEI와 관련한 증거 몇 가지를 찾아냈으나 이들을 기소하기에는 불충분했다. 다른 회사들도 마찬가지였다. 플랜테이션 회사들은 과거에 선주민들이 산림에 불을 지르곤 했다는 이유로 인근 지역 선주민들에게 책임을 돌렸다.

빈곤

세계은행을 비롯한 국제 금융기구들은 인도네시아를 가장 성공적으로 빈곤을 감소시킨 국가로 평가한다. 1960년대에 전 인구의 약 60%가 빈곤층이었으나 신질서 정부는 1996년 이를 12%까지 줄였다(Suyuno, 1997). 1970-1980년, 1980-1985년 기간의 불균형 감소 지수가 각각 2.4%와 3.9%로 괄목할 만하다(Sjahrir, 1992).[11] 실제로 해당 기간 이후 GDP 성장률은 꾸준히 7%를 웃돌고 있다. 개발 첫 20년 동안 빈곤의 연평균 감소율은 2~3%가량이었다. 마지막 5년간(1990-1995) 감소율은 연간 약 0.5%로 줄어들었다(Suyuno).

　그러나 통계를 꼼꼼히 살펴보면 1970년대에 빈곤선 이하의 생활을 하던 사람들—농업 노동자 등—은 국가 개발이 이루어진 뒤에도 여전히 빈곤층에 머물러 있는 경향을 읽을 수 있다. 장기간의 개발계획이 빈곤의 핵심을 건드리지 못했다는 것은 분명하며, 이는 이제는 고인이 된 복지부 조정장관이 지적했던 것에서도 나타난다(Suyuno). 조정장관은 경제적인 개입만으로는 빈곤층의 상황을 개선할 수 없다고 결론지었다. 표7은 1980-1990년 기간 동안 농업에 종사하는 농촌 가구의 1인당 소득이 가장 낮은 경향을 보여준다.

소유 토지가 없거나 0.5헥타르 이하의 토지를 소유한 농업 노동자들이 가장 빈곤한 계층이다. 1980년에서 1990년 사이에 그들의 1인당 소득은 큰 폭으로 늘었으나 상승률은 가장 낮았다. 어떤 학자들(Manning, 1992)은 빈곤층 중에서도 가장 빈곤한 사람들이 국가개발에서도 가장 낮은 층에 속하는 것은 아래와 같은 이유 때문이라고 주장했다.

a) 1970년대와 1980년대의 녹색혁명에 극빈층이 참여할 수 없었다.
b) 1990년대의 산업 호황
c) 중앙집중, 상명하달식의 개발 정책
d) 공식 부문만 보호하는 국가 정책

현재에 이르기까지 농업 노동자들은 사회의 빈곤층 가운데서도 극빈층에 속한다. 이들 중 대부분은 대도시로 이주해 쓰레기 수거, 구걸, 삼륜차 운전, 일용직, 가내 공업 등 비공식부문의 노동에 종사한다.

사례 연구

인도네시아의 아이들

인도네시아에서 아동이 국가 개발의 우선적인 대상으로 다루어진 적은 없다. 다른 예산에 비해 건강, 교육, 복지 예산은 가장 낮게 책정되었다. 60년 넘는 기간 동안, 국가 경제가 잘 운용되던 시기에도, 아이들이 학교를 가지 못하거나 중퇴하는 문제, 영양결핍, 아동 노동, 조혼, 아동 인신매매를 비롯해 다양한 형태의 차별, 착취, 유기 문제가 사회문제로 대두되었다.

국가 개발 정책이 시행되는 과정에서 아이들이 탐욕과 무지의 희생양이 되는 경우도 종종 있었다. 수익성이 더 높다는 이유로 학교와 놀이터가 고속도로, 쇼핑몰, 회사 등으로 탈바꿈했는데 몇 개의 학교, 놀이터가 그렇게 사라졌는지 기록조차 없다. 자카르타를 비롯한 대도시에서 취학 연령 어린이, 청소년들이 거리에서 일으키는 소란의 횟수가 1년간 365회가 넘는 것은 이 같은 상황의 결과일 것이다. 자카르타에서 이러한 문제는 20년 이상 지속되어왔지만 시 당국은 문제 해결을 위해 아무 노력도 기울이지 않았다.

현재 인도네시아는 통화위기와 정치 불안에서 막 회복되는 중이다. 이렇게 어려운 시절에 아동, 특히 어려운 상황에 놓여 있는 아동은 보호가 가장 절실하게 필요한 계층이다. 아동 보호법이 존재하나 제대로 집행되지 않으므로 아동 보호에 도움을 주지 못하고 있다.

특수한 보호가 필요한 아동들

경제적인 착취

인도네시아에서 오랫동안 아이들은 가정의 노동력으로 한몫을 했다. 시골의 아동들은 땔감을 모아 팔거나 그물을 내리는 것을 돕거나 밭일을 하는 등 부모의 경제활동을 도왔다. 그러나 아동들이 가족의 생계를 위해 건강과 생명을 해치는 일까지 한다는 것은 이미 알려져 있는 사실이다. 그들에겐 대안이 없다. 중앙자바 주에서는 아동들이 부모와 함께 고속도로 공사장에서 일하며, 동자바와 북수마트라에서는 아이들이 이른 아침부터 부모를 도와 담배 플랜테이션에서 일한다. 아이들은 노동의 대가를 받지 못한다. 부모들이 아동의 임금을 챙긴다. 그래서 대도시로 이주한 아동은 학교를 떠나는 수밖에 없다. 자카르타 교외에 있는 반타르 게방에서는 아이들이 부모와 함께, 움직이는 쓰레기 수거차 속에서 팔 수 있을 만한 물건들을 찾는다. 북수마트라에서 저르말(jermal, 바다 한가운데에 고기잡이를 위해 세운 오두막 같은 구조물)에서 노예처럼 일하는 아동이 400명이 넘는다. 그들은 생선이 가득 든 그물을 끌어올려 그 안에서 독사 등 쓸모없는 것을 골라내고 수확물을 말리거나 분쇄하는 작업을 한다. 그들이 3개월간 일하고 받는 임금은 월 18만 루피아(US$20)에 불과하다. 오늘날까지도 서칼리만탄에서는 아동들이 사금을 찾기 위해 강물에 뛰어든다(Pardoen et al., 1999).

인도네시아에서 아동노동은 국제사회의 압력으로 인해 더욱 민감한 사안이 되었다. 그 결과로 실제로 노동에 종사하는 아동의 수는 보고된 수치를 웃돌 것이다. 한 예로 통계청은 「1998년도 아동복지지표」와 「1999년도 인도네시아 노동력 현황」에서 아동노동에 관한 자신들의 통계를 누락했다. 해당 보고서에 언급된 통계는 대부분 서류 등 다른 출처에서 통해 파악한 것이다. 5~9세 아동의 노동은 통계청의 주요 발간물에서 누락되어 있다. 또한 1994년 아동노동 문제가 사회적 이슈가 되었으므로 그 사실 또한 역시 응답자(부모 및 보호자)의 반응에 영향을 끼쳤을 것이다.

통계청 통계를 보면 10~14세 아동노동은 상대적으로도, 절대적으로도 감소한 것으로 보인다. 그래프6을 보면, 인도네시아의 개발정책이 제조업 중심으로 이동하기 시작한 80년대 후반을 제외하면 아동노동이 감소하고 있음을 알 수 있다. 실제로 1990년에서 1997년 사이에 아동노동은 연 2.8%씩 줄어들었다(도시지역에서 1.2%, 농촌지역에서 3.03% 감소).

1998년 대규모 해고 사태가 벌어지고 중학교 학생들이 대거 중퇴하던 경제위기의 초반부에, 근로 아동 비율이 크게 늘지 않았다는 점 역시 흥미롭다. 실제로 이때 비율이 1996년보다 낮게 나타난다. 그러나 1997년 8월과 1998년 8월을 비교해보면 일하는 아동의 수 자체는 늘어났다. 1998년은 경제 위기가 시작되어 국내에 여러 가지 영향을 주기 시작한 때다. 1998년 일하는 아동 수는 1997년 8월 수치에 비해 19.6%(도시 지역), 2.9%(농촌 지역) 늘어났다고 통계청은 발표했다. 1998년 12월에는 도시 지역에서 일하는 아동이 그 전해에 비해 33.6%까지 증가했으나 농촌 지역에서는 증가세를 보이지 않았다.

성별에서의 차이를 살펴보면, 1980년에서 1996년에 이르는 기간 동안 10~14세 남자아이들 중 노동에 종사하는 비율은 13%(1,100만 명 중 150만 명)에서 9.7%(1,460만 명 중 110만 명)로 전체적인 감소를 보였다. 그러나 도시/농촌으로 구분하면 도시에서는 0.8%(1,160만 명 중 7만 1천 명)에서 1.03%(1,160만 명 중 11만 9천 명)로 상당히 증가했으며 농어촌 지역에서는 14.2%(870만 명 중 120만 명)에서 8.7%(160만 명 중 100만 명)로 감소했음을 알 수 있다. 마찬가지로 10~14세 여자아이의 경우에도 도시 지역의 노동 인구는 0.8%(780만 명 중 6만 1천 명)로 증가했다. 종합하면 농어촌 지역에서 남자아이들의 노동이 여자아이들의 노동에 비해 빠른 속도로 감소했다는 점 외에는 성별 간 패턴 차이는 거의 찾아볼 수 없다. 도시 지역의 여성 아동노동은 지난 20년간 50% 증가했으며 이는 남성 아동노동을 뛰어넘는다는 점을 눈여겨보아야 한다(Mboi et al., 1999).

앞서 지적했듯, 이 수치에 전적으로 의존할 수는 없다. 발표된 통계는 10~14세 아동만을 대상으로 한다는 점에 주의해야 한다. 통계청이 발행한 보고서들에 의하면 겨우 다섯 살에 노동에 뛰어드는 아이들도 있다. 아스라(Asra, 1999)는 5~9세 사이 아동의 참여율을 1.1%로 추정한다. 〈1995년도 국세 조사〉에서는 5~9세 아동 중 농어촌 지역에 서는 201,521명, 도시 지역에서는 191,165명이 적극적으로 노동에 참여하고 있다고 밝혔다. 1995년에서 1997년 말까지 5~9세의 근로 아동은 매년 8% 감소했다. 그러나 1998년 2월에서 12월까지는 이 연령대 아동들의 노동 참여가—특히 농어촌 지역에서—42% 증가했다 (Imawan).

통계에서 드러난 것과 별개로, 많은 연구들이 아동의 노동 환경이 표준 이하이며 위험성을 가지고 있다고 지적한다. 북수마트라의 저르말 에서 일하는 아동들은 제대로 쉬지도 못하고 밤낮으로 일해야 한다. 무장한 성인들의 감시를 받으며 쉬지 않고 일한 대가로 월 20달러 이하를 받는다. 그리고 제조업에서 일하는 아동들은 의료 혜택을 받지 못한다 (Irwanto, Farid & Anwar, 2000).

성인 노동자들조차 독성 화학물질, 분진, 날카로운 물체와 위험한 도구로부터 적절한 보호를 받지 못하는 현 상황에서 아동들의 경우는 더 열악하다. 아동들은 임금도 매우 적게 받는다. 중앙자바 주 켄달 군의 마을들에서 생선을 말리고 절이고 훈제하는 노동에 종사하는 아동 들은, 1994년에서 1995년 사이의 조사에 의하면, 10만 루피아 미만의 임금을 받았다. 부모를 도와 플랜테이션 농장에서 고무나무 수액을 채취하거나 식품공장에서 분류 작업을 하는 아동들은 임금을 받지 못한 다. 아이들의 임금은 부모의 임금에 포함되어 있다. 정부도 이 사실을 알고 있으나 적절한 조치는 취해지지 않았다.

성 착취

섹스 산업에 종사하는 아동의 수에 관해서는 공식적인 데이터가 없다. 각종 보고서나 사회부(Department of Social Affairs)의 제한적인 기록에 근거해 추측하자면 20만 명이 넘는 아이들이, 특히 여자아이들이 돈벌이에 이용되어 성 착취를 당하고 있다. 이들 중에는 12~13세의 어린 아동들도 있는데 대부분이 팔려온 아이들이다. 아이들은 대개 극빈 지역에서 팔려오는데, 수요가 있는 대도시와 극빈 지역 사이에서 연결고리 역할을 하는 사람들이 있다. 또 이런 거래의 배경에는 역사적 · 문화적 요소들도 있다.

큰 도시들에서, 특히 자카르타, 욕야카르타, 덴파사르, 발리 등에서, 관광이나 출장을 온 일본, 호주, 유럽, 미국 소아성애자들에 의해 남녀 아동들의 성매매가 이루어진다. 1999년 그 지역 경찰서에서 신고를 받고 출동했으나 경찰은 범법자들을 연행할 수 없었다(Starine & Rohman, 1999). 현재까지도 발리 섬의 많은 아동들이 성적으로 착취당하고 있으나 시민단체나 법 집행 당국은 별다른 노력을 보여주지 않고 있다.

아동 학대와 방치

신체적, 성적 학대가 아이를 죽음에 이르게 한 사건들을 언론은 종종 보도해왔다. 1998-1999년, 가자마다 대학교는 여러 지역을 대상으로 조사를 했다. 그들은 단순한 야단에서부터 벨트, 채찍을 사용한 구타, 아동을 벽에 집어던지는 것에 이르는 다양한 학대 사례를 찾아냈다. 이 연구는 수많은 아동들이 학대당하고 있음을 보여준다. 연구에 의하면, 조사 지역의 병원들 대부분은 의사가 아동학대를 의심한 경우에도 이를 진료 기록에 남기지 않았다(Putra, 1999). 아동학대가 의심되는 부분을 기록하는 병원은 단 두 군데였는데 하나는 수도 자카르타에 있는 병원이었고 다른 하나는 수라바야에 있는 병원으로 둘 다 자바 섬에 있는 병원이었다. 여러 해 동안 부모, 친척이나 다른 어른에 의한 아동의 성적 학대 사건들이 언론을 통해 알려지고 아동보호위원회에 신고되었으나(Komnas PA, 2001) 아동들을 보호하거나 성폭력 생존 아동들을 보살피려는 종합적인 노력은 이루어지지 않고 있다. 인구가 천만 명이 넘는 자카르타에 이 문제를 다루는 NGO는 겨우 두 개뿐이다.

가정폭력과 방치 문제는 아동들을 가정에서 거리로 내몬다. 현재 주요 섬의 큰 도시들에서 거리를 떠도는 아동들은 10만 명 이상으로 추산된다. 1999년부터 2000년까지, 예산처와 아시아개발은행의 의뢰를 받아 아트마 자바 가톨릭 대학교가 12개 도시에서 거리의 아동 수를 조사하였다(CSDS, 2000). 연구 결과에 따르면 그 도시들의 거리에서 거주하고 일하는 아동은 약 5만 7천 명에 달한다. 거리로 나서는 연령은 점차 낮아지고 있으며, 특히 여아의 경우 7세 이하의 나이에 거리로 내몰리기도 했다. 3분의 1 정도가 가출 아동이었으며 거리에서 각종 학대와 착취를 경험했다. 여자아이들뿐 아니라 남자아이들에게서도 성적 학대의 사례가 흔히 나타났다.

다른 관점들

정부의 입장

어린이는 국가의 자산이다. 그러므로 보호받아야 한다. 정부는 아이들이 보호와 보살핌을 받을 수 있도록 몇 가지 중요한 조치를 취해왔다. 가난한 국민들은 국가가 보살펴야 한다고 헌법은 규정하고 있다(33조). 그런 취지에서 국가는 인구조절 정책 등 여러 부문에서 강력한 빈곤 퇴치 정책을 펼쳤다. 1979년 아동복지법이 통과되었고 이는 사회부에 의해 실행되고 있다. 1990년 UN 아동권리협약이 비준되자, 아동의

최소 고용 연령을 정한 ILO 협약 제138호, 아동의 고용 형태를 규정한
ILO 협약 제182호가 잇따라 비준되었다. 정부는 스톡홀름(1996)과
요코하마(2000)에서 열린 '아동의 상업적 성 착취에 반대하는 국제회
의'에 대표단을 보내기도 했다. 정부는 ILO 협약 제182호의 아동 성
착취/인신매매 방지 실행을 위한 국가 의제 세 가지를 설정하였다.
그 의제들은 대통령령으로 뒷받침될 것이다. 정부는 석유, 가스에 지급했
던 보조금을 사회 안전망 프로그램에 할당하였다. 실제로 정부는 1998
년부터 여러 부문에서 사회 안전망 프로그램을 구축해왔다.

인도네시아 정부는 빈곤 문제를 해결하면 아동 학대, 착취, 방치의
문제가 대부분 해결될 것이라고 본다. 빈곤 퇴치 사업의 강화야말로
특별한 보호가 필요한 어린이들의 문제가 더 악화되지 않게 하는 가장
중요한 개입이라는 것이 정부의 주장이다.

NGO와 활동가들의 입장

정부는 아동 학대, 착취, 방치를 심각한 문제로 다루지 않는다. 아동권리
협약의 비준은 국제사회의 압력을 피하고 국가 이미지를 긍정적으로
만들기 위한 화장술에 지나지 않는다. 아동권리협약은 입법부가 아니라
행정부에 의해 비준되었다(대통령령 제36호/1990년). 게다가 이 비준
에는 미심쩍은 부분이 있다. 인도네시아 정부는 비준서에 다음과 같이
썼다.

> 인도네시아 공화국이 아동권리협약을 비준하는 것은 헌법의 한계를
> 벗어나는 의무를 수용한다는 의미는 아니며 헌법에 명시된 것을 넘어
> 서는 권리를 부여하는 의무를 수용한다는 의미도 아니다.

국제법률가위원회(International Commission of Jurists, 1990)는
이를 '전면적 유보'로 간주했다. 오늘에 이르기까지, 유보와 비준의

상황은 바뀌거나 나아지지 않았다. 다른 국제 협약들의 비준과 그에 관련된 국가적 의제들은 향후 논쟁의 여지가 있다. 활동가들은 정부가 진지하게 그러한 의제들의 수행을 약속한 것인지에 대해 의심을 품었다.

정부 규제나 실행 지침이 없었던 탓에 아동복지법의 많은 중요한 조항들이 실행되지 않았다. 또한 활동가들은 이 법이 시대에 뒤떨어졌다고 생각한다. 아동 학대 등의 문제를 복지와 빈곤 퇴치 사업 아래에 두려는 정부 관리들도 비판의 대상이다. 정부의 그러한 관점은 이 문제에 대해 충분히 알지 못하고 있음을 드러낸다. 또 그러한 관점을 가지고 있으니 현재 개발하고 실행하고 있는 정책과 프로그램이 모두 근시안적일 수밖에 없는 것이다.

정부가 보건·교육 등 어린이를 위한 기본적 서비스에 우선권을 두지 않는 것에 대해서도 시민사회는 비판해왔다. 1994년 이후 교육 예산은 전체 예산의 10%에도 미치지 못했다. 2000-2001년에는 고작 4%를 차지했다. 보건 부문 예산은 훨씬 심각하다. 30년 넘도록 보건 예산은 전체 예산의 5% 미만이었다. 정부에 고용된 교사와 보건의료 공무원은 가장 돈을 적게 버는 전문직이다. 그런데도 정부가 빈곤 퇴치 사업만으로 아동학대와 착취, 방치 문제를 해결할 것이라고 어떻게 기대할 수 있겠는가?

토지 분쟁: 민중 대 정부당국과 기업

수십 년간, 인도네시아에서는 민중과 기업 및 정부당국 간에 수백 건의 토지 분쟁이 있었다. 대개의 경우 인도네시아 민중은 집단행동으로 토지 수용에 저항했고 때로는 집단행동이 폭력 사태로 이어지기도 했다.

다른 개발도상국들과 마찬가지로 인도네시아에서도 경제계가 개발의 선봉이다. 그래서 인도네시아 정부는 국내외 투자자들을 애지중지 보살핀다. 당국은 투자자들의 요구를 지체 없이 검토하고 배려한다. 기업이나 정부가 토지를 필요로 해서 갈등이 벌어질 때, 그 땅에 대대로 살아온, 그 땅을 소유한 사람들 편을 들어주는 이는 아무도 없다. 가난한 선주민들 마을을 돕자고 통 큰 투자자들을 실망시키는 것은 국내적으로나 국제적으로나 경제에 도움이 되지 않는다는 것이다. 토지 분쟁의 역사—인도네시아뿐만 아니라 다른 곳에서도—는 국익 또는 공익의 미명 아래 민중의 이익이 희생당하는 것을 보여준다.

그러나 어떤 사람들과 기관들은 토지 분쟁으로 인해 도탄에 빠진 선주민 공동체를 돕는 일을 하고 있다. 그들이 처한 문제의 본질이 무엇인지 보여주고 정보에 접근할 수 있게 하고 국내외의 원조를 제공한다. 이런 집단적 노력이 관습 토지(customary land, 부족이 공동으로 소유하는 토지)의 강제 수용을 막는 데 성공하지 못한 경우가 많았지만 적어도 민중이 더 심각한 피해를 입는 것은 막았고 대규모 충돌로 이어지는 것은 막았다. 이제 신질서 정부 때 일어난 토지 분쟁 사례 몇 가지를 살펴보려 한다.

• 커둥옴보 댐 건설

배경

커둥옴보(Kedungombo) 댐 개발 지역은 즈라투셀루나(Jratunseluna)라 불리는 드넓은 습지 지역에 걸쳐 있다. 즈라궁 강, 툰탕 강, 스랑 강, 루식 강, 주와나 강, 이 다섯 개 강이 이 습지를 가로지른다. 이 강들은 스마랑 시, 파티 시, 솔로 시 등 세 개의 시와 스마랑, 드막, 쿠두스, 파티, 블로라, 그로보간, 제파라, 보욜랄리, 스랑겐, 아홉 개 군을 통과한다.

댐 건설지로 커둥옴보 지역이 선택된 것은 1969년 초의 일이다. 댐 건설 계획은 1972년과 1982년, 1984년에 검토 및 수정되었고,

공공사업부에 의해 타당성 조사가 이루어진 후 1985년, 댐을 건설하기로 최종 결정이 내려졌다. 당국은 댐 건설이 다음과 같은 효과가 있다고 주장했다.

a) 7만 헥타르나 되는 경작지에 물을 더 잘 댈 수 있고 하류에서는 어획량이 330톤 더 늘어난다.
b) 중앙자바 주의 드막, 쿠두스, 파티 군이 쌀 생산과 저장의 중심지로 되살아날 수 있다. 건기에 그 지방에서 가장 비가 적게 오는 이 세 곳은 비가 오면 물에 잠긴다. 그것은 스랑 강과 주아나 강의 범람으로 인한 것인데 범람 이유는 식민지 시대에 건설된 월라궁 수문의 파손이 심하고 퇴적물이 많이 쌓여 있기 때문이다. 1980년에는 쿠두스, 파티, 그로보간의 경작지 83,500헥타르가 물에 잠긴 적도 있다. 커둥옴보 댐 건설은 이 지역의 홍수를 막기 위한 사업이다.
c) 그뿐 아니라 댐 건설로 공장과 마을에 전력과 식수를 공급할 수 있게 되며 사용 가능한 전력량이 늘어난다.

커둥옴보 댐 사업 지역은 $49.5km^2$에 걸쳐 있다. 스라겐 군(郡) 두 개 면의 열여섯 개 마을(2,765헥타르)과 보욜랄리 군 세 개 면의 열여섯 개 마을(1,319헥타르), 그로보간 군 두 개 면의 여섯 개 마을(79헥타르)이 그에 포함된다. 이에 더해 504헥타르의 국유지와 1,500헥타르의 산림부 토지까지 총 6,167헥타르가 수몰되었다. 이 사업으로 인하여 5,399가구의 25,000명이 이주해야 했다.

비용

커둥옴보 댐 건설의 실제 비용은 단 한 번도 국민에게 밝혀진 적이 없다. 국가 예산뿐만 아니라 일본 정부나 세계은행 등 해외에서 자금을 얻은 것은 분명하다. 언론에서는 댐 건설 비용을 1,318억 인도네시아 루피아(IDR)로 추산한다. 국가 예산에서 230억 IDR, 일본 수출입 은행에서 310억 IDR, 그리고 세계은행에서 770억 IDR이 마련되었다. 공공사업부는 1988-1989 회계연도까지 총 사업비가 836억 IDR이었다고 발표했다.[12]

문제점

댐 건설을 위해 수용한 토지는 논외로 하더라도, 주민들의 동의를 얻기 위한 협상 과정이 투명하지 않았고 민주적이지도 않았다. 1982년에 관련 마을들의 촌장들이 정부의 댐 건설 계획을 주민들에게 알렸지만, 공식적인 통지는 1985년 4월이 되어서야 나왔다. 각 마을에서 촌장들이 주민들을 마을회관으로 불러 모아 댐 건설을 통보했고 뒤이어 곧 공무원들과 데이터 수집팀이 들이닥쳐 그 마을 공무원의 도움을 받아 정보를 모았다.

대상 지역의 주민들은 그 사업에 이의를 제기할 방법이 아무것도 없었다. 단지 그들의 권리가 존중받기를, 특히 토지 보상이 제대로 이루어지기만을 바랐다. 보상에 대한 협상에 주민 대표가 참여하긴 했지만 그들은 협상 과정 내내 많은 보안요원들에 둘러싸여 있었다. 게다가 마을 대표가 의견을 내놓으려고 할 때, 특히 댐 건설 사업팀이 결정한 사항에 동의하지 않을 때 보안요원들에게 위협을 받았다는 것이 나중에 밝혀졌다.

아래는 주민들과 지역 당국 각각의 관점에서 문제를 상세히 기술한 것이다. 불공평한 대우를 받았다는 이유로 댐 건설에 반대한 주민들 53명을 샘플로 택해 인터뷰했다.

토지의 소유권

주민들 : 토지와 그 위의 플랜테이션 소유권은 주민 27명에게 있다. 나머지

26명은 건물만 가지고 있을 뿐이다. 그들은 토지 소유권은 없지만 다른 주민이 소유한 땅에 건물을 짓는 것을 허락받고 점유하고 있는 것이었다. 그들은 모두 조상 대대로 그 지역에 사는 주민들이다.

지역 당국 : 주민 27명이 토지 소유권을 가졌다는 것은 사실이 아니다. 나머지 26명의 주민들은 그 건물이 자기 소유라는 증거를 제시할 수 없었다. 촌장이 발급하는 C타입 서류(Letter C)만을 제시했는데 그것은 소유권의 증거로 충분하지 않다.

행정 절차상 필요한 사항

주민들 : 주민들은 타당성 조사의 결과를 보지 못했고 조사가 제대로 수행되었다고 보지 않는다. 그러므로 이 사업은 환경관리법(No.4/1982)에 관한 정부 규정 제29호(Government Regulation No.29/1986)를 위반한 것이라고 본다. 그 규정에 따르자면 타당성 조사를 하고 그 결과를 공개해야 한다.

지역 당국 : 타당성 조사는 댐이 건설되기 전에 수행되었다. 실은 마을 주민들도 조사에 참여하였다. 따라서 이 사업이 법을 위반했다는 것은 사실이 아니다.

보상

주민들 : 땅값을 1헥타르당 250루피아(0.15달러)로 어처구니없이 낮게 책정했다. 이는 우리의 존엄에 대한 모욕이다. 우리가 공정한 대우를 받았다면, 댐 건설에 동의했을 것이다. 보상은 법에 따라 이루어져야 한다. 1989년 1월 중앙자바 주 주지사는 서서히 수문을 닫으라고 명령하여 물이 범람하게 했다. 그 결과 많은 주민들이 땅과 생계수단을 잃었다. 지역 당국은 보상금 액수에 동의하지 않은 이들의 보상금을 보욜랄리 지방법원에 공탁해버렸다.

지역 당국 : 커둥옴보 댐 사업은 공익을 위한 것이다. 정부의 주장에

따르면 이 사업에 사용된 총 6,127헥타르의 토지 중 5,781헥타르에 대한 보상금이 치러졌다. 반대 의견을 가진 345헥타르(5%)의 소유주들은 아직 보상금을 받지 않았다. 대법원에 따르면, 토지 보상가는 주지사령에 의거해 산정된 것이다. 보율랄리 법원에 공탁되어 있는 보상금 수령을 거부한다면, 그들의 토지 소유권이 박탈되고 토지가 국가의 재산이 될 것이라고 법원은 결정하였다. 일부러 물이 범람하게 만들었다는 주장이 있지만 정부는 오직 좋은 의도만 가지고 있으며 국민들이 그것을 알아주어야 한다.

협상

주민들 : 회의에 나오라는 초대는 많이 받았지만 공식적인 협상 자리는 없었다. 보상가는 처음부터 결정되어 있었고 정해진 가격에 동의하지 않은 주민들에게 위협이 가해졌다. 협상도 없이 보상가에 동의할 수는 없는 일이다. 케무수 면장이 주민들을 협박하는 등 온갖 위협 끝에, 주지사령으로 산정된 보상가가 집행되었다. 케무수의 면장은 보상가에 합의하지 않는 사람은 징역 3개월에 처해질 수 있으며 1만 루피아의 벌금형을 받을 수도 있고 징역을 다 살고 나와도 재산은 잃게 될 것이라고 주민들에게 겁을 주었다.

지역 당국 : 협상은 제대로 수행되었으며 보상가에 대한 합의도 이루어졌다. 다수의 주민들이 고의로 협상 테이블과 모든 회의를 피한 것이다. 지역 당국은 협상장 사진들을 증거로 제시할 수 있다. 군 장교들이 그 자리에 있었던 것은 안전을 위해서였다.

남은 문제

1991년 5월 18일, 대통령이 참석한 커둥옴보 댐 공식 준공식이 열렸을 때, 5,268가구 중 600가구가 땅을 떠나지 않고 저항하고 있었다. 적절한 보상을 받기 위해 온갖 시도를 다해본 사람들이었다. 수하르토 대통령은 정부가 그들의 주장을 절대 받아들일 수 없다고 잘라 말했다. 소수 의견은 수용될 수 없다, 왜냐하면 정해진 보상가에 주민 다수가 동의했기 때문이다, 그리고 그들이 원하는 대로 해줄 만한 돈이 정부에 없다는 것이었다. 내무부 장관은 보상가에 동의하지 않은 주민들은 살던 곳에 계속 살면 된다고, 이주를 강요할 필요가 없다고 주장했다. 물이 범람하고 삶이 위험에 처하게 되면 자기 땅을 더는 지킬 수 없음을 곧 깨달을 것이라고 말이다. 상원 부의장이 내무부 장관의 발언을 지지한다며 저항하는 주민들은 내무부 장관의 발언과 태도를 이해해야만 한다고 말했다. 더 나아가 지역 당국의 보상 절차에 의해 주민들의 부동산 소유권은 모두 효력을 상실했다고 그는 설명했다. 그러나 보상가 산정이 대통령령(No.9/1973)과 맞지 않을 수는 있다고 슬그머니 덧붙였다.

커둥옴보 주민 지지 운동

자카르타 시에서는 커둥옴보 주민들을 지지하는 대학생 40명이 내무부 청사 앞에서 항의 시위를 벌였다. 커둥옴보 주민들에 대한 보상을 개선할 것을 장관에게 요구하는 시위였다. 중앙자바 주의 대학 도시 중 하나인 살라티가에서도 비슷한 운동이 전개되었다. 학생들은 곧 커둥옴보를 위한 학생 연대 운동을 조직했다. 이 연대 운동은 자바와 롬복 섬에 있는 45개 대학의 학생들 716명으로 구성되었다. 그들은 특히 중앙자바 주 스마랑에 위치한 주 의회 건물을 중심으로, 여러 정부 청사 앞에서 계속 항의 시위를 벌였다.

이주하지 않고 끈질기게 저항한 커둥프링 마을의 34가구는 스마랑 법원에 소송을 제기했다. 그들은 지방 당국이 더 많은 보상금을 지급해야 한다고 주장했다. 자에날 아시킨(Zaenal Asikin) 교수 겸 판사의 숙고 끝에 1991년 7월 28일 법원은 그들의 주장을 받아들였다. 법원은 지방 당국과 공공사업부의 법 위반 혐의에 대해 유죄라고 선고하고, 토지와 건물은 m^2당 5만 루피아, 플랜테이션은 m^2당 3만 루피아의 보상금을

34가구에게 지급하라고 판결했다. 또한 주민들의 고통에 대한 손해배상 액으로 20억 루피아를 지급할 것을 명했다.

법원의 판결은 곧바로 논란을 불러일으켰다. 1994년 10월 15일 대법원 판사 푸르와토 간다수브라타는 판결의 집행을 연기했다. 그는 그 결정이 스마랑 법원장과 만나 논의한 후에 이루어진 것이라고 밝혔으며, 아시킨 판사가 정한 보상액이 주민들의 요구(m^2당 토지 1만 루피아, 건물 3만 5천 루피아의 보상가 요구)보다 훨씬 많았기 때문이라고 설명했다. 10월 28일, 연기 발표로부터 13일이 지난 후 대법원은 스마랑 지방법원의 결정을 무효화했다.

커둥프링 주민에게는 아무 희망도 남지 않았다. 항소할 수는 있었을 것이다. 그러나 정의를 돈으로 살 수 있는 부패한 체계 속에서 그들의 노력이 다시 '강물에 쓸려가 버릴 것'을 알았다. 수하르토가 정치에서 물러난 후 커둥옴보 재판에 대한 언급들이 있었지만, 항소를 위한 노력은 이루어지지 않았다.

• 타포스의 대통령 별장

타포스

타포스의 대통령 별장은 식민지 시대에 수하르토와 그의 가족, 동료들이 주말에 종종 모이던 곳이다. 이 땅은 농지법(1870)에 의거하여 네덜란드 플랜테이션 회사(NV Cultuur Maatschappij Pondok Gedeh)의 소유로 되어 있었다. 인근 지역인 시베둥 주민들은 그 땅에서 경작하는 것이 허용되었다. 일제강점기 동안에는 이 땅이 지역 공동체들의 수중에 들어가서 지역 사람들이 이용하고 있었다.

1945년 독립 후, 식민지 시기 외국인 소유의 자산이었던 것은 모두 국유화되었다. 농지법(No.86/1958)과 그 시행 규칙(No.19/1959, No.2/1959)에 따르면, 그 땅에 대한 권리는 국가와, 그 땅을 이용하도록 지정된 국영 플랜테이션 회사에 이전되었다. 그때까지도 플랜테이션 주변에 있는 마을의 주민들은 그 땅에서 작물을 재배하는 것이 허용되었다.

1970년, 대통령은 서자바 주지사에게 그 땅을 대통령 별장으로 이용할 방법을 찾아보라고 했다. 수하르토의 가족들은 그곳에 대규모 목장도 만들고 싶어 했다. 그들은 맏딸(시티 하르디잔티)과 아들(시지트 하르조주단토)이 주식 대부분(95%)을 소유하는 유한회사 레조사리부미(RSB)를 설립했다. 부유한 사촌인 프로보수테조와 다른 가족인 소에모하리오모는 나머지 주식(5%)을 차지했다. 1971-1974년부터 목장이 개발되었다. 몇 년째 그 땅을 경작하던 농부들은 아무 보상도 받지 못하고 땅에서 쫓겨났다. 시베둥 주민들은 무슨 일인지도 전혀 듣지 못한 채 군 장교들이 불도저로 며칠 만에 작물을 다 망가뜨리는 것을 지켜보아야 했다.

수하르토는 국영 플랜테이션 회사에게 울타리, 접근로, 물 공급 시스템 등 많은 시설을 하게 했다. 대금은 모두 정부가 지불했다. 또 새로 설립된 회사는 마을 주민들이 이용하던 상수원을 독차지했다. 그러자 주민들이 저항을 하고 보상을 요구했지만, 회사로부터 위협을 받고 겁을 먹게 되었다. 화를 잠재우기 위해 결국 수하르토는 그 지역 협동조합(KUD)에 상당한 양의 정미기를 주었다.

1998년 수하르토가 축출되자, 시베둥 주민들은 땅을 점유하고 다시 그곳에서 농사를 짓기 시작했다. 그러나 하비비 대통령의 재임 기간 동안에도 수하르토의 가족들과 친구들의 힘은 여전히 막강했고 회사는 곧 무력을 동원하고 군대의 도움을 받아 그 땅을 다시 장악했다.

퇴역 장군인 자신(Jasin)은 수하르토와 그 가족이 타포스 별장을 개발하면서 저지른 불법행위들에 대해 하비비 대통령과 법무장관에게 알렸다. 그는 법무장관에게 신속히 사건을 조사할 것을 요구했다. 인도네시아연대(Solidarity for Indonesia), 전국전선(National Front) 등 많은 사회단체와 학생운동가들, 인권위원회까지 그 논란에 참여하였다. 보고르 군수, 보고르 군 국민협의회(의회) 의장, 군부 최고위 인사는 시베둥 주민들과 그들의 행동에 반대한다는 성명을 냈다.

　인권위원회는 경찰청장과 보고르 지역의 담당자들에게 서신을 보내 타포스 사건에 대한 즉각적인 규명을 요구했다. 그러나 별다른 반응이 없었다. 그 대신, 자기 권리를 되찾으려 노력한 농부들과 주민들이 괴롭힘과 폭력을 당하고 그로 인해 공포에 떨게 되었다. 2000년 9월 보고르 주 농업청장은 농민들에게 420헥타르의 토지를 이양할 것을 구두로 약속했다. 나머지 땅은 보고르 주 당국에 이양되었다. PT RSB사의 이용 허가 또한 철회하기로 했다.

• 칼리만탄의 젤무 시박에서 벌어진 선대 토지 분쟁

젤무 시박은 동칼리만탄 주의 쿠타이 군, 벤티안 베사르 면에 있는 다약 벤티안 자토 렘팡간 선대 토지(ancestral land)에 위치해 있다. 1982년 칼림바니스 그룹의 총수이자 수하르토 가족의 친구인 밥 하산은 PT 칼홀드 우타마라는 회사를 통해 젤무 시박에서 벌목 작업을 시작했다. 그 후 젤무 시박 마을 사람들의 삶은 완전히 달라졌다. 그들은 선대 토지들과 숲을 빼앗겼고 그들이 건설한 모든 것이—묘지까지도—파괴되었다. 마을 사람들은 저항하려 했지만 1992년 자매기업—역시 하산이 소유한 PT 후탄 마흘리가이—이 자토 림팡간 다약(Jato Rimpangan Dayaks)을 강탈하기 위해 가세했다.

　자토 림팡간의 촌장은 마을 사람들에게 떠밀려 산림부 장관과 이주부 장관, 농업부 장관에게 서신을 보냈다. 두 회사들의 벌목 작업에 대한 그들의 반대를 표명하는 것이었다. 이 일에 화가 난 밥 하산은 이야기를 거짓으로 지어내고, 고위직에 쉽게 접근할 수 있는 자기 지위를 이용해서 촌장 서신에 있는 마을 사람들과 당국자들의 서명이 위조된 것이라며 촌장을 고발했다. 베티안 주민들은 회사가 보낸 폭력배뿐만 아니라 경찰에게도 위협을 받았다. 길고 힘든 36회의 법원 공방 이후 수하르토 친구들의 권력이 약해진 1998년, 법원은 하산의 고발이 근거 없다고 판단했다. 법원은 다음과 같은 이유에서 그런 판단을 내렸다.

a) 장관들을 비롯한 정부 관리들과 당국에 편지를 쓴 자토 림팡간 촌장의 행동은 적절했으며 그의 역할과 권한에 부합하는 것이었다.

b) 신질서 정부하에서, 원주민 마을들은 많은 억울한 일들로 고통을 받았다. 그러한 불의를 종식시키는 것이 중요하며 이 마을들이 정당한 대우를 받았다는 것이 법정에서 입증되어야만 한다.

c) 관습법의 규범과 관행을 고려하는 것은 판사의 책임 중 일부이다. 이는 재판절차법에서 인정되고 수용된다.

d) ILO 협약 169호는 국제사회가 선주민 공동체들을 인정한다는 증거를 제공한다.

e) 사건에 대한 농업부 장관의 응답에서, 그는 국가 농지법이 관습법과 선주민 공동체들의 권리를 인정한다는 것을 인정했다.

관습 공동체의 주변화에 기여하는 국가

인도네시아는 다문화 사회다. 인류학자들은 인도네시아라는 국가가 200개 이상의 부족 집단으로 구성되어 있다고 한다. 많은 부족들이 고립되어 살면서 고유한 규범과 관행을 따르고 또 다른 집단의 것을 취하기도 하면서 살고 있고, 또 어떤 부족들은 국가개발의 한가운데에 들어가 있기도 한다. 그러나 인도네시아의 빠른 발전은 외딴 선주민 사회와 근대적 부문들 사이에 이해관계의 충돌이 일어나게 한다. 예를 들어 탐사와 개발, 채굴과 임산물 이용은 이러한 선주민 공동체에게 회복할 수 없는 손상과 소외를 안겨주었다. 1970-1980년 사이에 인도네시아에서 일어난 삼림 벌채는 한 해에 90만 헥타르에 달하는 것으로 추정되었다. 1990년대에는 연간 130만 헥타르 이상으로 증가할 것이 예상되었다. 기업과 경제계만 이롭게 해주는 당국은 관습법과 관행을 후진적인 것으로 여긴다. 그들은 그러한 부족 공동체에 근대화가 필요하다고 믿는다. 부족 공동체들은 새로운 생각과 사업들을 받아들여야 하며 근대적인 경제와 교역에 참여해야 한다는 것이다.

공식적 법률체계에서 관습법을 제거하기 위한 당국과 경제계의 노골적인 움직임은 1970년대부터 있었다. 1979년에는 지방정부행정법 (No.5/1979)이 통과되었다. 이 법은 관습법과 관행을 전면적으로 거부하는 것이다. 부족 공동체의 지도자들이 공동체에 대한 행정적 권한을 갖지 못하게 된 것이다.

그뿐만 아니라, 정권은 관습적 공동체들에 낙인을 찍고 주변화하는 프로그램들을 도입했다. 예를 들어 사회부는 마시야라캇 테라싱, 즉 '고립된 공동체들'이란 표현을 쓰는데 이는 지리적 요인이나 상이한 관습들로 인해 쉽게 접근할 수 없다는 것을 은근히 나타낸다. 이러한 공동체들에 대해, 사회부는 교육과 보건, 그리고 다른 방식의 정부 원조를 위한 특별 프로그램들을 마련했다.

1969년 정부는 주로 인구 밀도가 낮은 외곽 도서 지역의 개발을 목적으로 하는 이주 권장 사업을 다시 시행했다. 이 사업 때문에 새로 이주한 사람들과 선주민 공동체 사이에서 많은 분쟁이 일어났다.

그러나 1997년 이후 정부 정책에 뚜렷한 변화가 나타나고 있다. 아트마 자바 대학 공동체개발연구센터의 1997-1998년 조사 이후 지금은 정부가 관습법을 인정한다. 신질서 정부 이후의 새로운 장관들은 벌목 회사에 유리하게 이용되던 장관령들을 폐지했다. 그러나 이미 많은 피해가 발생했으며 과거를 재건하는 것은 불가능하다. 상처가 치유되는 데는 시간이 필요할 것이다.

통계

인구 부문

〈표1〉 1930-1999년 사이 주요 섬의 인구 분포

(백 만)

섬	면적 백분율	1930		1960		1990		1999	
		전체	%	전체	%	전체	%	전체	%
자바와 마두라	6.9	41.7	68.7	91.3	61.9	107.5	59.5	121.2	58.5
수마트라	24.7	8.2	13.5	28.0	19.0	36.4	20.3	43.9	21.2
칼리만탄	28.1	2.2	3.6	6.7	4.5	9.1	5.1	11.4	5.5
술라웨시	9.9	4.2	6.9	10.4	7.1	12.5	7.1	14.8	7.1
기타 도서	30.4	4.6	7.3	11.1	7.5	13.6	7.6	16.1	7.0

출처: Ananta A(1993); BPS(1997;2000)

〈표2〉 1999년 연령집단별 전체인구

(천)

연령 집단	남자	여자	M+F	90-99
0~4	10.912.2	10,527.4	21,438.9	0.02
5~9	9,862.6	9,513.5	19,376.1	-1.21
10~14	10,916.1	10,402.3	21,318.4	0.67
15~19	11,753.7	11,373.3	23,127.0	2.69
20~24	9,980.0	10,132.9	20,112.9	2.35
25~29	8,161.0	9,021.2	17,182.2	1.39
30~34	7,561.1	8,387.0	15,961.1	2.15
35~39	7,336.1	7,687.5	15,023.1	3.97
40+	26,736/6	27,157.6	53,894.2	3.08
합계	103,234.4	104,202.7	207,437.1	1.69

* 추정치(CBS, 1997).

출처: CBS(2000), Child Welfare Indicators 1999.

〈표3〉 각 주별 인구 및 증가 비율(1980-2005)

주	인구('000)				평균 연간증가율		
	1980	1990	2000	2005	1980-90	1990-00	2000-05
DI 아체	2,611	3,416	4,213	4,546	2.7	2.1	1.5
북수마트라	8,361	10,256	12,156	13,133	2.1	1.7	1.6
서수마트라	3,407	4,003	4,657	4,952	1.6	1.5	1.2
리아우	2,169	3,304	4,383	4,849	4.3	2.9	2.0
잠비	1,446	2,021	2,642	2,909	3.4	2.7	1.9
남수마트라	4,630	6,313	7,859	8,479	3.2	2.2	1.5
벵쿨루	769	1,179	1,594	1,790	4.4	4.1	2.0
람풍	4,625	6,018	7,179	7,651	2.7	1.8	1.3
DKI 자카르타	6,503	8,259	9,270	10,298	2.4	1.6	1.2
서자바	27,454	35,384	43,089	46,913	2.6	2.0	1.7
중앙자바	25,373	28,521	31,386	33,120	1.2	1.0	1.1
DI 욕야카르타	2,751	2,913	3,086	3,255	0.6	0.6	1.1
동자바	29,189	32,504	35,478	37,066	1.2	0.9	0.9
발리	2,470	2,778	3,091	3,285	1.2	1.1	1.2
서누사텡가라	2,725	3,370	3,991	3,285	2.2	1.7	1.8
동누사텡가라	2,737	3,269	3,916	4,357	1.8	1.8	1.6
동티모르	555	748	939	4,243	3.0	2.3	1.9
서칼리만탄	2,486	3,229	4,015	1,033	2.7	2.2	1.7
중앙칼리만탄	954	1,397	1,805	4,361	3.9	2.6	1.9
남칼리만탄	2,065	2,598	3,153	1,981	2.3	2.0	1.6
동칼리만탄	1,218	1,877	2,643	3,407	4.4	3.5	2.4
북술라웨시	2,115	2,478	2,842	2,970	1.6	1.4	1.3
중앙술라웨시	1,290	1,711	2,176	2,435	2.9	2.4	2.3
남술라웨시	6,062	6,982	8,219	8,863	1.4	1.6	1.5
남동술라웨시	942	1,350	1,781	1,951	3.7	2.8	1.8
말루쿠	1,411	1,858	2,252	2,378	2.8	1.9	1.1
이리안자야	1,174	1,649	2,220	2,499	3.5	3.0	2.4
인도네시아	147,491	178,385	210,486	225,748	2.0	1.6	1.4

참고: 각 주 및 전체 국가 인구는 고정 주소가 없는 이들도 포함한다.

출처: BPS Summary Results of 1990 Population Census, Biro Pusat Statistik, Jakarta, 1991, Table 1; BPS, Proyeksi Penduduk Indonesia per Propinsi 1995-2005, Biro Pusat Statistik, Jakarta 1998.

가구

〈표4〉 피부양층 비율(1990-2025)

연도	청소년층(0-15)		노년층( )65)	
	도시	지방	도시	지방
1990	53.50	65.41	4.93	7.00
1995	48.18	57.41	5.87	7.60
2000	41.89	49.48	6.19	7.57
2005	38.73	45.18	7.09	8.33
2010	35.23	40.58	7.80	8.86
2015	32.03	36.49	8.32	9.22
2020	29.56	33.46	9.77	10.62
2025	27.58	30.62	11.59	12.41

출처: Anata & Anwar(1994), 수치는 추정됨.

〈표5〉 1인당 월 생계비 및 전체 임금 비율(1990-1999)

연도	식비	비 식비	전체 예산
1990	18,272(60.4)	11,999(39.6)	30,271
1993	24,772(56.9)	18,793(43.1)	43,565
1996	38,723(55.3)	31,339(44.7)	70,062
1999	93,215(62.6)	55,691(37.4)	148,906

출처: SUSENAS 1990, 1993, 1996 and 1999.

〈표6〉 가계 수준에서 월간 빈곤선 비율(%)로서의 지역 최소 임금(1996, 1999)

주	1996	1999	주	1996	1999
DI 아체	92.5	60.0	발리	125.1	69.8
북수마트라	103.6	69.4	서부 누사 텡가라	91.7	55.0
서수마트라	85.2	53.1	동부 누사 텡가라	87.6	48.2
리아우	148.9	87.4	서부 칼리만탄	70.9	46.5
잠비	104.0	54.8	중앙 칼리만탄	96.6	66.3
남수마트라	80.4	55.1	남부 칼리만탄	85.3	54.0
벵쿨루	105.3	48.2	동부 칼리만탄	86.9	57.5
람풍	107.8	56.5	북부 술라웨시	111.2	58.4
자카르타	112.4	69.3	중앙술라웨시	95.6	53.5
서자바	126.9	74.7	남부 술라웨시	88.4	52.4
중앙자바	101.0	61.8	남동부 술라웨시	105.2	49.9
DI 욕야카르타	111.5	59.9	말루쿠	94.0	46.1
동자바	123.0	72.9	파푸아	106.3	65.8

출처: Islam & Nazara (2000) calculated from CBS statistics.

<표7> 1인당 가계 수입(1980-1990)

(US달러)

가구 유형	1980	1985	1990
농업 노동자	103.8	247.4	438.4
0.5헥타르 이하 토지 소유 자영농	136.4	237.7	566.5
0.5-1헥타르 토지 소유 자영농	156.0	348.1	683.3
1헥타르 이상 토지 소유 자영농	201.5	567.9	1053.4
저수준 비농업 농촌 가구	202.5	316.6	640.4
비노동 농촌 가구	152.1	310.8	935.6
고수준 비농업 농촌 가구	339.2	530.8	1048.6
저수준 비농업 도시 가구	292.0	554.1	830.4
비노동 도시 가구	245.1	595.0	951.1
고수준 비농업 도시 가구	548.0	906.6	1882.2
전체	207.7	427.3	870.7

출처: CBS(1996), Welfare indicators 1995.

교육

<도표1> 초등학교 및 중학교 중퇴 비율

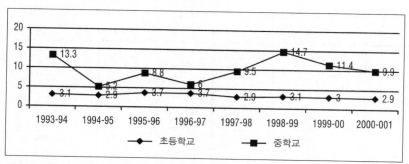

출처: MONE(2000).

〈표8〉 1993년 성별, 소득 수준별로 본 입학 비율

연령대	1(가장 가난함)	2	3	4	5(가장 부유함)
7-12세					
남성	85	93	95	97	98
여성	83	93	94	96	96
전체	84	93	94	97	97
13-15세					
남성	56	58	67	76	94
여성	42	56	68	79	80
전체	49	57	68	77	86
15-18세					
남성	25	27	42	60	76
여성	10	22	35	50	63
전체	17	24	38	55	69

출처: Indonesia Family Life Survey(IFLS) 1993.

〈도표2〉 시험 점수로 본 중학생 학업성취도(1997-1998)

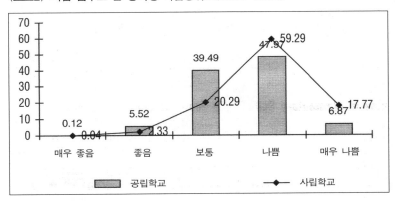

출처: MONE(2000).

〈도표3〉 국가 예산 중 교육 예산 비율(1990-2001)

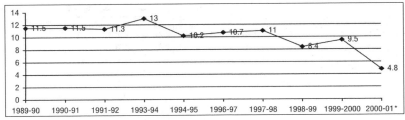

출처: UNICEF(2000). *Data Pembuka Mata.*

경제

〈표9〉 원유 매장량 분포

(백만 배럴)

지역	확인	잠재	전체
아체	4.4	9.5	13.9
북수마트라	121.3	51.5	172.8
나투나	200.2	171.5	371.7
중앙수마트라	2,599.1	2,748.4	5,347.5
남수마트라	330.1	117.5	447.5
서자바	651.2	471.3	1,22.5
동자바	134.5	84.2	218.7
칼리만탄	748.6	555.7	1,304.3
술라웨시	10.2	0.0	10.2
이리안 자야	67.6	151.1	82.7
전체	4,867.2	4,224.7	9,091.9

출처: MIGAS, January 1, 1997.

〈표10〉 인도네시아의 주요 경제 지표(금융 위기 전부터 현재까지)

항목	금융 위기 전		금융 위기 기간		
	1995	1996	1997	1998	1999
1. 실질 GDP 성장률(%)	8.2	7.9	4.9	-13.7	0.2
2. GDP 대비 개인소비비율 - 경상가격(%) - 불변가격(%)	61.6 15.9	61.1 9.7	62.2 6.6	63.6[1] -4.9	74.0 1.5
3. 1인당 GDP(US$)	1,039.0	1,155.0	1,088.0	449.2	720.0
4. 소비자물가상승률(%)	8.6	6.5	11.1	77.6	2.0
5. 수출액(10억 US$)	45.4	49.8	53.4	50.1	44.1[3]
6. 수출 성장률(%)	13.4	9.7	7.3	-6.3	1.9
7. 무역수지(10억 US$)	4.8	6.9	11.9	22.6	21.5
8. 경상수지(10억 US$)	-6.8	-7.8	-5.8	1.4[1]	1.6
9. 콜 금리	13.6	14.1	33.6	56.5[2]	n.a.
10. 환율(IDR/US$)	2,308.0	2,383.0	5,300.0	8,068.0	7,500.0

주: 1. 프로젝션   2. 인도네시아은행 평균 콜 금리(기간 말)   3. 역년에 기초
출처: Central Board of Statistics(BPS) and Bank of Indonesia, Various years(Collected by UNICEF, 2000).

〈표11〉 산업별 국내증가율(1993 경상가격)(%)

항목	금융 위기 전		금융 위기 기간		
	1995	1996	1997	1998	1999
농업, 축산, 임업, 어업	4.38	3.00	0.72	0.22	0.67
2. 광업, 채석	6.74	5.82	1.71	-4.16	-0.11
3. 제조업	10.88	11.59	6.42	-12.88	2.19
4. 전기, 가스, 상수도	15.91	12.76	12.75	3.70	7.25
5. 건설	12.92	12.76	6.43	-39.74	1.15
6. 무역, 숙박, 식당	7.94	8.00	5.80	-18.95	-1.10
7. 교통, 통신	8.50	8.68	8.31	-12.80	-0.72
8. 금융, 부동산, 사업	11.04	9.00	6.45	-26.74	-8.67
9. 서비스	3.27	3.40	2.84	-4.71	2.82
국내 총생산	8.22	7.98	1.91	-13.68	0.23

출처: Central Board of Statistics(BPS), various years calculated by UNICEF(2000).

〈도표4〉 내국인 및 외국인 직접 투자액 1990-1998

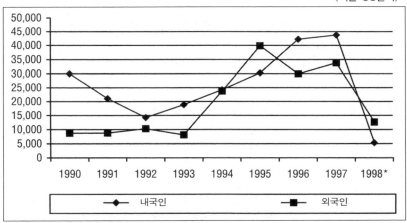

(백만 US달러)

* 1998년 9월까지의 데이터
출처: Negara(1998).

보건

〈도표5〉 1995년 가임기 여성 중 만성 영양실조(CED) 비율

(%)

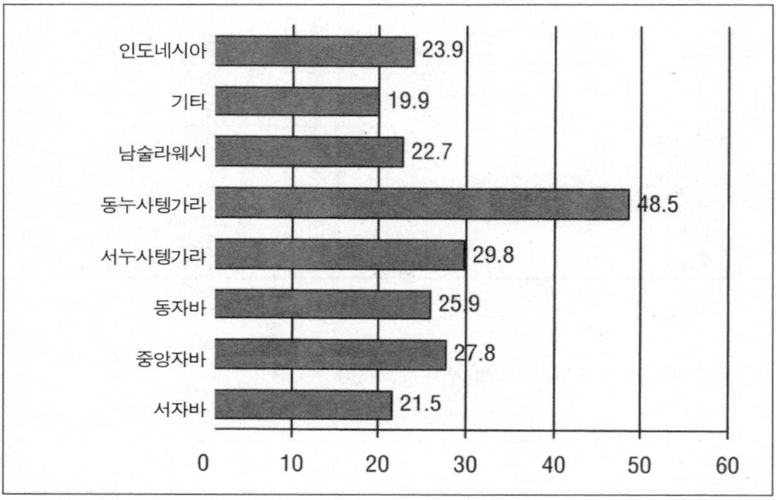

인도네시아 23.9
기타 19.9
남술라웨시 22.7
동누사텡가라 48.5
서누사텡가라 29.8
동자바 25.9
중앙자바 27.8
서자바 21.5
0 10 20 30 40 50 60

출처: Maternal and Child Health Survey 1995.

아동 노동

〈도표6〉 10~14세 아동의 노동 참여율(1980-1999)

(%)

20
15
10
5
0
80 82 85 87 90 93 96 98 99
12.6 12 11.5 13.3 12.9 11.3 9.7 9.5 8.3
9.5 9 8 18 9.1 7.7 7.2 7 6.2
남성
여성

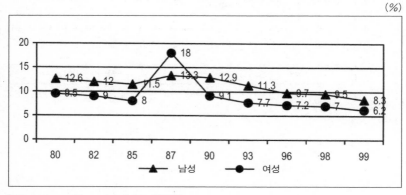

출처: Irawan, Ahmed & Islam(2000).

〈도표7〉아동 노동 경향(1990-1998)

(천 명)

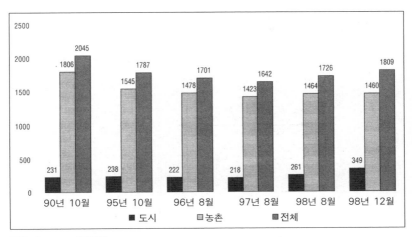

출처: Imawan(1999).
위 그래프는 아동노동의 절대적인 수치가 1990년 200만 이상에서 1997년 160만으로 감소함을
보여준다. 금융 위기 기간에 다시 180만으로 아동 노동자 수가 높아졌다. 도시에서 일하는 아동
노동자 수는 1997년 7월 218,000명에서 1998년 12월 349,000명으로 증가했다.

싱가포르

Malaysia

Singapore

안팎으로 통제하기?

싱가포르 개발 경로의 정치학

미나 쉬브다스(Meena Shivdas)
한나 판디안(Hannah Pandian)

이 글은 싱가포르 국가가 밟아온 개발 경로를 추적한다. 싱가포르에서 행복이나 경제적 여유를 나타내는 일반적인 지표는 아파트 소유, 자동차 한두 대 보유, 이웃 나라나 남아시아 출신 가사노동자 고용, 사립학교에 자녀 보내는 것, 국내외에서 여가활동을 할 수 있는 능력 등이다. 국가가 만들어내고자 하는 국민은 좋은 시민의 자질이라 여겨지는 것들을 지닌 국민이다. 국가는 생산적인 노동력을 강조하고 민족 간의 화합을 이루기 위해 통합 노력을 기울인다. 그뿐만 아니라 '효'를 중시하고 결혼해서 자녀를 낳을 것을 국민들에게 권하는 '아시아적인 가족 가치'를 장려하고, '국가 예의 캠페인'(national courtesy campaigns, 사람들이 서로 더 친절하게 대하고 더 배려하도록 격려하기 위해 1979년 6월에 싱가포르 문화부가 시작한 캠페인—옮긴이), 청결한 공공 환경 및 개인 환경의 유지, 질서 정연한 삶 이끌기 등을 진행한다. 이러한 '관리'는 싱가포르를 동질적인 사회로 만들 수 있느냐에 전적으로 달려 있다. 일련의 장려책(incentive)과 억제책(disincentives)을 써서 이러한 정책들이 성공적으로 자리를 잡게 되었고 이 정책들을 국가 정체성의 일부로 만들 수 있었다. 행동, 언어, 민족, 가부장제와 관련된 공공정책과 캠페인이 국민들의 '질서' 의식을 강화한다고 『싱감(Singam)』(1997)은 지적한다. 이 글에서는 싱가포르의 개발 성공을 분석하여 개발이라는 목표를 추구할 때 따라오는 과정과 방법에 대해 이해하고자 한다. 그리고 더 나아가 정책들이 싱가포르식 삶의 방식의 주류에서 고려되지 않는 사람들을 이롭게 했는지 아닌지 질문한다.

싱가포르의 성공적인 관리는 개발 지표들에 잘 나타나 있다.[1] 특히 주택 보유율(전체 인구의 86%가 공동 주택에 살고 93%가 자가 소유), 여성 경제활동 참가율(55.5%), 문해율(92.5%) 같은 지표들이 높게 나타난다. 싱가포르는 1965년에 완전한 독립을 얻었고 그 후로 인민행동당(PAP)이 집권해왔다.[2] 싱가포르는 다민족 사회로서 중국계, 말레이계, 인도계, 그 외 유라시아계 사람들로 이루어져 있다. 싱가포르는 권위주의적, 온정주의적 국가(Rodan, 1996)라고 표현되기도 하고, 가부장적인 국가(Chan, 2000), 사회 통제 국가(Singam, 1997), '냉난방 장치가 된 국가'(George, 2000) 등으로 다양하게 표현된다. 그리고 싱가포르가 잘사는 나라가 된 것은 국민들이 정부에 순종함으로써 얻은 정치적·경제적 안정에서 기인한다고 여겨진다. 로단(Rodan, 1996)의 주장에 따르면, 싱가포르의 중산층은 소비자로서—특히 문화 상품 소비자로서—정부로부터 더 많은 자율권을 얻으려고 시도했을 뿐, 사회적·정치적 권력의 분배에 도전하려 하지는 않았다. 낭비와 의기소침이 사회적 피로감으로 이어지는 상황(Tay, 2002)에서 그러나 사회운동가들은 점차 시민사회라는 공간을 확보하려고 노력해왔다(Singam et al., 2002).

'행정 국가'는 싱가포르의 정치 체계를 정의하기 위해 사용되는 용어인데 그것은 두 가지 큰 특징을 가진다.

1) 시민의 탈정치화

2) 관료의 권력과 역할 확대, 그에 따르는 행정 부문의 발전과 팽창 (Chan, 1975).

행정 국가는 목적 지향적이며 능력·효율성이 중심 가치가 된다. 이러한 정치적 환경에서 국가는 목적을 달성하기 위해 높은 수준의 개입을 한다. 학자들과 사회 비평가들은 개입 과정의 단계들을 세세하게 밝혀놓았는데, 그것은 정보 배포에서부터 행동 변화를 일으키려는 것에 이르기까지 다양하다. 만약 정보만으로 기대하는 결과를 달성하지 못하면 일련의 장려책과 억제책들을 내놓아서 특정한 국가적 목표를 달성할 수 있게 한다(Quah S, 1983; Soin K, 1996, 개인적인 대화). 싱가포르식 통치 방식과 정책은 국민들로 하여금 실용적으로만, 결과 중심으로만 생각하게 만들었고 그 결과 싱가포르 사람들은 '경제적인 이익에 기여하는가' 하는 실리적인 기준만을 놓고 사람·제도·정책을 판단하는 경향이 있다 (George, 2000: 23). '위안과 통제(comfort and control)의 정치'가 지배해왔다는 것은 분명하다.

싱가포르는 비교적 짧은 시간 안에 경제적인 성공을 이룰 수 있었다. 싱가포르는 일본을 제외하고 아시아에서 가장 높은 삶의 수준을 보이며, 1995년 말 973억 US달러의 외환 보유고를 기록했고 높은 수준의 공중보건과 92.5%의 문해율을 가지고 있다. 높은 경제성장률을 기록한 것은, 국가가 외국인 투자 유치를 위해 사회기반시설 및 서비스를 제공하고 의료와 기타 서비스의 민영화를 확대하고 교육과 훈련에 대한 투자를 늘리는 등 시장 주도 경제 정책을 추구했기 때문에 가능했다. 기여한 만큼 보상을 받는 성실한 주민들에 힘입은 이러한 성공 가운데서, 보통과 다른 특이한 것이나 일탈은 시민의 범주에서 제외되었다. 시민에 속하지 않는 사람은 싱가포르의 성공에 기여했다 해도 주류에서 제외된다. 국가가 정책에서 이들을 다루는 방식, 그리고 동질성을 유지하고 확보하기 위한 특정한 합의들이 이루어지는 방법들을 살펴보고, 이를 통해 싱가포르의 성공적인 발전이라고 여겨지는 것에 대해, 그리고 주류에서 제외된 사람들에게 그 발전이 어떤 결과를 낳았는지 의문을 제기하고자 한다. 발전 의제가 일부 사람들을 제외하는 과정을 분석함으로써 이 글은 국가 통치(governance)와 동남아 지역 정책이라는 보다 큰 이슈에 대해 살펴보고 싱가포르의 국가 '정신(psyche)'을 이해하기 위한 분석틀을 제공한다.

여성이 경제 성공에 중요한 역할을 하는데도[3] 국가는 여성을 어머니로, 돌보는 역할을 하는 사람으로만 인식했다. 경제 성장을 유지하기 위해서는 여성의 활발한 노동시장 참여가 필요했지만,[4] 국가가 여성을 보는 방식, 여성에게 할당한 성역할은 여성의 경제 참여의 필요성과 조화를 이루지 못했다. 국가 관리의 이러한 측면은 여성과 관련해 근본적인 모순을 만들어내고 있으며 여러 해에 걸친 출산 정책에도 반영되어 있다. 장려책에도 불구하고 2001년 전체 출산율이 역사상 가장 낮은 1.42를 기록했다고 『스트레이츠 타임즈』지는 보고한다(2002년 4월 6일자). 흑백논리의 인식을 가진 국가가 보기에 출산 정책에 방해가 되는 또 다른 부분은, 동성애자들이 연극과 미술을 통해 자기 자신과 자기 상황을 표현하는 등 결혼 장려 정책의 효과를 흐리게 만드는 것이다. 국가가 정한 대로 따라가는 동질적 사회를 추구할 때, 규범과 다르게 보고 다르게 경험하는 사람들은 주변화될 수밖에 없다. 싱가포르의 동성애자들도 마찬가지다. 그들은 몇 가지 법률에서 주변화되는 경험을 했다. 말레이시아, 인도 출신의 많은 여성 가사 노동자들이 싱가포르 여성들의 가사 노동을 보조함으로써 싱가포르 여성들이 노동시장에 참여할 수 있도록 만들어주고 있지만, 정책이나 관행에서 가사 노동자들에 대한 대우는 전혀 공정하지 않아서 학계나 시민운동에서 이 점을 문제시하고 있다. 외국인 가사노동자들은 공통적으로 낮은 임금, 규제받지 않는 노동 조건, 고용주의 학대를 겪는다. 외국인 노동자 관련 노동

정책에서도 외국인 가사노동자를 주변화하고 있다.

이 글의 본문에서는 이 세 범주의 싱가포르 주민들의 상황을 분석한다. '발전 의제'와 그것에서 파생된 결과가 무엇인지, 그리고 그것에 영향을 받는 사람들이 자신의 '다름(difference)'과 관련해 정부에 개입하면서 자기 공간을 찾기 위해 어떤 전략을 택했는지 설명한다. 싱가포르에는 '통제를 통한 위안(comfort through control)'의 느낌이 널리 퍼져 있지만, 주변화된 사람들이 공간에 대한 권리를 주장할 수 있다고 이 글은 주장한다. 그다음에 이어지는 사례 연구는 어떻게 사람들이 정책 메시지를 내면화하는가, 그리고 자신들을 통제하려는 노력에 저항하기 위해 어떤 전략을 택하는가를 보여준다. 통제에 저항하기 위해 사람들은 사회적 공간을 점유하기도 하고, 자녀를 갖지 않기로 결정하기도 하고, 인터넷 공간을 이용하여 시민사회를 활성화하는 활동을 펼치기도 한다.

싱가포르에서 정책 집행에 사용되는 단계들

1. 문제를 밝히고, 대안을 고려한 뒤 해결 방안을 선택한다. 이 단계는 내각에 의해 이루어지고 공무원들이 일부 참여하기도 한다.

2. 정부는 문제에 대한 정보를 대중에 공표하고 기대되는 해결책을 준다. 정부는 목표 인구 집단에게 이러한 해결책을 이루기 위해 행동을 바꾸도록 강력히 촉구한다. 이 단계는 보통 국가 캠페인으로 이어지고 총리나 장관들이 언론을 활용해서 촉구하기도 한다. 정부가 후원하는 대중운동 조직도 홍보를 돕는다. 정부는 대중을 위한 '피드백'이라는 채널을 가진다. 이것은 국민들 몇몇을 초대해서 의구심을 없애주기 위해 이용된다.

3. 정부는 위에 제시된 것이 만족스럽게 작동하지 않을 경우 장려책이나 억제책을 도입한다. 때로는 장려책과 억제책이 정책 제안으로 동시에 발표된다. 보통 후속 단계에서 혹은 2, 3단계에서 정책 제안에 유의하지 않는 사람들에 대한 제재 조치가 이루어진다. 출처: Kangaljit Soin, Personal Communication, 1996; Jon S T Quah&Stella Quah (1998) 'Limits to Government Intervention' in *Management of Success: the Moulding of Modern Singaporep*, ISEAS: Singapore.

두 가지 특징을 가진 발전 계획

싱가포르가 (출산 정책에서) 여성을 다루는 방식과 (법률에서) 동성애
자를 다루는 방식은 삶을 통제하여 특정한 유형의 발전을 만들려 하는
국가의 의도를 잘 보여준다. 여성이 노동시장에 참여하게 하는 것, 동성
애자가 이성애 규범 안에서 순응해서 살도록 하는 것에서 특히 국가의
의도가 강하게 드러난다. 그래서 이러한 두 가지 움직임은 국가가 '준수
와 순응(compliance and conformation)'을 통해 국민을 통제하려는
의도를 잘 보여준다. 반면, 국가가 외국인 가사노동자를 대우하는 방식은
경제를 위해 동남아시아의 노동력을 끌어내야 하는 필요에 발맞추고
있다. 이는 통치법의 또 다른 측면과 정책 과정의 정치학을 드러낸다.
여기서 이주 노동자와 법에 의한 그들의 보호와 관련해 동남아시아에서
싱가포르가 차지하는 위치와 역할 문제가 제기된다. 다시 말해 배후지
(hinterland)의 정치·경제가 싱가포르 발전의 일부로 작동한다. 이렇
게 이중적 측면을 가진 발전 의제는 '상상력의 사회적 통제 또는 상상력의
사회적 무력화',[5] 즉 사람들의 삶과 사고 과정을 사회적으로 계획하고
조정하는 것, 그리고 '배후지의 정치·경제', 즉 외국 노동력을 선택적으
로 이용하는 것, 이 두 가지가 동시에 일어나는 과정으로 이해할 수
있다. 이 두 가지 측면은 개인의 표현과 자유를 희생해서 두 가지 특징의
발전 계획을 만들고자 하는 국가의 의도를 여실히 보여준다. 앞서 설명한
발전 의제를 설명하기 위해서 '배후지의 정치·경제'에 초점을 맞추기
전에, 먼저 어떻게 여성과 동성애자가 '상상력의 사회적인 통제'를 통해
특정한 정책에서 구성되고 다루어지는지 살펴보자.

여성을 경제에 포함시키기(포함시키지 않기)?

국가는 일반적으로 여성을 중요한 경험적(empirical) 범주로 다룬다. 그런데 마치 여성이 분리된 영역에 분리되어 존재하는 것처럼 본다. 생산을 하는 자, 재생산과 양육을 하는 자로 분리되어 있는 것이다. 따라서 정책에서 여성이 다루어질 때, 어떤 식으로든 필연적으로 연결되어 있는 부분들이 마치 없는 것처럼, 각각의 부분이 고립되어 움직이는 것처럼 다루어진다. 그러므로 어떤 의미에서는 정책들이 젠더화되어 있다. 하지만 여성의 삶에서 작동하는 한 요소로 젠더를 고려하는 것은 정책 형성 과정에서 빠져 있다. 예를 들어 싱가포르에서 민족 비율[6]을 유지하면서 출산율을 상승시키려는 노력은 출산율, 여성 보건과 여성의 경제 참여의 연관성을 고려하지 않고 여성의 재생산 능력에만 목표를 맞춘다. 콩과 챈(Kong and Chan, 2000)은 싱가포르 여성 정책을 분석하면서 국가의 가부장적인 이데올로기와 경제 실용주의 사이에 모순적인 관계가 있다고 설명했다.

1966년 '싱가포르 가족계획 및 인구 위원회'의 설치는 '국민을 관리하는' 것의 시작을 알리는 신호였다. 가족계획은 출산 정책의 주요한 부분이다. 그 외의 조치들은 다음과 같다.

1) 1969년에 자발적인 불임수술을 합법화했다. 1972년에 불임수술은 더 자유로워졌으며, 1974년에 더욱더 자유로워졌다.
2) 1970년부터 합법적인 낙태가 가능해졌으며 1974년부터는 임신부의 요구만 있으면 낙태할 수 있는(abortion on demand) 원칙을 포함했고, 여성들이 낙태를 산아제한 수단으로 이용하기 시작했다.

이 조치들은 합계출산율(total fertility rate, 여성 한 명이 평생 출산하는 자녀 수)을 낮추기 위한 강력한 출산 억제 정책이었다.[7] 이 조치에 부응하여 세 개의 주요 민족 집단에서 모두 기대대로 출산율 하락 효과가 나타났지만 예기치 못한 결과도 나타났다. 여성의 교육 수준에 따라 출산율이 달라진 것이다. 이러한 추세에 대응하여 국가는 1984년 또 다른 일련의 조치를 취하게 되었는데, 그것은 어떤 집단에는 출산 억제책을, 어떤 집단에는 출산 장려책을 적용하는 것이었다. 1987년에는 분명한 출산 장려 조치가 취해졌는데 거기에 '양육을 감당할 수 있는'이라는 조건이 덧붙여졌다. 그것은 사실상 아이들을 키울 능력이 있는 부부들에게만 아이를 낳으라고 권하는 것이었지만 민감한 문제인 '우생학'으로 빠지는 것을 피하려고 애쓴 것이었다.

선별적인 출산율 상승과 하락을 의도한 다양한 조치들이 취해졌지만, 결과는 전혀 성공적이지 않았다. 1990년에 35세 이상 독신 여성은 겨우 8.3%로, 대다수 여성들은 여전히 결혼을 더 선호하지만 출산율은 지속적으로 감소하고 있다(Liak, 1994). 보건부 통계는 연령별 출산율[8]도 대부분의 연령 집단에서 감소하고 있다는 것을 보여준다. 20~24세의 1993년 출산율은 50.8%인 데 반해 1994년 출산율은 47.5%이다. 25~29세 집단에서는 1993년과 비교해서 1994년 출산율에서 0.5%의 미미한 감소가 기록되었다. 30~34세 집단에서만 출산율이 증가한 것으로 기록되었는데 그 증가폭은 겨우 0.3%에 불과하다(Ministry of Health). 아이를 낳지 않는 것을 선택하는 부부들이 점차 늘고 있어서, 결혼한 적이 있는 모든 여성들 중에서 아이가 없는 여성의 비율이 1990년에는 12%로 증가했다. 25~29세 집단에서 증가 폭이 상당히 커서 19.2%에서 33.6%로 증가했고, 30~34세 집단에서는 6.9%에서 14.4%로 증가했다. 그리고 35~39세 집단에서는 2.9%에서 7.5%로 증가했다. 이에 상응해서 여성의 평균 자녀수가 3.4에서 2.9로 감소했다(Liak). 1993-1994년 출산의 감소는 세 개 민족 집단에서 다 나타났다. 말레이계의 출산율이 가장 많이 감소해서 4% 줄었고, 인도계는 3.9%로 다음을 기록했으며, 중국계는 0.5% 감소했다. 독신 미혼 여성의 수 또한 상당히 증가하고 있다. 2001년 40~44세 사이 여성 100명 가운데 14명이 독신이었는데 대졸 여성이 모든 연령 집단에 걸쳐 가장 큰 독신 집단을 이루었다. 2000년 국가가 도입한 여러 가지 새로운 장려책에도 불구하고 합계출산율은 사상 최저치를 기록했고 국가의 생존이 위험에 처하게 되었다.

여성들에게 공적 영역으로 진출할 기회가 주어지기는 했지만, 우생학과 경제라는 두 가지 압력이 모든 여성에게 똑같이 가해진 것은 아니었다. 고소득, 고학력 여성은 더 많은 자녀를 가지는 것이 장려되었고 가난한 저학력 여성은 아이를 적게 낳도록 유도하는 억제책이 주어졌다. 결혼을 하라는, 그리고 계급에 따라 자녀를 많이, 또는 적게 낳으라는 국가의 명령을 따르지 않음으로써 전문직 여성이나 저학력 여성 모두 국가의 계획에 도전하고 있다. 싱가포르의 생활수준이 높고 맞벌이 소득이 필요하다는 점을 감안할 때 전문직 여성은 자녀 양육의 실질적인 어려움 때문에 자녀 낳기를 미루는 경향이 있을 수 있다. 또 다른 이유는 스트레스가 심한 극도로 경쟁적인 교육 제도에 있다(Koh, 1987).[9] 능력주의 사회에서 자녀 교육을 위해서는 상당한 시간, 노력, 돈을 투자해야만 하기 때문에 이러한 교육 제도는 아이를 많이 낳고 싶지 않게 만드는 역할을 한다. 저학력 여성이 아이를 덜 갖도록 유도하는 공식적인 억제책을 폈다는 것은 여성들이 값싼 미숙련, 반숙련 노동력으로서 노동시장에 들어오기를 원한다는 것을 나타낸다. 이러한 여성들은 많은 경우 보육비를 지불할 만큼 충분한 돈을 벌지 못하기 때문에 직접 자녀를 돌보면서 집에 있는 게 하나의 대안이 된다(Chung, 1987). 또 그러다 보면 집에 있는 여성들은 더 많은 아이를 낳게 되는 결과로 이어질 수도 있다. 분명 싱가포르 여성들이 겉보기처럼 그렇게 고분고분하지는 않다. 그들은 이러한 정책에 항상 순응하지는 않음으로써 재생산 건강과 고용에 대한 국가 개입에 저항하는 것이다.

게이가 있는(없는) 사회 환경?

싱가포르에서 여성이 평등한 대우를 받는지 의심스럽다 할 수 있다면, 동성애는 공식적인 논의에서 글 한 줄 찾아볼 수가 없다. 동성애자들은 완전히 보이지 않는 것처럼 취급되기도 하고 성적 관계로 인해 처벌받기도 하는 등 다양한 방식으로 다루어진다. 동성애는 싱가포르 형법의 두 개 조항에서 범죄로 취급된다. 377조 자연에 반하는 성행위(Unnatural Offences)에 관한 것은 다음과 같다.

자발적으로 어떤 남자, 여자 혹은 동물과 자연 질서에 거스르는 성교를 하는 자는 종신형 혹은 최고 10년 형에 처하고 벌금을 부과할 수 있다. 성교가 성립하는 조건은 삽입이다.

377조 A항 '예절을 무시하는 행위'는 다음과 같다.

공공장소에서든 사적인 장소에서든 남성이 다른 남성과 혐오스러운
성행위를 하거나 그것을 교사한 경우 최고 2년 형에 처한다.

두 개 조항 모두 반드시 징역형에 처하라고 되어 있다.

이러한 형법 조항들이 실질적으로 재판, 구금, 수감 등의 형태로 집행되
지는 않지만, 동성애를 명백히 금하는 법률이 싱가포르 사회에 스며들어
있고 동성애 금기가 문화적인 관습으로서 강요되고 있다. 가령 2001년
5월 경찰은 동성애에 관한 공개 포럼 개최를 허가해주지 않았는데 이
포럼이 공익에 반한다는 것이 그 이유였다. 또 최근 당국자들은 게이
레즈비언 지원 단체의 등록을 허가하지 않았다(Amnesty International,
2001). 동성애자 같은 소수자 집단은 시민사회 조직 안에서도 공간을
차지하기 어려웠다고 로(Lo, 2002)는 지적했다. 2001년 5월과 6월
『스트레이츠 타임스』는 동성애에 관한 기사를 시리즈로 실으면서 아직
싱가포르인들은 동성애 이슈를 다룰 준비가 되어 있지 않다고 결론
내렸다. 설문에 참가한 시민 80명은 대체로 부정적인 반응을 보였다.
그 가운데 눈에 띄는 논평 하나는, 동성애 커플이 이성애 부부들이
받는 것과 동일한 주거권을 주택개발청(HDB)으로부터 기대하는 것은
매우 비합리적이라는 것이었다.

싱가포르에서 '개발'─주택, 상업 공간 할 것 없이 모두─은 소수자의
성생활과 라이프스타일을 표현하고 완성하고 지속시키던 공간들을 잔인
하게, 거침없이 그리고 전면적으로 제거해버렸다. 주택개발청의 마구잡
이식 개발 이전에 싱가포르 사람들이 점유했던 다채롭고 다양하고 혼성
적인 공간들에서 성소수자들은 자기들만의 공간을 가질 수 있었다. 예를

들면 부지스 거리에 이성의 옷을 즐겨 입는 사람(transvestite)과 성전환성 노동자들의 구역이 있었다. 그들은 부지스 거리 홍등가와 그 주변에 거주하면서 그 구역에서 일을 했는데 50-60년대에는 그것이 자유롭게 행해졌다. '도시 재정비' 사업을 하면서 국가는 부지스 거리 주민들을 모두 쫓아버리고 이 지역을 새롭게 정비해서 전통적인 홍등가를 테마 관광지로 탈바꿈시켰다. "두말할 필요도 없이, 부지스 거리는 '(디즈니랜드의) 프런티어랜드'의 성적인 가능성을 모두 가지고 있고 이성의 옷을 즐겨 입는 사람들은 많은 벽화에 재현되어 있다."고 깁슨(Gibson, 1993)은 싱가포르에 대한 그의 획기적인 책에서 지적한다.

> 1960년대 말 이전에… 싱가포르 사람들 중 일부분은 재혼 가정, 첩이 포함된 가구, 친족이 함께 사는 대가족 등을 이루고 살았다. 1960년대 이전 '가족들' 중에는 이성애주의 혹은 가부장제의 규범과 맞지 않는 경우도 있었다. 가령, 푸젠 성에 기원을 둔 남성 동성애, 남성-남성 결혼 관습이 있었고, 광동에서 유래한 여성들의 연합이 레즈비언 결혼으로 이어진 경우도 있었다. 오늘날에는 이러한 다양한 규범들 대신에 정상 가족이라는 단 하나의 지배 이데올로기가 들어섰는데… 이러한 '정상 가족'은 현대의 발명품이다. 정상 가족이 지배적인 위치를 차지하기 때문에 그것이 사회적인 발명품이라는 사실이 잘 드러나지 않을 뿐이다 (PuruShotam, 2000).

실제로 주택개발청이 새로 정비한 주거 지역이 주류가 되었는데 그것은 이성애의 특징을 가진 곳, 개인의 표현보다는 공동체의 조화에 복무하는 곳이었다. 2001년이 되어도 인터넷에서는 자유롭게 논의되는 주제들이 주택개발청 아파트 공동체에서는 소개될 수 없다. "동성애 행사에 참석하라고 권하면서 주택개발청 심장부의 문을 노크하면서 돌아다니는 동성애 운동가들을 볼 수 없다는 점에서 게이 인권/이슈/정체성이 사람들 면전에 가시적으로 들이밀어진 적은 없다"고 러셀 헹(Russel Heng)은 전국지인 『스트레이츠 타임즈』(2000년 5월) 인터뷰에서 말했다. 이 발언에서 주택개발청 '심장부'('보수적인 주류' 사람들을 뜻한다)는 수용적인 태도를 가진 소수자와 명확히 구분되어 있다.

아파트는 개인적인 삶의 공간이 근접해 있다는 점, (위에서 논의한 바와 같이) 정부가 공급하는 주택을 미혼 개인이 분양받기 어렵다는 점, 이성애 규범이 공공 주택에 전반적으로 스며들어 있다는 점, 이 모든 것 때문에 동성애자들은 다른 사람들처럼 자기 공간을 가지는 데 어려움을 겪는다. 그리고 그런 공간을 차지할 때에는 주변화되고 억압받는다.

하지만 개발이 진행되면서 동성애의 표현에 대한 요구가 그에 비례해서 커졌고 연극 등에서 실제로 동성애 표현이 점점 많아졌다. 싱가포르의 연극은 50여 년 전 서양인 관객들을 겨냥하여 유럽 고전 작품을 영어로 공연하던 것에서 최근에는 사회의식을 많이 담은 것으로 급격하게 변했다(Pandian, 1998). 동성애 이슈는 직접 표현할 수 없는 것을 추상적인 형태로 언급하는 것에서 시작해서 점점 더 자유로운 표현으로 나아가면서 끊임없이 무대 위에서 배출구를 찾아왔다.

상업적인 주류 매체와 연예 분야는 여전히 싱가포르의 도덕적인 경찰에 속박되어 있으며 또 대중의 입맛에 맞게 내용을 조정한다. 예를 들어 인기 있는 미국 드라마 〈앨리 맥빌〉 중에서 동성애를 다룬 에피소드는 방영 금지되었다. 싱가포르 방송법에는 '동성애를 옹호하거나 근친상간, 소아성애, 수간, 사간증(necrophilia)을 묘사하는 것은 금한다'(SBC, 1997)고 되어 있다.

이러한 정책에 맞선 대안으로 실험적인 형태로 시작된 연극이 사회적으로 물리적으로 안전한 공간이 되었다. 사실상 싱가포르 연극은 남녀 동성애 극작가들이 만날 수 있는 장소이자 힘을 얻는 공간으로 시작되었다고 할 수 있다. 그리고 '행동과 연구를 위한 여성 연합(AWARE)'의 회장이자 극작가인 다나 람테오(Dana Lam-Teo)가 지적한 대로, 현재까지도 남성 동성애자들이 연극계를 장악하고 있다. 동성애 이슈에서 연극 작품의 발전 과정은 매우 정교하게 다듬어진 여정 같은 것이었다. 숨겨진 메시지와 안전한 클리셰에서 출발해서 현실을 생생하게 보여주는 것으로 옮겨갔다. 등장인물 중에 레즈비언과 게이는 대개 이성애자인 조연보다 더 도덕적인 인물로 그려졌다. 그리고 동성애자 주인공들은 때로는 멜로드라마 식으로 사랑을 잃고 사회에서 버림받기도 하고 일찍 죽기도 했다. 이는 아마 성 소수자들을 희생자로 다루는 것이 더 안전하기 때문일 것이다. 동성애자들은 광범위한 사회 변화를 만들어낼 힘을 가진 것으로 묘사되기보다는 의사 결정권을 가진 힘센 이성애자들에게 희생당하는 것으로 주로 그려진다.

연민을 끌어내는 장치가 사용되었고 성소수자는 성적 욕구가 강하지 않은 인물로, 감정과 내면의 선한 동기에 의해서만 움직이는 사람으로 묘사되었다. 〈악마가 내게 오지 않도록(Lest The Demons Get to Me)〉(1992, Russell Heng)에서 주인공은 이성의 옷을 즐겨 입는 사람인데, 이성애 세계에 한 발을 걸치고 있는 남자 친구는 학대를 일삼는 비열한 인간으로 그려진다. 타밀어 연극 〈아카(Akka)〉(1994)에서 독백을 하는 사람은 남성에서 여성으로 성 전환한 인물인데 사회의 야만성을 성토하는 이야기를 길게 늘어놓는다(동성애자보다 성 전환자를 무대에 등장시키는 것이 예술적으로 더 안전하다. 성 전환자는 수가 적어서 대체로 기존의 사회 문화 경제 질서에 도전하지 않는 듯 보이기 때문이다).

싱가포르 연극에서 동성애가 처음에 그려질 때에는 성, 섹슈얼리티, 쾌락을 찬미하기는커녕 성에 대한 암시조차 없었다. 미국 극작가 데이비드 헨리 황(David Henry Hwang)의 〈M. 버터플라이〉는 눈에 띄는 예외였다. 그 연극에서는 싱가포르 배우 이반 헹이 옷을 벗은 뒷모습을 관객에게 보여주었다. 그 공연(1990년)은 큰 삭제 없이 싱가포르 예술 축제에서 무대에 올랐고 누드 장면도 허용되었다. 하지만 싱가포르 당국이 허용한 것은 이것이 미국 연극이기 때문이라는 비판적인 의견이 많았다. 그 연극은 '외국 것'이어서 그렇다고 안전하게 설명할 수 있었다는 것이다.

동성애에 대한 초기 연극들에서 동성애는 사실적으로 그려지지도 않았고 승리라고 할 만한 것도 없었다. 재클린 로는 엘리노어 웡(Eleanor Wong)의 연극 〈합병과 고발(Mergers and Accusations)〉를 '커밍아웃 연극'으로 읽었으나 다음과 같이 지적했다.

이 연극은 주인공이 레즈비언 라이프스타일에 적응하는 것보다 '이성애를 떠나기로 하는' 선택에 더 초점을 맞춘다. 연극에서 언급되는 '레즈비언 커뮤니티에 대한 감각이 없다'는 사실을 지적하는 것이 중요하다 … 커밍아웃의 경험은 현실 구조의 제약 때문에 고립되고 개별화되고 주변화되는 과정으로 그려진다 (Jacqueline Lo, 2002).

하지만 싱가포르 연극에서 동성애 이슈는 오래전부터 다루어져서 충분히 무르익었다. 1999년 획기적인 일인극(Completely With/Out Character)은 성공 사례가 되었고 동성애에 대한 검토가 싱가포르 연극 무대에서 얼마나 멀리 왔는지 보여준다. 그 연극에서는 항공기 승무원 출신인 패디 추가 자기가 살아온 이야기를 했다. '다른 라이프스타일'에 눈살을 찌푸리는 사회에서 에이즈를 가지고 살아가는 것의 트라우마에 대한 이야기였다. 다닥다닥 붙어사는 이성애주의적인 공공주택 커뮤니티에서 그의 삶이 받아들여지는 것은 생각할 수도 없는 일이었다. 연극 중간에 패디 추는 옷을 벗고 충격적일 만큼 여윈 몸을 보여준다. 관객들이 그의 이야기에 빨려 들어갈 때 인터넷 대화방 토론이 실시간으로 무대 뒤 스크린에 비친다. 온라인 참가자들은 공개적으로 정치, 종족, 종교,

섹슈얼리티 등 싱가포르의 이슈들을 토론한다. 예술 세계가 아닌 데에서는 일어날 수 없을 시나리오이며, 몇 년 전만 해도 무대에서 벌어지지 않았을 시나리오다.

인터넷은 섹슈얼리티에 대한 생각을 편하게 표현하는 장이 될 수 있다고 매우 긍정적인 평가를 받아왔다. 실제로 인터넷은 급속하게 대안적인 토론장이 되고 있다. 극장에서 제기된 이슈들만 논평하는 것이 아니라 다른 사회 이슈를 논의하기 위한 토론장으로도 이용된다. 싱가포르 인터넷 사용자 2천 명을 대상으로 한 조사에 따르면 21~24세인 사람은 한 달에 12시간이나 인터넷을 한다.[10] 인터넷이 보급되어 싱가포르 가구의 50% 정도가 인터넷을 사용하게 되면서,[11] 수십 년 동안 극장에서만 찾을 수 있었던 대안적인 공간이 이제는 인터넷에서 급격하게 열리고 있다. 극장과 인터넷 모두 대안적인 공간으로서 전통적인 모임이나 세미나 형식으로 할 수 없는 것을 담당할 수 있게 되었다.

예를 들어, 1993년 이후 활동가들이 싱가포르 게이 레즈비언 단체를 등록하려 했지만 아무 설명 없이 매번 거부를 당했다(South China Morning Post, 2000년 5월 4일). 하지만 온라인 커뮤니티가 만들어졌고, 피플 라이크 어스(People Like Us: PLU)라는 커뮤니티는 게이, 레즈비언, 양성애자들로 이루어진 비공식 단체로 출범했다. 열 명—여성 넷, 남성 여섯—이 1996년 11월에 공식적으로 PLU를 단체로 설립하기 위해 단체등록원(Registrar of Societies)에 신청서를 냈다. 신청서를 제출하고 그 후 진정서도 냈지만 단체등록원과 내무부는 세 번 다 단체 등록을 거절했다. 왜 거절했는지 이유도 알려주지 않았다. 지하철 극장에서 이 그룹이 모임을 가질 때 공무원들이 와서 염탐을 했다고도 한다(PLU 웹사이트).

그런데 그 후 PLU는 획기적인 웹사이트를 만들었다. 웹사이트에는 "문제들이 불거진 뒤에 일이 완전히 다른 경로로 움직이기 시작했다"고 씌어 있다. "1997년에 인터넷 커뮤니티가 시작되었고 그 덕에 '일요

포럼'(오프라인 모임)이 할 수 있는 것보다 훨씬 더 효과적으로 동성애자들에게 다가갈 수 있게 되었다. 채팅방, 이메일 리스트, 그리고 개인 홈페이지도 동성애자들의 주요 공간이 되어왔다." 여성들과 마찬가지로, 동성애자들도 일정한 방식으로 발전 계획에 도전했고 자신들을 위한 공간을 만들 수 있었다.

외국인 가사노동자

아시아 지역의 '가사노동자' 거래는 여러 가지 요소들에 의해 발전해왔는데, 특히 여러 나라들의 경제·사회 발전이 불균등한 것, 그리고 가정 내 성별 분업이라는 요소가 있다. 경제 발전은 싱가포르, 말레이시아, 홍콩 같은 국가들에서 생활비 상승을 가져왔고 그 나라들에서 웬만한 생활수준을 유지하기 위해서는 맞벌이가 필수가 되었다. 이렇게 확대되는 경제에 필요한 노동력은 높은 비율의 여성 경제활동 참여로 뒷받침되었다. 그래서 경제적 여유가 있는 고학력 중간계급 여성이 점점 더 많이 노동시장에 진출할수록, 여성의 부불 가사 노동에 대한 지원은 더 적어져서 사회적 재생산의 전이(transfer of social reproduction)라는 문제가 일어난다.

심지어 급속한 경제 발전으로 여성의 경제활동 참여가 쉬워지더라도, 가정에서 여성이 하는 일은 줄지 않고 그대로 남아 있다. 어린이 보육센터와 노령 인구 돌봄에 대한 사회 투자는 충분하지 않다. 그리고 대부분의 아시아 나라에서 집안일은 성별에 따라 엄격히 구분되어 할당되는데 여성은 일상생활 재생산의 많은 부분을 담당할 것이 기대된다. 여성과 남성이 일과 가정생활을 통합하는 데 필요한 사회적인 투자가 없는 상황에서 여성이 스스로 '이중 부담'을 해결하려다 보니 여러 가지 왜곡이 만들어진다(Heyzer & Wee, 1994). 그 예로 여성은 비공식 부문에 집중되어 있으며, 낮 시간에 자녀와 함께 집에 있을 수 있는 야간근무를 선호한다. 다른 왜곡은 가사 부담을 다른 여성 특히, 외국인 가사 노동자들에게 떠넘기는 것이다. 이와 관련해 지적되는 것은 돈을 벌기 위해서 온 외국인 가사 노동자들이 자기 가정은 돌보지 못하고 때로는 학대를 받아가면서 부유한 나라의 사회적 재생산 문제를 해결해 주고 있다는 점이다(Licuanan, 1994).

싱가포르에서 일하는 외국인 가사노동자 대부분은 필리핀 여성들이다. 이들이 이주하는 이유는 여러 가지다. 주로 빈곤과 높은 실업률 때문에 본국을 떠나 생계비와 자녀 양육비를 벌기 위해서 온다. 가사 노동은 기술 훈련이 필요 없는 일이고, 필리핀 여성들은 영어를 할 줄 알고 교육 수준이 비교적 높고 본국에서 구할 수 있는 일이 매우 적다는 점을 고려하면, 이주는 다른 전문적인 직업으로 가는 디딤돌로 보이기도 한다. 필리핀 여성들은 처음에는 일정 기간만 있다가 돌아가겠다고 생각하지만 외국 생활을 하면서 생활수준이 높아진 결과로 오랫동안 계약을 갱신하게 되는 경우가 많다. 외국이긴 하지만 같은 동남아시아라는 사실, 문화적으로 비슷한 점이 많다는 것도 그들이 싱가포르에 오래 머무르게 만드는 데 일조한다. 가사노동자의 거래가 송출국과 유입국 사이의 노동 거래로서 상호 도움이 되는 측면이 있는 것처럼 보이지만, 양국 가정의 미시적인 차원에서 볼 때 그리고 이주 여성 노동자 개인의 차원에서 볼 때 문제가 있는 거래이고 불공평, 불평등한 계약이다.

싱가포르에서 외국인 가사 노동자를 고용하려면 연간 수입이 최소 3만 싱가포르달러는 되어야 한다. 처음에 2년 계약을 하는데 8년까지 계약을 연장할 수 있다. 취업 알선 회사들이 활발히 가사노동자 거래 사업을 벌이고 있는데 가사노동자의 국적에 따라 고용주가 알선 회사에 지불하는 수수료가 다르다. 수수료는 필리핀인의 경우 388에서 528싱가포르달러, 스리랑카인은 490에서 600싱가포르달러, 그리고 인도네시아인은 1,160에서 1,198싱가포르달러(인도네시아 정부가 부과하는 출국

비용을 포함한 금액) 정도라고 보고된 바 있다. 임금도 출신 나라에 따라 다르다.—인도네시아인들은 160에서 300싱가포르달러를 받으며, 스리랑카인들은 160에서 280싱가포르달러 사이의 가장 낮은 임금을 받는데, 필리핀인들은 300싱가포르달러를 받는다(PuruShotam, 1992). 임금 격차는 환율, 송출국과 유입국의 생활비 차이, 송출국 경제의 소득 창출 가능성의 차이 때문에 생기는 것으로 설명된다. 하지만 모든 고용주들이 가사노동자 한 사람당 매월 345싱가포르달러의 추가 부담금과 5천 싱가포르달러의 예치금을 정부에 지불한다. 추가 부담금은 외국인 가사노동자의 지나친 유입을 억제하기 위한 조치이며 예치금은 노동자가 싱가포르법을 위반할 경우를 위한 것이라고 정부는 설명한다. 노동자가 법을 어겼을 경우 고용주는 예치금을 잃는다. 이것은 고용주가 노동자에게 상당한 감시와 통제를 가하는 결과를 낳았다.

싱가포르는 외국인 가사 노동자에게 3개월마다 임신이나 성병 검사를 받도록 한다. 양성 판정을 받으면 즉각 본국으로 송환되고 고용주는 5천 싱가포르달러의 예치금을 잃는다. 가사 노동자의 노동조건에 대한 표준 계약서도, 가이드라인도 없는 데다가 노동 공간이 개인적인 공간인 가정이기 때문에 고용주는 노동자에게 상당한 통제를 행사할 수 있다. 어떤 고용주들은 노동자의 여권을 압수하는 것으로 알려져 있다. 필리핀 가사 노동자의 학대 사례들이 보도되기도 했다. 가장 많이 보도된 것은 필리핀 여성 플로 콘템플라시온(Flor Contemplacion) 사건이다. 그녀는 동료 가사노동자와 싱가포르 소년을 살해한 혐의로 기소되어 교수형에 처해졌다. 콘템플라시온의 변호가 행해지는 방식, 그리고 교수형이 '서둘러' 집행된 것 때문에 필리핀 사람들도 이 사건에 많은 관심을 보였다. 공식적인 감시가 없을 경우 신체적 학대, 언어 학대나 임금을 제때 지급하지 않는 일이 일어나기 쉽다. 2002년 4월 『스트레이츠 타임스』는 싱가포르 고용주가 인도네시아 가사노동자의 가슴을 심하게 때려서 한쪽 젖꼭지가 떨어져나가기까지 했던 극단적인 학대 사례를 보도했다. 싱가포르 고용주의 학대를 보고하는 외국인 가사노동자들이 점점 더 많아지고 있다.

싱가포르에 '외국인 가사노동자'가 없다면 전문직 여성들이 일을 그만 두어야 하거나 그렇지 않으면 정부나 민간부문이 보육 비용을 감당해야 할 것이다. 외국인 가사노동자 덕분에 정부는 보육에 많이 투자해야 하는 부담을 덜었을 뿐 아니라 자녀를 보육 센터에 보내는 여성에게 매달 100싱가포르달러씩 지급하는 보조금을 절약하고 있다. 외국인 가사노동자를 고용한 여성은 보조금을 받지 못하기 때문이다. 정부는 매년 상당한 금액의 돈을 절약하고 있는 셈이다. 민간부문 또한 가사노동 자 거래로 이득을 얻는다. 취업 알선 회사, 항공사, 은행 등이 대표적인 예다. 고용주들이 가사노동자로 인해 얻는 이득은 가정에서 사회적 재생산 노동이 이루어진다는 것에 있다. 그리고 어떤 경우에는 가사노동 자가 가족 사업을 돕거나 확대 가족 안에서 가사노동을 하게 함으로써 고용주는 상당한 이득을 얻는다.

이주 가사 노동자가 해외 취업으로 얻는 이득은 돈을 더 많이 벌 수 있다는 것, 잘사는 나라의 문화를 경험하는 것이라 할 수 있다. 하지만 불안정한 임금, 체계가 잡히지 않은 노동 계약, 젠더 비대칭적인 보건 등 여성 노동자로서 받게 되는 불평등한 대우는 해외취업의 이점을 상당히 갉아먹는다. 노동의 성격 탓에 가사 노동자들이 조직화하기는 어렵지만, 비정부 조직과 해외 선교단체가 이들에게 도움을 주고 있다. 하지만 가사 노동자들은 본국에 보낼 돈을 버는 것이 매우 절실하기 때문에 대개 조용히 남는 편을 선택한다. 이들은 대부분 비공식적인 지원 네트워크 성격의 모임을 갖는다. 예를 들어 필리핀 가사노동자들은 매주 일요일 싱가포르 오차드 로드의 특정한 장소에 만나서 정보를 교환하고 서로 어울린다. 오차드 로드의 럭키 플라자는 필리핀인들이 자기네 영역으로 차지한 곳이다. 싱가포르 사회에서 외국인 가사 노동자 들이 차지하는 위치를 감안하면, 즉 저임금에 사회보장도 전혀 받지 못하는 위치인데도, 필리핀 가사노동자들이 고급 쇼핑가에 자신들의 공간을 확보해왔다는 사실이 참으로 흥미롭다. 이것은 부유함의 한가운데에서 자기 존재를 커다랗게 만들어냄으로써 '약한 자들의 무기'(Scott, 1985)라는 개념을 확실하게 보여준다. 필리핀 가사 노동자들이 싱가포르에서 장시간 노동과 학대에 저항하고 자신의 법적 권리를 방어하는 것은 못하는지도 모르겠으나, 자신의 공간을 만들어내는 것은 할 수 있었다. 필리핀 가사노동자와 방글라데시 이주 노동자들이 일요일에 쉬기 때문에 두 집단이 한 자리에 모여서 교제할 사람을 찾는 것도 자리를 잡아갔다.

이른바 '진보적인' 정책도 그렇지만, '발전' 또한 모든 부문의 사람들에게 항상 좋은 결과를 가져다주는 것은 아니다. 하지만 권리를 박탈당한 사람들—여기에서는 여성, 동성애자, 외국인 가사 노동자—이 주류의 고출산율 목표에 딴죽을 걸었고 자신에게 불리한 정책들 속에서도 자신들을 위한 공간을 협상해왔다.

통제와 지배의 개념 살펴보기

국가는 발전을 위한 두 가지 과제를 수행한다. 상상력에 대한 사회적 통제, 그리고 정책과 실행을 통한 배후지의 정치 경제. 두 가지 모두 중심에는 통제의 개념이 있다. 공공 생활의 모든 측면에 대해 정책에 맞게 제도화하여 시민을 통제한다는 것을 고려할 때 싱가포르 사람들이 국가 주도에 의해 사회화된다는 사실은 당연하다. 조지(George, 2000:24)는 다음과 같이 기술한다.

인민행동당은 국가의 계획에 대한 최고의 권위를 지켜왔다. 야당으로부터 오는 도전을 쓸어내고, 언론과 시민사회를 체념한 묵인의 상태에 잡아두고, 싱가포르의 문화와 정체성을 만들어냈다.

싱가포르 국가의 사회 통제에 관한 자료는 매우 많다. 국가가 시민 생활의 모든 측면에서 행동을 바꾸기 위해 정책을 통해 통제하고 있다는 사실은 명백하다. 예를 들어, 결혼과 출산 정책으로 행동 변화를 유도해서 국가가 미래에 위태로워지지 않도록 하려 한다. 다른 수준에서도 국가는 싱가포르의 삶의 방식에 적합하다고 여겨지는 규범을 준수하도록 행동을 변화시키려고 한다. 가령 공중화장실에서 개인의 위생 실천을 준수하도록 하고, 껌을 공공장소에 아무렇게나 뱉지 않게 하고, 예절 캠페인 같은 대중교육 프로그램에 나오는 정보를 따르도록 하고, 중국계 사람들은 만다린어만 사용하고 지방어는 없애도록 한다. 법규, 규제, 제약을 통해 사람들을 통제하려 하는 국가의 개입이 '상상력에 대한 사회적 통제'로 옮겨가는 것은 당연하다. 사람들뿐만 아니라 기관과 단체 또한 다양한 메커니즘으로 통제받는다. 국가의 관리가 효율적으로 이루어지게 하고 사회 경제적인 건전성이 위태로워지지 않도록 하기 위해서 필요하다는 것이다. 그것을 증명하는 사례로 제시되는 것이 1997년 금융위기로 이웃 국가들이 휘청거린 반면 싱가포르는 그런 경험을 하지 않았다는 사실이다. 하지만 이러한 통제의 이면에는 사회적 행동을 지도해주는 국가에 기대는 순종적인 시민이 있다. 한 싱가포르 친구는 자신이 만난 젊은 여성 두 명에게 이런 얘기를 들었다고 전해주었다. 정부가 결혼을 하라고 부추기고 중매를 해주기도 하지만 결혼생활을 어떻게 하는지, 경력을 어떻게 관리하는지에 대해서는 아무 지시도 해주지 않는다고 말했다 한다. 여기서 주목해야 할 것은 국가가 가부장 (paterfamilias) 역할을 해줄 것을 기대한다는 것인데 싱가포르에서는 그것이 당연하게 여겨지는 듯하다. 정부 메시지의 내면화는 분명 상상력의 사회적 통제가 낳은 결과물이다.

'배후지의 정치 경제'라는 개념을 살펴보자. 외국인 가사 노동자들이 싱가포르로 들어오는 것, 싱가포르 국가가 인도네시아 바탐 섬을 약탈하는 것에서 그 예를 찾을 수 있다. 싱가포르의 투자로 싱가포르가 인도네시아에 주는 것보다 가져가는 것이 더 많았다는 것은 확실하다. 인도네시아 분석가나 비평가들에 따르면, 싱가포르는 금융위기 때 인도네시아 빈탄 섬에서 가난한 땅 주인들에게 헐값에 땅을 사들였다. 인도네시아인들은 땅값을 제대로 받지 못했고, 호텔, 리조트, 골프장 등을 개발하는 과정에서 인도네시아의 자연 자원이 이용되었다. 지역민들은 손실을 보았고 싱가포르 투자자와 관광객들만 이익을 누렸다.

동남아시아국가연합(ASEAN)에서 싱가포르가 가지는 힘과 권력 그리고 투자 능력 때문에 이웃 국가들은 두 가지 특징을 가진 싱가포르의 발전 계획에 대해 싫은 소리를 하지 못한다. 자국민들이 싱가포르에서 이주 노동자가 되어 나쁜 대우를 받고 있고 또 자기 나라의 특정 지역 사람들이 더 가난해지는 부작용이 있는데도 말이다. 하지만 배후지 정치 경제를 사정없이 추구한 결과 불화가 일어나기도 했다. 말레이시아가 싱가포르에 물을 대주고 있는데도 국경 부근 토지의 반환에 싱가포르가 반대하자 말레이시아가 불쾌함을 드러낸 것이 하나의 예다. 싱가포르 국가로서는 자기 나라 안에서 사회적인 상상력을 통제하는 것은 쉬울지 모르지만 배후지의 정치 경제를 추구하는 것은 완전히 순조롭지는 않은 듯하다.

상상력의 사회적 통제라는 것이 국가가 모든 것, 모든 사람을 통제 아래 둔다는 개념이고 그 모든 것에는 시민운동 또한 포함되지만, NGO들이 공적 담론의 생성에 전혀 영향을 미치지 않은 것은 아니다. 여성 단체들은 공공 의식 캠페인에 앞장섰고 정책의 변화를 위해 로비했다. 국가에 의한 제한에도 불구하고 그들은 자기 권리를 주장하는 사회적 행위자로 움직였다. 일찍이 1950년대에 싱가포르여성위원회는 축첩 관행에 반대하는 운동을 했고, 1961년에는 로비를 해서 국가가 여성 인권을 보장하도록 하는 여성인권헌장을 통과시키는 데 성공했다. 여성주의 단체인 AWARE(Association of Women for Action and

Research)는 정책 과정과 결과에 영향을 미치기 위해 국가와 관계를 맺으며 활동했다(Singam, 2002). 여성에 대한 폭력을 종식시키기 위한 이 단체의 캠페인은 다른 단체들과 함께 시작한 것이었는데 이 운동은 여성 폭력을 둘러싼 침묵을 깨고 이 문제에 대한 공적인 논의를 촉진했다. 금기시된 이슈를 둘러싼 사회적 장벽을 깬 다른 단체들로는 싱가포르여성변호사연합, 싱가포르여성단체협의회, 가정폭력반대협회가 있다.

테이(Tay, 2002)에 따르면, 싱가포르 시민들은 무척 수동적이며 변화를 향한 열정도 보여주지 않지만 권위와 규칙에 대해 분개한다는 공통점을 가지고 있다. 이것은 가족 내의 사회화와 정치 문화가 서로 닮아 있기 때문이라고 그는 주장한다. 국가의 사회 통제와 시민의 순종이라는 문제에 대해서는 충분히 다루어졌지만 싱가포르에서 주변화된 집단의 행위자성(agency)과 저항 과정에 대해서는 많은 관심이 기울여지지 않았다(Singam, 1997). 다음의 사례 연구는 개인과 집단이 국가와 관계를 맺으면서 국가가 정한 범위 안에서 전략을 만들 수 있음을 보여준다. 배후지 정치 경제와 관련해서 주변 국가에 비해 싱가포르가 확실히 우위에 있음에도 불구하고, 필리핀 가사노동자 플로 콘템플라시온의 교수형에 대한 필리핀 내의 항의 운동에서 나타났듯이, 이웃 국가의 시민운동이 싱가포르의 '통제 시스템'에 초점을 맞추어 항의를 표명하기도 했다.

결론적으로 말해서, 통제에도 불구하고 상상력의 사회적 통제, 배후지 정치 경제에 대항하는 저항의 일상적 행위는 가능하다.

사례 연구

오락가락하는 출산 정책

싱가포르의 출산 정책에는 출산 억제 단계(1966-1980년)와 출산 장려 단계(1987년-현재)가 있었다. 출산 억제 정책은 출산율을 낮추기 위해 국가가 채택한 정책으로, 경제적 · 사회적 이익이나 손실을 주는 장려책과 억제책을 포함한다. 억제책은 다음과 같다.

- 둘 이상의 자녀를 가진 여성에게 높은 산전 관리 비용 부과
- 정부 운영 병원에서 둘째 이후 추가 출산 당 분만 비용 가중 부과
- 공공주택에서 대가족의 우선순위 배제, 주택개발청 주택에서 방을 다른 사람에게 재임대하는 것을 허용하지 않음
- 소득세 환급에서 자녀 공제를 셋째 자녀까지로 제한

장려책은 다음과 같다.
- 초등학교 배정 신청(Primary I registration exercise)의 우선권을 1973년까지 세 자녀 부부에게 줌. 1976년에는 두 자녀 부부만 우선권을 받을 수 있었음.
- 셋째 자녀 혹은 그 이상의 자녀 출산 이후 불임 수술을 받은 여성 공무원에게 유급 출산 휴가
- 불임 수술 여성 공무원에게 병원비 환급, 7일 간의 유급 휴가
- 초등학교 배정 신청에서 불임수술을 받은 부모의 자녀에게 우선권

출산율 감소라는 목적을 달성했다는 의미에서 정책은 성공을 거두었고 1975년에는 전국 출산율이 처음으로 대체 수준[12] 이하로 떨어졌다. 세 개의 민족 집단의 출산율도 대체 수준에 도달할 수 있는 수준으로 관리되었다. 하지만 1975년 이후 합계출산율은 기대대로 유지되지 않고 지속적으로 감소했다.

1983년 총리의 독립기념일 기념 연설에서 정부가 출산 억제 정책의 성공에 대해 걱정한다는 사실이 공식적으로 처음 표명되었다(Saw, 1990). 1980년 인구 조사를 보면, 아이를 가진 25~39세 여성 중 대졸 여성은 평균 1.3명의 자녀를 둔 반면 대학을 졸업하지 않은 여성은 2.9명의 자녀가 있었다(Quah J & S Quah, 1989). 이 문제에 대한 많은 토론 이후 신속하게 개입 정책이 만들어졌다. 1984년 초, 인구학의 역사는 새로운 발전을 목도하게 된다. 그것은 인구의 질적인 측면이 출산 정책 조정에서 주요한 고려 요소가 된 것이다. 고학력 여성이 더 훌륭한 아이를 낳는다는 전제하에, 이대로 가다가는 아이들의 '질'이 떨어질 것이라고 우려했기 때문이었다. 실제로 정책 입안자들은 두뇌의 80%가 유전을 통해 대물림된다고 믿었다(Koh & Wee, 1987). 이 정책의 사회적인 파장은 대단했다. 전문직 여성을 목표로 삼는 것은 민족 요인을 내포했다. 대다수 중국계는 말레이계나 인도계에 비해 부유하고 교육 수준이 높고 더 좋은 동네에 거주하고 있었다(Vogel, 1989).

여러 가지 장려책과 억제책이 제시되었다. 그런데 장려책은 '대졸 엄마들'을 대상으로, 억제책은 '비(非)대졸 엄마들'을 대상으로 마련되었다. 대졸 엄마들을 위한 장려책은 다음과 같다.

· 1984년 1월, 초등학교 입학 배정 신청에서 대졸 엄마의 자녀에게 우선권을 주었다.
· 1984년 3월, 전문직 엄마들은 세금 환급에서 자녀 공제 혜택을

더 많이 받게 되었다. 이는 처음 세 자녀 공제보다 더 많은 것이었다.

두 가지 장려책에 대해 대중의 반응이 부정적이었으므로 국가는 정책을 다시 생각할 수밖에 없었다. 1985년 5월, 대졸 엄마 제도는 폐지되었다. 여성들은 정부 정책에 따르는 쪽을 선택하지 않는 것이 분명해 보였다.

1984년 6월에 발표된 출산 억제책은 가난한 사람들을 위한 것이었다. 특히 넷 이상의 자녀가 있는, 대학을 졸업하지 않은 저소득 여성 37,000명을 대상으로 했다. 첫째나 둘째를 출산한 후에 불임수술을 받을 의사를 가진 30세 이하 저학력 여성에게 불임 장려금 1만 싱가포르달러를 현금으로 주는 것이었다. 합산한 가족 소득이 1,500싱가포르달러를 넘지 않아야 그 대상이 될 수 있었다(Sunday Times, 1984년 6월 3일). 이때 도입한 또 하나의 정책은 분만 비용을 가중 부과하는 것이다. 이것은 본래 전체 인구층에서 출산율을 억제하려고 만든 정책이었는데 그것을 수정해서 빈곤층, 저학력 사람들이 아이를 많이 낳는 데 대해 벌금을 주는 성격으로 전환한 것이었다.

1987년부터 계속해서 정책이 바뀌었는데, 기존 정책을 완화하고 새로운 정책을 도입함으로써 모든 여성이 자녀를 더 많이 가지게 하려는 것처럼 보이지만, 전체 인구의 질 향상을 추구하는 방향으로 계속해서 정책이 추진되고 있다. 대부분의 변화는 부모의 교육 수준과 연결되어 있다(Saw, 1990). 1993년에는 연간 합산 소득이 1,500싱가포르달러가 안 되는 가족들을 돕는 '소가족 개선 제도'가 도입되었다. 자녀에게 장학금을 지급하고 여성에게 연간 주거비를 보조하는 것이었다. 조건은 부부가 정기적인 가족계획 교육에 참여해야 한다는 것, 자녀가 둘 이하여야 한다는 것이다. 가족이 '변하지 않아야' 한다는 단서도 달려 있다. 그렇지 않으면 보조금은 끊긴다. '변하지 않는' 가족이라는 조건은 편모 가족의 확산을 예방하기 위해 필요한 것으로 강조되었다(Soin, 개인

대화, 1996). 가난한 사람들은 다시 한 번 이 정책에 영향을 받았고, 특히 말레이계, 인도계 사람들이 영향을 받았을 것으로 추측된다. 어쩔 수 없이, 또는 자발적으로 싱글맘이 된 여성들 또한 그 정책에 영향을 받기는 마찬가지였다.

하지만 전반적인 출산율이 계속 감소하자 2000년에 국가는 기혼 부부들이 자녀를 갖도록 독려하는 일련의 정책을 도입한다. 그것은 둘째나 셋째 출산 시 장려금 지급, 셋째를 낳은 여성에게 유급 육아휴가를 주고 주택 분양 신청 시 혜택을 주는 것 등을 포함한다. 정부는 출산율 하락에 대해 상당히 심각하게 우려했던 것으로 보인다. 고(Goh) 수상은 "결혼, 출산율 감소는 분명 국가적인 문제이다. 이것이 가지는 의미는 매우 심각하다"고 말한 것으로 보도되었다. 확실히 통제 정책이 결혼과 출산 분야에서 잘 작동하지 않았던 것이다.

국가가 출산율 하락을 해결하는 방식은 몇 가지 모순을 나타냈다. 싱가포르의 여성과 권력에 대한 한 분석(PuruShotam, 1992)에 의하면, 정부 조치에 의해 여성은 평등권을 획득하게 되었지만 그것은 국가가 성 평등에 관심이 있어서가 아니라 여성의 경제활동 참가율을 높이려다 보니 생긴 결과다. 여성의 경제활동 참가율을 높이려면 여성의 교육과 훈련에 대한 투자도 필요했다. 여성의 노동을 포함한 임노동이 매우 필요한 경제 상황이었기 때문에 여성이 동등한 인격체로 대우받기에 유리한 조건이었다고 지적하는 이들(Wee, 1992; Chan, 1975)도 있다. 결혼과 출산에 대한 여성들의 반응은 이러한 모순에 대한 인식에 기초한 것일지도 모른다.

국가를 위한 결혼

국가가 통제하고자 하는 또 다른 측면은 결혼이다. 결혼률을 높이기 위한 기관을 설립한 데에도 그런 의도가 반영되어 있다. 사회개발팀(SDU)은 정부 부처, 위원회, 국영 기업에서 일하는 대졸 미혼 남녀를 짝지어주는 것을 전담하는 부서다. 사회개발팀은 1984년 재정부 산하에 만들어졌다. 비슷한 조건을 가진 고등학교 졸업자들을 맺어주는 '사회 개발 서비스'라는 것도 있다. 이렇게 층을 짓는 것은 새로운 계급내혼 관습을 만들어낼 위험이 있다(Wee, 1992).

국가의 중매 기관이 사람들에게 짝을 찾으라고 설득하는 동안, 언론에서는 1990년대 초에 가족생활을 장려하는 캠페인을 시작했다. 보건부는 가족생활을 장려하는 홍보와 광고를 위해 150만 싱가포르달러의 예산을 배정했다(Wagner, 1990). 1992년에 전국 텔레비전에서 방영된 다수의 광고들에 대한 반응은 다양했다. 광고를 본 한 여성 기자의 반응과 보건부의 반응이 아래에 실려 있다. 그런데 연구들이 보여주는 바로는, 노동자 계급 여성은 결혼에 대한 환상을 갖고 있지 않다. 결혼하고 아이를 가지게 되면 여자 인생은 '누런 얼굴의 늙은 마녀'의 삶으로 바뀐다고 생각한다(PuruShotam & Chung, 1992; Chung, 1989). 반면, 전문직 여성의 경우에는 직장에서의 승진, 자녀 교육에 좋은 조건, 삶의 질 등을 고려해서 자녀 출산을 결정한다. 그러므로 여성의 역할에 대해 국가가 생각하는 것과 여성이 스스로 생각하는 것 사이의 모순이 여성의 결혼 및 출산 결정에 대한 문제가 될 수 있다.

가족광고에서 넘지 말아야 할 선

여성으로서의 내 삶은 끝났다. 나는 31세 반의 나이에 아이도 없이 이렇게 있으니 말이다. 나는 사람들이 '가족, 가족, 가족은 즐거워'라고 얘기할 때 듣지 않았다. 세 개의 핸드백과 두 개의 마트 비닐봉지 이후에 나는 동네 버스 정류장에서 남편감을 만나는 데 실패했다. 한때 친구 바비큐 파티에서 한 남자를 소개받았는데 그는 결혼하고 싶다고 했다—어떤 남자와. 나머지는 모두 나한테 달려 있었는데. 나는 도망쳤다.

그리고 지금 텔레비전에서 다섯 살짜리 소년이 엄마는 함께 놀아줄 동생을 낳아주기엔 너무 늙었다고 거부하면서 네 살짜리 소녀와 미리 결혼을 약속하고 있다. 나한테 진정제를 좀 주시길. 나는 살 가치가 없다는 얘기니. 여자 인생에서 가장 큰 죄는 서른 이전에 아이 셋 정도를 만들지 못하는 것이라는 생각은 위험하다. 그런데 최근 가족생활 텔레비전 광고는 그렇게 말하고 있다.

어린 아들이 놀이 친구에게 여자친구가 되어 달라고 부탁했는데 여자아이가 곧바로 '나는 너무 어려서 남자친구를 가질 수 없다'고 얘기한다. 그러자 남자아이가 자기 인생을 한탄한다. 우리 엄마는 담대하게도 서른한 살이 넘어서야 결혼했다니 하고 외동아들이 슬퍼한다. 아들은 엄마가 동생을 낳아주기에 신체적으로 적합하지 않다고 흠을 잡는다.

'우리 엄마는 너무 늙었어'라는 질타는 여성들이 20세 후반부터 자신의 생물학적인 역할을 차근차근 완수하지 못한 것에 대해 여성에게 죄책감을 씌우려는 부당한 시도다. 여성들이 아이를 낳지 않는다는 걱정은 이제 여성들이 아이를 적당한 때에 낳지 않는다는 것으로 바뀌었다.

'재치'나 '요령' 같은 단어는 이런 특별한 광고를 만든 사람들의 머릿속에 전혀 들어 있지 않은 것이 틀림없다. 그 사람들은 '성차별'이나 '취향이 저급한' 그리고 '무책임한'이라는 말이 무슨 뜻인지 아마 모를 것이다.

1분도 되지 않는 짧은 시간 안에 광고는 대학 졸업장을 따느라 시간을 보낸 여성들을 조롱거리로 만든다. 삶의 동반자도 없이 서른이 다 된 여성들의 삶은 가치 없는 것이 되어버렸다. 그들이 자기 두뇌를 잘 사용하려고 하는 것은 전혀 고려하지 않는다. 그리고 채찍을 꺼낸다. 심지어 일부는 결혼했더라도 적령기를 넘어 자녀를 가지려고 한다고.

제발! 대중에게 메시지를 전달하는 것은 괜찮다. 하지만 국민의 생각이 한 명의 엉터리 대본작가에 의해 만들어지는 것은 큰 문제다. 다른 가족생활 광고는 지나치게 감상적이고 달달했다. 하지만 적어도 공격적이지는 않았다. 남성은 단 한 번도 언급하지 않고 여성만 전적으로 비난하는 광고는 석기시대 사고방식이라 할 정도로 쇼비니즘이다.

현실을 보라. 지위를 얻을 때까지 결혼을 미루는 남성도 많다. 만약 그들이 결혼을 하고 아이를 가지고 싶어 안달이라면 수많은 여성지들이 '한 여자만 바라보지 못하는 남자'에 대해 그렇게 많이 써댈 리가 없다. 그리고 믿거나 말거나, 아이들을 좋아하지 않고 자기 아이는 더더욱 갖고 싶어 하지 않는 남자들이 있다.

여성이 커리어를 쌓아가느라 너무 바빠서 아이 낳기를 미룬다고 이야기하는 것은 너무나 단순화된 이야기이다. 직업적으로 앞으로 나아가기를 원하는 여성들 중에는 그만둘 형편이 되지 않아서 계속하는 경우가 많다.

한 명의 소득으로 집, 자동차, 자녀, 가사노동자를 가질 수 있는 가족은 아주 드물다. 여성들은 단지 돈 들어갈 곳이 너무 많기 때문에 일을 하고 있는 것이다. 자녀를 위해 직장을 그만두는 것은 선택이 아니다. 사치다.

하지만 여성이 출산을 미루거나 자녀를 아예 갖고 싶지 않다고 하는 것이 왜 심각한 잘못으로 받아들여져야 하는가? 개인이 선택할 수 있는 선택지를 열어두는 것이 무슨 잘못인가? '너무 늦기' 전에 아이를 낳으라는 주장은 잊어버려라. 그것은 개인이 선택할 일이지 다른 사람이 정해줄 수 있는 것이 아니다. 특히 별 볼 일 없는 TV 녀석이 할 일은 아니다.

그래도 여전히 이것이 우선 과제라면 가족생활 캠페인을 계속하는 것은 괜찮다. 그것을 따르든 무시하든 사람들이 선택할 수 있으니 말이다. 그러나 이런 광고가 너무 거슬리거나 위협적인 것은 다른 문제다.

캠페인이 여성을 모욕하기 시작하는 순간, 그때는 선을 그어야 한다. 격려는 협박과 다른 것이다. 어린 소년 광고는 무례하고 불공정하다. 방영을 중단하라. 그 광고는 너무 많은 사람들을 불쾌하게 만들고 있다. 광고가 이런 효과를 의도한 것은 아닐 것이다. —제이미 에(Jaime Ee), 『비즈니스 타임스(The Business Times)』, 1992년 10월 3일.

정부의 답변

제이미 에가 쓴 '가족광고에서 넘지 말아야 할 선'에 대해 정부의 입장을 밝히고자 한다. 그 TV 광고는 현재 진행 중인 가족생활 교육 프로그램의 일부분이다. 현재의 주제는 기혼 부부들이 가족생활을 시작하기까지 오래 기다리지 않도록 격려하는 것이다. 민감한 주제를 담은 심각한 메시지를 새롭고 재미있고 즐거운 방식으로 나타내려고 시도했다. 여성을 폄하하려는 의도가 아니었고 어린아이들이 짝을 찾는 것을 부추기려는 것도 아니었다.

TV 광고는 여성들이 나이가 들수록 임신하기 어려워지고 임신이나 분만 과정에서 잘못될 위험도 커진다는 사실을 알려준다. 젊은 부부들이 충분한 정보를 바탕으로 결정을 내릴 수 있도록 돕기 위한 메시지인 것이다.

경력을 쌓는 것도 중요하지만, 자녀 양육과 직장에서의 성공을 잘 조화시켜 관리하고 있는 부부들이 있다는 사실을 알아야 한다. 가족은 개인과 사회 모두에게 매우 중요하다. 우리는 젊은 사람들이 가족을 만드는 것을 너무 오래 미루지 않았으면 하고 바란다.

우리는 광고에 대해서 긍정과 부정의 피드백을 모두 받았다. 우리의 의도와 달리, 결혼과 부모 되기를 대가로 지불하고 직장에서 성공을 추구하는 것이 여성만의 전적인 책임인 듯 보일 수 있다는 점을 인정한다. 그래서 그에 따라 대본을 수정하고 있음을 밝힌다. —호 아이 팡(Ho Ai Phang), 보건부 과장, 『비즈니스 타임스』, 1992년 10월 8일.

신터콤: 토론을 위한 포럼

인터넷상의 시민사회 공간 신터콤(Singapore Internet Community)
은 1994년 12월에 탄 총 키(Tan Chong Kee)가 처음 시작했다. 그
당시 그는 스탠포드 대학의 대학원생이었다. 그는 유즈넷, 뉴스그룹,
특히 게시판(*soc.culture.singapore*)에서 적극적으로 활동하다가 싱
가포르 사람들이 사회 문제에 대해 토론하고 그들 삶에 영향을 미치는
정책에 대한 정보를 얻을 수 있는 토론장을 만들고 싶었다(Tan, 2002).
그래서 싱가포르 전자 포럼(Singapore Electronic Forum)이라는 웹
사이트를 만들게 되었는데 그는 이것을 *soc.culture.singapore*에 링크
해두었다. 여기서 그는 정부 정책에 대해 목소리를 내면서도 초당파적일
수 있는가 하는 딜레마를 만나게 된다. 포럼이 마주친 문제들은 신터콤에
파일로 보관되어 있다. 신터콤은 *soc.culture.singapore*의 토론, 싱가
포르의 사회 이슈에 대한 토론, 그리고 여러 출처의 싱가포르 관련
기사들을 전달하는 이메일 서비스를 포함했다.

신터콤이 생기고 여러 반응들을 일으키자 정부는 1996년 인터넷
정보 가이드라인을 발표했다. 이 가이드라인에 의하면 싱가포르에서
종교나 정치에 대해 논의하는 공개 사이트는 정부 당국에 등록해야
하며, 등록한 사이트에 올라오는 내용에 대해서는 편집자들이 책임을
져야 한다. 탄과 그의 동료들은 웹사이트를 이용하여 인터넷상의 항의시
위에 불을 붙이고 사이버 청원을 시작했다. 사이버 공간에서 활동하는
동안에도 신터콤 팀은 변화를 위한 압력을 가하기 위해 국가인터넷자문
위원회와 싱가포르방송위원회(Broadcasting Authority)의 위원장을
포함해 다양한 정부 기관을 찾아갔다. 그 결과 가이드라인은 개정되었고
신터콤은 등록 없이 활동을 지속할 수 있게 되었다. 문화부는 문화부
홈페이지에서 신터콤에 링크를 걸어두기도 했다.

하지만 1995년 출판 미디어 그룹인 '싱가포르 프레스 홀딩스'가 1995년 온라인에 진출했을 때 신터콤은 그들과 치열한 경쟁을 벌여야 했다. 경쟁 상대가 인터넷에 뛰어들게 만들 만큼 수익성이 있었고 전문성 또한 갖추고 있었지만 신터콤은 다른 시민사회 집단과 마찬가지로 주변부에 머물러 있었다(George, 2000). 신터콤은 또 다른 시민운동인 TWC 실행위원회(The Working Committee: TWC)와 긴밀하게 협력했다. TWC 실행위원회는 1998년 말에 결성되어 시민단체들의 네트워크를 만들기 위한 1년 프로젝트를 추진했다. 신터콤은 인터넷 공간의 시민사회에서 계속 활동했다. 하지만 2001년 7월 싱가포르 방송위원회는 1996년에 부여한 등록 면제를 이유도 없이 철회하고는 신터콤을 정치 사이트로 등록하라고 했다. 신터콤은 순순히 그 지시에 따랐고 일부 게시물은 삭제했다. 정부가 공익, 공공질서, 국민 화합에 반하는 것이라고 정한 기준에 따랐다. 정부는 신터콤의 편집자들에게 전에 발표한 컨텐츠 가이드라인을 따를 것을 요구했다. 그 후 2001년 8월 15일 신터콤은 문을 닫았다. 국가가 내부와 외부에서 모두 통제를 확장하면서 가상공간의 자유로운 표현이 감시받고 있다.

TWC 실행위원회

TWC는 1998년에 만들어졌다. 이는 NGO와 자원봉사단체, 시민단체들의 네트워크 구축을 목적으로 구성된 비공식적 그룹이다. 1년짜리 프로젝트를 통해 TWC는 싱가포르 시민사회의 역량을 평가하고 새로운 성장을 모색하려고 했다. 그 프로젝트의 보고서(TWC, 2002)에서는 시민사회 운동의 과정을 시간순으로 정리하고 정치 문제와 국가에 대한 자신들의 견해를 알릴 수 있는 공간에 대한 고민을 담았다.

보고서의 결론에서 TWC는 몇 가지 우려를 나타내는데 특히 정부의

'싱가포르 21(S21) 프로그램'에 대해 우려한다. 국가와 그 기관들은 국가의 정책 방향에 대해 평가하고 운동을 벌이는 시민단체 사람들을 수상하게 여기고 있지만 그럴수록 더욱 적극적인 시민정신이 필요하다고 TWC는 강조한다. 이 단체는 싱가포르의 시민사회가 국가 중심에서 민중 중심으로 이동할 가능성이 있다고 믿는다. 하지만 시민사회가 성장하기 위해서는 국가가 시민 공간에서 물러날 필요가 있다. TWC에 참여한 사람들은 그 후에도 다른 시민사회 운동을 확립하기 위해 계속해서 나아가고 있다.

포럼 극장

'필요한 무대(Necessary Stage)' 극단의 앨빈 탄은 '포럼 연극: 제한된 거울'(Tan, 2002)이라는 제목의 글에서 자신의 극단이 경험한 국가 통제를 이야기한다. 1993년 8월, 인종이 다른 사람들의 연애와 남성 쇼비니즘에 대한 연극 두 편을 공연하기 위해 아우구스토 보알(Augusto Boal)의 포럼 연극 기법을 활용하려고 했을 때였다. 이것은 상호작용을 하면서 사회의식을 고양하는 기법으로, 학교에 도입되어 활용되기도 한다. 포럼 연극 기법은 연극이 상연되는 동안 관객들이 참여하도록 하는데, 이는 브라질의 일반 대중을 의식화하는 데 효과적으로 쓰였다. 브라질 사람인 보알은 또 다른 유명한 브라질 사람 파올로 프레이리에게 영감을 받았다. 프레이리의 참여적 교육 방법은 전 세계적으로 많이 알려져 있으며 널리 실행되고 있다.

연극이 공연되고 6개월 정도 지난 뒤에 한 주류 신문은 그 극단의 동료 감독과 탄이 마르크스주의 워크숍에서 교육을 받았다는 기사를 실었다. 싱가포르 국가가 마르크스주의를 싫어하는 데다가—70년대에 국가는 공산주의의 명분에 동조하는 것으로 보이는 교회와 학생 단체를 처벌했고, 그 전에는 말레이시아 사람들과 싱가포르 사람들이 마르크스주의 조직을 만드는 데 가담했을 때 두 나라 모두 위협을 느끼고 관련자들을 추방하는 조치를 취했다—그 연극에서 혁명적인 아이디어들이 제기되었으므로, 국가예술위원회(National Arts Council)는 그 극단에 대한 지원금 지급을 중단하겠다고 발표함으로써 극단과 거리를 두려고 했다.

탄의 지적에 따르면, 공동체와 함께하는 참여 연극에 재정 지원을 중단하는 것은, 그런 연극이 시민들의 비판적 사고를 일깨울까 봐 국가가 두려워한다는 것을 보여준다. 9년이 지나도록 포럼 연극은 여전히 국가의 승인을 얻지 못하고 자금 지원도 받지 못하고 있다. 싱가포르에서 연극을 올리고 싶은 집단은 1만 싱가포르달러를 예치해야 한다. 정부가 판단하기에 공연이 문제가 없었으면 예치금을 돌려준다.

분명 국가는 연극을 통한 행동주의를 '상상력에 대한 사회적인 통제'라는 목적에 반하는 것으로 보는 것 같다. 그러므로 감시를 할 필요가 있다고 보는 것이다.

플로 콘템플라시온의 죽음

플로 콘템플라시온은 1988년 가사노동자 일을 하려고 싱가포르에 왔다. 노동시간은 길었고 두 집을 오가며 시간을 나누어서 일해야 했다. 고용주의 자녀를 돌보기도 했다. 1991년 5월 4일, 그녀는 가사노동자인 친구 딜리아 마가를 방문해도 좋다는 허락을 받았다. 경찰 기록에 따르면, 그날 콘템플라시온은 필리핀으로 물건 몇 가지를 가져가 달라는 부탁을 거절한 마가를 죽이고 마가가 돌보는 네 살짜리 니콜라스 황을 물통에 처넣어 익사시켰다. 감옥에 있는 4년 동안 필리핀 대사관 사람들이 그녀를 방문했다. 하지만 외교관들이 그녀를 포기했고 그녀를 싱가포르 사법제도의 처분에 맡겼다고 필리핀 사람들은 생각했다.

그녀는 국선변호인이 조언한 대로 공판에서 살인을 인정했다. 1995년 3월 17일 교수형 집행이 예정되어 있었다. 새로운 증거가 수면에 떠올랐으니 형 집행을 연기하라고 필리핀 정부와 교회가 요청했지만 싱가포르는 변함없이 그녀가 유죄라고 주장하며 형을 집행했다. 그러자 필리핀에서 항의 시위가 광범위하게 일어났다. 잘사는 이웃나라와 함께 외교적인 소용돌이 속으로 빨려 들어간 필리핀 정부는 국민의 압력이 커지자 대사를 소환했다.

딜리아 마가의 시신을 발굴해서, 국제적인 전문가가 조사했지만 그 어떤 것도 콘템플라시온의 무죄를 입증하지 못했다. 하지만 그녀의 교수형은 필리핀 정계에 상당한 영향을 주어서 장관 두 명이 사임하기에 이르렀다. 더 중요한 점은 콘템플라시온의 삶과 죽음이 필리핀 이주 노동자들의 상황에 대해 더 깊은 관심을 갖게 했다는 것이다. 이주 노동자의 빈곤, 이주 노동자 중 여성 비율이 점점 커진다는 점에 대해, 그리고 필리핀 정부가 부유한 싱가포르 국가에 맞서게 되는 지역 개발 과정에 대해 의문들이 제기되었다.

플로 콘템플라시온의 사례는 싱가포르에서 일하는 외국인 여성 가사 노동자의 힘든 상황을 잘 보여줄 뿐 아니라 '배후지 정치 경제'에 대한 싱가포르의 통제도 드러나게 한다. 필리핀 정부가 필리핀 회사에 투자한 힘센 이웃나라의 눈치를 살피느라 신속한 조치를 취하지 못했다고 필리핀 운동가와 분석가들은 재빨리 지적했다. 확실히 국가의 행동(또는 행동하지 않음)을 이끄는 것은 더 큰 정치 경제적인 효과인 것이다.

통계

연도	기대 수명			의사	치과 의사	간호사	보건 예산
	전체	남성	여성				
	세			인구 만 명당			1인당(싱가포르$)
1990	75.3	73.1	77.6	12	2	32	282
1995	76.3	74.2	78.6	13	2	35	469
1996	76.6	74.5	78.9	13	2	36	477
1997	76.9	74.9	79.1	13	2	38	471
1998	77.3	75.3	79.4	13	2	39	493
1999	77.6	75.6	79.7	13	2	39	457
2000	78.0	76.0	80.0	14	3	40	507

		1998	1999	2000[p]
토지 지역[1] (km²)		648.1	659.9	682.7
총인구(천 명)		3,922.0	3,950.9	4,017.7
거주 인구(천 명)		3,174.8	3,221.9	3,263.2
연령[1]	15세 이하%	22.1	21.8	21.5
	16~24세%	71.0	71.1	71.2
	65세 이상%	6.9	7.1	7.3
민족별[1]	중국계%	77.0	76.9	76.8
	말레이계%	14.0	14.0	13.9
	인도계%	7.6	7.7	7.9
	기타%	1.4	1.4	1.4
출산율[1] (인구 천 명당)		13.2	12.8	13.6
사망률[1] (인구 천 명당)		4.6	4.5	4.5
영아사망률[1] (출생아 천 명당)		4.1	3.3	2.5
모성사망률(출생아 만 명당)		1.4	0.9	1.7
기대수명[1] (세)		77.4	77.6	78.0
	남성	75.4	75.6	76.0
	여성	79.5	79.6	80.0

주:

p 사전
2 CCPS에서 추출
1 싱가포르 거주자만 관련
3 병원 재건축비 포함

교육율

순 등록률(%)	1997	1998	1999	2000
초등 (6~11세)	96	96	96	96
중등 (12~15세)	93	92	91	92

총 등록률(%)				
초등	97	96	97	97
중등	108	102	99	99
2단계 중등	37	43	45	45
고등	43	43	45	45
전체	88	87	87	88

순 입학률(%)				
고등(B타입)	40.3	40.1	40.0	37.7
고등(A타입)	21.4	20.8	21.8	21.9
기대 교육기간(년)	12.7	12.6	12.6	12.7

주:

1. 순 등록률은 해당 수준의 교육기관에 등록한 특정 연령 집단의 거주 학생의 수를 같은 연령 집단의 거주 인구수로 나눈 것이다. 초등 및 중등은 내국인 학교만 포함했다.

2. 총 등록률은 연령에 상관없이 특정 수준의 교육에 대한 전체 거주자의 등록 비율을 국가 규제에 따라 그 수준에 등록되어야만 하는 연령 집단의 거주 인구로 나누어 구한다.

3. 교육 수준의 분류는 국제교육표준분류(ISCED)를 따른 것이며 싱가포르의 교육제도는 다음과 같다.

   a. 중등 교육은 초등 교육 이후의 4~5년간의 교육을 말한다.

   b. 2단계 중등 교육은 중등 이후의 과정으로 대학 교육 혹은 노동시장 진입을 위한 기술 훈련을 위한 준비를 제공하는 과정을 일컫는다.

   c. 고등 교육은 A타입(대학)과 B타입(실용/기술/직업) 교육으로 구성된다. A타입과 B타입 고등 교육에 대한 다른 진입 연령을 고려하여 5년 과정으로 이루어진다.

   d. 2년~2년 반 동안의 병역 복무 후, 고등 교육 기관에 입학한 남학생은 같은 연령 여성과 같은 해에 입학한 것으로 계산되었다.

4. (고등 교육 기관의) 순 입학률은 각 연령의 순 입학률을 더해서 계산된다. 그 결과는 종합적인 (synthetic) 연령 코호트에서 고등 교육에 들어가는 사람의 비율을 나타낸다.

5. 현재의 등록률을 고려해서 기대 교육기간(school expectancy)은 6세 어린이가 생애 동안 몇 년 간 교육받을 것으로 예상할 수 있는지를 나타낸다. 이것은 6세에 시작해서 각각의 해를 가로질러 등록률의 합을 더해 계산된다.

교육 예산 경상지출비

연도	MOE HQ	초등	중등	주니어 칼리지	기술 교육기관	폴리테크닉
1999-2000	244,407	820,842	842,658	157,821	126,371	387,239
2000-2001*	399,390	1,040,260	1,043,910	194,886	133,241	485,433

연도	국가교육기관	대학교 (NUS, NTU)	특수 교육	기타	총 지출비
1999-2000	61,697	569,971	19,790	26,078	3,256,874
2000-2001*	85,062	851,890	23,680	31,281	4,289,033

* 수정된 수치

주:

1. 심화 학교(centralised institute, 대학 예비 과정)는 주니어 칼리지에 포함.
2. 1991-1992년 대학교 경상지출비에는 기부기금(endowment fund)에 한 번 지원한 것이 포함됨.

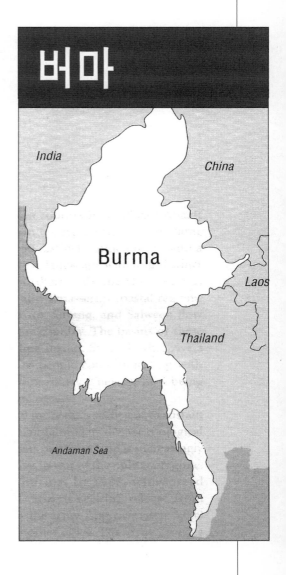

버마

India

China

Burma

Laos

Thailand

Andaman Sea

군사정부의 볼모

버마의 개발

미요 니운트(Myo Nyunt)

낸시 허드슨-로드(Nancy Hudson-Rodd)

676,578km²의 면적을 가진 버마는 동남아시아에서 가장 큰 나라다. 150여 개 민족과 그보다 더 많은 수의 언어를 가진, 인종적으로 가장 다양한 국가인 동시에 동남아시아에서 가장 인구밀도가 낮은 국가 중 하나이다. 그리고 기후와 지리에 따라 뚜렷이 구분되는 네 개 지역의 풍광 또한 매우 다채롭다. 서쪽과 북쪽의 구릉지대, 샨 고원, 건조 기후의 중앙 평원 지역, 라카인과 테나세림 해안지역이 그 네 개 지역이다. 네 개의 큰 강, 즉 이라와디, 친드윈, 시탕, 살윈 강은 국토의 전반적인 경사를 따라 북에서 남으로 흐른다. 이 강들 유역은 내륙 쪽으로 펼쳐진 비옥한 이라와디 삼각주를 형성한다. 빠른 유속의 강과 그 지천들은 사람들이 오가는 것을 가로막는 장애물이었지만 주요 운송로 역할을 하기도 했다. 이제 이 강들에는 관개와 수력 발전 전력의 수출을 위해 댐들이 건설되고 있다.

　버마의 풍부한 천연자원과 인적자원은 다양성을 가진 생태 환경을 유지하면서도 현재 인구와 미래 세대를 지속시키고도 남을 만큼 충분하다. 그러나 인구 대다수가 가난하고 토지는 점차 황폐해지고 있으며 대부분의 사람들이 군사 정권에 대한 두려움 속에서 하루하루 연명하고 있다. 30년 넘도록 군인들이 버마를 통치해왔다. 1988년 억압적인 통치와 가난으로부터 벗어나고자 학생, 승려, 노동자, 시민들이 일으킨 대규모 시위는 군에 의해 잔인하게 진압되었다. 대략 3천 명의 사람들이 랑군(양곤)을 비롯한 여러 도시에서 총에 맞아 죽었다. 군부는 '국가법질서회복평의회(SLORC)'라는 이름의 군사정권을 세웠는데 이들은 1990년에 자유선거를 허용했다. 선거 결과 아웅산 수치가 이끄는 민족민주동맹(NLD)이 82%의 표를 얻었지만 군부는 선거 무효를 선언했다. 아웅산 수치는 15년간 가택연금 상태에서 저술 활동을 하며 시간을 보냈다. 1991년 12월 8일 아웅산 수치 여사는 버마 민주화를 위해 평화적인 투쟁을 한 공로로 노벨 평화상을 받았다.

추정컨대, 100만 명가량이 버마 국내에서 난민이 되었고, 30만 명이 넘는 버마인들이 내전과 박해, 막막한 생계 때문에 태국에서 불법 노동자로 일하고 있다. 아시아 와치(Asia Watch)에 따르면, 2만 명의 버마 여성이 1997-1999년 사이에 태국에서 섹스 산업에 강제로 유입되었으며 훨씬 더 많은 소녀와 여성들이 버마 국내에서 섹스 산업에 종사하고 있다. 국제노동기구(ILO)는 버마 군사정부가 교량, 도로, 댐, 철도 건설과 같은 기반시설 개발에 노동력을 강제 동원했다고 비판했다. 국제 앰네스티를 비롯한 인권 단체들은 (정치)지도자들을 비판하거나 조롱한다는 이유로 폭행, 고문, 처형, 투옥하는 것에 대해 군부를 비난했다. 버마는 조사와 연구에 있어서 굳게 문을 닫고 고립된 채로 남아 있다. 문헌 연구를 보충하기 위한 현장 연구는 불가능하며 통계자료는 신뢰할 수 없고 불완전하다.

공정한 사회, '민주국가와 사회 시장'은 민주주의 원칙, 인권과 시민의 자유, 법치와 공평한 재판이 이끌어가는 것이다. 민주주의는 시민의 안녕을 뒷받침하고 차이를 인정하는 과정이다. 아웅산 수치는 앨런 클레멘츠와의 대화에서, 버마인들의 일상에서 민주주의가 어떤 의미를 갖는지를 이렇게 설명한다(Alan Clements, 1997:161).

민주주의는 나의 직업, 내 자녀의 교육과 관련 있는 것입니다. 내가
사는 집과 내가 먹는 음식에 관한 것이고 이웃 마을에 사는 친척을
방문하기 전에 허가를 받아야 하느냐 마느냐에 관한 것입니다. 내가
수확한 것을 내가 팔고 싶은 사람에게 팔 수 있느냐 없느냐 하는 것입니
다. 투쟁은 매일의 삶입니다. 사업가에게 민주주의는 국가의 제도가
뒷받침하는 건전한 상법이 존재하는 시스템이며, 자기 권리가 무엇인
지, 자신에게 허용되는 것, 허용되지 않는 것이 무엇인지 아는 것입니다.
학생에게 민주주의는 좋은 학교에서 평화롭게 공부할 수 있는 권리이며
장관의 우스꽝스러운 특징에 대해 친구들과 웃으며 이야기했다는 이유
로 감방에 끌려가지 않는 것입니다.

NLD가 추구하는 민주화는 적극적인 시민사회에 의지해서 그 위에서
번창하는 것이다. 국가의 힘은 다양한 목소리를 만들어내고 격려하고
지지하는 것에서 나온다. 그러나 군부 독재는 위계적인 명령과 강압적인
감시에 의존하며 지배, 배제, 억압의 도구를 사용하여 굴러간다. 군부는
국가의 통일성과 통합을 위해 다음 세 가지 방법을 주로 사용한다.

· 연방의 분열 방지
· 소수 민족 분리 방지
· 전국적인 통치권 강화

군부는 미얀마의 문화적 순수성의 수호자라고 자처하면서 사회, 종교,
경제 문제를 엄격하게 통제한다. 군대 조직이 아닌 기관, 군인이 아닌
개인은 신뢰하지 않는다. 그러나 다원주의와 민주주의 성장을 위해서는
국가 조직 외부의 기관과 개인들, 시민사회가 매우 중요하다. 이것은

NLD의 민주주의적 접근법과 군사독재 정권의 통제 중심 접근법 사이의 결정적인 차이이다.

군사정권이라는 것을 감안하더라도 1988년 이후 국내외적 요소가 버마의 사회, 경제, 정치적 발전과 변화에 어떻게 기여했는가? 입헌군주제 국가인 태국이나, 노동자 농민들의 정당이 권력을 가진 사회주의 국가 베트남 등 이웃나라와 어떤 비교를 할 수 있을까? 사람들은 버마에서의 힘든 삶을 벗어나기 위해 통과하기 쉬운 국경을 넘어 태국으로 떠나고 있다. 다음에서 우리는 다양한 출처의 자료들, 개인적 대화, 공식적 보고서, 학술 보고서 등을 통해 버마의 지형을 분석하고자 한다.

경제 성장과 구조 변화

베트남과 태국 경제는 유연하고 일관된 경제 정책으로 상당한 성공을 거둔 반면, 1962년 이후 버마 경제에는 중대한 구조적 변화가 없었다. 1960년에서 1994년 사이의 1인당 실질 소득 증가율은 1.7에서 2.1% 범위였다. 2.3~1.9%의 인구 성장을 계산에 넣으면 1인당 소득은 사실상 증가하지 않은 셈이다. 같은 기간에 태국은 3~4%의 1인당 실질 소득 증가를 이루었는데 이것은 2.4%에서 1.8%로 하락한 인구 증가율을 앞지르는 것이었다.

버마, 태국, 베트남의 1991-1998년 1인당 국내총생산(GDP)을 비교해보면, 버마의 경제적 성과가 가장 미미하다고(표2) 결론 내릴 수 있다. 1인당 GDP 증가율은 1994년 5.5%에서 1998년 3.1%로 하락했지만 0보다는 크다. 1994년에 태국과 베트남의 1인당 GDP는 버마에 비해 각각 18배, 6배 정도 많았다. 1999년에 이 두 나라가 달성한 1인당 GDP는 주목할 만하다. 1997년의 아시아 금융 위기를 감안하면, 특히 베트남 경제가 새롭게 개방되었다는 점을 고려하면, 이것은 더욱더 주목할 만한 성과다. 1980년대 이후로 이 두 국가의 대외 교역액은 버마의 교역액보다 훨씬 크다.

버마, 베트남, 태국의 1, 2, 3차 산업 각각이 GDP에서 차지하는 비중을 살펴보면, 산업 구조 전반에서 격차가 더 벌어지고 있음을 볼 수 있다(표 2). 농업 부문이 여전히 버마 경제를 지배하는데, 농업의 비중은 1970년의 49.5%에서 1999년에 42%로 서서히 감소했다(1938년에 48%였다!). 베트남과 비교해보면 베트남은 다각화가 가능해지면서 농업 부문 실적을 개선했다. 예를 들면, 1980년에서 1999년 사이에 베트남 GDP에서 농업 부문 비중은 42.7%에서 23.9%로 44% 하락했지만 버마는 겨우 12.5% 하락했다. 태국 GDP의 농업 비중 또한 1970년 30.2%에서 1999년 10.2%로 빠르게 감소해 30년간 66% 줄어든 셈인데 이는 시장에 기초한 태국 경제가 급변하는 세계 무역과 금융 환경에 역동적으로 적응하고 있음을 보여준다.

1981년에서 1990년 사이 버마에서 농업과 공업 부문의 부가가치가 각각 -0.3과 -0.2%의 마이너스 성장을 기록하며 경제의 구조 변화와 실적에서 형편없는 성과를 남겼다. 베트남의 농업과 공업의 부가가치는 같은 기간에 각각 10.3, 7.7%의 증가를 기록했다. 1997년 아시아 금융 위기를 고려하면, 1999년의 경제 상황에서 버마의 경제성장과 산업 구조가 낮은 수준에서 허우적거리고 있다고 결론지을 수 있다. 1994년 이래로 버마의 농업과 공업 부문 실적은 계속되는 하락을 겪고 있다. 농업 부문 부가가치는 1994년 5.9%에서 1999년 2.5%로 하락했고 반면에 공업 부문 부가가치는 같은 기간에 10.3%에서 6.0%로 하락했다. 같은 시기(1994-1999년) 5년 동안, 베트남은 공업의 부가가치가 13.3%에서 7.4%로 감소했으나 농업에서는 1994년 2.2%에서 5.0%로 부가가치 증가가 계속 이어졌다(1998년에는 잠시 감소했다. 표3).

경제 성과의 거시 경제적 분석

국제연합 아시아태평양 경제사회위원회(ESCAP) 소속 경제학자들에 따르면, 버마가 상대적으로 안정된 환율을 유지하고 국제수지가 적당한 규모에서 유지되고 민간 부문이 지속적인 경제활동을 할 수 있게 되면 외부적 안정이 이루어질 수 있다(표4와 표5). 불법적인 군부독재 때문에 버마가 치르고 있는 대가로 나타난 것은 수없이 많다. 국가평화발전평의회(SPDC; 1997년 군부는 국가법질서회복평의회를 개편하여 SPDC로 명명했다.―옮긴이) 정권은 국민을 억압하고 국민에게서 자원을 박탈하여 사회 경제적으로 배제하는 것을 정당화했다. 거시경제적인 안정은 존재하지 않고 군사 정권은 재정수지, 경상수지에서 균형을 유지하지 못한다. 국가의 재정 적자는 증가하고 재정 위기가 계속된다. 지속적으로 정부 지출이 수입보다 더 크고 1987년 이후로는 화폐를 새로 찍어내어 통화 공급을 늘리는 등 경솔한 통화 정책에 전적으로 의지하고 있다.

저축과 투자

국내 자본총액 확대에 매우 중요한 저축과 투자는 1994년 이래로 GDP의 12~13% 정도에서 제자리걸음하고 있다. 태국과 베트남은 저축률, 투자율이 더 높은데 각각 GDP의 26에서 40%, 17에서 28%에 걸쳐 있다(표6과 표7). '과도적인 사회주의 경제'인 베트남의 저축과 자본축적 과정은 매우 인상적이다. 저축률은 1994년의 16.1%에서 2000년의 21.6%로 꾸준히 증가했다. 버마의 저축률은 최저치인 1998년의 10.6%에서 그다지 나아지지 않고 있다(여기서 저축은 금융기관에 예치하는 저축을 가리키는 것이 아니라 정부 기업 개인 등 각 경제주체가 소비하지 않아 남은 소득을 가리키는 개념이다.―옮긴이).

국제 수지

국제 수지는 1991-1992년 이후 악화되어왔다. 버마의 무역수지 및 경상수지 적자(표8) 확대와 수출 감소는 농업 부문의 '정체된 생산'과 국내외 교역에 대한 여러 가지 임시 규제 때문이다. 군사 정부는 실질적으로나 법적으로나 외화 통제와 규제를 제도화하였는데, 버마에는 세 가지 환율이 존재한다. 공인 환율은 1 US달러당 6.80짜트(kyat)이며 비공식적인 시장 환율은 1994-1998년에 1달러당 380~520짜트였으며 암시장에서의 외화태환권(FEC) 환율은 1달러당 250~280짜트다.

거기다 무역 면허와 수출 허가를 여러 기관, 부처들에서 담당하고 있어서 진행 과정에서 병목현상이 생긴다. 무역과 금융 거래가 전자상거래로 즉각적으로 이루어지는 이 세계화의 시대에 버마의 난해하고 제한된 비즈니스 환경은 지난 세기를 떠올리게 한다. 이러한 제한은 사업 자체를 불가능하게 만들기도 하고 세계 시장의 경쟁에 필요한 시의 적절한 시장 정보를 획득하는 데 커다란 장애가 된다. 수입 소비재, 수입 반제품의 높은 가격이라는 '비용'은 버마 국민 대다수가 부담하게 된다. 원자재, 기계류 부품, 제조 설비, 국내 소비 수요 때문에 수입 요구는 증가해왔다. 대외무역의 규모는 수치상으로는 증가해왔지만 GDP에서 차지하는 비율은 감소했다. 무역액은 조금씩 증가했지만 GDP 증가보다 적다. 정부의 대외 채무는 1997년 약 56억 달러였고 외환 보유액은 2억 5천만 달러였다(표9). 1999-2000년에 버마는 국내 총생산 성장률 10.5%를 달성한 것으로 공식 통계에 나와 있다. 버마의 미심쩍은 공식 통계를 보면 얼핏 보기에도 1989년에서 1999년 10년간의 GDP 성장률이 인상적이다. 그러나 아시아개발은행과 세계은행이 발행한 GDP 성장률 비교 수치에 따르면, 베트남, 태국에 비해 과거 10년간 버마의 경제 성과는 초라하다(표1).

군사 정권의 재정 상태 악화는 항상 수입보다 지출이 많은 것을 보면 알 수 있다. 1987-1989년 이래로 재정 적자는 계속되었다. 또한 MSC가

정치적 편의와 경제 권력의 집중을 위해 장려한 국영기업은 1987년 이후 계속 적자에 시달렸다(표10). 정부 재정의 전반적인 부족은 1987-1988년 이래 계속 이어지고 있는데 1988년과 1998년 사이에 평균적으로 국내 총생산의 약 6%를 유지했다. 이러한 수치들은 군부 세력이 국가 재정을 꼼꼼하게 관리할 능력이 없음을 증명하며 공적 자금을 이렇게 함부로 사용함으로써 버마 사람들 대다수에게 불필요한 경제적·사회적 어려움을 가져다주었다.

버마 기획부의 차관에 따르면 실제로 1999-2000 회계연도에 GDP 성장률이 겨우 5.9%에 그쳤다(표11). SPDC의 군사 정권은 통치 능력이 부족하여 또 경제의 기초적 조건을 이해하지 못해서, 버마를 '가난하고 후진적인 경제'와 '군부의 볼모'로 만들고 있으며 '전체주의 군사 국가'로 만들고 있다.

거시 분석의 결론

다른 국가의 경제개발 경험에 기초해서 보면, 국가의 경제가 8~12% 성장률을 유지하기 위해서는 최소 20%의 저축률이 유지되어야 한다. 이것이 이루어지지 않으면, 해외 원조와 외국인들의 직접 투자가 저축, 투자 차이를 메워야 한다. 1991년 이후 베트남, 70년대 이후 태국의 개발 성과가 높은 국내 저축률을 낳았고 그 덕에 점차 생산적인 활동에 투자할 수 있었다. 그와는 대조적으로 군부 독재하의 버마에서는 경제개발 정책과 그 시행으로 생긴 흑자는 다시 투자되지 않고 전부 새로운 기업-군인-관료 계급의 정치권력과 경제적 독점을 유지하는 데 들어가 버렸다. 1962년 이래, SPDC(국가 내부의 '군사 국가')의 통제와 명령 경제 시스템은 갈수록 버마의 경제 및 사회 발전에 해가 되어왔다. 인권과 민주적 권리를 탄압하고 경제 성장과 발전을 증진하는 적절한 수단을 경시함으로써, SPDC는 버마 사람들에게 불필요한 어려움과 경제적 고통을 가져다주었다.

60년대 중반 이후 다른 아세안(ASEAN) 국가의 경제의 경험을 살펴보면, 버마가 경제성장과 개발, 무역과 금융에 유리한 구조조정을 이루기 위해 무엇을 해야 하는지 명확히 알 수 있다. 베트남과 태국은 국내의 경제 성장과 상업 활동을 죽이지 않는 한도 내에서 통화 공급과 물가 상승을 억제할 수 있었다. 태국은 또한 일관되게 변동 환율을 택하고, 신중하게 대응하는 통화 정책, 세계 무역과 금융 변화에 단련된 개방 무역 체제를 유지해왔다. 태국 중앙은행은 계속해서 민간 상업은행들과 여러 상공회의소와 협의해서 안정되지만 유연한 이자율을 발표했다. 태국, 베트남의 거시경제 정책들은 국내 제조업과 산업의 확장, 외국인의 직접 투자, 그리고 민간 부문, 공공부문에 대한 상업은행의 신용대출 등을 불필요하게 속박하지 않았다. 산업 구조 조정, 대외 무역과 투자 패턴, 경제 통화 정책과 관련해서 태국과 베트남의 좋은 정책을 채택하면 2020년쯤이면 버마의 GDP에서 농업 부문의 비중이 50% 정도 감소하고 수출이 GDP에서 차지하는 비중이 30% 늘어날 것이다. 우리는 2020년 까지 버마의 1인당 소득이 3~5배인 1,500달러에 이를 잠재력이 있다고 본다. 이러한 예측이 함의하는 바는 농업 효율성이 크게 개선되어야 하고 농업 인구 비율이 절반으로 줄어야 한다는 것이다.

농업 부문의 역할과 성과

버마는 1940년대에서 달라진 것 없이, 농업과 중간 규모의 제조업, 원료 가공에 기초한 내수 중심의 경제체제로 남아 있다. 1938년 버마 GDP 중 농업의 비중은 48%였는데 2000년까지도 그 비중은 변하지 않았다. 버마 경제의 구조와 성과는 1960년대 이래로 거의 변하지 않았다.

이웃나라들과 비교해보면, 태국 경제는 자급자족 위주의 경제에서 수출 지향의 제조업과 산업으로 탈바꿈했다. 태국은 세계화와 민주

개혁을 받아들였다. 베트남 또한 1985년 이후 정치구조는 변하지 않았지만, 경제적 전환의 경로를 밟고 있다. 베트남과 태국의 경우 경제 개방성과 수출입이 증가했지만 버마는 수출과 수입이 감소했고 수출, 수입량이 두 나라에 비해 매우 작다.

버마의 GDP는 농업 부문 성장률과 매우 큰 관련이 있다(표11). 1992년의 GDP 성장률은 1989년의 3.7%에서 1992년 2.8%로 하락했다. 버마의 GDP 성장률은 1993년에 9.7%로 정점에 도달했고 그 후부터 계속 하락해서 1999년에는 5.7%가 되었다. 2000년에 버마 정부는 GDP 성장률이 10.5%라고 발표했지만 아시아개발은행(ADB)의 추산에 따르면 4.6%에 가깝다.

농업은 변함없이 버마의 사회경제적 변혁에서 중요한 역할을 한다(뒤의 〈사례연구〉 참조). 농업이 GDP에서 차지하는 비중과 GDP 성장에 기여하는 정도는 1989년 이래로 하락하고 있다. 농업 부문의 GDP 비중은 1989년에 약 40%였고 1999년에 34%로 감소했다. 농업 부문 성장률은 12.4%를 정점으로 1997년 최저 2.9%까지 감소했다. 이것은 토지 자원 이용 집중도와 농업 노동력이 1992년 이후 증가하지 않았음을 보여준다. SPDC 군사 정권이 채택한 정책은 버마 농업의 지속적인 구조 변화를 이끌어내지 못했다.

태국과 베트남에서는 농업 생산성이 향상되고 있는 데 반해 버마의 1인당 농업 생산은 계속해서 하락했다. 1980년과 1993년 사이에, 9% 성장률을 기록한 태국에 비해 버마의 1인당 농업 생산은 겨우 3% 증가했다. 베트남은 같은 기간에 1인당 농업 생산량에서 경이로운 30% 증가율을 달성했다. 베트남은 식량 생산에서 큰 이득을 얻었고 많은 인구의 식량 수요를 충족할 수 있었다—베트남 인구는 1995년에 7,500만 명으로 추산되었고 계속 증가하고 있다(표12).

버마에서는 농업의 생산성이 나빠지면서, 1인당 농업 생산량의 성장률도 1985-1996년 사이에 최저 0.7%까지 하락했다. 베트남 농업은 같은 기간 2.4%의 높은 1인당 농업 생산 증가율을 유지했다. 베트남의 농업 생산성 향상은 자원의 효과적 활용, 시장 원리의 성공적인 도입 덕분이다. 관개 농지를 확대하고, 적은 경작지에 적절하게 비료를 사용함으로써 농업 생산량이 더 늘어났다. 거기다 수확량 중에서 개인이 보유할 수 있는 몫을 더 많이 보장한 것도 농업 생산성 향상에 도움을 주었다. 시장 인센티브가 커지고, 비공식적 자원이나 가족을 통해 신용 대출을 할 수 있게 되고, 또 '토지법과 명령 제10호'가 발효되어, 읍, 리 단위에서 인간-토지 관계에 변화가 일어났다. 이러한 모든 요소가 영향을 주어서 수출을 할 수 있을 정도로 많은 양의 곡물이 생산되었다. 베트남에서 헥타르당 평균 곡물 생산량은 1982-1984년과 1992-1994년 사이에 30%가 증가한 반면, 같은 10년간 버마의 곡물 생산량은 겨우 4% 증가했다(표12).

결론

버마에서는 농부가 스스로 토지를 선택해서 소유하고 경작하는 자유가 없고, 농업 생산이 기술적인 한계에 처해 있어서, 농업 발전이 어려움을 겪고 있다. 경제적 유인책의 결여, 임노동(그리고 다른 자원)과 자본 사이의 불공평한 분배는 버마의 농업 성과를 매우 지연시키고 있다. 버마의 농업 소득이 늘어나기 어려운 또 다른 이유는 다른 개발도상국들이 보호 무역 정책을 펴기 때문이다. 그리고 선진국에서도 농산물을 생산해서 식량이 부족한 다른 나라들로 수출한다. 농업 생산량이 많아지고 농민들에게 순이익이 더 많이 돌아가게 하는 것을 방해하는 것은 군부의 통제다. 지역 농민들과 협력하여 농민들의 지식과 기술에 기초하여 토지와 자원의 지속가능한 이용을 모색하는 민간 기관의 설립을 군부는 허용하지 않았다.

오지의 빈곤을 완화하기 위해, 국가나 공공부문은 그곳의 미래에 대한 대화와 행동을 모색하면서 그곳 주민들과 기업, 기구와 기관들을 참여시켜야 한다. 마을 조직의 관습적 권리를 보호하고 이해해야 한다. 그렇게 하기 위해서 주민이 참여하는 의사결정 및 지역 협의가 우선순위에 놓여야 한다. 특정한 지역의 빈곤, 저임금, 실업은 예산, 행정 관리 능력, 지식이 부족한 데서 나온 결과일 뿐만 아니라 깊이 뿌리내린 구조적 경직성과 '지역의 무력감'의 결과이기도 하다. 사회적으로 경제적으로 환경적으로 지속가능한 기회를 획득하기 위해서는 민주적인 절차와 국정 운영에 대한 책임감이 필요하다. 생각은 세계적으로, 행동은 지역적으로 하려면 말이다.

군사 독재의 사회적 결과

군사정권이 시종일관 사람들의 경제사회적 발전 요구보다 군부의 이익을 우선시했기 때문에 오늘날 버마 국민 대다수가 빈곤에 시달리게 되었다. 군사 독재는 어떠한 실질적인 경제적 조치도 취하지 않았고 베트남처럼 실용적이고 유연한 경제 정책을 도입, 실시하지도 않았다. 베트남 사람들의 삶의 질은 불법적인 군부 독재하의 버마 사람들의 삶의 질보다 훨씬 빠른 속도로 개선되었다. 어떤 사회 지표를 택해서 보든(사망률, 영아사망률, 기대수명, 공중보건 서비스 이용 가능성 등) 버마 사람들은 위험할 정도로 낮고 열등한 인간개발 수준을 보여준다. 삶의 질의 하락을 보여주는 이러한 최악의 지표들은 지난 20년간 베트남에서 나타난 인간개발과 삶의 질 개선과 현저한 대조를 이룬다(표14와 표15).

1960년과 1998년 사이에 버마에서 5세 이하 영유아 사망률 감소와 기대수명 증가에서 개선이 이루어진 것은 사실이다. 그러나 베트남과 태국은 국민들의 삶의 질 개선에 훨씬 더 큰 성공을 거두었다. 예를 들어, 버마 사람들은 남녀 모두 베트남, 태국 사람들보다 훨씬 이른 나이에 사망할 것으로 예상된다. 태국과 베트남의 기대수명은 버마에 비해 남자는 7~10년, 여자는 9~13년 정도 더 길다. 또한 버마에서는 1994년에 천 명당 109명이 5세가 되기 전에 사망했다. 베트남과 태국은 5세 이하 영유아 사망률이 각각 35명과 27명에 불과하다. 안전한 식수와 하수 시설을 가진 인구 비율에 있어서는 버마가 베트남보다 낫지만 태국보다는 많이 뒤처진다.

버마는 전기, 포장도로 같은 기반시설을 이용하고 충분한 영양 섭취 등 기본적인 필요를 충족시키며 살 수 있는 사람들의 비율이 태국과 베트남에 비해 낮다. 버마 인구의 약 3분의 1이 빈곤선 아래에서 산다(표 14). 태국은 도로의 95%가 포장된 반면 버마와 베트남은 도로의 12%, 25%가 포장되어 있다. 유선전화나 휴대전화를 사용하는 사람들이 베트남과 태국에서는 천 명당 각각 23명, 113명인데, 버마에서 1997년에 천 명당 5명만이 유선전화 또는 휴대전화를 사용할 수 있었다. 버마에서는 1일 평균 칼로리 섭취량이 1인당 1,997칼로리에 불과한데 이는 국제 기준인 2,100칼로리보다 1일 103칼로리 적은 것이다. 반면 태국과 베트남 사람들은 1일 권장량보다 각각 48칼로리, 22칼로리 초과해서 섭취한다.

부패와 지대 추구 행위

관료들의 부패와 정치적 후원의 관행 때문에 새로운 사업의 초기 투자비용이 높고 사업의 불확실성과 위험성이 크다. 지대 추구(rent-seeking, 경제 주체들이 자기 이익을 위해 정치적 로비 등 비생산적인 활동에 경쟁적으로 자원을 낭비하는 현상—옮긴이), 연고주의, 숨은 거래 비용은 새로운 사업 투자와 규모의 경제로 이익을 실현하도록 하는 유인책에 부정적인 영향을 미친다. 버마에서 사업을 하려면 경쟁이 심한 국제무역과 역동적으로 변하는 지역 시장, 세계시장이라는 '외적인 장애물'도 만나게 되지만 진짜 어려움은 '국내 원인의 정책 방해물'과 군사독재

체제의 변덕스러운 경제 지침이다.

　1998년 SPDC 정부는 '빈 땅'이라 불리는 토지와 소위 '휴한지와 불모지' 총 48만 헥타르의 토지를 새로운 소유자와 사업 집단으로 하여금 3년간 개간·개발하도록 임대하였다. 불하받은 점유 토지의 평균 면적은 5,400헥타르이지만 대부분 1,200에서 2,000헥타르 사이이며 최고치는 28,800헥타르이다. 1999년 6월 현재, 이 토지의 10%(46,120헥타르)만이 개발되었다(표16). 1980년에서 1990년 사이에 맹그로브 숲 58%가 파괴되었고 109,590헥타르의 산림이 사라졌다는 사실만 보아도 단기 이익을 위해 자연이 얼마나 파괴되었는지 알 수 있다(표17). 군부의 목적은 자기 측근과 부하들에게 줄 토지를 징발하고, 소위 '개방 시장 경제' 내에서 버마 기업가들의 출현을 허용하여 개발이란 미명하에 경제적 권력을 축적하고 집중시키는 것이다.

과도한 국방비

국방 예산이 GNP에서 차지하는 비율은, 1984-1988년 사이에 약 3%에서 안정되어 있었다. 군대가 국가 통제권을 쥔 1989년 이후로, 국방 예산은 매년 평균 최소 4% 증가했다(표18). 1996년에 1인당 소득이 300달러가 안 되는 저임금, 저개발 국가인 버마의 국방비는 베트남이나 태국에 비해 상대적으로 높은 편이다. 정부 지출에서 국방비가 차지하는 비율은 1950년대의 내부 혼란기에 최고 32%에 달했지만 1970년에 28%까지 하락했다. 경제개발, 기반시설, 사회 자본에 투자할 수 있는 자본과 인적 자원이 국내 치안, 군사독재 비용으로 소모되어버렸다. 국가 경제성장이 많은 사람들에게 이익이 되도록 하고 장기적으로 빈곤율을 줄이려면 여성과 소녀들에게 사회·경제·정치적 기회를 주는 것이 그 핵심이다. 1차 진료, 초등 기술 교육, 공공 기반시설(깨끗한 식수, 하수시설) 등도 경제성장률 상승과 빈곤의 상대적 감소에 긍정적으로 기여한다. 버마에서는 이러한 영역에 대한 지출이 우선순위에서 밀리고 무시되어서 국민들에게 고통을 주었고 또 장기적인 경제 발전을 가로막았다.

국방비 지출은 1988년 40억 짜트에서 1994년 140억 짜트로 급속히 그리고 꾸준히(350%) 증가했다. 같은 기간에 정부 적자는 385%(77억 짜트에서 290억 짜트로) 늘어났다(표19). 더 나아가 버마 군대의 신병 수는 1964년 13만 2천 명에서 1987년 17만 명으로 계속 증가했는데 이는 대략 30% 증가한 것이다(표20). 1991년에 나온 군사정부 내부의 한 자료에 의하면 2000년까지 무기를 잘 갖춘, 완전히 훈련된 강한 군사력 50만 명을 확보하는 것이 목표다. 국제연합 인간개발보고서(1998)에 따르면, 1996년의 32만 명에서 1998년에는 8만 명 더 늘어난 40만 명의 병력을 갖추게 되어 목표에 가까워지고 있다.

버마 시민들은 어느 정도 수준의 경제적 · 사회적 발전을 누릴 기본적인 권리를 가지지 못하고 살아왔다. 품위 있는 삶을 살 권리가 없어진 것은 국방력을 점점 더 강화하고 군사독재를 뒷받침하는 데 돈과 인적 자원을 집중시켰기 때문이다. 1962년 이래로 대다수 버마인들은 군사독재 세력의 노예나 부하가 되었다. 이는 오늘날 버마를 살아가는 사람들 대부분의 삶의 현실이다.

태국, 베트남과 비교하면, 버마는 1인당 국방비 지출이 32달러에서 40달러로 늘어난 반면에 베트남은 53달러에 12달러로 줄었다(표21). 이것은 군사독재 세력이 무소불위의 권력을 휘두르고 있을 뿐 아니라, 공익이 아닌 자신의 이익을 위해 자원을 징발하고 관리하고 배분했음을 보여준다. 군사 정권이 버마의 국방비를 베트남 수준(1996년에 9억 3천만 달러)으로 낮출 수 있다면, 약 10억 달러가 버마의 사회복지와 낙후지역 개발 사업에 분배될 수 있었을 것이다. 이러한 사업과 활동은 버마에서 '시민사회'가 만들어지고 꽃필 수 있게 할 것이며 많은 이들에게 사회 · 경제적 이득을 안겨줄 것이며 국가의 조직적 · 경제적 역량을 강화할 것이다.

지난 40년간 버마의 군사독재자들은 자유, 평화, 발전, 사회정의의 성취라는 측면이 아니라 군사력의 측면에서 태국을 '따라잡으려' 하고 있는 것 같다. 태국의 국방 예산은 1985년에서 1996년 사이에 26억 달러에서 42억 달러로 증가했고 1996년에는 버마 국방비의 2배에 달했다. 현재 성장 가능성 있는 건실한 태국의 경제와 민주주의 정책은 그러한 지출 수준을 감당할 수 있다. 그러나 버마에서는 군사력을 위해 쓰이는 모든 달러가 현재 세대에게 불행과 고통을 가져올 뿐만 아니라 미래 세대에게까지 나쁜 영향을 준다. 일부는 위협적이고 일부는 우호적인 그 지역의 이웃나라들과 함께 살고 공존해야만 할 미래 세대의 자신감과 능력의 싹을 자르기 때문이다.

1985년에 두 나라의 국방비 비율은 5%로 비슷했지만, 1996년에 이르면 태국은 GDP의 2.5%까지 하락한 반면에 버마는 7.5%까지 증가했다. 태국의 1인당 실질 GDP가 버마의 그것보다 훨씬 더 높다는 것을 감안하면 그 정도의 국방비 증가가 버마인들에게 얼마나 큰 고통과 비용이었는지 짐작할 수 있다. 1995년에 태국의 1인당 GDP는 구매력 평가로 7,742달러인데 버마는 1,130달러(PPP)였다. 1인당 국방비는 태국은 1985년 이래로 20달러, 버마는 8달러 증가했지만 태국의 국방 예산은 보건과 교육 예산을 합한 것과 맞먹는 정도였으며 버마보다 시종일관 낮았다. 버마의 국방비 지출은 항상 교육과 보건, 사회사업 비용을 합친 것보다 많았다. 버마는 계속해서 교육과 보건 및 사회사업에 비해 국방비를 더 증액하고 있다. 1960년에 버마는 교육과 보건 예산의 140% 이상을 국방에 지출했다. 1990년에 버마의 국방비 지출은 그 해에 국방비를 30% 줄인 태국과 비교해서 120%나 많았다. 40년이 지난 지금도 군부와 군사독재 세력은 버마 사람들의 희소한 금전 자원의 배분과 사용에 포괄적이고 지배적인 권력을 휘두르고 있다.

버마의 삶의 조건과 질을 평가하는 기준을 무엇으로 삼든, 버마인 대다수는 강탈과 차별, 사회적 배제로 고통받고 있다. 우리는 과거 30년 간 계속된 군사지배의 결과로 버마의 경제와 사람들이 얼마나 많은 사회·경제적 비용을 지불해왔는지를 다양한 출처를 통해 드러내고자 했다. 다양한 명목과 구실을 내세워, 버마의 통치자들은 그들이 속한 군사독재 세력의 영속을 위해 자원을 사용해왔다. 우리는 이웃 베트남과 태국의 통계와 비교함으로써 이러한 불법적인 군사 통치체제가 국가에 미치는 효과를 추적하고자 한다. 통치자들은 국가의 경제적 생존을 대가로 해서, 그리고 절망적인 하루하루를 사는 버마 대다수 국민의 삶을 희생해서 상당히 강한 군사력이라는 목표를 달성할 수 있었다.

로버트 챔버스(Robert Chambers, 1994)가 주장한 대로, 국민의 삶의 조건 개선에 필수적인 세 가지 보편적인 국가의 기능은 군사독재로는 달성되지도 않았고 달성될 수도 없다. 그 세 가지 국가의 책임은 다음과 같다. 평화와 민주적 법치의 유지, 기반시설과 기본적인 서비스 제공, 경제 관리. 이 세 가지 기능은 민족민주동맹(NLD)이 제시한 민주주의 사회의 요소이기도 하다.

내전은 많은 고통과 빈곤을 야기한다. 그에 따르는 공포, 고통, 재산 손실, 인명 피해, 임기의 불안정성, 토지 개발 투자를 억제하는 효과, 농작물 손실 위험, 성인 및 아동의 전투 참여로 인한 노동력 감소, 교육의 단절, 행정 서비스의 붕괴, 많은 사람이 난민이 되는 것은 평화가 사라짐으로써 일어나는 일들 중 일부일 뿐이다. 버마에서는 수십 년간 내전이 끊이지 않았다. 1948년 버마 독립 이후 내전으로 인한 사망자 수가 100만 명이라고 정부 지도자들조차 인정할 정도이며 그로 인해 수많은 마을들이 황폐해졌다. 사우 마웅(Saw Maung) 장군이 국가법질서회복평의회의 의장이었을 때(1989년) 밝힌 바에 따르면, 버마에서 1953년 이후 순직 장병 유족에게 지급하는 연금을 받고 있는 가구가 2만 8천이고, 상이군인 연금을 받고 있는 가구가 4만이다. 반면에 무장 저항세력의 인명 손실에 대한 정확한 정보는 없다. 버마 국내의 난민만 100~200만 명으로 추산되며, 이웃나라로 가는 난민과 불법 이주 노동자들이 점차 많아지고 있다(Liddell, 1999). 1988년 군부가 민간인들에 대한 통치권을 가지겠다고 노골적으로 주장하며 국가법질서회복평의회가 설립된 이래로, 그들이 국가의 정치, 경제, 사회 발전에 큰 영향력을 행사해왔다(Selth, 1996). 국가의 발전은 이 핵심적 요소와 분리될 수 없다. 여러 해에 걸친 내전, 민주적 법치의 부재, 정치와 사회에 대한 군사독재 세력의 무관심이 국민들을 고통스럽게 만들었다. 민주적 법치와 평화가 버마의 모든 지역에 되돌아올 때까지, 국민들의 삶의 질은 나아지지 않을 것이다.

민주주의 국가는 국가의 기반시설과 기본적인 서비스를 제공하고 유지하기 위한 장기적인 제도이다. 세수와 예산의 재정 관리는 농촌 개발의 기초이다. 이러한 예산 관리에 기초해서 도로, 철도, 초등 및 중등학교, 공동체와 예방적 보건, 수의사 확충, 식수 공급, 전기와 전화 등 기본적인 생활 편의 시설이 제공되고 유지된다. 최근 정부의 사회·경제 개혁으로 인해 버마 사람들의 고통이 더 심해졌다. 시장 지향적인 개방 경제 정책은 일부 사람들(특히 지배 엘리트 계층의 상인과 그 가족)에게는 부(富)를 가져다주었지만 여러 지역에서 보건 문제가 점점 많이 나타났다. 야당 등은 정부의 경제 개혁이 잘못 계획되었고 차별적이며 착취적이며 많은 사람들이 전통적인 생계 방식이나 토지를 잃게 만든다고 주장한다.

버마의 빈곤 퇴치와 광범위한 삶의 질 개선은, 군부의 단일한 통제를 넘어선 다양한 사람과 집단, 즉 시민사회를 포괄하는 정책, 실천, 제도적 지원에 달려 있다.

주요 이슈

소수 민족 집단

현재 약 4,700만 명으로 추정되는 버마 인구는 그 대부분이 이라와디 삼각주에 집중적으로 거주한다. 버마 인구는 다양한 민족 집단으로 구성되어 있어서 이 나라에서 사용되는 언어 수가 100여 개에 달한다. 1931년 영국 지배 이후 인구조사가 전혀 이루어지지 않았고 1993년에 계획되었던 인구 조사는 연기되었다. 그래서 민족집단 구성의 대략적인 그림만 보여줄 수 있을 뿐이다. 인구의 3분의 2를 차지하는 것은 이라와디와 친윈 유역 주변의 중부에 주로 사는 버마족이다. 이들은 바르마(Barmar)라고도 일컬어진다. '버마족(Burman)'과 '버마인(Burmese)'를 혼동하지 않게 주의해야 한다. '버마족'은 대체로 특정 민족을 가리키고 '버마인'은 버마 국적을 가진 사람을 일컬을 때 사용된다. 1989년에 국가법질서회복평의회(SLORC)—1997년 11월 국가평화발전위원회(SPDC)로 이름을 바꾸었다—는 '버마' 대신 '미얀마'라는 이름을 쓰기로 했고 몇몇 지역 이름도 바꾸었다.

버마 군부는 토착민을 '국민 부족들(national races)'이라고 부르는데 이는 그들에게 실질적으로는 아무 권리도 주지 않으면서 어떤 지위만 부여하려는 것이다. 아시아 토착민 협약(Asian Indigenous Peoples Pact, 1988)에서 선언된 대로, 아시아의 다른 토착민 집단과 마찬가지로 버마의 소수민족들은 언어와 문화에 있어서 다수 집단과 다르다. 소수민족의 이름을 따서 주의 이름이 붙여졌는데 소수민족의 거주 지역 중 일부만 버마에 속해 있는 경우도 있다. 소수민족은 인구 다수를 차지하는 민족에 비해 차별을 당하고 노골적인 불이익을 당한다. 그들은 자신들의 정체성을 유지하고 자치권을 가지기를 원한다. 145개 이상의 다양한 소수민족 집단은 국경 지역, 산악 지역에 살며 그 지역에서는 인구의 다수를 형성한다. 카렌족과 샨족이 각각 10%를 차지하고, 아카, 친, 중국계, 다누, 인도계, 카친, 카레니, 카야, 라후, 몽, 나가, 팔라웅, 파오, 라키네, 로힝야, 타보얀, 와(Wa)족은 각기 전체 인구의 5% 이하이다.

군부 지배하의 민족 정체성

소수민족의 거주 지역 분포는 사실 매우 복잡하다. 하지만 군부 체제는 지역이 민족을 말해준다고 가정한다. 현재 군부 독재하에서는 다수 집단인 버마족이거나 아니면 적이거나 둘 중 하나로 간주된다. 사고, 언어, 장소에서 다양성의 여지는 전혀 없다. 그래서 특정 지역에 사는 모든 사람은 그들이 반군이든 아니든 무조건 '정부의 적'으로 여겨졌다. 모든 버마의 시민들이 군부 독재로 고통을 받지만 소수민족 사람들은 학대당할 위험이 더 크다.

수십 년 동안 버마 군부 체제의 정책은 무장 저항 세력과 그들을 지원하는 시민들을 물리치고 승리하는 것이었다. 군부는 '소수민족'이 다수를 차지하는 지역을 '백색', '갈색', '흑색' 지역으로 구분하여 지정했다. '백색' 지역은 반군의 공격이 전혀 혹은 거의 없이 SPDC가 통제하는 곳, '갈색' 지역은 SPDC가 통제하지만 반군이 침투해서 작전을 벌일 수 있는 곳이다. '흑색' 지역은 반군이 장악한 지역 또는 SPDC가 효율적으로 통제할 수 없는 지역에 해당한다.

SPDC는 몇 개의 소수민족 집단과 정전을 협상하는 정책을 채택했다. 1989년 이후 약 15개 집단이 정부와 정전 협약을 맺고 불편한 휴전이 이어졌다. 1987년 전까지 버마공산당 편에 서 있었던 와족 및 콩가족 군대와 첫 번째 정전 협정을 맺었다. 군부와 소수민족의 협정에서는 소수민족이 아편을 경작하고 어떤 간섭 없이 교역할 수 있도록 허용했다.

이로 인해 헤로인 생산이 늘고 밀반출이 급격히 증가했고 전 세계적으로 헤로인을 입수하기가 쉬워져서 사회 문제 및 건강 문제가 심각해졌다. 정전 협정이 이루어진 곳에서도 여전히 인권 침해가 일어나고 있다. SPDC는 반군 집단과 영구적인 평화 정착을 모색하는 정치적인 대화를 시도한 적이 없었다. 정전협상을 하면서 지역 개발 사업을 약속받았지만 소수민족 집단들은 그에 환멸을 느끼기도 한다. SPDC 공무원들이 개발 자금을 착복하고 마을 사람들에게 기반 시설, 학교, 병원 건설 비용을 내라고 강요하기 때문이다.

　카렌족 반군인 카렌민족동맹(KNU)은 정전 제안을 거절하고 카렌족이 상당수 있는 버마 동부 및 남부에서 무장투쟁을 계속했다. 카렌 주, 카레니 주, 샨 주, 친 주에서 반군이 일어나자 국가는 대규모 인권 유린을 자행했다. SPDC는 정기적으로 짐꾼으로 일할 사람들을 차출했는데 다수가 소수민족 출신이었다. 소수민족 수만 명이 '개발 사업'에서 강제 노역을 해야 했고 많은 사람들이 총으로 위협당하며 고향을 떠나 '재정착'했다. 마을 사람들이 이러한 명령을 따르지 않을 때는 모두 살해당했고 작물, 집, 가축들도 전부 불태워지거나 파괴되었다. 반군이 있는 것으로 의심되는 지역 사람들 전부, 혹은 그 일부가 총으로 위협당하면서 강제로 정착촌로 이주했다. 그럴 때에는 작물, 주택, 가축이 불태워지기 일쑤였다. 이러한 인권 침해는 카레니 주, 카렌 주, 샨 주에서 일어났다(Shasn Human Right Foundation: 1998; Bamforth et. al.: 2000; Mon Information Service: 1998; Burma Ethnic Research Group: 1998; HRDU, 2000).

민족의 정치학
민족 다양성은 동남아시아 국가들의 공통된 특징이지만 버마에서는 자민족중심주의가 팽배해 있고 소수민족 거주 영역 때문에 상황이 복잡하다. 영국의 지배에서 독립한 이래, 다수인 버마족은 끊임없이 지역 분리 독립 운동에 도전받고 있다. 아웅산 장군이 소수민족 집단 대부분을 새로운 연방에 합류하도록 설득하고 포괄적인 협상을 한 뒤, 1948년에야 비로소 버마 연방은 독립하였다. 1947년 아웅산 장군 주재로 샨 주 팡룽에서 여러 민족 대표들이 회합을 갖고 팡룽 협정이 만들어졌다. 그것은 버마족과 소수민족이 모두 동의할 수 있는 정치 구조를 만들기 위한 회의였다. 특히 샨족과 카레니족이 독립 후 10년 뒤에 연방에서 탈퇴할 수 있는 선택권을 부여하는 것을 골자로 했다. 카친 주는 그 영토의 일부가 버마족이 지배하는 곳에 속해 있기 때문에 탈퇴해 나가는 것이 허용되지 않았다. 카렌 주는 독립하려고 했지만 그 주민들이 버마 아랫부분에 퍼져 있었기 때문에 영토에 관한 의견 불일치가 심했다. 친족은 독립된 주를 요구하지 않았고 몽족과 아라칸 족은 독립된 주를 제안받지도 못했다. 각 집단 내에서 어떤 이들은 연방에 합류하길 원했고 어떤 이들은 단호하게 반대하였다. 연방 정부 구성의 토대가 된 합의는 지켜지지 않았고, 1948년 영국 식민지배에서 독립하자마자, 높은 수준의 독립을 쟁취하고자 하는 많은 소수민족과 군사정부 사이에 무장 투쟁이 이어졌다. 독립 이후로 거의 모든 민족과 정치 집단들이 각각 어떤 시기에 중앙 통치자에게 반대하여 무기를 들었다.

1962년 2월, 소수민족 사람들은 국회에서 1947년 헌법을 개정하여 버마를 진정한 연방국가로 만들려고 했다. 그러나 네윈 장군의 쿠데타로 이 평화 협상이 중단되었다. 1974년 헌법 개정으로, 국가는 사회주의의 통치하에 놓였고 주민 대부분이 버마족인 7개 지역과 7개의 소수민족 주─친, 카친, 카렌, 카이에, 몽, 라킨(아라칸), 샨 주─로 구성되었다. 주의 이름에 민족의 이름이 붙어 있지만 각 주마다 여러 민족 사람들이 복잡하게 섞여 산다. 하나의 민족만 사는 지역은 거의 없으며 사용되는 언어는 100개가 넘는 것으로 확인되었다. 주의 이름─예를 들어 친, 카친, 카렌─은 단순히 각 주의 다양한 집단을 대표하는 집합적인 명칭으로 주어진 이름이며, 최근에는 행정 구역을 나타내는 용어로 받아들여질 뿐이다.

소수민족 문화 보존

다양한 민족 집단과 그들의 문화, 역사, 언어를 이해하는 것은 버마의 젊은 세대에게 중요한 일이고 갈등을 치유하는 데에도 필요하다. 그러나 소수민족 교사들은 다수인 버마족이 아닌 다른 민족들의 역사와 문화는 가르칠 수 없다. 언어는 민족 정체성에서 중요한 문제지만 아직 소수민족어를 가르치는 것은 버마에서 불법이다. 각 민족은 고유의 언어를 갖고 있지만 모든 공립학교에서는 버마어만 쓴다. 심지어 소수 민족이 다수를 차지하는 지역의 초중등 공립학교에서도 그 지역 소수민족의 언어로 가르칠 수 없다.

예를 들어, 몽 주의 국가평화발전위원회(SPDC) 당국은 신몽주당 (New Mon State Party)과 휴전협정을 맺은 후 공립학교에서 정규교과 시간 외의 특별활동 시간에 몽 문학 수업을 할 수 있게 해주겠다고 약속했다. 많은 몽족 학생들이 이러한 특별 몽 문학 수업에 참여하였다. 그러나 1997년에 당국은 공립학교에서 몽 문학을 가르치는 것을 더는 허용할 수 없다는 성명을 발표했고 군(township) 당국이 허용하는 것도 금지했다. 몽 문학을 가르치는 것은 불법으로 규정되었고 몽족 학교를 운영하는 것도 불법 행위가 되었다. 샨족 언어는 샨 주에서도 사용할 수 없게 되어 학교와 표지판, 비디오테이프에서도 사용이 금지되었다.

이른바 '국민 화합'과 군부의 지배를 위한 끊임없는 노력으로 군부는 다양한 언어가 사용되는 것을 효과적으로 막았고 다양한 언어들이 꽃피는 것을 막기 위해 최선을 다했다. 버마에서 소수민족의 협조 없이 화해와 평화를 이루기는 극히 어려울 것이다.

강제노동

1988년 군사정권이 권력을 잡은 이래, 군부는 허울 좋은 개발을 핑계로 국민들에게 계속 강제 노역을 시켜왔다. 국가법질서회복평의회(SLORC)가 처음 권력을 잡았을 때, 그들은 여러 사회기반시설 건설 계획을 세우고 외국인 투자를 끌어오려고 했다. 버마 사람들의 삶의 수준을 개선하는 데 필요한 인프라를 건설하는 것이기 때문에 그것은 전 국민에게 이익이 되는 것이라고 군사정권은 주장하였다. 그러나 건설 현장에 강제 동원되어 부불(不拂)노동을 해야 했던 사람들에게는 손해가 되는 것이었다. 1995년에 UN의 버마 특별 조사관 요조 요코타(Yozo Yokota) 교수는 외국인 투자와 개발 사업, 인권 침해의 관계를 확인하고 다음과 같이 강조하였다.

> 국가법질서회복평의회에 의한 강제 노동, 강제 이주, 임의적인 살해, 구타, 강간 그리고 사유재산 몰수는 군사 작전 지역 또는 지역 개발 사업 지역에서 공통적으로 일어나고 있다 (Yokota, 1995).

남녀노소 가리지 않고 수천 명의 사람들이 버마 전역의 도로, 댐, 철도, 교량, 탑, 심지어 골프장 건설에 강제 동원되어 많은 이들이 영양부족이나 사고로 죽었고, 치료를 받지 못해서 사망했다. 명령에 불복했다는 이유로도 죽임을 당했다. 강제노동으로 피해를 본 사람이 모두 얼마나 되는지 알려져 있지 않지만 수십만 명은 족히 될 것이고 백만 명에 이를 수도 있다. 강제 노동은 버마 전역에서 일어난 것으로 보고되었다. 단편적인 증거와 제한적인 통계를 볼 때 주로 소수민족과 오지 주민들이 동원되어 노역했음을 파악할 수 있다. 강제 노역으로 저질러진 인권 유린에 대해서 군사정권은 계속해서 파렴치하게 부인하였고, 그에 따라 미국 정부는 미국 회사들이 버마에 새로운 투자를 하지 못하도록 제재

조치를 했다. 유럽 연합은 버마에 대한 무역 제재를 확대하고 국제노동기구(ILO)는 회원국들이 버마의 강제노동 자행에 기여하지 않도록 버마와의 관계를 재고할 것을 촉구하는 결의안을 통과시켰다.

1999년에 ILO 총회는 SPDC가 강제노동에 관한 조약 29조를 지속적으로, 눈에 띄게 불이행한다는 이유로 버마가 기술적 조언을 받거나 ILO 회의에 참석하는 것을 금지하였다(HRDU:2000/91). 그뿐 아니라 ILO는 80년 역사상 처음으로 모든 회원국과 고용주 단체, 노동자 단체, UN 같은 국제기구 등이 버마와의 관계를 고려, 재고하도록 하기 위해 회의를 소집했다(ILO, 20001). 이 과감한 행동은 버마가 인권유린을 부인하고 노동조건 개선을 거부한 데 따른 결과였으며 버마에게 국제노동기준을 따르도록 요청하는 것이었다.

버마의 지속적인 인권유린에 대한 국제적인 비난이 거세지자, 1995년과 1999년에 군부는 성명서를 발표했다. 형법 374조에 새로운 명령을 신설하여 강제노동을 금지했다는 주장이었다. 그러나 새 명령은 집행된 적이 없었으며 그것과 관련된 기소도 없었다. 2000년 10월 29일, 버마 외무부 장관 윈 아웅은 ILO 사무총장에게 버마의 새로운 명령이 '엄격하게 집행될 것'이라고 단언하는 서신을 써 보냈다(Human Right Watch:2001). 군부가 이런 제스처를 한 것은 국제 관계를 위한 쇼에 불과한 것처럼 보인다. 버마 내에서는 시민들에게 그 명령에 대해 알려주는 언론 캠페인도 없었고, 강제노동을 시켰다고 처벌받은 사람도 없었다. 태국으로 이주한 버마인들은, 강제 노동이 변함없이 계속되었고 군부가 두려워서 강제노동 명령을 거부할 수 없었다고 증언한다. 국제기구의 모니터링은 허용되지 않았다. ILO는 국제기구 감시인의 입국을 허가해 달라고 버마에 요청했지만 반복해서 거절당했다. 소수민족 지역을 포함한 버마의 모든 지역에서 국제기구 감시인들이 자유로운 활동을 하는 것은 강제노동 금지 명령을 강화하는 데 필수적이다. 그것이 허용되기 전까지는 버마에서 사업을 하는 외국인 투자자들은 인권 유린에 기여하는 셈이라고 아웅산 수치와 민족민주 동맹(NLD)은 말한다.

노동조합

버마에는 노동조합이 없다. 직업을 막론하고 노조 결성은 불법이기 때문이다. 이와 같이 자유 노조와 독립적인 노동 운동을 허용하지 않으니 노동자들의 고충이나 고용주들의 괴롭힘에 대항해서 함께 모여 입장을 밝힐 수 있는 어떤 형태의 회합도 열릴 수 없다. 노동자들은 독립적으로 단체를 구성할 권리, 단체교섭을 할 권리, 파업할 권리가 없다. 군사정권은 노동자의 권리가 보호된다고 주장한다. 그러나 정부의 일반행정과(General Administrative Department)는 정권의 허가 없이 사회단체가 구성되는지 감시하는 책임을 맡고 있다.

'노동자의 권리'라는 말은 버마에서 금지되어 있다. 고용주에게 노동자 권리를 요구하는 사람은 정치 불안을 일으키려 하는 공산주의자로 간주된다. 군사정권은 그 어떤 노동쟁의도 신속하고 잔인하게 진압해버린다. 한국의 대우가 소유한 랑군 의류 공장에서 공장 노동자들이 열악한 노동 조건에 대해 항의하면서 연좌 농성을 벌였을 때(1996년) 공장의 책임자가 군사정부에 도움을 요청했다. 그러자 준 군사 조직이 공장에 파견되어 즉각 복귀하지 않는 노동자는 쏴버리겠다고 총으로 위협하였다. 농성을 이끈 사람들은 군대 정보기관에 체포되어 장기간의 징역형을 선고받았다.

정권은 노동자의 힘을 약화시켜서 노동자의 권리를 아무것도 인정하지 않는다. 적절한 임금과 인간적인 근무조건을 협상하려는 노동자의 권리를 제한함으로써 외국 투자가를 보호한다. 40년 넘는 세월 동안 ILO는 버마의 강제노역에 대해서뿐만 아니라 결사의 자유를 인정하지 않고 노동조합을 허용하지 않는 것에 대해 반복해서 비난해왔다.

ILO는 버마가 ILO 협약 제87호 결사의 자유 및 단결권 보호에 관한 협약(1948년)의 의무를 위반한다는 의혹을 되풀이해서 접수하였다.

ILO 협약 및 권고의 적용에 관한 총회 위원회는 1993년, 1995년, 1996년, 1997년, 1998년에 버마가 제87호 협약을 수용할 수 없을 정도로 위반했다는 것을 강조하는 특별한 항목을 채택하였다. 이러한 항목들은 버마 정부의 계속되는 제87호 협약 위반과 ILO와의 협력 불이행을 지탄하였다.

2000년 6월 ILO의 제재 결의안은 UN 기구, 회원국, 민간 기업들이 의도하지 않게 강제노동을 조장하는 셈이 되지 않도록 버마와의 관계를 재검토할 것을 촉구했다. 이제 전 세계의 노동조합들은 버마에서 노동자의 권리를 인정하라고 군사정권에 압력을 가하고 있다. 국제 노조 운동의 회원들이 '일본노조협의체'의 초대로 2001년 3월 도쿄에서 만났다. '버마의 민주주의와 ILO 결의안에 관한 컨퍼런스=노동조합(Conference on Democracy for Burma and the ILO Resolution=Trade Unions)'이라는 제목의 이 컨퍼런스에서 참가자들은 강제 노동을 중단하고 버마의 민주화를 위해 군사 정권에 계속해서 국제적 압력을 가하는 수단으로 18개 항목의 선언을 채택하였다.

위험에 처한 보건

보건과 교육 예산의 부족, 표현의 자유를 부인하는 인권 침해, 내전으로 인한 경제적 손실 등으로 버마의 군사독재는 결국 버마인들의 건강을 위험에 빠뜨리고 있다. 버마 군사정권은 이웃나라에도 보건상의 위험을 초래했다. 즉 버마로부터 흘러나온 피난민들과 이주 노동자들이 그 위험성을 알지 못한 채 AIDS/HIV를 이주한 나라에 퍼트리는 것이다. 말라리아, 결핵, 한센병, 폐렴, 장염, 영양실조 등 빈곤과 연관 있는, 치료와 예방이 가능한 질병들이 버마에 많이 퍼져 있다. 인터넷에 올려진 공식 통계('동남아시아 순위/아세안 비교 기록: 미얀마', 2001)에 따르면 주요 사망 원인은 감염/기생충 질병(29.%), 호흡기 질환(14.8%),

영양실조(2.2%)다. 재생산 건강에 대한 지식 부족과 억압적인 법률로 인해 불법 낙태를 많이 하게 되고 그것이 젊은 여성들의 불필요한 죽음과 고통의 원인이 되고 있다. 이렇게 사회 · 정치 · 경제 · 환경 문제가 서로 엮여서 생기는 건강 문제는 그 외에도 많다. 지뢰나 전쟁으로 인해 생명을 잃거나 부상을 입는 것, 그리고 깨끗하지 않은 주사와 보호 도구 없는 섹스로 인한 AIDS/HIV 감염 등이 그 예다.

보건제도

2000년 WHO 보고서에 의하면 버마는 세계에서 두 번째로 비효율적인 보건제도를 가진 나라다. 그 보고서는 191개국을 자세히 비교 조사한 뒤의 결과물이었다. 보건제도의 수준은 다섯 가지 목표에서 최상의 성과를 내기 위해 정부가 투여한 자원의 수준을 기초로 분석된다. 버마의 군사정부는 보건제도에 할당된 적은 정부 예산을 효과적으로 사용하는 능력이 없는 것처럼 보인다. 예산이 충분하지도 않고 관리도 부실한 채로 여러 해가 지나면서 공중 보건 제도는 부패해갔다. 지난 10년간 공립 병원과 보건소 이용은 80% 감소했다. 이것은 이 지역 국가들의 평균에 한참 못미치는 적은 예산(전체 예산의 약 0.2%) 때문이기도 하지만 그것만이 아닌 복합적인 요인이 있다. 버마에는 정부가 통제하는 영역 안에 네 가지의 보건 시스템이 있다. 그 네 가지는 서로 다르지만 때로 겹치기도 하는데 그것은 공공부문, 민간부문, 전통, 군대다. 효율적인 시스템은 주어진 자원으로 잘 운영되지만 비효율적인 제도는 자원을 낭비한다.

보건 제도의 성과가 극히 저조한 이유는 보건 예산이 적기 때문만은 아니다. WTO는 버마의 보건제도가 무엇을 할 수 있는지 조사하고 평가했다. 예방 정책에 집중해서 자원을 사용하면, 그리고 의료전문가들(조산사, 간호사, 보건 공무원, 의사), 건물 그리고 장비들이 다른 식으로 조합되어 사용되면, 같은 수준의 예산으로도 훨씬 나은 성과를 낼 수 있다는 것이다. 공공 의료 제도는 1988년 이래로 가장 심한 곤경에 빠져 있다. 교육받은 의료 전문가들은 일자리를 찾아 나라를 떠났고 그렇지 않으면 버마의 부유층이나 외환에 쉽게 접근할 수 있는 새로운 계급을 위한 비싼 '복합 클리닉', 또는 돈벌이가 더 잘 되는 민간 병원 자리를 찾아 떠났다. 많은 공립병원 의사들은 환자들에게 민간 병원이 훨씬 낫다고 하면서 여유가 있으면 민간 병원으로 갈 것을 권한다. 1995년 10월, 싱가포르에 본사를 둔 AEA 메디컬 센터 체인이 운영하는 최초의 24시간 국제 클리닉이 랑군에 개원하였다. 자궁절제 같은 수술은 그 비용이 공무원 연봉의 두 배인 3만 짜트나 된다(Smith, 2006). 필수 약품은 항상 부족하고 수년간 의약품은 암시장이나 병원에서 가까운 거리에 세워진 약국에서 개인적으로 거래된다. 공립 병원의 치료비는 '공짜'라고 하지만, 공립 병원에서 일하는 사람들은 적은 임금을 받는다. 의사들은 공공 부문 임금에서는 최상위층이지만, 한 달 소득이 고작 1,500짜트(15달러)다. 그들은 환자에게 약품, 반창고, 수술용 솜 비용 등을 청구하는 것으로 추가 소득을 올려 임금을 보충한다(World Bank, 1995:18-23; 27-32).

버마 정부군(타트마다우)의 의료는 지난 수십 년간 공공 의료 부문과 비교할 때 상당히 좋은 대접을 받았다. 군 병원은 현대 장비와 약품을 잘 갖추고 있다. 큰 규모의 군 병원들이 랑군, 만달레이, 마이묘, 메익틸라 등에 있다. 버마의 공립대학교는 지난 10년간 폐교 상태였지만 사관학교 는 변함없이 유지되었다. 1988년에 정권은 군 의료 기관을 따로 만들고, 반정부 시위 전력이 없는 사람, 군대의 상비 병력이 되겠다고 하는 사람만 그곳에서 의학 공부를 할 수 있도록 하였다. 그러나 타트마다우에 서 군인들이 받는 의료 서비스도 그 수준이 천차만별이고 군인들에 대한 치료가 자주 중단되는 등 일관성이 없고 제멋대로라고 보고되었다 (Apple, 1998:66). 군사정권은 고등교육 제도와 마찬가지로 보건제도 도 두 개의 연결된 체제로 만들었다. 군 병원은 더 나은 설비와 의료진을 갖추었고, 군대는 시민들을 위한 의료를 희생시키고 약화시키면서 군대

의사들을 지속적으로 훈련해왔다.

보건제도의 주된 목표는 모든 사람들의 건강과 복지를 증진하고, 공평하게 재정 지원을 하는 것(WHO, 2000)이지만 버마에서 그 목표는 무시되어왔다. 그리하여 보건 서비스의 질이 지역에 따라 큰 차이를 보이게 되었고 국경 지역 소수민족 지역은 가장 열악한 상황에 처하게 되었다.

다른 아세안(ASEAN) 국가와 비교해서, 버마는 국민들이 받는 보건 서비스의 수준이 가장 천차만별인 나라다. 보건 제도는 사람들의 필요에 민감하게 대응하지 못하고 있으며 서비스가 가장 차별적으로 이루어진다. 군대, 시민들, 소수자 집단 간에 큰 차이가 존재하고 소득 수준에 따라서도 차이가 크다.

버마의 보건 제도는 심각한 인력 부족 사태에 직면해 있다. 훈련받은 의사와 간호사 상당수가 나라를 떠났다. 점점 늘어나는 인구의 보건 서비스를 감당하기 위해서는 준의료종사자를 양성하기 위한 집중적인 훈련과 교육이 필요하다. 시골에는 의료 장비와 소모품, 그리고 훈련된 사람들이 없어서 1차 보건 서비스가 더욱 악화되고 있다. 3차 공중보건 시스템도 시급한 보완이 필요한 상황이다. 간호사, 의사, 의료기사 등 훈련된 의료진이 부족하고 의약품과 소모품도 부족하며 낡은 구식 의료 기구밖에 없어서 환자들의 필요를 외면한 채 진료를 하고 있다.

AIDS/HIV

버마인들의 건강은 몇 차례 HIV가 유행함으로써 더욱더 위협받고 있다. 1997년에 HIV 감염 환자가 40만에서 70만 명일 것으로 파악되었다. 처음에는 HIV가 헤로인 사용자들의 주사를 통해 감염된 것으로 관찰되었지만 지금은 남녀 이성애자들 그리고 아동들 사이에서 놀랄 만큼 빨리 퍼지고 있다. 그러나 국내의 정치적인 위기와 정통성 없는 군사정권 때문에 국내외 보건 인력이 관여하기 어려웠다. 그래서 마약 취급이나 예방 수칙에 대해 알려주는 AIDS/HIV 교육을 위한 자금이 거의 없거나 불충분하다. 아웅산 수치가 이끄는 민족민주동맹(NLD)이 AIDS/HIV에 대해 취하는 입장은 교육과 예방이 우선이라는 것이었다. NLD는 원조 기관, NGO, 동남아시아 국가 정부 등에게 AIDS/HIV 교육과 예방을 위해서 자문에 응해줄 것을 청했다. 이러한 접근법은 AIDS/HIV 통제에 아주 중요하고 긍정적인 효과를 갖는 것으로 보인다. 그러나 군사 정부가 이러한 활동을 제한하고 있다.

버마는 아시아에서 AIDS/HIV 전염의 중심지가 될 수 있는 갖가지 위험과 변수가 가장 집중되어 있는 곳이다. 예를 들어 헤로인을 맞는 사람들이 바늘을 공유하는 관행이 있고, 수혈용 혈액이 안전하지 않고, 의료 환경에서 부주의한 태도가 널리 퍼져 있는 것 등이다. 그리고 이성애자들 간에도 감염이 쉬이 일어나는 것은 국내의 섹스 산업, 치료되지 않은 성병 때문이며, 콘돔 사용률이 낮고 콘돔을 구하기 어렵다는 것(버마에서는 1993년에야 콘돔 사용이 합법적인 것으로 허용되었다), 성교육 프로그램의 부재, 동남아시아 다른 나라의 섹스 산업으로 여성들이 팔려가는 상황 등 때문이다. 버마는 이제 AIDS/HIV가 가장 빠르게 퍼져나가는 지역 가운데 하나로 인식되고 있다.

1994년, WTO의 도움을 받아 '국가 에이즈 프로그램'이 버마의 마약 사용자들 가운데 HIV 감염자를 조사했다. 그 결과 감염률이 세계에서 가장 높은 것으로 밝혀졌다. UN AIDS 사무국장 피터 파이어트(Peter Piot)에 의하면 버마의 HIV 감염자는 최소한 44만 명(총인구의 1%에 해당한다)이고, 버마는 캄보디아에 이어 에이즈 환자 비율이 세계에서 두 번째로 높은 것으로 드러났다. 에이즈 때문에 성인과 아동 약 86,000명이 사망했고 14,000명의 아이들이 고아가 되었다. 정부가 공식적으로 주장하기로는 21,513명만이 HIV에 감염되었고, 에이즈 환자는 2,854명뿐이라고 했다. 마약중독자 중에서 정맥주사를 사용하는 비율은 세계에서 가장 높다. 랑군에서 74%, 만달레이에서 84%이고 중국 접경지대인 카친 주의 수도인 마이트키이나에서는 무려 91%에 달한다. 성 노동자가 된 소녀들은 콘돔을 사용하지 않은 삽입 탓에 HIV 감염에 취약하다. 도시 지역 성매매 여성의 HIV 감염률은 26.5%까지 치솟았고 이는 태국 성매매 여성의 감염률보다 훨씬 높다. 버마 사람들은 에이즈에 관한 인식이 없어서 감염 위험이 매우 높다.

버마는 변함없이 세계에서 가장 큰 아편과 헤로인 공급원이다. 버마의 양귀비 재배는 1988년 이후로 거의 두 배가 되었는데 그것은 군사정권과 공모하여 이루어졌다. 전 세계적으로 헤로인 공급량이 늘어나고 그것은 마약 과다복용 사망 사고와 마약 사용자의 증가로 이어졌다. 버마 정부는 마약중독자를 66,463명으로 추산한다. 그러나 버마에서 활동하는 UN 마약 통제 프로그램과 NGO는 중독자 수를 40만에서 50만 사이로 본다. 1994년, WTO의 도움을 받아 '국가 에이즈 프로그램'이 버마의 마약 사용자들 가운데 HIV 감염자를 조사했다. 그 결과 감염률이 세계에서 가장 높다는 것을 알아냈다. 이러한 높은 감염률은 주사기를 공동으로 쓰기 때문이다. 버마의 법에 의하면 의료면허 없이 주사기를 가지고 다니는 것은 불법이다. 주사기가 부족해서, 또 주사기 소유에 관한 엄격한 법률 때문에, 바늘 하나를 가지고 여럿이 나누어 쓰는 것은 흔한 일이 되었다.

표현의 자유가 없고 보건 예산이 불충분하고 공중보건 교육 프로그램도 거의 없는 나라에서 AIDS/HIV 감염 위험성은 높아진다. 마약 사용자들 사이의 HIV가 퍼지는 것은 중국, 방글라데시, 태국, 인도 등 주변 국가들에서도 일어나고 있다. 정치적 억압이 극심하고 경제적 기회가 형편없는 상황에서, 남녀 젊은이들은 버마를 탈출하여 더 나은 삶을 찾아 이웃나라로 떠난다. 이 젊은이들은 다른 나라에서 아무런 법적 권리도 갖지 못하며, 잡히면 버마로 추방될 처지에 놓인다. 버마에서 딸을 파는 많은 부모들은 딸이 서비스업에 종사하게 될 것이라 짐작하지만 팔려간 딸들은 성 노예로 살아간다. 그래서 젊은 여성들은 더 나은 삶을 찾아 버마를 탈출해서 식당 일이나 가사노동자 일을 찾는다. 이주한 나라에서 아무런 법적 보호도 받지 못하는 이들은 그 나라 말을 유창하게 하지도 못하므로 만약 잡히면 버마로 추방될 위기에 처한다.

에이즈는 여성과 아이들을 포함해서 일반 국민들에게도 점점 더 큰 영향을 미친다. 1995년 태국 국경에 인접한 산 주에서는 '미얀마모자보건센터'에 등록한 임신부 가운데 6~10%가 HIV 감염자였다. 여성들은 더 HIV에 감염되기 쉽다. 감염된 남성들이 콘돔을 사용하지 않고 성관계를 하는 경우에 감염되는 것은 물론이고, 빈혈이나 형편없는 산후조리 때문에 출산 후에 수혈을 받는 경우가 많은데 검사를 거치지 않은 감염된 혈액이 많다. 버마에서 최소 두 개의 주에서 혈액이 검사를 거치지 않은 채 그대로 수혈된다. 샨 주와 카친 주 광산촌의 사회 환경은 AIDS/HIV가 전국적으로 퍼지는 데 기여한다. 매년 우기에 약 5천 명, 건기에는 수십만 명의 남성이 샨과 카친의 비취 루비 광산에서 일하기 위해서 버마 전역에서 모여든다. 이러한 광산 노동자를 겨냥해 대충대충 만들어진 도시에서 노동자들은 헤로인을 쉽게 구할 수 있다. 성매매도 계절 따라 이동하며 쉽게 이루어진다. 사람들이 광산 노동 사이클을 따라 버마 전역을 오가면서 HIV를 퍼뜨린다. 이들은 자신이 AIDS/HIV를 가지고 있는지도 알지 못하고, 자신을 감염에서 보호하는 수단도, 다른 이들의 감염을 막는 방법도 알지 못한다.

감염 원인과 AIDS/HIV 감염을 피하는 방법을 알려주는 보건 교육 캠페인이 없고, 보건소에서 수혈용 혈액을 체계적으로 검사하지도 않으며, 억압적인 법률은 건재하고, 표현의 자유는 없으니, 버마 사람들이 AIDS/HIV에 감염될 위험은 극히 높을 수밖에 없다. 시민적, 정치적, 경제적, 사회적 차원은 국민 건강과 불가분의 관계에 있다. 군사 정권은 AIDS/HIV 문제의 범위와 심각성을 부정하고, 마약 생산과 마약 사용 확대에 대해 조치를 취하려 하지 않으며, 국민들의 인권을 지속적으로 침해하고 있는데 이것은 AIDS/HIV가 빠르게 증가할 것이라는 의미다.

레프로시병(한센병)

한센병은 조기 진단과 다중약물 치료법(multi-drug therapy, 세 가지 약제를 병합하는 처방)으로 치료할 수 있다. 완전히 치료되지 않고 균이 남아 있으면, 신경에 심한 변형과 영구적인 손상을 일으킨다. 한센병을 뿌리 뽑기 위해서는, 보건 종사자들이 상호 협력하여 전국 곳곳을 빠짐없이 살필 수 있도록 하는 것이 필요하다. 군사 정권이 무시한 AIDS/HIV와 달리, 한센병은 촌락 보건과 한센병 교육 캠페인 덕분에 어느 정도 관리되어왔다. 그러나 한센병 감소라는 긍정적인 결과가 나온 것은 헌신적인 보건 종사자의 노력과 NGO의 지원금 덕이다. 극히 적은 공중보건 예산으로는 나환자 관리, 조기 진단, 약물 치료 지원을 제대로 하기 어렵다.

30년 전, 버마는 전체 인구에서 나환자가 차지하는 비율이 가장 높은 나라였으며 현재는 WHO가 한센병의 고도유행지로 확인한 16개국 중 하나이다. 등록된 한센병 환자 수와 한센병 발병률은 1973-1977년에 만 명당 86.2명이었던 것이 1988-2002년에는 26.8명으로 크게 줄어들었다. 또한 14세 이하 아동 환자 비율도 1968-1972년의 26.8%에서 1988-1992년의 11.2%로 감소했는데 이는 한센병 발생이 줄어들고 있음을 시사한다. 1988년 WHO의 지원으로, 다중약물 치료법이 수직 프로그램(특정 질병을 겨냥하는 보건 프로그램)으로 도입되었고 7년간 점차 기본 보건서비스로 자리 잡아서 1995년에는 등록 환자의 100%가 혜택을 받게 되었다. 일반 보건 종사자, 전담 직원, 지역의 의료 공무원들이 함께 포괄적으로 접근하는 것이 필수적이다. 1997-1999년 사이에 '레프로시 근절 캠페인(Leprosy Elimination Campain: LEC)'에서 대규모 촌락 조사를 하였는데 이때 한센병 발견률이 매우 낮았다. 이런 추세로 보건대 한센병은 곧 근절할 수 있을 것으로 보인다. LEC 사업의 일부로 산파 8,615명이 한센병을 발견하고 치료하도록 훈련받고 버마 전역의 촌락에서 활동한다. 통합적인 팀을 구성하여 한센병을 통제하고 근절하는 데에 산파들이 큰 기여를 하고 있다.

한센병 조기 진단과 치료 프로그램이 성공을 거둔 반면에 이미 질병으로 (외모가) 손상된 이들에 대한 보살핌은 충분치 않다. 예를 들어서, 샨 주에서 HIV 양성 반응으로 확인된 사람들은 격리된 한센병 환자촌에 수용된다. 떠나는 것이 허용되지 않으니 죄수와 다름없다. 한센병 환자들은 HIV 감염자에 두려움을 느끼고 HIV 감염자 또한 한센병 환자들에게 두려움을 느낀다. 군사 정권은 이것이 단지 단기 방책이라고 주장하지만, 질병으로 고통받는 사람들을 이렇게 강압적으로 다루는 것은 버마의 열악한 인권 상황을 그대로 보여주고 있다. 버마에는 전문병원이 두 군데밖에 없다. 버마 보건부의 지원이 전혀 없어서 두 곳 모두 해외 지원에 의존하여 운영한다. 인공 관절이 필요한 이들의 보살핌과 재활도 불충분하다. 군사 정권은 보건 서비스에 대해 극히 낮은 비율의 예산을 책정하고 있고 이것이 결국 한센병 환자들의 고통이 계속되는 원인이다.

말라리아

버마에서 계속 말라리아가 많이 발생하고 말라리아로 인한 사망률이 높게 나타나는 것은 군사정권이 말라리아 통제에 낮은 예산을 책정한 것과 주로 관련이 있다. 오스트레일리아의 한 연구자가 시계열 데이터 (time-series data, 일정 시간 간격으로 배치된 데이터)를 이용해 1989-1998년 사이에 버마에서 말라리아의 발생과 말라리아 환자 치사율에 영향을 끼친 요소들을 파악하는 문헌연구를 했다. 역학(유행병학) 요소, 인구, 보건 서비스, 사회경제적 지위 같은 변수가 말라리아 발병과 관련이 있지만 통계적으로 유의미한 변수는 보건 예산뿐이라는 사실을 발견하였다. 그 연구는 말라리아 환자 치사율과 말라리아의 발생은 말라리아에 대한 정부 예산과 반비례 관계가 있음을 보여주었다.

초기 진단과 신속한 치료를 위해 가까운 곳에 보건소가 있어야 하며 말라리아의 예방과 치료에 관한 주민 교육이 필요하다. 다시 한 번 말하지만, 군사정권의 부족한 보건 예산으로 인해, 말라리아 통제 프로그램의 부담은 의료 노동자들 혹은 UNDP, WHO 같은 국제기구가 감당하게 된다. 'UNDP/WHO 말라리아 통제 사업 마을(UNDP/WHO Malaria Control Project Community)'의 연구에서 말라리아에 감염된 사람들의 병원 내 사망률이 높은 것은 대부분의 촌락에서 신속한 진단과 적절한 치료가 되지 않기 때문인 것으로 밝혀졌다. 촌락 내의 보건 시설 개선과 적절한 교육의 제공은 말라리아로 인한 사망률을 줄일 수 있었다.

마을 중심 한센병 통제가 저비용이고 효과적이었던 것처럼, 샨 주의 북쪽 지역에서는 산파들을 교육하여 말라리아 발병을 줄였다. 산파들로 하여금 살충제 처리를 한 모기망 사용법을 촌락 사람들에게 가르치게 한 결과 인구의 60%까지 모기망을 사용하게 되었다. 대부분의 사람들은 시장 가격에 모기망을 사야 했지만 와(Wa)족의 극빈층에게는 적은 돈이나마 국가보조금이 주어졌다. 주민 교육과 적절한 보건 서비스 제공이 늘어남과 함께 공중보건 예산이 확충되어 버마의 전 지역에서 말라리아의 고통을 경감시킬 수 있었다.

인간개발의 장애물

2000년 인간개발보고서(UNDP, 2000)가 발표한 전 세계 국가의 인간 개발 순위에서 버마는 134위였다.

아동 노동

아동 노동은 아동 학대와 착취의 가장 중요한 원인으로 여겨지며(ILO, 2001) 가정 빈곤이 이 문제의 가장 큰 요인으로 알려져 있다(Anker & Melkas, 1996). 아동에게 강제노동을 시키는 것은 버마에 널리 퍼져 있고 버마의 많은 아동들이 어린 시절을 즐기지 못하고 노동만 하면서 산다(HRDU, 2000:81). 매일 생계비가 올라가니 부모는 자녀를 교육시킬 여력이 없고 그러니 미래에 대한 희망도 없다. 더 이상 한 가구당 한 명의 노동자가 일하는 것으로는 온 가족에게 필요한 식량과 거주지를 마련할 수 없으며 이러한 상황이 아동들을 일터로 내몬다. 가족의 생존을 위해서 아동 노동자의 임금이 꼭 필요한 것이다.

버마에서 6~15세 아동 1,180만 명 중 400만 명 정도가 일하고 있다고 추산된다(UNICEF, 1995). 군사정권이 초등교육에 투자를 하지 않는다는 점, 이 나라에 가난이 만연해 있다는 점을 생각하면 아동 노동은 버마의 고질병으로 보인다. 아동을 보호하는 법이 있기는 있다. 그러나 이 법을 집행하기 위한 그 어떤 것도 행해지지 않는다. 아이들은 사회간접시설 건설 현장에서 일하고, 소년병으로 군사 작전을 보조하는 일을 하고, 섹스 산업에도 종사한다(미 노동부, 1999). 8세 이하 아동들이 '1996년 미얀마 방문의 해'에 맞춰 랑군-페구 간 80km의 도로 건설을 마치기 위해 힘든 노동을 해야만 했다. 아동들은 이 노동의 대가로 12시간에 25센트의 임금을 받았다. 그들은 쉬지 않고 12일을 일하고 이틀 간 휴일을 가질 수 있었다. 그러니 학교에 다니는 것은 불가능하다. 1999년 샨 주에 주둔한 SPDC 부대는 강제 이주당한 촌락 주민들을 동원해서 쿵힝-남 자룽, 쿤힝-캐퉁 도로를 포장하게 했다. 부대는 이주 주민들의 아이들이 학교에 갈 수 없기 때문에 "할 일이 없고 달리 쓸모도 없으니까" 일을 시켜야 한다고 말한 것으로 보도되었다. 7~8세를 포함해 약 200여 명의 아이들이 돌을 깨는 데 동원되었다.

군사 당국이 강제노동을 시키면, 아이들이 어른들과 함께 일을 한다. 가정은 정해진 노동량을 채우기 위하여 아이를 보낸다. 공식부문에서 일하는 아이들은 거의 없다. 도심의 비공식부문에서 아동 노동자들은 주로 식품 가공업이나 상품 판매, 폐품 수집, 경공업 생산직, 찻집에서 시중들기 등을 하는 것을 볼 수 있다. 농사철의 중요한 시기에 성인 남자는 들판에서 일해야만 하기 때문에 부과된 노동량을 다 채우지 못할 것 같으면, 아동이 그 일을 대신한다(미 노동부, 1999; ILO, 2001).

군대도 아동을 중요한 노동 자원으로 본다. 버마 아동들은 도로, 도랑 등 사회간접시설 건설 현장에서 짐꾼이나 보초로 일했고, 군대에서 필요한 갖가지 일까지 해왔다. 정부군과 소수민족 반군 모두 12세 정도의 어린 군인에게 성인 남자의 의무를 다하도록 시켰다(Apple, 1998:55).

버마의 새로운 헌법과 국내법이 아동의 권리를 천명하고 있지만, 아동의 권리가 실제로 보호되는 것 같지는 않다. 점점 더 많은 아이들이 버마 내에서 성인 노동을 강요받고 있으며, 외국으로 팔려나가기도 한다. ILO의 의뢰로 메콩 강 유역에서 이루어지는 아동 인신매매에 관해 연구한 결과, 다음과 같은 목적으로 아이들이 거래된다. 가사노동자 노동, 담보 노동(bonded labor, 부모가 진 빚을 어린이가 노동으로 대신 갚게 하는 강제 노동), 결혼, 매춘, 불법 입양, 구걸 등이다. 가장 큰 유입국인 태국에 팔려온 동남아 국가 아이들 중에서 가장 큰 비율을 차지하는 것은 버마 출신의 18세 이하 여자아이들이며, 태국의 건설 현장에 팔려온 20만 명의 18세 이하 아동 중 70%가 버마 남자아이들이다(IPSR & ILO, 1998).

끊임없이 내전이 일어나는 버마에서는 아이들을 군인으로 써먹기 위해 납치하거나 징집하기도 한다. SPDC는 자신들은 아동을 군사로 쓰지 않으며 소수민족 반군이 아동을 전투에 이용한다고 주장한다. 그러나 인접국으로 피난 온 사람들은 군사정권과 반군 모두 아동을 전투에 동원한다고 증언한다. '평화 문화와 세계 어린이를 위한 비폭력 10년(2001-2010)' 아시아태평양 회의에서는 소년병 문제에 대해 '아동을 군인으로 이용하는 것에 관한 카트만두 선언'을 채택했다. 이것은 군사 목적으로 어린이를 노예화하는 것을 종식시키기 위한 것이다.

아동은 발달이 장려되는 환경을 누릴 권리가 있다. 소년병의 삶은 개인의 인간발달 잠재력을 가로막는 것이고 평화롭고 풍요로운 사회로 발전할 가능성을 차단하는 것이다.

유년기 발육부진

버마는 15세 이하가 인구의 36%가량을 차지하는 젊은 인구구조를 지니고 있다. 1991년 8월 15일, 버마는 유엔 아동권리협약에 비준했고 SPDC는 "협약에서 인정된 아동의 권리를 충족시키기 위하여" 1993년 7월 14일에 새로운 아동법을 반포하였다. 아동법 5조 8항은 모든 아동은 생존, 발달, 보호, 양육을 받을 권리가 있으며, 공동체에 활발하게 참여할 수 있다고 선언하고 있다. 현실에서 아동은 사회적 약자로서, 비인간적인 조건과 국가 경제의 악화, 국방 예산 확대, 복지 보건 교육 예산 삭감으로 크게 고통받고 있다.

1995년 유니세프 보고서에 의하면, 버마에서는 "인플레이션, 생활수준 저하, 그리고 저연령 임신이나 혼인 와해, 이민, 도시화 같은 사회 문제 때문에 아동 유기나 아동 노동, 부랑아가 많아지고 학대와 방치로 아동의 곤경이 더욱 악화될 것이다." 시골이든 도시든 버마 어디에서나 아이들은 살기가 힘들지만, 전쟁이 휩쓸고 간 지역, 국경 부근의 난민캠프와 강제 이주민 수용소에서는 아동 문제가 더욱 심각하다. 그런 곳에서는 전투에서 아이들이 희생되거나 전투에 아이들이 참여하기도 하기 때문이다.

버마에서 중요한 아동발달의 문제 네 가지는 80% 이상의 어린이가 초등교육을 4년 이상 받지 못한다는 점, 높은 영유아 사망률, 영양실조, 아동노동이다.

교육

군사정부는 교육 예산을 극히 낮게 책정하지만, 군부에 순종하도록 교과과정을 조정하기 위한 노력은 다방면으로 펼쳐왔다. 현재 국가 수입에서 정부가 배정하는 교육 예산은 세계에서 가장 낮은 수준이다. 지난 10년간 5~9세 아동 한 명당 교육 예산은 1991년의 1200짜트(3달러)에서

1999-2000년의 100짜트(0.3달러)로 급감하였다.

1997년 버마 전체의 교육 정책은 중앙정부의 교육부 장관 선에서 결정되게 되었고, 국방부의 직접적인 통제를 받게 되었다. "올바른" 교육 정책이 국가 전역에서 시행되도록 하기 위해서라며 미얀마교육위원회가 설립되었다. 위원장 킨 니우안트 중장과 서기 한 명만 있는 위원회였다. 이 정책으로 379개 학교의 교사 1,473명과 학생 34,322명이, 이 새로 설립된 기구의 권한하에 놓이게 되었다(Office of Strategic Studies, 1997). 교육부는 교육을 기초교육과 고등교육으로 구분하였다. 기초교육을 담당하는 부서는 세 개 과로 나누어졌는데 하나는 북부(만달레이), 다른 하나는 남부(랑군), 나머지 한 과는 랑군 시립 학교들을 담당한다. 세 개 과는 교과과정과 수업 내용, 교과서 등의 분야에서 정책을 시행한다. 버마의 기초교육법에서는 국가 전반의 다섯 가지 교육 목표를 다음과 같이 선언한다.

· 미얀마 연방의 모든 국민들이 기초교육과 건강과 도덕성을 잘 갖춘 육체노동자, 정신노동자가 될 수 있게 한다.
· 미얀마 연방의 발전을 위한 직업교육의 기초를 세운다.
· 생산력 강화와 발전의 기초가 되는 과학 교육을 한다.
· 문화, 예술, 문학의 보존, 발전에 기초가 되는 예술 교육을 한다.
· 대학 교육을 위한 굳건하고 건전한 기초를 가르친다.

가르칠 때 사용하는 언어에 대해서는 여기에 언급하지 않았지만 정부가 운영하는 모든 학교의 공식 언어는 버마어다. 교육 목표에 문화, 예술, 문학을 발전시킨다고 명시되어 있지만 그것은 버마어와 버마 문화를 의미한다.

초중등교육 : 버마의 아동 교육은 다음과 같은 단계로 나뉘어 있다

유치원(5세)부터 4학년(9세)까지의 초등교육

10~13세, 4년 과정의 중학교

14세, 15세를 위한 고등학교(9학년과 10학년)

                                      - Bamforth, Lanjouw, Mortimer, 2000:88.

  역사적으로나 개인적으로나 많이 배운 것에 대해 자부심을 느끼는 나라에서는 교육이 중요한 관심사다. 공식 추정치에 따르면, 버마에서 5세 아동 10명 중 3명은 초등학교에 입학해본 적이 없다. 초등학교 입학 연령의 아이들이 매년 대략 130만 명이지만, 약 39만 명이 학업을 시작하지 않는다. 입학한 학생들 중에서도 75만 명이 매년 초등학교를 중퇴하는데 중퇴자 대부분(63만 명)이 시골 지역에 분포해 있다. 초등학교에 입학한 100명 중 34명만이 전체 5년 과정을 마친다. 낙제생 비율도 높다. 한 유니세프 보고서(1999)에 따르면 1994-1995년에 초등교육 5년 과정을 마치는 데 평균 9.49년이 걸렸다.

  현재 교육 예산은 국가 수입에 대비해 전 세계에서 가장 낮은 수치에 이를 만큼 심각하게 줄어들었다. 실제로 공식 데이터에서도 아동(5~9세) 1명에게 들어가는 비용이 1991년 1200짜트에서 1999-2000년 100짜트로 뚝 떨어졌음을 볼 수 있다(세계은행, 1999). 대부분 가정 경제도 어려워서 아이 학비를 댈 능력이 없다는 것이 이러한 상황을 더 심각하게 만든다. 공교육에 대한 정부 지원이 매우 적기 때문에 학교는 탁자나 물병 구입비, 유지비 등을 학생들에게 걷어서 운영을 한다. 교과서가 부족해서 학부모가 비싼 복사본을 길거리 상인들에게 사야만 한다. 가족 생계를 위해 아동이 돈을 벌어야 할 만큼 심각한 빈곤은 문제를 더욱 복잡하게 만든다.

  버마 정부는 초등학교를 마치지 못하는 아동의 이러한 문제를 공개적으로 무시할 수는 없어서, 유니세프와 협력하여 교육 사업 계획을 세웠다. 모든 아이들이 기초교육에 접근할 수 있도록 하고 초등학교 연령 어린이들의 80%가 교육을 마치게 한다는 것을 목표로 정했다.

두 가지 프로젝트 '지속적인 진입과 발전 시스템(CAPS)'과 '모든 어린이를 학교로(ACIS)'가 시행되었다(Department of Basic Education & Unicef, 1998). CAPS는 교사 훈련법, 새로운 교구 개발, 지역 정보 교환 센터 건립, 교육 데이터 수집 등을 통해 낙제, 학년 반복 및 중퇴 문제를 해결하는 것을 목적으로 한다. ACIS는 모든 아동이 초등교육을 마치도록 하기 위한 것이다. 촌락 단위에서 중퇴 비율에 관한 자료를 수집하고 분석하고 목표 비율을 세우고 목표를 달성하는 수단으로 대중 매체를 활용해 지역 공동체들을 지원한다. 낙후 지역에는 정부가 수업료 와 교복 비용, 점심값 등을 지원해주는 등의 인센티브를 제공한다. 이 두 프로젝트는 1998년에 기초교육부와 유니세프의 평가를 받았으나 국경지대 및 반군 지역의 교육은 손대지 않은 채로 있다.

중고등 교육: 버마의 교육은 10년 이상 붕괴되어 있었다. 대부분의 고등학교와 대학은1988년 반정부 학생시위 이후 1988년부터 2000년 사이에 문을 연 날보다 닫은 날이 더 많았다. 군부는 대학을 자신들에게 저항하는 위험 요소로 보고 젊은 세대 전체의 고등교육에 대한 권리를 빼앗아간 것이다. 주요 대학은 3년간(1988-1991년)의 폐교 이후 한동 안 다시 문을 열었는데 학생들을 빨리 졸업시키기 위해 1년 과정이 3개월로 단축되었다. 2000년에 정부는 군부에 대한 충성을 보장하는 검열과 엄격한 규제를 하기로 하고 몇몇 대학의 문을 다시 열게 했다. 랑군에서는 대학원 이상의 학생들만 공부할 수 있도록 했다(Tang, 2001). 랑군경제연구소는 경제, 회계, 경영 학위 과정을 개설한다고 발표했지만 입학은 정부 부처에 고용된 이들과 개인 회사에서 일하는 이들에게만 허용되었다(Myanmar Information Committee, 2000년 4월 11일).

민간 고등교육 기관과는 달리, 군사교육기관, 랑군의 몇몇 석사 과정 및 랑군 외곽의 소규모 전문대학은 이 기간에도 계속해서 수업을 하였다. 1988년 이후, 군부는 별도의 의학, 공학 교육기관을 세웠는데 이것은 일반 공립 대학들과 달리 한 번도 문을 닫지 않았다. 따라서 군사교육기관이나 4년제 사관학교에 다닌 이들이 민간인보다 더 좋은 교육을 받았다고 추측할 수 있다. 반정부 활동 기록이 없는 학생만이 이러한 군사교육기관에 입학할 수 있었는데 입학생 대부분이 군인이나 공무원 자녀들이었다. 군부는 몇몇 사람들을 해외로 보내 공부를 시키기도 한다. 버마로 돌아와서 군사정권을 위해 일한다는 조건으로 유학을 보내주는 것이다 (Fink, 2001:182-3). 군부는 권력을 유지하기 위해 일반 국민들의 교육을 불리하게 하고 군사 엘리트에 대한 고등교육만 장려함으로써 두 개의 층으로 분리된 교육 제도를 만들었다. 버마의 젊은이들 대다수는 대학 교육을 받을 권리를 가질 수 없었다.

영유아 사망률

영아사망률(IMR)은 국가 보건의 주요 지표라고 할 수 있다. 그러나 군부가 내놓은 자료는 신뢰하기 어려우므로 신중하게 취급해야 한다. 현재 버마의 영아사망률은 1천 명당 105명인데 동아시아 평균은 34명, 베트남 33명, 태국 31명, 말레이시아 11명으로, 버마는 아시아에서 영아사망률이 가장 높은 나라 중 하나다(UN, 1998). 도시와 농촌의 영아사망률이 매우 큰 차이를 보이는데, 그것은 가장 낙후된 오지까지 의료보건 서비스가 닿지 않는다는 것을 보여준다. 그 지역이 내전 상태인가 비교적 평화로운 상태인가에 따라서도 영아사망률이 큰 차이를 보인다. '국경 없는 의사들'(MSF, 프랑스)이 추산하기로는 태국과 버마 접경지역에 있는, 전쟁으로 황폐해진 카렌족 지역에서는 신생아 천 명당 200명이 사망한다. 동쪽 샨 주의 고지대에서는 300명까지 올라간다. 랑군 주변 신도시 지역에서는 천 명당 65명이라는 낮은 영아사망률이 나타난다고 보건종사자들은 보고했다.

2.5kg 이하의 저체중 신생아 비율(1991년에 23.8%로 추산된다)이 높은 것은 영양실조 임신부들이 많다는 것을 짐작하게 한다. 상하수도 등 공중위생 시설이 없는 다른 국가들과 마찬가지로, 버마에서 아동 질병과 사망의 주요 원인은 장염과 호흡기 감염, 말라리아, 영양실조, 백신으로 예방 가능한 질병들이다. 유니세프의 1999년 세계아동상태보고서에 따르면, 버마에서 5세 이하 사망률은 천 명당 114명이다. 버마는 유아사망률에 있어서 세계 42위이며 아시아에서는 라오스와 캄보디아에 이어 3위이다.

　　5세 이하 아동의 경우 설사증이 전체 사망 원인의 18%, 사망 원인 2위를 차지한다. 영양실조나 다른 병이 있을 때(또는 영양실조와 다른 병이 동시에 있을 때) 설사증이 생기면 사망률은 급격히 높아진다. 경구재수화염은 설사에 가장 효과적인 치료제다. 그러나 버마에서 발생하는 환자의 60% 이상이 적절한 약물치료를 받지 못한다. 유니세프가 지원하는 세계 어린이 예방접종 프로그램이 있긴 하지만 이것은 전 인구의 60%에도 못 미치며, 오지의 예방접종률은 훨씬 낮은 비율을 보인다. 예방접종률 상승을 가로막는 것은 보건 종사자의 안전을 위협하는 치안 부재 문제, 교통 문제, 전기 부족, 보건 종사자 부족 등으로, 그로 인해 특히 외딴 지역의 예방접종률이 낮은 채로 있다. 매년 창궐하는 콜레라 때문에도 많은 아이들이 사망한다. 1994년에는 변종 비브리오 콜레라균 때문에 면역성이 약한 사람들 중에서 많은 사망자가 발생했다.

영양실조

영양 상태는 복지와 가난의 직접적인 지표다. 좋은 영양 상태는 아동발달에 필수적이다. 반면 만성적인 영양실조는 아동의 지적 발달 및 운동 발달을 저해하고 면역력을 약하게 하여 질병과 사망률을 늘리는 데 기여한다. 불충분한 음식과 요오드, 철분, 비타민A 등 무기물 결핍은 심각하게 아동의 육체적, 정신적 발달을 저해하며 지능지수, 집중력,

학업성적 같은 교육 지표에 부정적 영향을 끼친다(Young & Jaspars, 1995). 요오드 부족은 버마 전체에 심각한 문제로, 취학 아동의 33.08% 가 요오드 부족으로 갑상선종을 가지고 있다. 유니세프는 (요오드 부족 으로 인한) 갑상선종이 5% 이상으로 퍼지면 공중보건에 위협적인 수준 으로 보지만 친 주와 카친 주 아동들의 경우엔 65%의 기록이 나오기도 했다(Unicef, 1995). 요오드 부족은 예방 가능한 정신장애의 대표적 원인이다. WHO(1997)는 버마인들의 비타민A 부족 문제가 심각하며 취학 전 아동의 절반 이상이 철분 부족에서 기인한 빈혈이 있다고 보고하 였다. 비타민A는 신선한 과일과 채소에 들어 있는데 비타민A 보충제를 복용하면 홍역 등 아동기의 여러 질병으로 인한 사망률을 낮추는 것으로 알려져 있다. 비타민A 부족의 표시는 눈에 비토트 반점(일종의 백색 반점)이 나타나는 것이다. 1991년에 버마에서 생후 6개월에서 6세까지 의 아동을 대상으로 조사가 이루어졌다. 이 정부 조사에서는 버마 모든 지역의 마을이 포함되지 않았을 것이고 국경지역의 아동들은 조사 대상 에 포함되지 않았는데, 사가잉과 마그와이 지역에서 비토트 반점의 발생은 각각 최고 1.9%와 1.6%에 달했다(Unicef, 1995).

버마 아동의 영양실조 비율은 매우 높아서 '소리 없는 응급상황'이라 할 수 있다. 중도, 고도의 영양실조 상태의 취학 전 아동들이 높은 비율을 나타내는 것을 볼 때 버마 가족의 어려움은 고통스러울 정도로 명백하다. 국립영양센터의 공식 조사(1998)에 따르면, 1997년에 생후 6개월 영아 20명당 1명이 약한 영양실조 상태를 보였다. 그러나 생후 1년 아이의 영양실조 비율은 35%로 치솟는다. 보건부와 유니세프가 수집한 데이터 에 따르면 초등학교 재학생의 절반에 가까운 아동이 영양실조 상태이다. 5세 이하 어린이 10명 중 4명 이상이 저체중(두 가지 기준이 국제기준에 못 미치는 것)이며, 16%가 심각한 체중미달이고 8%가 장기간 기아에 따른 만성질환에 시달린다. 이렇게 광범위하고 심각한 영양실조는 당장 도움이 필요하다는 것을 의미하고, 또 멀리 보면 영양이 부족한 아동의 건강과 지적 발달에 영향을 끼칠 뿐 아니라 인간개발에도 손상을 주게 된다는 것을 의미한다.

　폭력이 나날이 심해지고 하루하루 생활에 필요한 물자가 부족한 국경지역에서는 아이들이 더욱 힘든 곤경 속에서 절망적인 삶을 살아가고 있다.

모성사망률

버마의 여성들은 열악한 생활 조건, 불충분한 보건 서비스, 기초교육의 부재로 인해 심각한 건강 문제에 직면한다. SPDC는 사회에서의 여성의 기본 역할을 "미얀마의 혈통, 전통, 문화를 지지하고 지키는" 어머니로 설정한다(U Win Mya, 2000). 그러나 버마는 아시아에서 가장 모성사망률이 높은 나라 중 하나인데 그 이유는 주로 여성의 영양실조, 불법 낙태, 내전 지역에서의 출산 등이다(Women's League of Burma, 2000). 버마의 공식적인 모성사망률은 10만 명당 140명으로 동아시아 태평양 지역에서 세 번째로 높은 수치다. 정부의 '국가 액션 프로그램 (National Programme of Action)'으로 수년에 걸쳐 영아사망률 및 모성사망률을 모두 절반으로 줄인다는 공식적인 목표가 세워졌다 (SLORC, 1993:6). 유니세프(1994:76)는 버마의 모성사망률을 훨씬 높게 추산하는데 1980년에서 1991년 사이에 10만 명당 460명 정도로 본다. 1998년경에 추산한 모성사망률은 10만 명당 590명까지 올라갔다. 10만 명당 80명 선인 말레이시아, 10만 명당 겨우 10명 정도인 싱가포르의 모성사망률과 비교된다(International Parenthood Federation Country Profile, 1998).

　버마에서는 지역에 따라 차이가 크고, 신뢰할 만한 모성사망률 데이터를 얻을 수 없다. 통계자료는 병원 기록뿐인데 80%의 분만이 병원이 아닌 가정에서 이루어진다. 버마 여성들은 분만 중에 많이 사망할 뿐 아니라, 예방할 수 있었을 질병에 걸려 죽어간다. "미얀마에서 여성의 재생산 건강에 대한 정보가 제공되지 않는 것은 여성들에게 필요한 것이 무엇인지 파악하지 못했음을 보여준다"(McConville, 1995). 피임약이 합법적으로 버마에 들어온 것이 1991년이고 콘돔도 1993년에 들어왔다. 그러나 낙태는 여전히 불법이며 가족계획 프로그램에 접근하기는 매우 어렵다. 여성이 불임시술을 받으려면 남편의 동의가 있어야 하며 병원은 매년 불임시술 할당량을 받는다. 남성의 정관수술도 불법이다. 가족계획 프로그램, 산전 관리를 받기도 쉽지 않고, 공중보건 시설의 예산과 인력은 부족하고, 건강교육 프로그램은 거의 없고, 피임도구를 구하기도 어렵기 때문에, 여성의 일반적인 건강과 재생산 건강이 모두 힘든 상황에 처해 있다. 약 17~22%의 여성이 현대적인 피임법을 사용하는데 이는 유엔인구기금(UNFPA)과 버마 보건부가 1997년에 목표로 삼은 30%보다 훨씬 낮은 비율이다.

여성들은 가족 수를 조절하는 수단으로 낙태를 한다. 보건부가 도심과 반도심 지역 병원을 조사한 바(Myanmar Ministry of Health, 1999:19)에 따르면 산모 사망의 1/3에서 1/2은 불결한 환경에서 이루어진 낙태 시술 때문임을 보여준다. 15~49세 기혼여성의 14%가 결혼 기간 동안 한 번 이상 낙태를 했다. 낙태율은 랑군과 만달레이의 주요 대학병원에서 훨씬 높게 나타난다. 그 비율을 보면 일반적인 분만이 1,000건일 때 낙태는 330~500건 일어난다.

유니세프(1992)는 불법화되어 있는 낙태 때문에 매주 58명의 여성이 죽어간다고 추산했다. 이 수치도 높지만 현실에서는 더 많은 여성들이 낙태 시도로 인해 죽어가고 있을 가능성이 높다. 의사들은 그 여성들의 사망 원인을 서투른 낙태 시술이 아닌 다른 요인으로 돌리고, 낙태가 불법이기 때문에 여성들 대부분은 의사의 도움을 받지 않으려 한다. 버마 형법에 의하면, 인공유산은 그 시기에 따라 10년 이하의 징역과 벌금에 처해진다. 그러나 선택의 여지가 없는 여성들이 낙태를 하고자 하면 시술을 해줄 여러 종류의 의사들과 돌팔이들을 쉽게 찾을 수 있다. 낙태는 태국에서 이민자로 사는 버마 여성들 사이에서도 매우 흔하다.

버마인들은 태국에서 합법적인 지위를 아무것도 가지지 못하기 때문에 공립 병원이나 개인병원을 이용할 수 없고 돈이 있어야만 적절한 의료 서비스를 받을 수 있다. 그래서 여성들은 원치 않는 임신을 끝내기 위해 다양한 방법을 동원하는데 그것은 종종 합병증을 유발한다(Women's League of Burma, 2000).

빈혈을 일으키는 영양실조는 모성사망률과 특정 질병의 발병률을 높이는 요인들 중 하나다. 영양실조, 말라리아, 간염 같은 흔한 질병들은 임신으로 인해 악화된다. 임신한 여성의 60% 이상에 해당하는 매년 70만 명이 철분 부족에 의한 빈혈에 시달리는 것으로 추산된다 (UNICEF, 1995). 여성의 불량한 영양 상태 때문에 조산 및 저체중아 출산이 늘어나게 되는데 그것은 5세 미만 어린이의 만성 질환 및 사망 위험성을 초래한다. 식량이 부족한 시기에 여성들은 음식을 충분히 먹지 않고 다른 가족들을 먹이려고 한다. 버마의 농촌이나 도시 지역 여성들은 그들 생애에서 몇 년 정도만 영양실조를 겪지만 강제 이주를 당한 여성이나 내전을 피해 이주한 여성들은 영양실조로 혹독하게 고통 받는다.

빈곤과 부패 그리고 암시장

버마는 현재 국민 대다수가 극빈 상태에서 살아가는 세계에서 가장 가난한 국가 중 하나다. 군부가 정권을 잡은 1962년 이래, 계속되는 잘못된 관리와 부패로 국가 경제는 황폐해졌고 그래서 1987년에 유엔은 버마를 최저 개발국 중 하나로 꼽았다. 1인당 GDP 추산치는 220달러 (1,341짜트)로 아이티의 230달러, 부르키나파소의 330달러보다는 낮 지만 차드의 130달러보다는 높다.

정부가 정한 빈곤선을 기준으로 하면, 버마 거주 인구의 1/4이 최소한 의 생존 수준 이하의 삶을 살고 있다. 빈곤율은 도시와 농촌 지역이 거의 같다(유니세프, 『1997 세계 아동 상태』). 도시와 농촌 가구 40%가

절대 빈곤선 이하의 삶을 산다. 그러나 전체 인구 중 대다수가 농촌에 거주한다. 그리고 지역에 따라 빈곤율의 차이가 크게 나타난다. 빈곤율이 가장 높은 지역은 친 주, 마궤 구, 카야 주이며 가장 낮은 지역은 타닌타리 구이다.

버마에서는 높은 인플레이션과 저임금으로 기본적인 생활비를 감당하는 것이 어렵다. 물가가 요동을 치니 가게들 대부분은 가격표를 떼어냈다. 예를 들면 2001년 4월에서 7월 사이에 차 한 잔, 쌀 한 가마, 버스와 택시 요금이 2배로 뛰었다. 공식적인 가격과 암시장에서 매겨지는 가격의 차이가 극심해서 여러 가지 가격이 존재한다. 공식 환율은 변동하는데, 2001년에 1달러가 6.72짜트였다. 그러나 암시장에서 1달러는 830짜트에 팔고 850짜트에 살 수 있다. 석유 1갤런은 공식적으로 180짜트이지만 실제로는 팔 때 850짜트, 살 때 950짜트다. 달걀 1개가 20짜트이고 치약 하나(160g)는 670짜트이며 돼지고기나 닭고기 1비스(1.53kg)는 1,500짜트. 네스카페 커피 200그램 1병은 1,160짜트로 초등학교 보조교사 월급의 거의 절반이다. 고기를 비롯해서 수많은 식품이 일반 가정이 구매하기에 터무니없이 비싸다. 아래에 나열한 월 급여액에 비해 물가가 너무 비싸서 기아가 만연해 있다.

· 초등학교 보조교사 3,000짜트
· 찻집 웨이터 1,200~1,400짜트
· 숙련된 중노동자 400~500짜트
· 상병 5,200짜트
· 세무사 8,000~10,000짜트
· 의사 보조 1,675짜트
· 일병 4,000짜트
· 대장급 장성 100,000짜트
· 소장급 장성 50,000짜트

공무원은 11등급(가장 낮은 직급의 월급은 600짜트이며 가장 높은 직급은 2,500짜트)으로 나누어지며 군대에는 24등급(3,000~150,000 짜트)이 있다. 『이라와디(The Irrawaddy)』지(2001)와 노동자농민위원회(NCUB)가 소득과 물품 가격을 폭넓게 조사한 적이 있다(Kyaw Nyuan, 1988). 생필품의 높은 가격과 낮은 소득을 나란히 놓고 보면 어떻게 이 상황이 가능한지 설명이 안 되는 지경이다. 버마에 사는 모든 이들은 일상적으로 수많은 종류의 요금을 정부에 납부해야 한다. 공무원 임금은 월말에 사전 고지 없이 0.5%씩 삭감된다. 고등학교 교사들의 월급은 보통 한 달에 150짜트 삭감되었다. 사람들은 주나 군 차원에서 열리는 버마 전통예술 경연대회를 위해서도 돈을 내야 한다. 모든 읍, 면, 동에서 사업체 소유자들은 대회 입장권 할당량을 사도록 되어 있다.

대부분의 사람들이 가계를 꾸리기 위해 여러 가지 일을 하며 대부분 일상용품을 물물 교환한다. 건설 노동자들은 혼자서는 충분한 소득을 만들 수 없다. 남성 중노동자는 여성 노동자 임금의 2배 정도를 받는다. 파이프라인 건설 현장에서 일하는 숙련 노동자는 고작 200짜트를 번다. 노동자들은 일거리가 부족하고 물가는 뛰기 때문에 저임금을 받아들일 수밖에 없다. 농사를 그만두고 수도 랑군으로 이주하는 농민들이 늘어나고 학교가 문을 닫은 탓에 학교에 다닐 수 없는 학생들 수가 늘어나서 랑군은 싼 노동력이 집중된 지역이 되었다. 공직에 진출하려면 우수한 성적이나 자격 조건이 필요한 것이 아니라 인사위원회에서 선택되는 것이 필요하다. 그렇게 되려면 고위층 장교들과 당국과 관계를 맺고 위원회에 뇌물을 바쳐야 한다. 다른 촌락으로 전근 가고자 하는 교사는 적어도 5,000~10,000짜트를 내야 한다. 조산사 자격증을 얻으려면 간호사 등록을 위해 50,000~70,000짜트를 내야 한다. 모든 직업 영역에 브로커들이 있어서 구직 인터뷰나 시험 자격을 얻으려면 브로커와 반드시 협상해야 한다. 버마에서 영양실조 비율이 높은 것은 높은 생활비, 저임금, 무섭게 날뛰는 인플레이션, 부패, 그리고 날로 번성하는 암시장 경제체제가 만들어낸 결과다.

군사화

1962년 이래로 권력을 쥔 지배자들은 병력과 보병대, 경찰력과 준 군사 조직을 파견하여 점점 많은 지역을 차지해가면서 나라를 분열시켜왔다. '피야 레이 피야(4금 작전)'는 지난 반세기의 내전에서 소수민족 저항운동을 격파하기 위해 버마 정부군이 펼친 야만적인 군사 작전 중 하나다. '4금 작전'은 지역 주민들이 반군에게 제공하는 것 네 가지 즉 식량, 자금, 정보, 병력을 차단하는 것이다. 군사 계획을 지원하기 위해, 반군 집단과의 모든 접촉을 불법화하는 입법이 이루어졌다. 새로운 경무장 보병 사단이 이 작전을 수행하기 위해 창설되어 소요 지역에 배치되고 랑군으로부터 지휘를 받았다(Selth, 1995). 나라 전체가 주민들 구성에 따라, 중앙의 군사 정권에 대한 충성도에 따라 구분되어 나뉘었다. 독립 이후 반세기 넘게 버마에서 계속되는 내전은 사회에 불신 혹은 신뢰의 씨앗을 깊이 심어놓았다.

반군의 무장 투쟁에 맞서 싸우려면 돈이 많이 든다. 그 돈은 보건, 교육, 복지 예산을 줄이는 데서 나왔다. 항목별 예산 책정을 살펴보면 SPDC가 사회복지 비용을 희생하고 군사비 지출을 우위를 두는 것이 두드러지게 드러난다. 공식적인 버마 군대 예산은 보건과 교육 예산의 222%나 되고, 버마의 모든 합작회사는 국영기업을 통해 직간접적으로 군부와 연관되어 있다.

강제이주

군사정부는 '개발'이라는 명분을 내세워서 또는 반군을 소탕한다는 이유로 100만 명이 넘는 민간인을 강제로 이주시켰다. 시골 지역에서는 군부가 종종 사전 고지도 없이 총부리로 위협하며 이주를 강요했고 시내에서 도시 주변의 새로운 위성도시로 이주하라고 명령하기도 했다. 관광 명소를 만들기 위한 목적으로 주민들을 이주시키기도 하는데, 관광객 유치를 위한 강제 이주는 1996년 파간 주민의 강제 이주로 시작되었다. 버마에서 가장 인기 있는 관광지인 파간의 주민 5천~7천 명이 집을 떠나라는 명령을 받았다. 일단 이주명령이 내려지면, 통고받은 날짜까지 이사 가지 않은 사람들은 군인들의 총부리 앞에서 쫓겨났다. 거부하는 자는 4개월 징역에 처해졌다. 관광객들을 끌어들이고 최상위 층 군부 요인들을 접대하기 위해 랑군에서 가장 큰 골프장인 미얀마골프 클럽을 새로 단장하고 확장하기로 함에 따라, 이 지역에 40년간 살아온 주민 약 20만 명이 모두 이주해야 했다. 토지와 주택 손실에 대해서는 전혀 보상받지 못했다. 사람들은 새로운 위성도시인 흘라잉 싸이야와 쉬웨 피이 따르로 옮겨졌다. '1996년 미얀마 방문의 해'를 준비하기 위해 파간, 만달레이, 타웅기이, 마묘 등 인기 있는 관광지에서도 관광 개발을 위한 강제 이주가 되풀이되었다.

가장 큰 규모의 강제 이주는 국경 주변 주(states)의 개발 사업에서 기인한 것이었다. 군사 정권이 가장 우선시한 것은 미얀마 연방의 통일과 안정이었다. SPDC 정권은 그것을 위해 군사정부에 저항하는 지역에 대한 중앙 통제를 강화하려 한다. SPCD가 보기에 카렌 주, 카레니 주, 샨 주의 많은 지역이 저항을 할 수 있는 지역 또는 저항을 하고 있는 지역이다. 이 지역에 대한 공식 정책은 그들이 더는 반군을 지원할 수 없도록 민간인의 생존 능력을 약화시키는 것이다. 대규모 강제 이주, 지속하기 어려운 수준의 강제 노동, 촌락 경제의 파괴, 촌락의 파괴 등은 군부가 그 지역 통제권을 획득하려고 만들어낸 전략적인 과정이었다. 인권기록팀(Human Right Documentation Unit: HRDU)(2000) 이 주장하기를, 샨 주의 촌락 1,500개, 카레니 주의 촌락 200개, 카렌

주 북부와 페구 구 동부의 촌락 200개, 카렌 주 중부와 테나세림 구 촌락 100여 개의 사람들이 군대 관리하의 촌락으로 강제 이주당했다. 이주 명령을 받은 사람들은 이웃 국가로 피난하는 것을 고려하게 된다. 아래에서 강제 이주당한 한 집단의 예를 살펴보려고 한다.

1996년 3월, 샨 주 중부에서 군대는 넓은 지역을 지목하면서, 어떤 촌락이 샨통일혁명군(SURA)과 접촉을 했든 안 했든 그 지역 내의 모든 촌락을 파괴하고 주민들을 이주시킬 것을 명령하였다. 700개 이상의 촌락이 파괴되고 10만 명 이상의 촌락민이 이주하였다. 1997년과 1998년 내내, SPDC는 목표 지역을 확대해서 이미 이주한 이들에게 넓은 군사 통제 지역으로 다시 옮기라고 강요했다. 1998년 중반까지, 8개 거주지 내의 1,400개가 넘는 촌락이 강제 철거되고 30만 명이 넘는 인구가 이주했다. SPDC는 새로운 이주지에 어떠한 지원도 제공하지 않았다. 숲에 숨어서 강제이주를 피하려고 했던 이들을 발견하면 SPDC 순찰대가 즉시 총을 쏘아 죽였다. 한 번에 40명씩 체계적인 대량학살이 이루어졌다는 보고도 있었다. 그러나 SURA를 근절하려는 이러한 시도는 성공하지 못하였다. 그러나 군대는 계속해서 반인도적인 강제 이주를 명령했고, 촌락민들이 자기 물건을 챙겨오고 작물을 돌보러 갔다 오겠다 하는 것도 허락하지 않았다. 샨 주의 정착촌은 18,000km²까지 확대되었다. 1998년 이후에는 정착지가 크게 확대되지 않았는데 반면에 촌락 수는 체계적으로 줄어들었고 이주민 수는 증가했다. 정착촌 주민 대부분이 살 곳이 없었다.

이주한 곳에서의 삶은 힘겹다. 사람들은 생계 자원을 잃어버렸고 샨 주의 정착촌에서 생존하기는 점점 더 어려워진다. 식량을 찾는 것에 가장 많은 시간을 소모해야 한다. 근처 촌락 사람이 소유한 땅에서 일하려고, 또는 정착촌에서 멀리 떨어진 농장의 일자리라도 구하려고 사람들이 서로 경쟁한다. 군대는 정착촌에 강제로 끌려온 사람들에게 아무것도 제공하지 않지만 군대 막사 짓기나 청소, 비무장 치안 업무,

길거리 청소 등을 하라고 요구하기도 한다. 사람들은 매일 각자가 하루 통행증 발급을 신청해야 한다. 새벽부터 해질 때까지만 통행이 허락되는데, 걸어서 네 시간 걸리는 밭에서 일하는 사람에게는 통행 허가 시간이 너무 짧다. 사람들이 농사일을 하기 위해 또는 건축 재료를 구하기 위해 예전 마을로 돌아가는 것이 종종 허용되기도 한다. 그런데 허가를 받고 예전 마을로 돌아가는 사람들을 군대가 중간에 가로막고 그 자리에서 총을 쏘았다는 보고서도 있다. 1997년 6월 16일, 두 그룹의 사람들이 SPDC의 허락을 받고 정착촌에 가지고 돌아올 물건들을 수합할 목적으로 정착촌을 떠나 고향 마을로 향하고 있었다. 적어도 29명의 사람들이 군인들에게 중간에 저지당하고 그 길에 있는 어떤 장소에서 총에 맞았다. 그 외에 27명이 더 죽임을 당했다. 이런 일이 이 사건 하나만이 아니다. 2000년 2월, 사람들이 허락을 받고 고향에 갔다가 정착촌으로 돌아오고 있을 때, 쿤힝 읍에서 SPDC 순찰대가 그들을 세우고 여성과 아동을 포함한 19명을 처형하였다.

수십만 명의 샨족이 강제 이주 기간 동안에 태국으로 달아났다. 이들은 조상의 땅, 문화적 유산, 생계수단을 박탈당했다. 정착촌에서 사는 이들은 SPDC의 폭력을 두려워한다. 정착캠프를 탈출하여 접경 국가에서 안전을 찾은 사람들의 증언으로 강간, 고문, 살인이 자행되었다는 사실이 드러났다. 인권운동 단체들, 버마소수민족연구그룹(Burma Ethnic Research Group), 인권기록팀(HRDC), 몽정보서비스(Mon Information Service), 샨인권재단(Shan Human Rights Foundation) 등의 인권 기구들은 조심스럽게 이러한 이야기들을 기록한다.

강제 짐꾼 동원

버마의 군사 독재자들은 보통 강제 짐꾼을 동원해서 운반을 한다. 군부 독재 초기에 국가법질서회복평의회(SLORC)는 반군과 맞서 싸우는 데도 강제 짐꾼을 동원했다. 노동자농민위원회는 50만 명 이상의 민간인들이 군대를 위해 강제로 짐꾼으로 일한다고 주장하였다. 현재 SPDC가 웹사이트(www.myanmar-com/e-index.html)에 밝혀두기를, 자동차도로가 열악하거나 없는 나라, 군대가 기계화되지 않은 나라들에서는 공통적으로 강제 짐꾼의 관행이 있다고 주장한다. 또 버마에서 국가 안보를 위한 전투는 오지, 정글, 산악 지역에서 치러지므로 "근처 촌락의 건강한 남성은 아프거나 다친 사람을 나르고, 의약품과 식량 보급품을 비축할 필요가 있을 때 고용된다."고 한다. SPDC에 따르면, 짐꾼들은 두 가지의 법, 마을법(1907)과 촌락법(1908)에 따라 합법적으로 모집되고 사람들은 자기 의사에 반해 강제로 일하지 않는다. SPDC가 언급하지 않은 것은 그들이 참가하는 전쟁이 그들 마을의 민간인들을 상대로 치러진다는 것이다.

군사정권은 군사 작전의 경로에 놓인 마을이나 소도시를 먼저 공격해서 보급품을 옮겨줄 짐꾼을 구한다. 이것은 군사 정권이 작전을 시작하는 가장 흔한 상황이다. 이 작전에는 한 번에 2천 명 병력이 동원된다. 탄약, 배급식량, 무거운 무기, 기타 보급품을 운반하려면 평균적으로 군인 한 명 당 2~5명의 짐꾼이 필요하다. 짐꾼을 충분히 모으기 위해서, SPDC 병력, 경찰, 지역 당국은 신체 건강한 남녀가 많은 공공장소와 사람들이 붐비는 시장, 기차역과 버스 정류장, 비디오 영화관 등을 포위하기 시작한다. 군대 병력은 촌락을 둘러싸고 무거운 짐을 잘 옮길 것 같아 보이는 사람은 아무나 잡아챈다. 짐꾼이 되면 살던 곳에서 멀리 떨어진 곳에 보내질 수도 있는데 가족은 그들의 행방에 대해 고지받지 못한다. 지역 당국은 짐꾼을 몇 명 조달해야 하는지 남녀, 어린이를 각각 얼마나 모아야 하는지 할당량을 배정받기도 한다. 정착촌에 있는 사람들은 정기적으로 짐꾼 업무에 강제 동원된다. 군대 보급품을 옮기라는 명령을 받은 사람들은 음식을 알아서 해 먹어야 하고 행군을 하면서 종종 난폭한 취급을 당하기도 한다. 군대 캠프에서 캠프로 보급품을 옮기는 일은 며칠에서 몇 주까지 지속될 수 있고 짐꾼으로 동원된 사람은 그동안 농사일을 하거나 사업을 돌볼 수 없다.

전선에서 군인들은 개인 키트백과 무기만 지고 가는 데 비해 짐꾼들은 군인들 짐보다 훨씬 무거운 30~50kg의 짐을 옮겨야 한다. 짐꾼들에게 임금은 지급되지 않으며 몸이 아파도 의료 지원은 없다. 의약품은 군인들을 위해 아껴둔다. 짐을 옮기던 중에 탈출을 시도하다가 잡히면 고문을 당하고 강간을 당하거나 본보기로 다른 짐꾼들 앞에서 처형된다. 즉시 총살될 수도 있다. 탈출에 성공한다 해도 마을로 돌아가려고 하면 여행 허가증 없이 다녀야 하기 때문에 언제 체포될지 모른다. 짐꾼 동원에서 가장 비난받는 점은 민간인들이, 때때로 어린아이와 여성들까지 인간 지뢰청소기로 이용된다는 것이다. 그 길이 안전한지 확인하기 위해 군인들이 가기 전에 민간인들이 먼저 지나가게 하는 것이다. 지뢰와 부비트랩을 확인하기 위해서뿐만 아니라 매복 공격이 있을 경우 인간 방패로 활용하기 위해서, 무장하지도 않은 짐꾼들을 대열의 맨 앞에 세운다.

전투 동안 짐꾼들은 군인들과 함께 있어야 하고 부상병을 도와야 한다. 작전 중에 아프거나 지치는 짐꾼은 발길질당하고 총에 맞고 총검에 찔리고 구타당한다. 군인들은 도망치려는 사람에게는 공공연히 총을 발사하고 짐꾼들은 종종 군대와 반군 사이의 십자 포화에서 부상을 입는다. 만약 짐꾼이 작전에서 살아남고 군사정권이 그를 풀어준다 해도, 고향 마을로 돌아오는 여행 경비를 전혀 지원받지 못할뿐더러 노동에 대한 대가도 받지 못한다. 민간인을 짐꾼으로 부리는 것에서 더 나아가, 군대는 종종 촌락민들에게 노동 수용소와 군인 막사를 짓는 노동 또한 제공할 것을 요구한다. 보초병 업무, 참호 파기, 담 세우기, 막사 유지와 청소, 군대 캠프 사이의 도로 수리, 가축 돌보기, 벙커 파기, 화장실 청소와 군인들의 군복 세탁 같은 일을 주민들에게 강요했다. 군사 정권은 이러한 강제 노동의 병참 지원 없이는 자기 나라 안에서 민간인들을 상대로 전쟁을 치르지도 못했을 것이라는 점이 참 아이러니

하다.

의류 공장

버마에서 의류산업은 빠르게 성장하고 있다. 대부분의 공장은 군부 요원들에 의해 직접 통제되거나 미얀마의류제조업연합(MGMA), 미얀마연방상공회의소협회(UMFCCI) 또는 미얀마연방이코노믹홀딩스(UMEH) 같은 국영 기업에 의해 간접적으로 통제되기도 한다. 1990년에 설립된 UMEH의 주식 중 가장 많은 지분(40%)을 소유한 곳이 무기 수입을 주요 업무로 하는 국방부 조달 부서다. 따라서 UMEH는 군부 최고위층의 이익을 위해 운영된다고 볼 수 있다. 의류 제조업에 투자하는 외국 자본은 군사정권에게 현금을 제공하는데 그 돈은 국내에서 벌이는 전쟁에 쓸 무기 구입에 쓰인다. UMEH의 나머지 60% 지분은 퇴역 장성들, 군 소유 기업체와 재향군인 단체 등이 소유하고 있다. UMEH는 미얀마해운컨테이너주식회사(Sea Containers Myanmar Limited)의 유일한 중개업체이기도 하다. 의류를 비롯한 대부분의 수출 물량은 랑군과 싱가포르 사이 노선의 화물 수송으로 옮겨지는데 그 노선의 화물 중 많은 양을 이 회사가 담당한다. 지방 사업가들은 번창하는 마약 거래 사업으로 얻은 불법 이익을 투자하는 방법으로 새로운 공장을 설립해왔다. 커다란 의류 컨테이너는 헤로인 밀반입을 위한 눈가림으로 활용하기에 아주 좋았다. 싱가포르를 거쳐 유럽이나 호주로 가는 의류 컨테이너로 헤로인을 몰래 운반했던 것이다. 유럽연합은 버마를 포함한 48개 세계 최저 개발국에서 제조된 모든 수입품에 대한 관세 면제를 제의해왔는데, 그렇게 되면 의류의 유럽 수출이 더 쉬워질 것이고 마약류를 함께 운반하기도 쉬워질 것이다.

1995년 랑군 주재 미 대사관의 「해외 경제 트렌드 보고서」에 따르면, 버마는 미국에 1억 2천만 달러의 의류를 수출했다. 2000년에는 그 수출액이 4억 300만 달러로 증가했는데 이는 연간 전체 수출액의 26%

이상을 차지하는 액수다. 버마에는 400개의 의류 공장이 있고 대부분 랑군과 만달레이의 산업지대에 위치한다. 의류공장 노동자들은 30만 명에 이르는데 주로 여성들이다. 외국 회사들의 공장부지 수요를 충족하기 위해 흘라잉 따르 야르 공단이 1997년에 랑군 외곽에 만들어졌다. 가장 큰 투자자는 홍콩 회사와 한국 회사로, 이들은 수출용 상품만 생산하는 회사들이다. 말레이시아에 본사를 둔 웽홍홍 사(Wen Hong Hung Corporation)는 이 공단에 280만 달러(2001년)를 직접 투자한 가장 큰 의류 공장이다.

고용 과정에서도 착취와 부패가 심했다. 공장의 일자리를 찾는 일반 여성은 취업 희망자 리스트에 이름을 올리려면 돈을 내야 했고 그렇지 않으면 SPDC 군인이나 군 장교의 가족이어야만 취업을 할 수 있었다. 노동자농민위원회가 실시한 조사(1998)에 따르면, 5인 이상의 근로자를 고용하고자 하는 외국 회사는 반드시 SPDC로부터 취업희망자 명단을 받아야 한다. 한 공장의 여성은 일자리를 지켜주는 대가로 군대가 정기적으로 수입의 절반을 가져간다고 보고하기도 했다. 이런 공장에서 지급하는 임금은 동남아시아에서 가장 적은 액수다. 베트남보다 50% 적고 방콕의 공장들에서 주는 것의 10%가 될까 말까 한다. 노동자들은 휴일 없이 주당 80시간을 일하고, 종종 시간외 수당 없이 초과근무를 하면서 한 달에 4,000짜트를 번다. 이것도 저임금이지만, 이것은 주거비와 식료품에 대한 공무원 혜택을 빼고 중앙정부 민간인 공무원이 받는 임금의 거의 2배에 해당하는 액수다.

세계무역기구(WTO) 경제학자들은 2005년까지 세계 의류 교역이 60%, 직물 교역이 35% 증가할 것이라고 예측한다. 이 교역의 상당 부분이 아시아에서 이루어진다. UN무역개발위원회(UN Commission on Trade and Development)는 WTO가 다자간 섬유 협정(MFA)을 2005년까지 단계적으로 폐지함에 따라 의류 직물 산업의 수익이 급격히 증가할 것이라고 예측했다. 이것은 아시아 국가들 사이에 경쟁이 치열해질 것을 의미한다. 버마는 이 상황을 적극적으로 이용하겠다는 태세로, 말 잘 듣는 유순한 노동력을 외국 투자자들에게 제공한다. 일자리를 간절히 원하는, 권리를 요구할 줄 모르는 노동력은 외국 자본에게 매력적인 요소가 된다.

노조 결성이 불법이고 노동자의 권리가 전부 부인되는 나라에서 의류산업체를 운영한다는 것은 버마 전역에서 심각한 인권 침해가 자행되는 것, 민주화 요구가 짓밟히는 것과 명백히 결부되어 있다. 의류산업이 커지면 군사독재도 강화되었다. 불법적인 SPDC가 권력을 잡고 있는 한, 모든 외국인 투자는 무기 구입과 전쟁을 지원하는 역할을 하는 셈이다. 1992년 리바이스(리바이-스트라우스 사)가 "현재 상황에서 군사정부와 인권 침해를 직접 지원하지 않고 사업을 하기는 불가능하다."고 말하고 철수한 것을 비롯해, 많은 기업들이 군사 정부의 불법성을 인정하고 버마에서 철수했다. 미국 메이시 백화점 등은 기업체가 군부에 종속되고 뇌물을 주는 것이 관행이기 때문에 미국 해외부패방지법(US Corrupt Foreign Practice Act)을 위반하지 않고 버마에서 사업을 하는 것은 불가능하다고 이야기했다.

여러 미국 투자자들이 버마에서 사업하기를 거부하자, 지금까지 버마 의류산업에서 가장 큰 외국 투자자로 나선 것은 홍콩, 대한민국, 싱가포르, 말레이시아 같은 이웃 나라의 회사들이다. 이 나라들은 버마에 대한 제재에 찬성하지 않으며 포용 정책을 추구한다. 그러나 공장에서 생산하는 의류의 가장 큰 수출 시장이 유럽과 북미 국가들이므로 버마 의류 수입에 대한 경제적 제재로 인해 의류산업이 위축될 위험도 있다. 의류 수입을 규제하겠다는 유럽, 북미 국가들의 위협은 버마에서 심각하게 받아들여진다.

버마로부터 모든 수입을 금지하는 미국 상원 법안 926호는 2001년 5월에 제출되었다. 이 법안은 버마의 강제노동 관행에 대한 ILO의 비난에 호응하는 것이었다. 가장 큰 의류 직물 수출 시장이 미국이므로 이와 같은 경제 제재는 군부에게 위협이 되었다. 이에 대해 미얀마의류제 조업연합, 미얀마연방상공회의소협회는 30만 명 넘는 노동자와 그 가족이 수입 금지 조치로 어려움에 처하게 될 것이라고 호소했다. 그리고 미국 정부에 수입 금지 철회를 요청하는 탄원서를 50개가 넘는 의류 공장에 돌렸다. 『이라와디』지(2001년 7월)에 기고한 글에서 마웅 마웅 우(Maung Maung Oo)가 주장한 바에 따르면, 국제적인 제재를 완화하려는 이러한 시도는 국방부 전략연구실에서 주도한 것이다. 제재가 삶에 미치게 될 효과에 대해 군부가 노동자들을 설득하려고 한 것은 이것이 처음이었다.

버마 국민들의 매일의 삶은 군사정권의 우선적 관심사가 아니다. 군사정권은 국민을 통제함으로써 나라 전체를 장악하길 원한다. 국제노동기구나 국제연합 같은 국제기구와 협력하여 인간적인 노동을 하게 만든다는 것은 지배자들이 받아들일 리가 없는 것이다. 좀 더 인간적인 노동은 군사정권이 고려해본 적도 없는 것이다. 동남아시아에서 가장 큰 군사력을 갖추고 유지하는 것은 비용이 매우 많이 드는 일이어서, 해외에서 들어오는 돈은 모두 군대의 전투 능력 향상에 사용되었다. 그러므로 버마에서 모든 투자는 민중을 희생시켜 군사정권을 떠받치는 것을 의미한다. 의류산업은 지금 버마 경제에서 가장 빠르게 성장하고 있는 부문이다. 따라서 버마산 의류에 대한 수입 제재가 군부 독재의 힘을 약화시키는 데 도움이 될 수 있다.

기아

버마인들이 점점 더 심한 식량 부족을 겪는 것은 국가의 군사화의 결과다. 방콕 아시아 인권 위원회에 제출된 민중 재판소 보고서(The Report of the People's Tribunal, 1999)는 식량 부족과 버마 사회 군사화의 연관성을 강조하였다. 군사정권과 저항 세력 모두 민간인들에게 공포를 심어주며 잔혹하게 다루는 비슷한 전술을 구사하는데 이것은 생계 수단의 손실로 이어진다. 버마의 도시와 농촌 지역에서, 각 주와 구(division) 안에서 기아 실태에 대한 조사연구가 실시되었다. 연구에 참여했다는 이유로 체포될 위험을 무릅쓰고 한 조사였다. 모든 민족 집단 사람들과 인터뷰를 하고 그것을 분석한 이 광범위한 연구의 결론에 의하면, 일자리가 있든 실업 상태든 모든 버마인이 다양한 정도로 기아를 겪고 있었다. 랑군에서 일하는 공무원, 강제 이주 정착촌에 사는 촌락민, 농부, 어부, 공장 노동자, 산악지역 원주민 등 인터뷰 대상이 된 모든 사람들이 자기 가족이 먹기에 충분한 식량을 구할 수 없다고 했다. 이러한 식량 부족의 원인은 군사 지배와 연관되어 있다. 국가 행위의 결과로 이렇게 큰 규모의 기아가 발생했으므로 버마의 기아는 반인도적 행위인 국가 범죄라고 보고서는 주장하였다.

지뢰

버마의 군사정부는 1997년 12월 오타와 대인지뢰금지협약에 서명하지 않았으며 서명 회담에 참관인을 보내지도 않았다. 협약 협상에 참석하지 않았고 1997년 대인지뢰 전면금지라는 목표와 일정을 재확인하는 브뤼셀 선언에 서명하지도 않았다. 정권은 지뢰의 전면 금지가 불필요하며 타당하지 않다고 주장하며 1999년 12월 유엔 총회에서 기권했다. 지뢰에 관한 NLD의 정책은 이 시기에는 알려져 있지 않으나 NLD는 군사 작전을 한 적이 없고 지뢰 확산에 연루되어 있지도 않다. 그러나 군사정권과 소수민족 반군의 지뢰 사용은 늘어나고 있다. 두 집단은 방어와 공격 목적으로 지뢰를 사용한다. 미얀마군수품산업(KAHPASA)은 중국에서 구매한 장비를 사용하고 중국의 기술적 도움을 받아 대인지뢰 MM1과 MM2를 생산한다. 지뢰는 특히 샨 주 중부, 테나세림 구, 몽, 카렌, 카레니 주, 아라칸 주 등 소수민족이 주로 사는 지역, 강제 이주당한 지역, 피난민 탈출 경로, 그리고 군사기지의 둘레에 집중적으로 많이 설치된다. 태국 군대는 버마와 접한 국경의 약 70%에 지뢰가 묻혀 있다고 주장한다. 무장 단체는 지뢰 매설 위치를 지도로 만들지 않으며 이미 만들어진 지도도 공유되지 않기 때문에 이는 환경적으로나 인간적으로나 큰 비극이다.

『대인지뢰 모니터(Landmine Monitor)』는 군사정권이 비전투 인구를 대상으로 지뢰를 사용한 여러 예들을 보고하였다. 가장 특기할 만한 것은 강제 이주 후 다시 마을에 돌아오는 것을 막기 위해 촌락에 지뢰를 설치한 것, 난민 유입을 예방하기 위해 국경 지역에 지뢰를 설치한 것이다. 이런 예는 버마 민간인을 겨냥해 매우 치밀하게 계획된 공포 캠페인에 지뢰를 활용한다는 것을 보여준다. 또 다른 예는 민간인을 인간 지뢰청소기로, 즉 지뢰 제거 도구로 이용하는 것이다. 카렌과 카레니 주의 어떤 촌락에서는 마을을 완전히 불태운 다음, 사람들이 돌아오지 못하도록 지뢰를 설치했다.

SPDC가 지뢰의 가장 큰 생산자이긴 하지만, 열 개 이상의 소수민족 반군도 지뢰를 만들어 사용한다고 한다. 카렌민족해방군, 카레니 군, 버마학생민주전선(ABSDF)은 스스로 지뢰를 만들거나 지역 암시장에서 구입한다고 알려져 있다. 친족은 원격 조종되는 지뢰만 사용한다고 주장하고, 샨족은 지뢰를 매설한다고 알려져 있다. 몬, 파오, 팔라웅, 와, 라후, 카친, 나가, 아라칸족 무장 집단은 사실상의 휴전 상태이거나 실제로 휴전 중이고, 그래서 현재 지뢰 사용에 대한 보고가 없다. 모든 무장한 소수민족 집단은 지뢰 제작과 급조 폭발물(IED)의 사용에 관한 정보 교환의 역사를 갖고 있다. 재료 대부분을 쉽게 구할 수 있어서 지뢰를 제작하기는 쉬운 일이다. 지뢰는 버마 국경 주 대부분에서 발견할 수 있다. 베트남과 캄보디아의 전쟁이 끝남과 동시에 다양한 지뢰들이 이 지역 암시장에 나왔는데, 보통 태국 무기상을 통해 지뢰를 구입한다.

국제비폭력위원회(Non-Violence International)는 버마 지뢰 희생자의 50% 이상이 의료의 도움을 받기 전에 부상으로 인해 사망한다고 주장하며 피해자 중 민간인 비율이 1/3이라고 비교적 낮은 수치를 제시한다. 지뢰 사고 대부분이 시골과 외딴 지역에서 일어나는데 그런 경우에 의료 처치를 받을 수 있는 곳에 가려면 몇 시간 내지 며칠을 걸어야 한다. 지뢰 피해자들은 거의 대부분 팔다리를 하나 이상 잃었고 어린이가 피해자의 10%에 달한다(Non-Violence International). 버마의 정확한 상황을 파악하기는 극도로 어렵지만 국제적십자위원회(ICRC), 미얀마 적십자, 미얀마 보건부가 합동으로 운영하는 의수 의족 사업은 부상의 정도를 어느 정도 나타내준다. 그 사업은 10년 넘는 기간의 국경 지역 지뢰 사고 부상자들 1,200명에 대한 정보를 가지고 있다. 그중 10%가 어린이고, 16%가 여성이며, 나머지 74%가 남성이다. 피해 남성 대부분은 아마 소수민족 반군의 전투원들일 것이다. 군부 고위층 지뢰 피해자들은 특별히 따로 관리되기 때문에 이 연구에 포함되지 않았다. 버마에 의수나 의족이 필요한 치료를 하는 공공시설은 두 군데밖에 없다. 랑군과 만달레이에 있는 국립재활센터가 운영하는 곳이다. 이 두 곳의 센터는 한 달에 30명밖에 수용하지 못한다. 보건행정 예산이 부족한 데다 대부분 개인적으로 의수나 의족을 살 돈이 없기 때문에 많은 사람들이 고통받고 있다. 핸디캡인터내셔널(Handicap International), 국제적십자위원회, 미얀마 보건부, 태국 정부 병원들과 태국왕실프로젝트(Thai Royal Projects) 등 몇몇 지원 단체를 통해 의수 의족을 구할 수는 있다. 사람들이 의수 의족에 적응한 뒤에 무슨 일이 일어나는지에 대한 이해는 거의 없다.

버마에서 의료 보건 혜택이 불충분한 것을 생각해서 국제적십자를 포함한 국제단체들이 지뢰 부상자들을 돌보는 사업을 벌였다. 오지에 사는 소수민족도 돌볼 수 있도록 사람들을 준의료종사자로 훈련시키는 것도 그 사업에 포함되어 있었다. 소수민족 출신의 준의료종사자 집단을 양성하여 촌락으로 가서 간단한 의료행위를 할 수 있게 하는 것이다. 이 사람들이 군사 행동을 하는 반군 순찰 부대와 줄곧 함께 다니면서 촌락들로 들어가서 필수적인 의료를 제공하도록 국제적십자위원회가 훈련시켰다. '산악 의사' 또는 배낭 의료 보조원 팀이라 불리기도 하는 이 준의료종사자들은 몽, 카렌, 카레니, 샨 주에서 다친 민간인을 치료하기 위해 간단한 의료 서비스(응급치료, 항생제 투여, 소금으로 상처 소독)를 제공한다. 버마에는 인도주의적 지뢰 제거 작업이 존재하지 않는다. 지뢰가 퍼져 있는 규모를 고려할 때, 지뢰를 제거하고 인간과 동물이 살기 안전한 땅을 만들기 위해 많은 노력이 집중되어야 할 것이다.

사례 연구

야다나 천연가스 파이프라인

훗날 야다나 가스전(Yadana Field)으로 알려진 대규모의 천연가스 매장지가 1982년에 안다만 해에서 발견되었지만 10년이 지나도록 천연가스는 그대로 있었다. 외국인 투자 유치가 필요했고, 마침 태국에서 에너지 자원에 대한 수요가 점차 증가하고 있었던 데다, 해외 기업과의 협력을 허용하는 투자법이 발효된 차에, 군사정부는 파이프라인 건설 사업에 외국 회사가 참여해줄 것을 요청했다. 바닷속의 가스 매장지에서 해안 마을까지 346km, 버마의 테나세림 구 남쪽을 가로질러 태국까지 63km, 국경에서 태국 라차부리 주의 발전소까지 260km의 파이프라인을 건설하겠다는 것이었다. 야다나 천연가스 파이프라인 프로젝트는 다음 네 개 회사가 참여하는 12억 달러짜리 사업이었다. 프랑스 석유회사 토탈(31.24%), SPDC가 소유하고 운영하는 미얀마석유가스기업(MOGE)(15%), 태국 정부 소유의 석유회사 PTTEP(25.5%), 미국 회사 유노칼(UNOCAL)(28.26%)이었다. 세계에서 가장 큰 규모의 국제 건설 회사들인 벡프레르, 맥더모트, 스피카파, 사이펨이 지역 노동자를 고용해 파이프라인 건설의 여러 단계에 참여하였다.

2000년에 완공된 야다나 천연가스 파이프라인은 동남아시아 최초로 국경을 넘는 대규모 상업 에너지 파이프라인 사업이었다. 이는 장기적으로 버마와 태국의 협력을 증진할 뿐만 아니라 절실한 외국인 투자를 끌어들일 잠재력이 있다. 가스 생산은 30년간 지속될 것으로 예상되므로 계속 외화수입원이 될 것이고 가스전 현장—안다만 해의 하인즈 만 남쪽 해안 앞바다에 건설된 단지—에서 일하는 버마 사람들, 또 버마를 가로질러 태국 국경으로 향하는 파이프라인을 유지하는 일을 하는 버마 사람들의 고용 안정도 보장된다. 천연가스가 정제되는 태국의 라차부리에 도달하기까지 파이프라인은 여러 국립공원과 야생동물 보호구역과 삼림보호구역을 지나가는데, 그곳은 섬을 제외한 아시아 대륙 전체에서 가장 넓은 자연보호지역에 속한다.

이 개발 사업에 대해 여러 해의 건설 기간 내내 논란이 많았다. 군사정부가 강제노동으로 파이프라인을 건설하고 그것을 위한 보조시설을 지었으며, 합당한 보상 없이 사람들을 강제로 이주시키는 군사 작전을 지원하는 데도 강제노동을 이용했다는 주장이 계속 나왔다. 야다나 천연가스 개발의 환경비용 또한 엄청날 것이다. 태국 파이프라인에 대해서는 환경영향평가가 이루어졌지만 버마에서는 전혀 이루어지지 않았다. 기업들은 파이프라인이 삼림에 전혀 영향을 미치지 않으며 생물다양성을 위협하지도 않는다고 주장하였다. 그러나 환경영향평가도 거치지 않은 이런 주장은 의심스럽다. 태국 쪽 국경지역은 보호지역이서 아시아 코끼리, 흰손 긴팔 원숭이, 말레이 곰, 아시아 흑곰, 다갈색 문착(muntjac), 큰 들소, 수마트라 산양, 큰 코뿔새 등 중요한 야생동물들이 파이프라인 경로 지역에 서식하고 있는 것이 발견되었다. 파이프라인이 가로지르는 하천과 지천에 파이프라인이 미치는 영향과 산사태와 침식의 위험은 모두 중요한 고려 사항인데 버마는 이것도 조사하지 않았다. 파이프라인 건설은 1996년 10월에 시작되어 1998년 여름에 완공되었고 2000년 1월에 본격적으로 가스 생산이 시작되었다.

이 사업의 일부로 1천 만 달러를 들여 랑군에 야다나 무역기술학교를 설립하였다(1996년). 1998년 74명의 학생들이 수료하고 파이프라인 프로젝트에서 일을 시작하면서 2년간의 생산과 유지 기술자 훈련을 시작하였다(UNOCAL, 2000). 유럽연합, 미국, ILO가 버마에 국제적인 제재를 가했을 때, 버마에 진출해 있던 모토로라, 텍사코, 펩시 등 미국 기업 대부분은 제멋대로인 버마의 경제정책에 질려 있었기 때문에 1990년 초반 투자금을 회수해 떠나갔다. 2000년까지 남아 있던 유노칼과 그 파트너인 할리버튼(Haliburton) 등은 군사정부와 관계를 맺는 것이 장기적으로 더 생산적이라고 주장했다. 할리버튼은 미국 부통령이었던 리처드 체니가 경영하는 석유 서비스 공급 회사로, 체니는 그의 회사 방침이 '미국 정책에 잘 따르는' 것이라고 주장했다. 그는 버마나 중국에 대한 경제 제재에 반대하여, 자유무역을 옹호하는 기업인들의 단체(USA Engage)를 위해 로비를 벌였다. 유노칼 사의 대변인은 다음과 같이 말했다.

> 우리는 이 정부를 옹호하지 않습니다, 우리는 인권 유린을 옹호하지 않습니다. 그러나 이 나라를 국제 사회로 데려오기 위해서는 고립시켜 경제적 기능을 마비시키는 것이 아니라 교류하는 것이 필요합니다 (Larmer, 2001).

군부독재 국가들과의 경제적 교류를 지지하는 사람들은 경제 개발이 국민들에게 많은 혜택을 준다며, 유노칼 같은 회사 덕에 많은 파이프라인 근처에 사는 버마 사람들이 예외적인 장기간의 혜택을 누렸다고 주장했다. 예를 들어 1996년 전국 평균 영아사망률이 1천 명당 95명이었는데 1999년에는 1천 명당 33명 이하였다는 것이다. 그런 성과는 유노칼의 가스 파이프라인 건설 덕분이며 이것은 "유노칼이 현지 사람들의 삶을 어떻게 개선하는지를 보여주는 전형적인 예"라고 자화자찬했다(UNOCAL, Asian Wall Street Journal, 2000).

그러나 유노칼 사는 미국에서 주주들에게 버마 사업에 관한 상세한 정보를 주지 않으려 했다. 유노칼 사는 미국증권거래위원회를 설득하여 버마를 겨냥한 인권과 환경문제에 관한 결의안을 취소시키려고 했다.

토탈 사는 국제 인권운동가들, 소수민족, ILO의 주장—주민들이 강제노동에 동원되고 강제이주를 당하는 등 이 사업을 위해 비인도적인 행위가 이루어졌다는—을 고려하여, 이 사업에 대해 그들 스스로 조사하고 평가하겠다고 했다. 그러나 독립적인 참관인이 파이프라인 경로에 접근하는 것은 허용되지 않았다. 동남아시아 다른 국가의 개발에 대한 사회적 분석을 해본 경험이 있는 방글라데시의 팀 신부와 수브한 판사가 토탈 사의 조사위원으로 위촉되었다. 1998년에 두 사람은 토탈 사의 손님으로서 닷새 동안 파이프라인 루트를 따라 마을을 방문하였다. 주민들과 인터뷰하는 동안 군인들은 전혀 나타나지 않았다고 그들은 주장했다. 두 사람은 「야다나 인권보고서(Yadana Humanitarian Report)」(2000)라는 제목의 보고서에서 파이프라인 건설로 인해 보건, 교육, 고용에서 지역민 전반에 돌아가는 혜택이 많다고 설명했다. 보건소, 학교, 시장 건물 같은 사회기반시설이 늘어나고 좋은 일자리가 생기고 토착민들이 소규모 자영업을 할 기회도 늘어난다는 것이었다.

군사정부는 독립적인 참관인이 건설 현장을 살펴보는 것은 허가하지 않았다. 그 사업에 투자한 석유회사들이 헬리콥터를 제공해야만 현장으로 갈 수 있었기 때문에 랑군의 미국 대사관 직원들은 건설현장을 조사하러 자유로이 다닐 수 없었다. ILO의 조사위원회도 버마 입국을 거절당했다. 조사위원회는 파이프라인 건설에서 강제노동이 동원된다는 주장에 대해 조사하려 했지만 접근할 수가 없어서 그 문제에 대한 성명서를 발표할 수 없었다. 독립적인 참관인 보고서는 없었고, 〈야다나 인권보고서〉의 내용은 파이프라인 건설의 배경, 함의, 영향에 대해, 인권 단체와 소수민족 사람들이 작성한 것과는 극적인 대조를 보였다. 인권 단체와 소수민족의 보고서는 1991-1997년에 일어난 강제노동과 강제 이주의 증거를 담고 있다.

버마에서는 모든 조사가 그렇지만, 군사정부가 표현의 자유와 언론의 조사를 비밀스레 금하고 있기 때문에 실제로 어떤 상황인지를 조사를 통해 판단하기 어렵다. 1995년 유노칼 보고서는 다학제적인 환경 전문가 팀이 그 지역에서 현장연구를 했다고 주장하였다. 그러나 연구 결과는 전혀 공개되지 않았다. 그래서 그 사업으로 인한 환경 피해를 평가하기 어렵게 되었다. 군사정권과 석유회사만이 사업에 관한 정보를 갖고 있다. 육지의 사업장에는 버마 군의 감시가 아주 심하고 바다 위 가스전에는 접근하기가 쉽지 않다. 어떠한 개인도 군의 허가 없이는 그 지역에 들어갈 수 없다. 파이프라인 사업의 핵심 투자자인 두 개 회사가 발표한, 건설 과정에 관한 설명은 서로 모순되는 것이었다. 유노칼(2000)은 다음과 같이 단호하게 말했다.

[우리는] 야다나 프로젝트에 자부심을 가지고 있다. 그리고 사업 과정에서 진실성을 가지고 주민들을 배려했다고 자부한다. 처음부터 광범위한 사회적·경제적 개발이 야다나 프로젝트의 핵심 요소였다. 개발의 성과로 외딴 빈곤 지역에 사는 43,000명의 주민들이 실질적이고 즉각적인 이득을 누릴 수 있었다. 파이프라인 건설 과정에서 강제이주와 강제노동이 있었다는 의혹이 반복해서 제기되고 있지만 그 주장은 완전히 허위이며 어떠한 평판 좋은 자료에 의해서도 결코 입증된 적이 없다.

반면에, 태국전력공사(EGAT)는 군부가 파이프라인 완공을 위해 강제이주를 포함한 온갖수단을 동원했다고 『방콕 포스트』지 독자들에게 자신 있게 말했다. "최근에 미얀마는 가스 자원 개발 사업의 길을 가로막는 총 11개 마을 주민들을 이주시킴으로써 길을 깨끗하게 치웠다"(Kardlarp, 1995).

인권 단체는 예부 군의 13개 마을—가장 작은 마을은 인구 100명의 쏘탄쿠이고 짐바 같은 큰 마을은 주민 수가 2천에 이른다—이 파이프라인을 위한 길을 만들기 위해 1991년에 다른 곳으로 이주했다고 주장하였다

(Kwee Htoo, 1996; ABSDF, 1997:11; BERG and Briedrich Nauman Foundation, 1998). 강제 이주당한 주민들, 파이프라인이나 관련 시설 건설 현장에서 강제 노역을 하는 주민들 사례는 1991-1999년 기간 내내 수면 위로 드러났다. 가스 회사와 군부에게 중요한 장소는 야다나 가스전과 해안 도시 파웅다우 사이에 위치한 하인즈 보케 섬이었다. 칸바욱 군의 각 마을은 보케 섬에서 한 달간 일할 사람 10명씩을 보내라는 명령을 받았다. 강제노동 수용소의 수감자들도 그 섬에 배치되어 마을 사람들과 함께 헬리콥터 이착륙장, 파이프라인 사업의 장교들을 위한 병영, 게스트하우스 건설을 지었다. 만약 마을이 명령을 따르지 못하면, 주민들은 군부에 8,000~10,000짜트를 내야 했다. 그 지역의 병력이 증강된 것은 분명 파이프라인 작업을 위한 치안 유지 때문이었다 (ABSDF, 1997:13).

군부가 정기적으로 강제이주와 마을 파괴를 명령한 이유로 내세운 것은 산적들과 떼강도를 소탕하여 안전한 파이프라인 작업을 담보하기 위해서였다. 해안에 가깝고 하인즈 분지의 입구의 입구 북쪽에 위치한 (즉 파이프라인에 가까운) 예부 군의 다섯 개 마을이 군인들에 의해 약탈당하고 파괴되었고, 주민들은 1997년 2월에 마을에서 쫓겨났다. 경보병 273 대대는 이주 명령을 내렸을 뿐만 아니라 칸바욱 군의 각 마을에서 20명씩을 보내라고 명령했다. 항구와 토탈 사 사무실을 연결하는 5km의 도로를 건설하는 일을 시키기 위해서였다. 이 길은 파이프라인 건설 자재를 옮기는 데 필요한 길이었다. 마을에서 뽑혀 온 사람들은 품삯도 받지 못하고 노역을 해야만 했다. 하지만 토탈 사는 마을 노동자들을 감독하는 군인들에게는 일인당 일당 50짜트씩을 지불했다(HRDU, 1997:179).

파이프라인이 지나는 길을 따라서 군사정권과 카렌족 반군의 충돌이 끊이지 않고 보고되었다. 그것은 파이프라인의 누수 위험이 높다는 것뿐만 아니라 치안이 위협받고 있다는 것을 나타냈다. 1999년 1월,

야다나 파이프라인의 경보병 282대대가 공격받은 후에 군사정권은 경보병 대대 5개와 기갑부대 1개로 구성된 특별보안부대를 창설하였다. 두 달 동안, 이 특별부대는 파이프라인이 지나는 길 주변의 민간인 지역을 소개하는 일련의 군사작전을 펼쳤다. 몬 주의 에부 군, 타보이 군, 싸옛-차웅 군, 그리고 테네세림 구의 주민 수백 명이 징집되거나 체포되거나 붙잡혀서 군대 짐꾼이 되었다(HRDU, 2000:116).

군사 정권은 파이프라인이 완공되면 매년 2억 달러의 수입이 생길 것으로 예상했다. 그러나 1998년 아시아 경제 위기로 인해 태국은 30년간 버마의 천연가스를 구매하기로 한 계약을 재협상하려고 했다. 게다가 IMF는 버마가 2002년까지 수익을 전혀 실현하지 못할 것이라고 폭로했다. 군사정권이 새로운 부채를 갚기 위해, 또 천연가스 사업 지분 15%를 위한 자금을 대기 위해, 연 2억 달러로 예상되는 수입을 담보로 미리 돈을 끌어 썼기 때문이다(Far Eastern Economic Review, 1999:8). 외환 보유고가 거의 바닥나자 버마는 유예를 받았고 태국석유공사가 주는 1억 달러를 덥석 받았다(2001년 7월). 마르타반 만으로부터 태국으로 갈 가스에 대한 대금이었다. 파이프라인은 버마의 얼마 안 되는 외화 수입원 중 하나다. 국내의 경제 위기 때문에 이러한 첫 외화 획득은 크게 환영받았다. 그러나 군부는 전투기 구입을 위한 계약금으로 이 돈의 30%를 썼다. 우수한 공군을 가진 태국에 지지 않게, 정교한 요격기인 러시아 미그29 열 대(총 1억 3천만 달러)를 사기 위해서였다.

최근(2004년 당시) 아웅산 수치와 군부 사이의 협력 덕에 해외원조 금지가 유예되었는데, 군사정권이 전투기 구매를 결정함으로써 해외원조 금지가 해제될 가능성은 사라져버렸다. 일본은 버마 북동부의 수력발전소 수리를 위한 2,800만 달러 원조 패키지를 발표했다(2000년 1월). 이것은 1988년 모든 원조가 금지된 이래 첫 번째 일본 원조였다. 버마의 전체 해외 부채는 60억 달러에 이르는데 그중 절반이 일본에게 빌린 것이다. 일본은 버마에 대출해준 돈의 이자 1,500만 달러를 매년 탕감해

주고 있다. 1988년 버마의 민주화 운동에 대한 군사정권의 잔인한 탄압에 항의하는 뜻으로 대부분의 국가들이 1988년부터 버마에 대한 원조를 금지했다. 그런데 군부가 아웅산 수치 여사와 대화를 하자 일본은 그에 대해 보상하는 성격의 2,800만 달러 원조 패키지를 발표한 것이다.

버마에서 가장 큰 규모의 기업 투자자인 유노칼 사와 토탈 사는 미국과 유럽 소비자 불매운동과 주주 행동의 표적이다. 유노칼은 파이프라인 사업과 관련해 인권 침해를 지원했다는 혐의로 미 연방 캘리포니아 중부지방법원에서 두 건의 제소를 당했다. 1996년에 국제 인권 변호사의 도움을 받아, 15명의 원고—거주지에서 강제 이주당하고 파이프라인 건설 노역을 해야 했던 버마인들—는 미국 유노칼 사, 합작 투자사인 프랑스 토탈 사, 회사 경영진에 대해 소송을 제기했다. 유노칼 사나 토탈 사가 직접 강제노동을 시키지는 않았지만 유노칼 사는 버마 군인들이 시민들의 인권을 유린하는 것을 알고 있었으며 파이프라인 주변 지역의 치안을 군인들에게 의존했다고 원고 측은 주장했다. 유노칼의 컨설턴트들이 야다나 파이프라인 건설 전과 도중에 자행된 인권 유린에 대해 회사에 알렸음을 보여주는 증거도 제출되었다. 원고 측은 파이프라인 부근 군사 기지와 접근 도로를 건설하기 위한 강제노역, 그리고 보상을 받지 못하고 몰수된 토지에 대해 이 회사들이 책임을 져야 한다고 주장했다. 건설 과정 중에 일어난 인권 침해에 대해 전혀 알지 못했다고 유노칼이 부인하는 가운데 재판 과정에서 증거는 그와 다르게 나타났다. 그러나 판사는 이 회사들이 버마 군부와 문서화된 계약서에 서명한 것이 아니기 때문에 이러한 인권 유린의 책임을 회사에 물을 수 없다고 판결하였다(Fink, 2001:242). 그래서 2000년의 미국 연방 지방법원 판결문에 따르면, 유노칼은 '강제노역이 이용됨'을 알고 있었고 '이러한 관행에서' 이득을 얻었지만 사건이 소송 요건을 충족하지 못했다. 그 이유는 유노칼이 보안 부대를 '통제하거나' 인권유린을 저지르기 위해 그들과 공모한 것이 아니기 때문이다(Larmer, 2001). 역사적인 의의를 가진 이 재판은 원고 측 변호인들이 지방법원과 주 법원에 항소함에 따라 여전히 진행 중이다.

이 세계화 시대에, 버마의 천연가스 파이프라인 같은 대규모 기반시설 건설 사업에 투자한 회사가 경영과 정치를 분리해서, 테나세림 구에서 자행된 인권침해와 군사정권의 행위에 대해 몰랐다고 하며 책임을 피하려 하는 것은 있을 수 없다(Shwartz & Gibb, 1999). 버마의 모든 국제 합작 사업은 군부가 진행하는 사업이고, 정권이 지원하는 합작 사업만 이루어지고 있다. 외국 자본을 유치한 대규모 기반시설 건설이 강제노동으로 이루어지고 주민들의 강제이주를 포함한다는 사실은 명백하다. 어떤 경우에는 단지 도로와 사무실, 파이프라인 경로를 건설할 노동력을 얻기 위한 목적으로 마을 전체를 강제이주시키기도 했다. 버마에서는 어떠한 조사도 군부의 가시적인 협력과 직접적인 참여 없이 이루어질 수 없다. 파이프라인 사업은 환경과 인권 문제에 대한 관심을 불러일으켰다. 그 지역 주민들뿐만 아니라 생태계에 대해서도, 육상 생태계뿐만 아니라 해양 생태계에 대해서도 사람들이 관심을 가지게 되었다.

버마 시민들이 언론의 자유, 노동조합 결성의 자유를 얻어야만 개발 과정에 대해 독립적이고 비판적인 평가와 이해를 할 수 있다. 버마에서 효과적인 법과 법 집행을 강제하는 메커니즘으로 환경 규제를 하기 전까지는 환경은 언제 파괴될지 모르는 위험에 처할 것이다. 이러한 이유로 아웅산 수치는 군사정권 통치 기간 동안에는 어떠한 투자도 일반 대중에겐 이익이 되지 않고 장군들에게만 이익이 된다고 주장하였다. 또한 군사정권은 경제적으로 국가를 이끌어갈 능력이 부족함을 보여주었다. 외국인 투자 유치에도 불구하고 군사정권의 어리석은 행각은 버마를 금융위기에 이르게 했고 1998년 세계은행은 버마와의 금융 관계 단절을 선언하였다. 세계은행은 군사정권이 과거 부채 상환을 이행하지 않았기 때문에, 더 이상의 대출을 고려하지 않을 것이다. 버마는 1998년 5월까지는 부채 상환을 지속하였다. 정부가 채무 변제 능력이 없다는 것은, 외국 투자자들이 버마에서 사업을 하는 것이 큰 위험을 무릅쓰는 일이라는 의미다. 외화가 천연가스 파이프라인 덕분에 버마 내로 유입되기 시작했을 때 군사정권은 군사 장비 구입을 선택함으로써 아웅산 수치의 주장이 옳았음을 증명했다. 수년간 아웅산 수치는 외국인 투자와 군사정권과의 합작 투자가 버마 국민에게는 이득이 되지 않으며 불법 군부독재만 깊이 자리 잡게 할 뿐이라고 주장했다.

유엔개발계획(UNDP)

우리는 버마에서의 UN 프로그램 및 UN 기구의 활동에 관해, 민족민주연맹의 입장 두 가지를 말씀드리고자 합니다. 첫째로 우리는 UN헌장에 공표된 '인권에 대한 존중과 모두에 대한 기본 자유를 장려하고 북돋는다'는 목표에 일치하는, 그리고 버마 관련 총회 결의안에 부합하는 원조 사업을 전적으로 지지합니다. 둘째, 버마 개발 프로그램의 목표와 목적을 실현하려면, 버마 국민들의 지지를 받는 유일한 정당인 우리당의 협조와 참여가 반드시 필요하다고 생각합니다 (1996년 2월 26일 민족민주연맹 대표 아웅산 수치가 UNDP G. 스페스에게 보낸 편지 중 일부).

1988년 버마 정부는 이 나라를 개방경제로 이끌 경제 개혁을 실행하겠다고 선언하였다. 1989년까지 버마가 시장경제로 전환하는 것을 지지하기 위해 수많은 UN 프로젝트가 시작되었다. 이런 종류의 원조는 다른 국가들에서도 이루어진 바 있지만, 버마의 프로젝트는 독특했다. 임시 정부가 정치적 변화를 도입하고 인권 유린을 그만둘 때까지는 기부하지 않겠다며 양자 간 원조를 하는 공여국(bilateral donors, 수혜국에 직접

개발 원조를 제공하는 UN 회원국—옮긴이)들이 대부분 지지를 철회했을 때, 경제 전환을 돕는 원조가 일정 기간 동안 이루어졌다. 세계은행이 UNDP 후원하에 무역 및 금융 부문에 기술적인 원조를 제공했음에도 불구하고, 이 기간 동안 국제통화기금이나 세계은행으로부터 받은 대출은 없었다. 1992년 UN은 버마에서는 엄격한 기준하에 다른 UN 국가들이 운용하는 방식과 구별되는 독특한 방식으로 UNDP를 운용해야 한다는 내용의 관리위원회 결의안(Governing Council Resolution)을 통과시켰다. 그로 인해 이것이 UN이 운영한 가장 값비싼 프로그램이 되었다.

1992년 관리위원회 결의안은 버마에서 이루어지는 모든 새로운 UN 활동을 지원하는 기금을 중단하겠다는 내용을 포함한다. UNDP는 다른 유엔 기구들과는 달리 다음과 같은 방식으로 운용되어야 한다는 것도 포함되었다.

· 기존 정부 구조와 제도 외부에서 프로그램을 실행할 것(실질적인 군사 독재자의 초대로 UN이 버마에 있게 되었지만)
· 지역 공동체와 직접 작업하는 프로그램을 만들어, 전통적인 운용 방식과 다른 접근법을 사용할 것
· 기존 UN 기구들과 시스템 절차를 활용하는 한편, 국제 NGO의 지원을 받을 것

사실상 군사 독재 정권인 버마 정부는 UN 내에서 버마의 지위에 변화가 없는 상황에서 UNDP의 운용 방식이 변해왔다는 데에 분노했다. 군사 정권은 모든 외부의 영향력을 미심쩍어 했고, 엄청난 기세로 UNDP 및 다른 UN 기구들의 활동 및 운용을 조사하였다. 민족민주연맹은 인도주의적 지원의 효과에 대해 그리고 정치적 변화 전망에 어떤 영향을 미칠지 걱정하였다. UNDP의 도전은 참여적 방식의 다양한 프로그램을 제공함으로써, 정부 기관을 직접적으로 포함하지 않는 민중 중심 개발

사업을 시행하는 것이었다.

UNDP는 인간개발계획(Human Development Initiative, HDI)이라고 이름 붙은, 포괄적이고 통합적인 개발 프로그램을 내놓으며 관리위원회 결의안에 응답하였다. 이 프로그램이 이 환경에서 기능하기 위해서는 다른 UN기구들의 전문성이 필요했다. HDI의 구성 요소를 관리하기 위해 고용된 직원들은 공식적으로 UN기구에 고용된 것이지만 UNDP의 규칙 및 규제에 따라 프로젝트를 실행해야만 한다. 그로 인해 모든 것의 진행이 매우 느려진다. HDI 프로젝트는 한센병 환자의 재활, 말라리아 감염률 및 사망률 줄이기, 1차 보건, 상하수도 시설, 시골 지역의 기초 교육과 이라와디 강 잡목림 지역 마을 개발 등을 포함했다. HDI는 복지 강화, 주민의 참여 확대, 지역 능력 배양이라는 세 가지 주요 목표를 가지고 있다. 1994-1996년 동안 HDI는 버마에서 식량 문제, 1차 보건, 소액대출(micro-credit), 소득 증대, 교육, 상하수도 시설, 환경관리 영역의 프로그램들을 시작하였다. 이 프로젝트가 끝나고 비판적인 평가가 내려진 후에도 인간개발계획(확대), 즉 HDI-E라는 이름하에 계속 원조가 제공되었다. 사업 이름은 달라졌지만 목적은 처음의 HDI 프로젝트와 같았다. 열 개의 HDI-E 프로젝트들은 애초의 HDI에 기초해서 그것을 더 확장한 것이었다. 개발에 대해 영역별로 접근한 다음, 젠더, 환경, 고용, 보건, 하수 시설, 안전한 물 공급 등을 포함하는 통합적인 접근법에 초점을 맞추기로 정해졌다. 그리고 사회적 차원에서 지속가능성이 보장되도록 해야 한다.

세세한 연간 보고서 준비, 정기적인 진행 보고서 제출, 모든 활동에 엄격한 승인을 받아야 하는 것 등 결의안에서 요구하는 것이 매우 많다. 또 버마에서는 다른 나라들과는 다르게 UNDP를 운용한다는 것에 화가 난 군부도 모든 활동의 단계마다 면밀히 조사를 한다. 관리위원회 결의안에 따라 운용하는 것에 대한 확고한 지침이 없기 때문에 UN은 이러한 규정을 따르면서 개발 목표를 달성해야 하는 어려운 임무를 가지게 된다. 버마에서 인도주의적 구호 단체로 활동하는 것은 극도로 어려운 일이고 여러 관련 단체들도 버마를 위한 장기 목표에 대해 합의점을 찾지 못한다. UNDP는 그들이 채택한 주민 참여식 개발에 NGO들이 지원과 참여를 해주기를 원했지만 NGO들은 버마에서 계속 활동할 것인지를 고민하고 있었다.

UNICEF 사무총장 제임스 그랜트의 1992년 보고서 「미얀마를 위한 UN 평화 개발 사업의 가능성(Possibilities for a United Nations Peace and Developments Initiative for Myanmar)」은 버마의 끔찍한 사회 조건에 대한 관심을 촉구하고 단체들이 이 나라에 들어가야 하는가 하는 물음을 던졌다. 이것은 버마에서 활동한 NGO들이 던진 질문과 같은 것이다. 그들은 버마에서 좀 더 인간적인 조건을 만들어내는 데 어려움에 부딪쳤고, 엄혹한 군사 통치 때문에 개방성과 투명성이 부족한 상황에서 목표의 범위를 어디까지로 해야 하는가 하는 물음을 던지게 되었다. UNDP는 버마에서 주민 참여 풀뿌리 개발이라는 틀 안에서 개발 사업을 진행해야 하는 어려움까지 가지고 있었다. 1994년부터 1996년까지 UNDP는 HDI 프로그램을 시작하였다. 이 프로젝트의 효과에 대한 강도 높은 연구와 평가 후에, HDI-E 프로젝트라는 다음 사업에서는 더 명확한 접근법이 채택되었다.

아래에서는 이라와디 삼각주 지역에서 UNDP가 벌인 소액대출 사업의 효과를 분석하는데 UNDP 프로젝트 운용에서 지켜야 할 독특한 제한사항에 초점을 맞출 것이다. 이 프로젝트의 영향력은 싱가포르국립대학의 퓨신 응웨토(Phyusin Ngwethaw)가 연구하였다.

이라와디 삼각주 지역의 소액대출 사업

삼각주 지역에서 이루어진 소액대출 사업 '빈곤층 대상 소액대출을 통한 지속가능한 생계'는 1997년 UNDP가 시작한 HDI-E의 세 가지 소액대출 사업 중 하나로 30개월 동안 진행되었고 1999년 10월에 종료되었다. 이 사업은 소득창출 활동을 장려하면서 대출을 통해 빈곤을 완화하는 것이 목적이었다. 이는 HDI-E를 기반으로 UNDP가 자금을 댄 10개 프로젝트 중 하나였다. HDI는 식량, 보건, 소액대출, 소득창출, 교육, 깨끗한 물, 하수도 영역의 프로젝트로 구성된다.

소액금융은 세계은행과 UNDP가 지역 빈곤을 감소시키는 중요한 전략으로 활용하는 것이다. 그라민 은행(Grameen Bank)의 활동은 이 전략에 막대한 영향력을 끼쳤다. 빈곤층은 담보물이 없어 은행에서 돈을 빌릴 수 없다는 것이 빈곤의 큰 원인이라는 가정에서 그라민 은행이 시작되었다. 가난한 사람들은 사채업자에게 끊임없이 돈을 빌릴 수밖에 없고 그러니 사채업자들은 높은 이율을 부과할 수 있게 되어 더욱더 빈곤은 심해졌다. 소액대출은 빈곤층이 이러한 굴레에서 빠져나오고 지속가능한 생계를 확립할 기회를 주는 수단으로 간주되어왔다.

소액대출 연구 대상 지역 위치

연구 대상으로 선정된 군(郡)이 위치한 삼각주 지역은 버마 쌀 생산지의 중심부다. 다른 중요 경제 활동으로는 어업과 염전 운영이 있다. 이러한 활동에도 불구하고 삼각주 지역 내 많은 마을들은 다른 문제들과 더불어 저소득, 낮은 삶의 질, 하수 시설 및 깨끗한 식수, 교육시설 부족 문제를 겪고 있다. 이라와디 삼각주 지역을 구성하는 26개 군 중 이 지역에서 가장 빈곤한 군 세 곳이 소액대출 연구 대상으로 선정되었다. 보가레이(Bogalay)는 이라와디 강의 남쪽 끝에 있고 랑군에서 45km 떨어져 있다. 모울메인줌(Mawlamyainggyun)은 보가레이의 서쪽에 위치해 있고 라뿌따(Laputta)는 모울메인줌의 남서쪽에 있다.

주민 대부분은 농업에 종사한다. 토지를 소유한 사람도 있지만 소유 토지 면적은 작다. 전체 가구의 53%가 농업에 종사하고 40%는 일용직이고 나머지는 어업, 축산업, 자영업, 기타 활동을 한다. 농장 규모는 극히 작다. 거의 반 정도(42.7%)의 가구가 토지를 소유하고 있지 않고, 7.1%의 가구가 1.21헥타르 미만의 작은 토지를 갖고 있으며, 16.2%가 1.2에서 2헥타르 사이의 토지를 갖고 있고, 8헥타르 이상의 토지를 가진 가구는 1%뿐이다. 노동 연령(16~49세)에 속하는 인구가 58%밖에 되지 않으며, 부양 인구의 큰 비중(42%)을 어린 사람들(0~15세)이 차지한다. 교육 수준은 낮으며 5~9세 아이들 중 25% 가까이가 초등학교를 중퇴한다.

깨끗한 식수 및 하수시설 부족은 질병과 사망의 주요 원인이다. 말라리아, 이유를 알 수 없는 발열, 설사 및 이질이 많이 발생한다. 식수의 8%만이 상수도를 통해 마을로 공급되고, 대부분의 사람들은 처리되지 않은 물을 강, 개울, 연못에서 직접 떠다 먹는다. 마을 주민들은 자신의 신체적, 경제적, 사회적 환경을 통제할 힘이 거의 없으며 필수적인 사회기반시설을 만들 자본도 없다.

UNDP, UNOPS(UN Office for Project Services), 그라민 신탁(Grameen Trust), 국가기획위원회(National Steering Committee), 수공업과(Cottage Industries Department), 협동조합부(Ministry of Cooperatives)가 모두 다양한 수준에서 이 사업에 참여하였다. 그 지역 주민들이 사업의 주요 수혜자가 되도록 하면서 관련 조직들―그 지역의 단체, 국가 기관, 국제 기구-을 통해 사업을 성사시키기 위해서, 많은 조정이 필요했다. UNDP와 UNOPS가 소액대출 사업을 책임지는 UN 기구들이다. 이 사업과 관련된 국가 기관으로는 협동조합과 산하의 산업과, 미얀마 농업농촌개발은행, 기술농업직업교육부가 있다. UNDP는 390만 달러로 이 사업을 시작했는데 UNOPS 자산관리자가 기술 및 재정 정책을 담당했다. 현장에서 협력을 감독하고 보장하는 것은 사업팀 직원들의 일이다. 이 사업에는 협동조합부 산하 수공업과 등 미얀마 정부와의 공동 작업이 필요하다. 군(郡) 수준의 조정은 마을 대표, 지역당국, 정부 부문 전문가로 구성된 군 사업단에 의해 이루어졌다. 이 같은 여러 기관과 기구들의 네트워크는, 결의안에서 정한 예외적인 조정의 필요성을 잘 보여주는 예다. 이 사업을 지속적으로 하기 위해서는 UNDP는 UN의 주요 이사회와 버마 정부를 모두 만족시켜야한다.

지역 주민이 참여하는 이와라디 삼각주 프로젝트

그라민 신탁은 그라민 은행 계열의 NGO로서, 이 소액대출 사업의 파트너로 활동하고 있었다. 소액대출 사업의 목적은 마을에서 소득 창출 기회가 지속적으로 만들어지게 하고 은행의 소유권이 완전히 지역으로 이전되게 하는 것이다. 예전에 이 지역에서 소액대출 은행의 소유권을 지역에서 온전히 가졌던 적이 있었다. 그라민 신탁의 주요 목표는 '실제로' 빈곤한 사람들의 참여를 통해 마을 조직을 건설하는 것이었다. 그라민 신탁은 채권을 발행하는 것, 그리고 일단 이 프로젝트가 끝나면 은행을 운영하는 지역 주민에게 그라민 방법을 전해주는 일을 맡았다. 그라민 신탁은 보가레이에 본사를, 라뿌따와 모울메인줌에 두 개의 지사를 설립하였다. 현장 활동가들이 임명되어 특정한 지리 조건을 가진 곳에서 채권을 발행할 수 있도록 훈련받았다. 그라민 은행의 운영 철학은 대출금을 상환하지 못할 위험을 은행에서 고객 집단으로 이전시키는 집단 메커니즘에 기초한다. 그라민 신탁은 대출자 그룹에 사업을 지원하고 금융 활동에 대한 전문 지식을 전수하지만, 비즈니스 교육이나 보건, 교육과 같은 추가적인 서비스는 제공하지 않는다. 이들은 조그마한 경제적 부양책이 주어지면 사람들이 스스로 기회를 키워나갈 수 있으리라는 믿음을 가지고 최소한으로 지원한다는 태도를 취한다.

소액대출 사업은 일반 대중으로부터 기획되어 나왔고, 아래로부터의 접근법을 택하기 때문에 대출자들이 결정을 할 수 있도록 한다. 그라민 신탁은 운영 절차에서 가이드라인을 제공할 뿐이다. 이 사업에 참여한 지역 주민과 조직은 다음과 같다.

- 마을 사람들
- 5명으로 구성된 대출자 그룹(가구당 1명만 가능)
- 대출자 그룹의 위원장 및 총무
- 센터의 장 및 지점장
- 현장 활동가(지역 공동체에서 선발)
- 지사 관리자(방글라데시에서 선발)
- 지역 관리자(방글라데시에서 선발)
- UNDP/UNOPS, 관련 정부 부서 및 그라민 신탁(방글라데시 본부)
- 대상 주민

그라민 신탁의 주요 목표는 여성 가장 가구, 토지 비소유 노동자, 1.2헥타르 이하의 경작지 소유자, 최저생활을 하는 농어민, 노인과 장애인 등 '실제' 극빈층으로 구성된 마을 조직을 구축하는 것이다. 사업의 혜택이 가족 전체의 삶을 개선하고 일용 노동자들의 상황을 개선할 수 있도록 여성에 특별히 초점을 맞춘다. 5명의 여성으로 구성되는 그룹은 함께하고 싶은 사람을 스스로 선택하여 만들어진다. 주로 비슷한 사회적·경제적 배경을 가진 사람을 선택하게 된다. 가계 구성원 중 한 명만이 그룹에 참여할 수 있고 그룹의 승인을 받아야 대출을 받을 수 있다. 저축은 의무적이며 대출 자격이 있는 각 구성원은 7일간의 훈련 기간 동안 매일 5짜트씩 저축해야 하고, 이후 대출 액수에 따라 저축해나간다. 이 저축액은 사업이 끝난 뒤 운영 자금으로 사용된다.

소액대출 사업 결과 밝혀진 것

그라민 신탁이라는 이름 아래에 375개 마을에 마을 신용조합이 만들어졌다. 범위의 측면에서도 이 사업은 성공적이었다. 연구 대상 세 곳의 마을 사람들 90% 이상이 돈을 빌렸고 이 중 80%의 사람들이 이 돈이 생존에 꼭 필요했다고 말했다. 미얀마농업은행의 돈은 2헥타르 이상의 토지를 소유한 농민만 이용할 수 있다. 토지가 적은 사람들은 비공식적인 대부업자에게 의존하게 되고, 담보물이 없는 사람들은 경작 기간 동안 채권자의 농장에서 노동력을 제공해야 한다. 이 이라와디 삼각주 프로젝트에서 대출을 받은 사람들은 많았지만 대출자들 대부분은 자신이 지금까지 해오던 업종의 사업에 관심을 가졌다. 운송업 등 훈련과 지원을 제공받을 수 없는 사업에 관심을 가진 사람도 있었고 다른 제도적 지원 때문에 시장에 진입할 수 없는 활동에 관심을 가지는 사람도 있었다. 오리, 돼지 등 가축을 키우기 위해 돈을 쓴 대출자들이 가장 많았다. 그다음으로는 나룻배나 재봉틀, 고기잡이 그물을 산 사람들이 많았다. 하지만 대부분의 그룹이 자급을 위한 경제활동에 참여했고 그러므로 장기적으로는 여전히 생계가 불안정한 것으로 보였다. 소비를 위한 신용대출에서 생산적인 사업을 위한 신용대출로 전환하기 위해서는 훈련, 기술 지원, 교통 기관 등 더 많은 지원이 더 필요하다.

권고

군사 정권이 이 사업을 온전히 지원하기에는 이 사업에 대한 교육이 부족했다는 것이 밝혀졌다. 빈곤 완화의 토대를 만들려면, 사회기반시설 및 사회적 서비스가 중요하며 반드시 필요하다. 사회경제적 지원이 없으면 그라민 신탁의 고객 중 약 60%는 생계가 불안정해질 것으로 파악되었다. 따라서 농어업 관련 정부 부처를 통해, 또 NGO를 통해 사회기반시설과 특별 훈련이 제공되면, 장기적으로 소액대출 사업의 성과를 더 효과적으로 만들어낼 것이다. 다른 HDI-E 프로젝트의 사회 경제적 개발의 투자가 늘어나면 생산 증대, 가계 소득 증가가 일어나는 것으로 드러났다. 그 프로젝트에서는 식수, 하수시설, 교육과 보건 영역 개발에서 비용의 일부를 제공하고 대출자들이 나머지를 활용하여 이익을 낼 수 있도록 했다. 정부가 필수 사회기반시설을 제공해서 개별 마을이 시간과 돈의 측면에서 고비용의 노력을 감당하지 않도록 해줄 수 있다. 하지만 버마의 군사정부는 이러한 책임을 방기했다.

민족민주연맹의 참여

아웅산 수치와 민족민주연맹(NLD)과 협력하여 인간 개발 및 인도주의적 개발이 이루어질 수 있도록 대안적인 체제를 만들어내는 것은 UNDP의 필수적이고도 중요한 역할이다. 1996년 UN에 보낸, NLD의 입장을 밝힌 편지에서 아웅산 수치는 UNDP가 그전에 여러 번의 총회 결의안을 내세워 버마의 민주화를 군부에 요구한 바 있다면서, UNDP는 군부와 함께 일하지 말아달라고 요청했다. 1996년까지 지역의 군부 세력이 UNDP 사업을 운영했는데 군, 마을 위원회에서 NLD 지지자들을 배제하고 군부 지지자들만 그 자리에 앉혔다고 그녀는 비판했다. 마을 공동체가 개발에 참여할 수 없었다고 주장하며 그녀는 NGO가 버마 내에서는 NLD와 긴밀히 협조할 것을 요청했다. 1998년까지 NLD는 국제 NGO들이 국경지역에서만 활동해줄 것을 부탁하고 있었다. 국내에서 그들이 활동하는 것은 군사정권을 간접적으로 지지하는 셈이 되기 때문이었다.

소액대출 사업의 기획, 실행, 검토에 NLD가 뚜렷이 참여하지는 않았다. 그 사업에서 주민 참여가 장려되지만, NLD를 지지하는 마을 사람들은 군 위원회의 일원이 될 수 없었고 군 체제에 순응하는 사람만이 마을 사람들을 대표할 수 있었다. 소액대출 사업이 시민사회의 성장 잠재력을 제한하면서 운용된다면, 그 사업의 지속성이 위태로워진다.

정부가 교육, 사회기반 시설, 사회적 서비스의 형태로 개발을 지원하지 않으면, 이라와디 삼각주 지역 사람들은 최저 생활수준을 넘어서는 생활을 이어나갈 수 없을 것이다.

토지정책과 농업 개발

토지는 부와 권력의 주요 근원이다. 그래서 영국식민정부(1931-1948)부터 독립/민주정부(1948-1962), 여러 이름의 군정—혁명위원회(1962-1974), 버마사회주의계획당(1974-1988), 국가법질서회복평의회(1989-1997), 국가평화발전평의회(1997-)—에 이르기까지 모든 지배집단은 토지를 중요하게 여겼다. 토지 관련법은 여러 해에 걸쳐 입안되어왔다. 토지자원에 대한 수요가 점점 늘어남에 따라 여러 가지 토지법과 토지 이용 원칙에 대한 법률이 만들어졌다. 식민지배자들은 토지 이용의 관습을 무시하고 자신들의 개발 목적에 유용하다고 여겨지는 토지를 강제 수용했다. 버마가 여러 통치체제를 거쳐 독립을 획득했을 때에도 국가는 관습적인 토지 이용 시스템을 무시하고 사회기반시설이나 상업 지구 건설에 필요하다고 여겨지는 토지의 소유권을 법률에 의거해 빼앗았다. 버마에서 가장 중요한 토지 문제는 토지가 없는 사람들, 농촌의 빈곤, 토지자원 접근성을 둘러싼 불평등, 시민의 권리를 부인하고 법치가 아닌 힘으로 모든 수단을 동원해서 권력을 유지하려는 군사정권 등과 관련되어 있다.

1988년에 국가평화발전평의회(SDPC)는 농업 발전이 식량 안정을 담보하는 방법일 뿐만 아니라 경제의 다른 영역의 발전을 위한 기반이라고 선언하였다. 1962년에 거의 200만 톤에 달하던 쌀 수출이 1996년에 겨우 3만 5천 톤으로 급격히 감소한 것을 생각하면 국내 식량 안정은 중요하다. 버마의 풍부한 천연자원과 인적 자원으로 다양한 생태 환경을 유지하면서도 현재와 미래 세대의 삶을 지속가능하게 해야 한다. 토지를 어떻게 이용하고 누가 토지 이용을 규제하느냐는 버마 사회와 자연환경을 건강하게 하는 데 매우 중요하다. 버마인구의 75% 이상이 시골 지역에 거주하며 이들 대부분이 농사를 지어 생계를 이어간다. 그러나 많은 농작물의 수확량이 1988년 이래 감소했거나 정체 상태에 있다. 수로는 제대로 관리되지 않으며, 도로 또한 보수되지 않아 형편없는 상태로 있고 대출을 얻기는 거의 불가능하다. 또 다른 중요한 문제는 건조 기후 지역과 삼각주 지역의 환경이 황폐해지고 있다는 것이다. 담수원이 귀해지고 있으며 삼각주 지역에서는 물고기, 게, 땔감이 귀해지고 있다. 토지가 없는 가구, 토지가 있어도 가난한 가구들에게는 채소마저 점차 귀해지고 있다. 군부 지배하에서 이렇게 삶의 수준이 악화됨으로써 생긴 우려스러운 결과는 3세 미만 어린이들이 고도의 영양실조를 보인다는 것이다.

1988년 이후의 농업정책

국가법질서회복평의회는 1998년에 권력을 잡은 뒤 버마사회주의계획당(BSPP)이 발표한 모든 농업정책을 채택했고 다음과 같은 정책들이 농업부에 의해 시행되었다.

· 공공부문, 조합, 민간부문이 마음대로 농산물을 생산하고 판매할 수 있게 한다. 무엇을 재배하고 어디에 팔 것인지 선택할 자유를 준다.
· 농민에게 처녀지를 개간할 권리, 여러 가지 작물을 경작할 권리를 준다.
· 황무지를 개간한 곳에 다년생 특용작물이 자라고 있으면 그곳을 경작할 권리를 보장한다.

- 농민의 농기계, 비료 구입을 허용한다.
- 국가와 시장 경제에 필요하다고 여겨지는 개발 사업에 사용될 농지에 대해서는 경작의 의무를 면제한다.

버마에는 농부가 지속가능한 방식으로 농사를 지을 자유, 공동체의 경제적·사회적 안녕을 추구할 자유가 없다. 그 이유는 다음과 같다.

- 모든 토지는 국가가 소유한다.
- 논으로 정해진 토지에서는 벼농사만 해야 한다.
- 소규모 토지 소유자나 토지를 소유하지 못한 가난한 이들에게 토지를 재분배하는 제도가 존재하지 않는다.
- 버마의 모든 토지—농경지, 삼림, 산악지역과 보호지역—는 모두 국가가 통제한다.

1988년 12월 31일에 발표된 32/88호 명령은 벼 경작을 허락받은 개인은 농경지에서 최대치의 수확량을 낼 의무가 있다고 규정한다. 최대치의 수확량은 당국이 결정하는 것으로 되어 있다. 추수가 끝나 정해진 양의 쌀을 정부에 판매한 뒤에야 농민들은 시장에서 개별적으로 쌀을 팔 수 있다.

이렇게 정해놓으니, 농민들은 벼농사에 집중할 수밖에 없다. 시장에 내다 팔 다른 농산물이나 과일을 재배할 여력이 없어지는 것이다. 국가법질서회복평의회는 토지를 외화벌이 수단으로, 농촌 사람들의 경제활동을 통제하는 수단으로 이용해왔다. 그 결과 농촌 사람들의 생계가 불확실하고 막막해졌다. 군사정부는 지역 사정은 알아보지도 않고 무조건 삼모작을 하라고 농민들에게 강요했다. 그에 따라 농민들은 그 지역 토양, 물 사정, 토지의 사용 및 보유 조건에 맞지 않는 작물을 재배해야만 했다. 국가법질서회복평의회는 국가라는 것을 내세워 봉건적인 토지

제도를 확립했다는 점에서 버마사회주의계획당을 답습하고 있다. 하지만 그들이 말하는 국가는 군부 독재정권의 권력자들, 군인 계급, 특권을 누리는 중간계급 관료들, 버마사회주의계획당 잔당 등을 가리키는 것일 뿐 대다수 버마 국민들을 대변하지 않는다.

1990년 2월, 국가법질서회복평의회는 39호 명령(No.La/na 39)을 모든 주와 구에서 엄격하게 따르라는 지시를 발표했다. 이 명령은 국가법질서회복평의회가 과수원, 벽돌 공장, 정미소, 염전 등에 필요한 모든 토지에 대한 전적인 통제권을 가진다는 것이다.

1995년에 농업부는 농업정책과 관련된 세 가지 주요 목표를 발표했다. 그리고 이 세 가지 목표를 3~5년 내에 이룰 계획이라고 했다.

· 쌀을 목표량 이상으로 생산한다.
· 식용 기름을 자급한다.
· 여러 가지 콩과 특용작물의 생산과 수출을 늘린다.

2001년에는 생필품과 식용유가 배급되었는데 시장에서는 그 값이 어처구니없이 올랐다. 버마는 말레이시아에서 팜 오일을 수입해서 쓴다.

국내 기업인들의 대규모 농장 개발을 촉진하는 조치가 1998년에 개시되었다. 국가평화발전평의회는 1999년 6월 4일자 『미얀마의 새로운 빛』에서 이렇게 말했다. "샨 주와 카친 주에서 광대한 토지가 농장으로 탈바꿈하고 있고 몽 주과 카인 주의 미개척지, 빈 땅, 노는 땅들이 경작지로 바뀌고 있다. 과거에 이곳에는 폭동의 위험이 있었지만 이제는 평화와 안정이 유지되고 있다." 이렇게 새로 수용된 땅에 농장을 만드는 기업가들에게는 다음과 같은 특별 혜택을 주었다.

· 토지 임대 기간은 통상 1년이지만 이들은 30년간 임대할 수 있다.
· 농작물의 50%를 수출하고 나머지를 버마 국내에서 시장가격으로

판매할 수 있다.
· 농업용으로 수입된 기계, 살충제, 비료는 면세 혜택을 받는다.
· 비용 부담 없이 기반시설(도로, 교량, 통신, 우물)을 제공받는다.
· 차관 도입 시 정부가 지급보증을 해준다.

아시아개발은행(Asian Development Bank)의 『미얀마 업데이트 2001년 11월』에 따르면 지금까지 526,081헥타르의 토지가 80개 기업에 분배되었다. 그중에는 마약과 관련이 있는 아시아월드(Asia World)라는 회사도 포함되어 있다. 농업 생산을 위해 주어진 토지는 적다. 대출, 농자재(비료, 씨앗, 살충제), 기반시설(도로, 교량, 우물), 통신시설 등으로 국가의 지원을 많이 받는 기업가들이 하나의 계급을 형성하고 있는데, 이에 대해 많은 문제를 제기할 필요가 있다. 기업가 계급을 지원하여 누가 이익을 얻는가? 소위 '소유주가 없는 땅, 노는 땅, 황무지'의 법적 지위는 무엇인가? 과거에 그 땅에서 농사를 짓던 사람은 누구인가? 왜 소유자가 없게 되었는가? 토지의 전 소유주가 마을에서 강제로 쫓겨나고 '국가의 평화와 안보를 회복한다'는 명분으로 이 토지를 강탈당한 것은 아닌가? 이전 경작자들은 농사를 지을 때 (대출, 씨앗, 시장 판매, 비료, 농업용수 등에서) 지원을 받았는가? 장기적인 지속가능성의 관점에서 토양, 기후, 지력에 맞는 적합한 작물은 무엇인가? 이 '근대화' 과정에서 현지 농민들은 어떤 역할을 하게 될 것인가? 지역 사정에 대해 상의를 해주는 사람들이 될 것인가, 아니면 단순히 값싼 노동력이 되어버릴 것인가?

군사정부가 토지 이용 원칙을 기본으로 하는 농촌 개발 정책을 여러 가지 조치를 통해 시행함으로써 점점 더 많은 농민들은 기회를 잃고 땅을 잃게 된 반면, 부자 기업가들은 하나의 계급을 형성하게 되었다. 장기적인 지속가능성을 고려하지 않고 토지에서 더 많은 '이익'을 뽑아내려고 하면 토지가 황폐해질 위험이 있다. 정부가 대규모 농장을 육성한 결과, 땅을 못 가진 사람들, 2에이커(2,400평) 미만의 소규모 농지에서 농사짓는 사람들의 수가 늘어났다. 그것은 부분적으로는 농촌 지역에서의 인구 압력 때문이기도 하다. 1998년에 삼각주 지역에서 행해진 한 연구는 고용 인구 중 농업 노동자가 차지하는 비율이 25~33%라고 계산하였다. 이것은 1974-1975년의 조사에서 밝혀진 농업 노동자 비율의 두 배에 육박하는 수치다. 1974-1975년 랑군대학교 경제연구소의 연구자들은 전체 인구의 15~20%가 토지가 없거나 토지를 물려받을 전망이 없는 노동자라는 것을 발견했다. 농부는 토지 보유권을 안정적으로 확보하는 것이 중요하다. 그런데 토지 보유권은 버마에 존재하지 않는다. 국가가 모든 토지를 관리한다. 농부는 경작권만 가질 수 있고 '군(郡)·촌락 토지위원회'와 지적과의 허락이 있을 때만 가족에게 상속할 수 있다. 농부가 정해진 작물을 재배하지 않거나 당국이 명령한 대로 토지를 사용하지 않을 경우 토지 사용 권리를 박탈할 수 있다. 토지를 팔거나 넘겨주는 것은 불법이다.

위에서 아래로 내려오는 하향식 개발은 농촌 주민들이 정책 형성에 참여하지 못하게 만들었다. 군사정부는 지역 주민들이 개발의 걸림돌이고 문제라고 여긴다. 군사정부가 추구하는 농업의 '근대화'는 경작지 확대와 대규모 농장 조성, 큰 농기계 사용, 새로운 종자, 화학 비료와 살충제를 의미한다. 이런 것을 발전이라고 보는 관점은 삶의 조건을 개선하는 것과는 거리가 멀고, 지속 불가능한 농업을 육성하는 결과를 낳을 것이다. 또 빈부 격차(지역 내의, 국내의, 나라 사이의 빈부 격차)가 더 커지게 만들고 농촌 주민들의 생계를 파괴하는 데 기여할 뿐이다. 현재의 농업 정책은 농민들의 삶의 조건을 개선하지 못할 것이다. 군부는 토지와 자원을 소수의 기업들과 기업가 가족들이 마음대로 주무를 수 있게 하려고 한다. 농경지 확대는 지역 소농의 지식을 활용해서 그들의 협력을 받아 행해지는 것이 아니라 국가의 일방적인 강요로 이루어진다.

현재의 토지 정책은 부와 권력을 소수에게 더욱 집중시키는 것이며 지속 불가능한 농업 관행을 자리 잡게 만드는 것이다. 버마의 정권들은 토지 이용에 대한 개인의 권리를 통제해왔고 누가 무엇을 언제 어디서 재배할 것인지, 누가 어떻게 참여할 수 있는지 명령해왔다. 통제가 권력으로 잘못 이해되거나 통제가 권력의 대용물로 활용되고 있는데, 통제는 배움과 지속가능한 발전을 방해한다. 다양한 사람들이 참여하는 변화 과정에 기초한 토지 정책을 만들려면 배움이 필요하다. 그러나 국가평화발전평의회는 버마의 이전 지배자들과 마찬가지로 통제만 하려고 들었다. 통제를 그만두고 버마 국민들이 스스로 역량을 강화하게 하는 것이 지속가능하고 공평한 토지 이용으로 가는 첫걸음이다.

통계

경제

〈표1〉 국가별 경제 성장률

	연도	버마	태국	베트남
국내 총생산	1981-1990(평균)	-0.1	7.9	8.1
	1991	-0.6	8.5	6.0
	1994	7.5	9.0	8.8
	1997	5.7	-7.8	8.2
	1998	5.0	-10.4	4.4.
	1999	4.5	4.1	4.4.
1인당 GDP	1991	-2.5	-3.2	3.6
	1994	5.5	7.6	6.6
	1996	4.5	4.8	7.3
	1997	3.7	-2.9	6.2
	1998	3.1	-11.2	2.7
	1999	-	3.1	2.5
	2000	-	3.5	3.1
1인당 GNP (US$)	1985	-	1,050	240
	1998	-	2,200	330

〈표2〉 국내총생산 중 각 부문의 비중 (%)

	연도	버마	태국	베트남
농업	1970	49.5	30.2	-
	1980	47.9	20.2	42.7
	1996	46.1	10.9	32.2
	1999	41.9	10.2	233.9
제조업	1970	12.0	25.7	-
	1980	12.3	30.1	26.3
	1996	16.0	43.0	28.6
	1999	17.2	42.9	34.7
서비스업	1970	38.5	44.1	-
	1980	19.8	49.7	31.0
	1996	38.2	46.6	39.0
	1999	41.0	46.9	41.4

출처 : ADB Annual Outlook, various issues.

〈표3〉 부가가치 성장률

	연도	버마	태국	베트남
농업 부가가치	1981-1990(평균)	-0.3	3.8	7.4
	1991	-2.4	6.5	2.2
	1994	5.9	4.7	3.3
	1996	5.0	3.8	4.4
	1997	3.7	2.9	4.3
	1998	2.8	-6.6	2.8
	1999	2.5	6.6	5.0
	2000	-	3.0	3.5
제조업 부가가치	1981-1990(평균)	-0.2	10.3	7.7
	1991	1.5	12.1	9.0
	1994	10.3	10.1	13.3
	1996	10.7	7.1	14.5
	1997	8.9	2.7	12.6
	1998	6.6	8.3	7.0
	1999	6.0	8.3	7.0
	2000	-	6.8	7.4
서비스업 부가가치	1981-1990(평균)	0.2	7.7	9.3
	1991	0.7	6.1	8.3
	1994	8.3	8.9	9.6
	1996	6.5	5.3	8.8
	1997	6.6	-1.1	7.1
	1998	6.7	-9.4	2.4
	1999	6.0	1.4	2.0
	2000	-	3.0	3.9

〈표4〉 국내총생산 성장률과 물가상승률

연도	국내총생산 성장률	물가상승률:소비자물가지수의 변동률(%)
1962-1973	2.80	5.7
1974-1985	5.30	8.4
1986-1988	-2.26	16.8
1989-1991	1.93	25.7
1992-1994	7.73	25.9
1995-1997	5.96	23.7
1998-1999	3.50	45.7
1989-1999 평균	5.60	28.9

출처: Selected Monthly Economic Indicator, various issues Yangon, Central Statistical Organization.

〈표5〉 국내총생산 성장률과 물가상승률(1989-1999)

	버마		베트남	
	국내총생산	물가상승	국내총생산	물가상승
1989	3.7	27.2	7.8	35.0
1990	2.8	17.6	4.9	67.0
1991	-0.7	32.3	6.0	68.0
1992	9.7	21.9	8.6	17.5
1993	6.0	31.8	8.1	5.2
1994	7.5	24.1	8.8	14.5
1995	6.9	25.2	9.5	12.8
1996	6.4	16.3	9.3	6.0
1997	4.6	29.7	8.2	3.6
1998	4.0	51.5	4.0	9.2
1999	3.0	40.0	3.7	8.0
1989-1999 평균	5.6		7.4	-

출처 : Burma, GDP: Mya Maung, pp 83. Burma Road to Capitalism: Ministry of
National Planning and Economic Development, Review of the Financial,
Economic and Social Condition, various issues, Vietnam, World Bank.

〈표6〉 국내 총저축

(국내총생산 대비 비율, %)

연도	버마	태국	베트남
1981-1990 평균*	11.4	26.2	-
1994	11.7	34.6	17.5
1995	13.4	33.4	16.1
1996	11.5	33.6	17.8
1997	11.9	32.4	21.8
1998	10.6	39.3	21.1
1999	-	36.4	22.0
2000	-	36.3	21.6

*GNP 대비 비율
출처 : ADB Annual Outlook, various issues.

〈표7〉 국내 총투자

(국내총생산 대비 비율, %)

연도	버마	태국	베트남
1981-1990 평균*	15.4	31.1	-
1994	12.4	40.2	25.5
1995	14.2	41.4	27.1
1996	12.3	41.7	28.1
1997	12.6	33.2	28.3
1998	11.1	26.1	25.5
1999	-	26.8	19.7
2000	-	30.4	20.8

*GNP 대비 비율
출처 : ADB Annual Outlook, various issues.

〈표8〉 경상수지 및 국내총생산 대비 국제수지 비율

연도	버마		태국		베트남	
	백만달러	%	백만달러	%	백만달러	%
1994	-53	-0.1	-7,862	-5.4	-	-8.0
1995	-244	-0.2	-13,248	-7.9	-	-11.0
1996	-305	-0.2	-14,380	-7.9	-	-10.3
1997	-350	-0.2	-3,130	-2.1	-	-6.5
1998	-447	-0.2	14,261	12.7	-	-4.4
1999	-	-	11,330	9.1	-	2.3

출처 : ADB Annual Outlook, various issues.

〈표9〉 미지급 대외 부채 및 원리금 상환 비율*

연도	버마		태국		베트남	
	백만달러	%	백만달러	%	백만달러	%
1991	4,875	13.1	33,266	10.1	2,739	-
1992	5,355	6.2	37,353	10.6	3,957	-
1993	5,756	11.8	46,826	10.7	4,788	-
1994	6,555	14.5	64,866	11.7	5,434	13.4
1995	5,771	16.7	82,568	11.4	6,452	12.2
1996	5,185	-	90.536	11.0	8,283	12.2
1997	5,647	-	93,416	11.4	10,465	15.6

*재화와 서비스 수출액 대비 원리금 비율 (%)
출처 : ADB Annual Outlook, various issues.

〈표10〉 정부 세입 세출의 변화(1987-1988에서 1997-1998)

연도	세입	세출	SOE 비율*	전체 차액
	(%)	(%)	(%)	(%)
1987-1988	12.1	16.9	1.0	-5.8
1990-1991	9.4	16.2	0.6	-7.4
1995-1996	6.6	12.3	0.7	-6.4
1996-1997	6.7	12.8	1.4	-7.3
1997-1998	6.8	10.6	2.3	-6.1

*국영기업의 수입과 지출의 수지
출처: Ministry of National Planning and Economic Development, various issues;
　　 Myat Thein, 199: Table 2.

농업

〈표11〉 연간 국내총생산 성장률

연도	국내총생산	농업부문	국내총생산에서의 농업 비중	농업 성장율에 직접 영향을 받은 국내총생산 비율 (%)
1989/90	3.7	5.2	39.1	55.0
1991/92	2.8	2.9	38.7	27.6
1992/93	9.7	12.4	38.4	49.0
1993/94	6.0	4.7	37.9	29.7
1994/95	7.5	6.7	37.6	33.6
1995/96	6.9	5.5	27.1	22.7
1996/97	6.4	3.8	26.2	21.5
1997/98	5.7[1]	2.9	25.6	22.4[2]
1998/99	5.6	-	34.5	-
1999/00	10.5[3]	-	34.3	-

1 4.6%였던 것이 수정됨
2 원래 국내총생산 성장률 4.6%로 해서 계산됨
3 1999/00 국내총생산 성장률의 4.3과 3.6의 값은 각각 아시아개발은행과 세계은행이 계산한 수치임.
출처 : Ministry of National Planning and Economic Development, Review of the
　　 Financial, Economic and Social Conditions, Various issues, The Publication
　　 stopped in 1998. The last issue was of 1997-1998.

〈표12〉 농업 생산

		연도	버마	태국	베트남
농업생산 지수 (1979-1981 =100)	전체	1980-1982	108	104	106
		1982-1984	124	110	116
		1992-1994	135	134	173
	1인당	1980-1982	122	102	103
		1982-1984	116	104	109
		1992-1994	103	109	130
식량생산 지수 (1979-1981=100)	전체	1980-1982	108	100	103
		1982-1984	125	110	116
		1992-1994	138	125	171
	1인당	1980-1982	106	104	105
		1982-1984	118	104	109
		1992-1994	106	112	12
1인당 농업생산 증가율 (%)		1974-1984	2.8	1.8	2.8
		1985-1996	0.7	0.7	2.4
평균 곡물 생산량	(kg / ha)	1992-1994	2,808	2,278	3,343
	(변동률, %)	1982-1984	4	12	32
쌀 생산 (톤/에이커)		1994-1996	1.07	0.86	1.28

출처 : UN 식량농업기구(FAO)

〈표13〉 농업 투입량

		연도	버마	태국	베트남
경작지	전체 면적(ha)	1983	10,077	19,198	6,590
		1993	10,087	20,800	6,700
	1인당 면적 (ha)	1983	0.28	0.39	0.11
		1993	0.28	0.36	0.09
관개지 비율(%)		1981-1983	10	17	20
		1991-1993	10	21	24
비료 사용량(kg /ha)		1983	16	25	57
		1993	19	54	136

출처 : UN 식량농업기구(FAO)

인간발달

〈표14〉 국가별 사회 지표 및 인프라 지표

		연도	버마	태국	베트남
1인당 실질 국내총생산(PPP$)		1995	1130	7742	1236
인간빈곤지수(HPI-I)		1995	27.5	11.9	26.1
빈곤선 아래의 인구(%)		1990	40	29	-
빈곤층의 지역 분포	도시		30.4[1]	11.7[2]	10.9[3]
	농촌		69.6[1]	84.7[2]	89.1[3]
성인 문해율(%)		1995	16.9	6.2	6.3
보건서비스, 안전한 식수, 하수도 시설이 없는 지역 인구	보건 서비스	1990-1995	40	10	10
	안전한 식수	1990-1996	40	11	57
	하수도	1990-1996	57	4	79
영아사망률(출생아 1천 명당)		1960	158	101	147
		1994	79	27	35
5세 미만 아동 사망률 (출생아 1천 명당)		1960	237	146	219
		1994	109	32	46
출생시 기대수명(세)		1960	45	54	45
		1994	57	69	65
합계출산율(%)		1960	6.0	6.4	6.1
		1997	2.4	1.7	2.4
1인당 하루 섭취 칼로리		1997		2148	2122
GDP 대비 공공 예산 비율	보건	1990	1.0	1.1	1.1
	교육	1992	2.4	4.0	-
포장도로 비율(%)		1997	12.2	97.5	25.1
1인당 전력소비량(kw)		1996	58	1,289	177
관개지 비율(%)		1994-1996	15.9	23.2	29.6
전화(유선+이동전화) 대수(1천 명 당)		1997	5	113	23

1. 1997
2. 1992
3. 1992/93

출처 : ILO 1996, Statistics on Poverty & Income Distribution: Ministry of Labor(Union of Myanmar) 1998, Handbook on Human Development Indicator(HHDI): UNDP 1998, Human Development Report 1998, Mya Than, 1999.

〈표15〉 사회 지표

		연도	버마	태국	베트남
5세 미만 아동 사망률(1천 명당)		1960	237	146	129
		1980	134	53	105
		1990	118	33	42
		1994	109	32	46
영아사망률 (출생아 1천 명당)		1960	158	101	147
		1994	79	27	35
출생시 기대수명		1960	45	54	45
		1994	57	69	75
		1998	59	72	68
	(남성)		58	70	66
	(여성)		62	75	71
성인 문해율 (15세 이상 인구 중, %)		1995	16.9	6.2	6.3
		1998			
	(남성)		11.0	3.0	5.0
	(여성)		21.0	7.0	9.0
도시에서 하수도가 있는 곳에 사는 인구 비율(%)	(남성)	1990-1996	42	98	43
보건서비스, 상하수도 시설이 없는 곳에 사는 인구 비율(%)	하수도	1990-1996	57	4	79
	상수도	1990-1996	40	11	57
	보건 서비스	1990-1996	49	10	10
전체 인구 중 도시 인구 비율(%)		1980	24	17	19
		1999	27	21	20

출처 : World Bank Reports.

토지와 환경

〈표16〉 토지 개간 계획(1999년 6월)

주/구	전체 임대 면적	전체 개발 면적
아예야라디 구	246,366	65,456
양곤 구	58,368	22,134
펭구 구	101,890	6,835
삼각주 지역 전체	406.624	94,425
마그웨 구	233,037	3,625
건조지역 전체	233,037	3,625
테나세림 구	464,744	415
해안 지역 전체	464,744	415
샨 주	21,675	15,017
카친 주	33.036	1,409
카렌 주	1,000	400
고원지역 전체	55,711	16,826
전국	1,160,116	115,291

출처: Ministry of Agriculture and Irrigation, Yangoon.

〈표17〉 환경 파괴 현황

	연도	버마	태국	베트남
국토 면적 (1,000ha)	1995	65,755	51,089	32,549
국토 면적 중 삼림 비율(%)	1995	41.3	22.8	28.0
연간 1인당 수자원 양(㎥)	1998	22,719	1,844	4,287
연간 1인당 사용 가능한 담수량(㎥)	1987-1995	101	602	416
연간 삼림 파괴 면적(1,000ha)	1980-1989	677	397	173
연간 삼림 파괴 비율(%)	1980-1989	2.1	2.5	1.7
	1990-1995	1.4	2.6	1.0
맹그로브 숲의 손실(%)	1980-1990	58	87	62

출처: Human Development Report, 1995 and 1998, OUP, New York.

군사화

〈표18〉 국방 예산

연도	정부 예산 중 국방비 비율(%)	GNP 중 국방비 비율(%)	
1950-1954	33.6		
1955-1960	31.0		
1973	33.4		
1974	28.3		
1975	29.7		
1976	29.2		
1977	25.5		
		(a)	(b)
1984		-	3.0
1985		3.0	3.1
1986		2.9	3.0
1987		1.9	3.0
1988		2.5	2.9
1989		3.9	3.5
1990		3.9	4.4
1991		3.8	4.5
1992		3.2	3.8
1993		3.5	-

* Table 8.3, page 166, Steinberg 1981.
(a)From Selth : Stockholm International Peace Research Institute.
(b)From Selth : US Arms Control and Disarmament Agency.

〈표19〉 정부 재정 적자와 국방비(10억 짜트)

연도	재정 적자액	국방예산(D)	사회복지 예산(Ss)	D/Ss
1988/1989	7.7	4.2	5.0	0.82
1990/1991	11.2	6.9	7.1	0.97
1991/1992	12.9	8.2	7.9	1.04
1992/1993	12.1	9.1	8.0	1.14
1993/1994	15.5	13.9	8.6	1.62
1994/1995	29.6	14.1	9.2	1.53

출처:Mya Maung: Ministry of National Planning and Economic Development

(MNPED), The Union of Myanmar.

〈표D3〉 버마 군 병력 증강 추이

연도	육군	해군	공군	전체
1964년 12월	122,228	6,101	6,200	132,529
1974년 5월	138,480	6,655	6,633	151,768
1981년 6월	163,700	7,419	6,546	177,665
1984년 6월	173,655	7,724	6,892	188,271
1988년 4월	184,029	8,065	6,587	198,681
1987년				170,000(m)
1988년				186,000(s)
1998년				265,000(m)
1999년				350,000-450,000
2000년				500,000(t)

출처: (m) Dr. Mya Maung; (s) Dr. Andrew Selth; (t) target.

〈표D4〉 국방비와 자원 배분 불균형

	연도	버마	태국	베트남
국방비 (백만 US$, 1995년 환율)	1985	1,200	2,559	3,227
	1996	1,929	4,212	930
GDP 대비 국방비 비율 (%)	1985	5.1	5.0	19.4
	1996	7.6	2.5	4.0
1인당 국방비 (US$, 1995년 환율)	1985	32	49	53
	1990	40	69	12
교육 보건 예산 대비 국방비 (%)	1960	240	96	-
	1990-1991	2220	71	-
1996년 전체 병력	(1985년=100)	321	254	572
		173	108	56

출처 : 인간개발보고서(Human Development Reports)

군 작전사령부(MOC) 관할구역

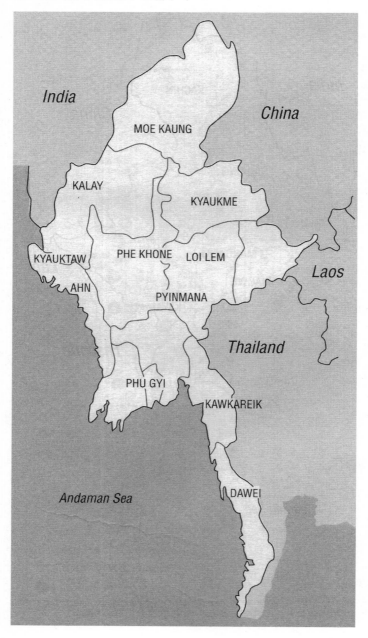

행정구역: 주(state)와 구(division)의 경계

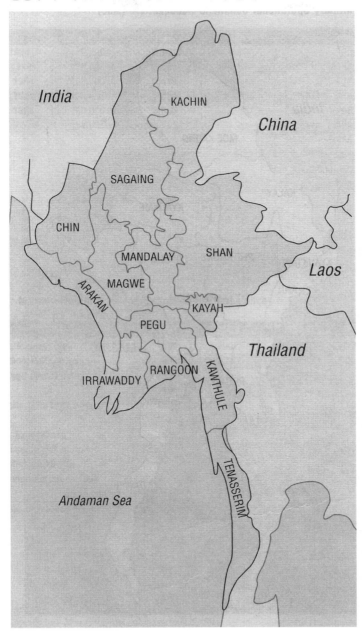

India

KACHIN

China

SAGAING

CHIN

MANDALAY

SHAN

Laos

ARAKAN

MAGWE

KAYAH

PEGU

Thailand

RANGOON

KAWTHULE

IRRAWADDY

TENASSERIM

Andaman Sea

군 부대 배치 : 명령 구역과 경보병대 위치

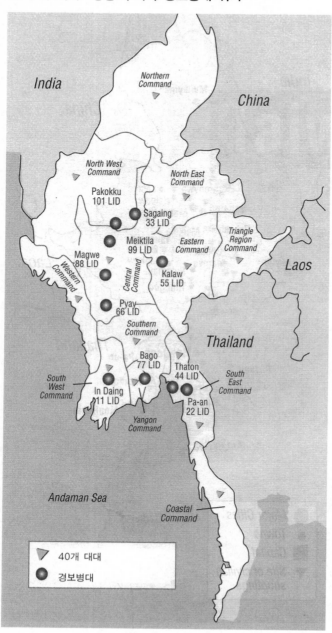

군인에 의한 민간인 사살 지역

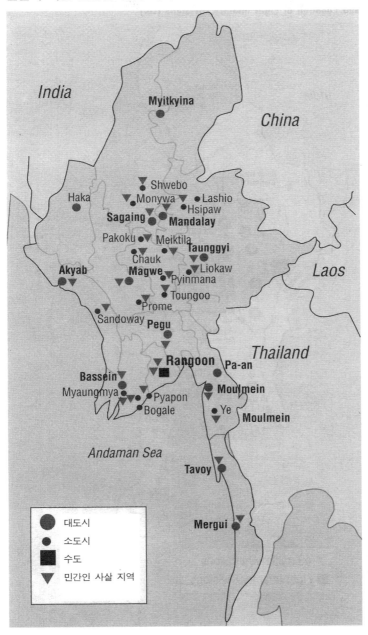

India

China

Myitkyina

Haka

Shwebo
Monywa · Lashio
Hsipaw
Sagaing · Mandalay

Pakoku · Meiktila
Chauk Taunggyi
Magwe Liokaw
Akyab Pyinmana

Prome Toungoo
Sandoway Pegu

Thailand

Rangoon Pa-an

Bassein
Myaungmya Moulmein
Pyapon
Bogale Ye
Moulmein

Andaman Sea

Tavoy

Mergui

● 대도시
● 소도시
■ 수도
▼ 민간인 사살 지역

Laos

대만

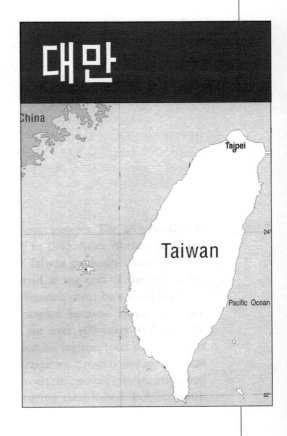

유연성과 역동성을 향하여

대만의 사회운동

청시우메이(Chung Hsiu Mei)
청융펑(Chung Yung-Feng)
훙신란(Hung Hsing Lan)
슈추안쳉(Hsiu Chuan Cheng)
리청친(Lee Chung Chin)
린이런(Lin Yi Ren)

식민주의의 유산

역사적으로 대만은 여러 외세의 지배를 받았다. 17세기에 네덜란드의 식민지가 되었고 일본이 1899년부터 1945년까지 통치했다. 2차 세계대전에서 일본이 패한 후 대만의 정치적인 입장은 서서히 바뀌었다. 1950년대 말에 냉전의 양대 진영으로 재구성되어가던 세계에서 미국이 대만을 지지함으로써 대만의 입지가 강화되었다.

대만의 "식민지 유산은 복합적"이라고 학자들은 말한다. 대만은 식민 지배자들의 무역을 위해서 400년이 넘는 고통스러운 근대화 과정을 겪었다. 일제강점기에 설탕 수출이 1903년의 8.7%에서 1935년에 81%로 늘어났다. 또 관개시설이 만들어지고 영농교육이 이루어졌으며 도로와 수력발전소가 건설되었고 알루미늄 정제 공장, 합금제조공장이 세워졌다. 공중보건 프로그램과 교육 시스템도 갖추어졌다.

그러나 계급과 인종의 구별이 유지되고 강화되었기 때문에 대만인은 일제 통치하에서도 여전히 제2시민이었다. 무역은 주로 일본인들이 독차지했는데 식민정부와 자본가들이 합작해서 사업을 벌이기도 했다. 기술자와 관리자의 3분의 2가 일본사람이었다(Lin Jung-Xiong, 1987:29-31). 2차 세계대전 때에는 많은 대만 젊은이들이 일본군에 징병되었다. 그중 많은 사람들이 남아시아의 밀림에서 죽었으나 가족들은 소식조차 듣지 못했다. 젊은 여성들은 경제적 "위안부"가 되도록 강요당했는데 대만의 중개인들에게 속아서 간 경우가 많았다.

국가 공장

1945년 일제의 패망 후 중국 민족주의자들의 국민당(KMT)이 권력을 잡았다. 그들은 붉은 바탕에 파란 하늘과 하얀 태양을 조합해서 국기를 만들고 자신들이 정통성을 가진 권력이라고 주장했다. 대만 사람들은 처음에는 일제 치하에서 벗어난 것을 기뻐했지만 일제 때에 비해 상황이 별로 나아진 것이 아님을 곧 알게 되었다. 1947년 2월 28일에 이러한 긴장이 폭발하면서, 타이베이에서 벌어진 작은 사건이 국민당에 반대하는 대규모 시위로 이어졌다. 국민당 군대는 당시 시위를 이끈 학생들, 법률가들, 의사들을 처형했다. 그 후 몇 년 동안의 '백색테러' 속에서 수천 명이 국민당과의 충돌 속에서 살해당했다. 한편, 장개석(장제스)은 중국 공산당에 패배하고 1949년에 국민당 지지자들과 함께 대만으로 도망을 왔다. 1950년까지 중국 대륙에서 백만 명 이상의 피난민이 대만으로 이주해 왔다.

미국의 지지를 등에 업은 국민당 독재 정권은 자신들의 이익을 지키기 위해서 1949년에 계엄령을 선포했다. 장개석의 가족과 측근들이 국가의 주요 경제 영역들을 장악했다. 더 중요한 것은 대만이 냉전 시대의 두 진영이 갈등을 일으키는 접점이 되었다는 점이다. 장개석은 공산당에 동조하는 것으로 의심되는 사람과 국민당을 반대하는 것으로 의심되는 사람 2만여 명을 탄압했다. 그 가운데는 중국 대륙에서 온 사람들도 있었다. 정치범 수천 명이 파이어 아일랜드에 갇혔는데, 어떤 이들은 좌파였고 어떤 이들은 독립운동가들이었다. 그들의 수감 기간을 모두 더하니 5천 년이 넘었다고 한다.

대만은 미국의 발자취를 따라 고삐 풀린 자본주의 개발의 길에 들어섰다. 대만이 미국에게 받은 도움은 크게 두 가지로 나누어 볼 수 있다. 첫째, 미국은 대만에 미화 40억 달러 상당의 원조금, 차관, 군사 장비를 줌으로써 1951년에서 1964년 사이 대외 적자의 93%를 메워주었다. 둘째로 미국은 전력, 교통, 통신과 제조업, 광업, 그리고 농지개혁과 영농 교육, 보건과 교육 등 주요 영역에서 개발에 기여했다. 원조와 개발 사업은 대만의 군사화를 촉진하기도 했다.

개발도상국이 외국 투자를 끌어들이려면 세계시장이 원하는 것을 제공해야 한다. 첫 번째 수출가공구(수출자유지역)가 남부의 카오슝 지역에 세워졌다. 1960년대에 그곳은 많은 젊은 여성들을 끌어들였다. 농업을 희생시켜서 공업을 일으키는 정책은 농민을 착취하고 천연자원을 무분별하게 채취하는 결과로 이어졌다. 당연히 가족노동 농업과 자급 경제가 무너졌다.

1985년이 되면 외국자본 투자가 43%를 차지하게 되고, 중국 본토 출신 관료 자본가들, 푸젠성에서 온 사업가들, 그리고 해외 화교 사업가들이 대만의 새로운 부르주아 계급을 형성했다. 중국과 관련된 자본가 세력은 민족주의와 반(反)장개석 정서가 동기가 되어 이루어진 것이었다. 그런데 그들이 경제생활과 문화의 핵심적인 부분을 지배했다. 1980년대 이후로 그들은 노동운동은 허용하지 않는다는 데 모두 합의하고 있었다. 가부장적이고 파시즘적인 구조 아래서, 이들의 경제적인 힘은 노동자와 천연자원을 폭넓게 착취하기 위한 국가의 도구가 되었다.

대만 사회와 사회운동

여기서 몇 가지 의문이 생긴다. 왜 대만의 사회운동은 국가가 조장하는 불평등과 토지 황폐화에 대해 강하고 일관성 있게 도전하지 못했는가? 어떤 조건이 되어야 젠더, 공동체, 환경에 관한 국가정책에 영향을 주는 사회운동이 나타날 수 있는가?

1988년에 미국 정부는 국민당에 압력을 가했다. 40년 가까이 지속된 계엄령을 해제하고 새로운 자유 시민사회를 만들라는 것이었다. 계엄령이 해제되면서 경제와 사회 분야의 자유화가 이루어지고 의회 민주주의를 제대로 할 수 있게 되었다. 사회운동, 정치운동이 사회정의, 민주주의, 평화, 경제 자유화를 요구할 수 있는 기회가 왔다고 여겨졌다.

사회운동은 다음과 같은 이유로 나타난 것이다.

> 사회운동의 출현은 자본 축적과 생산관계 사이의 모순 때문이다. 이 모순은 노동자 농민운동에서 그 모습을 드러냈다. 산업화가 급속하게 성공적으로 이루어져서 생산성이 향상되었고 자본가들은 그에 따라 이익이 늘어났으나 자본가들에 비해 노동자들의 임금과 노동조건은 향상되지 않았다. 1950년에 이루어진 대만 전역의 토지 개혁 이후 농민들의 노동 생산성 향상으로 농촌 지역 자본이 축적되었으나 그 자본은 농촌에 투자되지 않고 공업 부문에 투자되었다. 그것은 국민당 정권의 '공업 발전을 위해 농업을 쥐어짜기' 정책을 잘 따르는 것이었다 (Chung Yung-Feng, 1996:44-6).

대중 운동은 자신들의 요구를 더 잘 제기하기 위해서 정치에 진출했다. 장진궈(장개석의 아들) 이후 다당제와 자유주의 정치가 가능해졌던 것이다. 그러나 이러한 새 민주화와 자유화가 대만 국민 다수에게 그렇게 많은 변화를 가져오지는 않았다. 새로운 힘센 엘리트가 나타나서 과거

권력자들의 자리를 차지했다. 그들 역시 다수의 희생으로 특권을 누렸다. 새로운 정책도 빈곤층과 농촌 사람들에게는 관심을 보이지 않았다. 이것은 격렬한 반동을 일으켰다. 그러나 과거에 중요한 역할을 했던 반자본주의 운동은 약해졌고 결국 사라졌다. 그 이유 중 하나는 국민당에 반대하는 사람들이 대만이 이미 사회정의와 자유를 성취했기 때문에 새로운 운동이 더는 필요하지 않다고 생각한 것이다. 새롭게 나타난 몇몇 운동은 '공산주의'로 간주되었다.

이렇듯 건전하지 않은 상황에 대응하기 위해 새로운 운동이 1990년대에 출현했지만 이것은 다른 종류의 운동이었다. 환경운동과 노동운동, 여성운동, 원주민 운동 같은 새로운 운동이었다. 1980년대에는 노동정책, 민영화, 환경정책, 댐 건설, 농촌 정책 등에 반대하는 운동이 활발했다. 농촌 공동체, NGO들, 전국적인 운동 조직, 국제단체 등이 그런 운동을 지원했다. 그러나 그 후 10년 동안, 많은 사회운동이 정치적이고 사회적인 안건들을 운동으로 연결시키지 못하고 고립되었다. 그들에게는 급속히 확산되는 개발과 소비주의의 속도를 늦출 힘이 없었다. 그러니 환경파괴는 계속되었고, 농촌 경제는 몰락했고, 여러 소수 집단과 노동자 계층은 주변화되고 쫓겨났다.

후기산업시대 대만 사회운동의 특징은 끊임없는 뿌리 깊은 갈등에서 나온다고 할 수 있다. 여기에는 많은 이유가 있다. 첫째, 생산 수단을 통제하고 권력을 가지기 위한 집단 내부의, 또는 집단 간의 권력 투쟁이다. 이러한 역사적·사회적·정치적 분쟁을 해결할 공통된 공식은 없다. 각각의 상황이 독특하기 때문에 각 사회운동의 틀 안에서 해결책을 발견해야만 한다. 대만의 사회운동은 15년 넘게 발전해왔다. 지금까지 여러 사회운동 단체들은 갖가지 갈등에 대처하는 동시에 새로운 대만 사회의 성격 같은 근본적인 이슈를 제기하는 데 실패했다.

이 문제는 여러 분과학문의 학자들이 각자 자신의 시각으로 다른 장소, 다른 상황에서 분석한 바 있다. 프랑스 사회운동 내부의 갈등을 분석한 알랭 투렌에 의하면, 후기 산업사회 또는 테크노크라트 사회에서, 즉 그가 '프로그램 사회(programmed society)'라고 이름 붙인 사회에서 일어나는 사회적 분쟁은 그 원인이 다르다(Touraine 1981:29). 예를 들어서, 프로그램 사회, 후기 산업사회의 갈등의 뿌리는 우리가 익히 알고 있는 것처럼 자본가와 노동계층의 갈등만이 아니라고 그는 주장했다. 투자가들, 테크노크라트, 새로운 관료주의자, 전문가들 사이의 갈등도 있다(Touraine 1974:55-7). 왜냐하면 후기 산업사회는 자연적 균형의 결과가 아니라 의사결정, 정책, 프로그램의 결과이기 때문이다(Touraine, 2000:130). 사회운동은 역사에 영향을 미치기 위해 계급행동과 사회를 통제하려 하기 때문에 끊임없이 서로 갈등하게 된다고 그는 주장한다(Touraine 1981:29).

알베르토 멜루치는 복잡한 사회에서 벌어지는 신사회운동의 특징을 다르게 설명한다. 그가 정의하는 프로그램 사회는 행동의 자율적 중심, 대중적인 통합을 위해 더 많은 노력을 쏟는 체계다(Mellucci 1996:271, 290). 그의 견해에 따르면, 신사회운동은 국가와 시장이 사회생활에 간섭하는 것, 개인의 자아와 정체성에 간섭하는 것에 저항하는 운동이다. 개인은 자기의 사생활을 스스로 결정할 권리가 있다. 또한 신사회운동은 후기산업사회 전체에 퍼져 있는 교묘한 조종과 일상생활에 대한 정치적·행정적 침해에 저항하는 운동이라고 그는 지적한다(184-6).

위의 학자들의 주장에는 차이점이 있지만 공통점도 있다. 투렌과 멜루치 둘 다 집단행동의 정체성을 이야기한다. 투렌은 구조적 긴장과 집단적 주체 등장 사이의 상호작용을 강조한다. 집단적 주체는 가치와 이해관계를 만들어내는 자로 정의할 수 있다. 멜루치의 집단적 정체성 개념은 '가시적' 단계와 '잠재적' 단계 사이의 과정이다. 그 과정 덕에 경험의 연속성을 가질 수 있다. 그는 또한 정체성 구축 과정은 자신을 사회로부터 구별하려는 열망과 동시에 일어난다고 주장한다. 만약 행위자가 주체(subject)가 되지 못하면, 운동의 대중화 과정, 조직 형태,

리더십 모델, 이념, 의사소통 형태 사이의 모순이 잘못된 방향으로 나가게 될 것이다(78-80).

투렌은 후기 산업사회에는 중심적인 갈등이 없다고 주장한다(2000:89). 프로그램 사회의 복잡한 갈등 중에는 정보의 헤게모니도 포함된다고 그는 지적한다. 멜루치(2007)는 이것을 '중심이 없는 사회'라고 표현했다. 좌파와 우파라는 구조로는 사회 전체를 나타내지 못한다. 복잡한 사회에서는 지식이 중요한 역할을 한다고 그는 강조했다. 상징적인 의미가 우리의 일상과 생각에 영향을 미친다는 것이다. 사회운동의 지도자들은 갈등이 시스템의 한계를 넘어설 수 있도록 이런 개념들에 대해서 생각할 필요가 있다(220-5).

프랑스의 신사회운동은 단지 경제적 프로그램에만 관심이 있는 것이 아니라 사회적 의사결정 시스템에도 관심을 가진다(Tourain, 1974:72). 투렌은 엘리트층이 반대 세력을 형성하는 것, 계급 관계의 변화, 역사적 유산의 중요성을 강조했다(Touraine, 76).

멜루치의 이론은 이탈리아 사회의 분석에 기초하는데 이탈리아에서는 수십 년간 폭력적인 운동 그룹들과 중앙의 좌파 조직이 여러 부문들에 대한 통제력을 가지고 있었다(Mellucci 243-83). 1960년대부터 만들어진 새로운 사회 조건에서, 이탈리아의 저항운동은 사회 변화에 필요한 것을 통합하지 못했다. 그들은 이원론에 의존함으로써 후기산업 시대의 변화에 대응하지 못하고 힘을 잃었다(265). 멜루치가 이탈리아의 신사회운동을 위해 제안하는 것은 자율성과 사회적 정체성이라 할 수 있다.

대만의 사회 운동: 하나의 역사

어떤 학자들은 1987년 이전 대만 국가의 특성을 국가조합주의(state corporatism, 정책 결정 과정에서 사회적 합의를 유도하기 위해 정부가 이익집단 등 민간 부문에 대해 강력한 주도권을 행사하여, 정부와 이익집단 간에 합의를 이루도록 하는 국가 체제—옮긴이)라고 이야기한다. 중국 본토에서 정권 획득에 실패한 국민당은 1949년 이후로 대만 사회를 통치했다. 국민당은 대만 국민의 전적인 지지가 필요했기 때문에 국민적 지지를 얻을 목적으로 소작농민 60%의 지위를 상승시키는 토지 개혁을 시행했다. 이 섬에 이주한 지 300년이 넘도록 땅을 가지지 못했던 사람들이 이때 처음으로 자기 땅을 갖게 된 것이다. 그래서 농지개혁이 군사 독재와 함께 일어났음에도 불구하고, 국민당은 노동조합, 어민조합, 농민연합 등 사회단체들에게 많은 지지를 받았다.

1987년에 민중의 힘은 세 가지 점에서 변화가 생겼다. 하나는 다당제가 허용되면서 국민당이 아닌 다른 정당, 즉 민주진보당(DPP)을 가지게 된 것이다. 또 다른 변화는 사회운동의 등장이다. 세 번째는 고강도 경제 개발이다. 전통적으로 좌파는 반제국주의자들, 국민당에 반대하는 사람들, 마오주의자들로 구성된다. 그러나 1987년에 통일과 독립 중 어느 쪽을 지지하느냐에 따라 민주화운동 진영이 갈라지면서 상황이 바뀌었다. 좌파는 그 정치적 입장에 따라 통일 좌파와 독립 좌파로 나뉘었다. 90년대 이후에, 새로운 사회운동 단체들이 나타나긴 했다. 외부 지원에 기대지 않고 스스로 운영해나가는 단체였지만 민족적인 정체성이나 정치적 입장을 내세우지 않았다.

예를 들어, 대만의 어떤 노조 운동가들은 통일이냐 독립이냐에 대해 자기 입장을 이렇게 밝혔다. 독립을 찬성하는 쪽이나 독립을 반대하는 쪽이나 모두 민족주의의 수혜자들이다. 그들은 여러 노동 단체들을 대표하는 지식인들도 비난했다. 지식인들이 갈등의 중재자로 나서서 노동계급을 부르주아 자본주의 체제에 포섭해버렸다는 것이다. 그리고 지식인들이 사회운동의 성과를 쌓아나가기보다 종파주의로 흩어버렸다고 보았다.

라틴아메리카의 사회운동을 연구하던 조 파워레이커는 다른 사회적·역사적인 맥락은 다른 결과를 가져올 수 있다고 지적하였다. 그의 분석에 의하면 서유럽의 신사회운동은 사회적 합의, 복지국가의 성장, 강력한 조합주의 전통, 노동운동의 제도화의 결과다. 반대로 미국과 몇몇 아시아 국가들은 그러한 민주주의, 조합주의 전통을 가지고 있지 않고(아시아의 조합 전통이 시장경제에 의해서 파괴되기도 했다) 노동운동보다 국가의 정책이 더 중요시되었다(Foweraker, 1995:2). 라틴아메리카에서는 종속적 경제발전, 강력한 가톨릭 전통, 독재 정치로 인해, 원주민, 페미니스트, 기독교인, 평화주의자, 환경운동가, 인종차별반대 운동가, 실종자 엄마들, 인권 운동가, 동성애자 등의 다양한 사회운동이 일어났다(Foweraker, 1995:2).

대만 사회 성격에 관한 논쟁

프랑스나 이탈리아, 라틴아메리카 사회와 비교해서 대만은 역사적으로, 문화적으로 아주 다르다. 그렇다면 이 나라들의 사회운동 개념이 현재의 대만 사회에 어떻게 적용될 수 있는가? 지난 십 년 동안에 어떤 종류의 사회운동이 일어났는가?

투렌의 '프로그램 사회'는 1980년대 이후 대만 사회에 해당하는 것 같다. 오늘날 대만 사회의 특징은 권력과 부의 축적에 의해서 주로 만들어진다. 민간 부문에서는 경영인, 법률가, 디자이너, 기술자, 회계사들이 새로운 계급을 형성했다. 그들은 프티부르주아 생활방식이라 말할 수 있는 것을 만들어갔다. 그리고 멜루치가 정보화 사회의 핵심이라고 한 것이 1990년대에 대만에 영향을 미치기 시작했다. 상품화의 상징 코드가 우리의 일상을 지배하기 시작한 것이다. 내 견해로는 투렌과 멜루치가 정의한 프로그램 사회는 프로그램 사회의 특징과 정보화 사회의 특징이 모두 잘 나타나는 타이베이 같은 도시에만 해당된다.

사회학자 첸에 따르면, 대만에서 생산은 권위주의, 온정주의, 후견자-피후견자(patron-client) 관계 이 세 가지의 결합을 그 특징으로 한다(Chen,

1992; 1996). 게다가 초기업(trans-corporation), 민족자본주의, 민족국가의 '3자 연맹'이 생산 수단도 지배한다고 그는 주장한다. 아쉽게도 그는 사회운동 전략을 위한 결론을 끌어내지는 않았다. 마르크스주의 학자인 쉬이는 대만 사회에서 정권은 '노동만' 통제하고, 돈 많은 사장들이 나라 전체를 통제한다고 주장한다. 그의 개념으로 보면, 많은 숙련된 노동자들과 경영인들이 하청업자가 되었다. 공장은 싼 물건들만 생산했고 세계 시장에 필요한 것을 공급해야 하기 때문에 그 양은 아주 많았다(Shieh, 1997:84). 노동자들 대다수는 임시직 여성들이다. 여성 노동자들은 여러 작업장에 분산되어 있어서 이직과 복지에 대해 이야기하기 어렵다. 쉬이는 하청 노동자들이 어떻게 조직될 수 있는지, 어떤 전략이 있는지는 논평하지 않았다. 흥미롭게도 그는 투렌이 말한 '사회학적 개입'을 비판했다. 지식인이 사회운동을 촉진하는 역할을 하는 것은 실천 가능하지 않으며, 사회학자는 연구자 겸 컨설턴트가 되어야 한다는 것이 그 이유였다. 그가 보기에, 사회학자가 사회운동에 개입해야만 급진적이 되는 것은 아니다(332). 그런데 하청노동 시스템이 만들어진 것이 노동운동 부진의 결과라는 사실을 쉬이가 간과했다고 나는 생각한다. 자본주의 체제는 고임금을 주지 않고 노조주의도 좋아하지 않는다. 그래서 비공식적인 시스템이 만들어진 것이다.

미국으로 간 대만 좌파 일부는 두 가지 전략, 즉 '노동자·농민 연대'와 '반(反)헤게모니 연합'을 두고 논쟁을 벌였다. 전자는 농민과 노동자 양쪽이 다 자본주의 체제의 피해자라는 점을 강조한다. 노동자·농민이 확고하게 연대했다면 자본주의 구조가 파괴되었을 것이라고 보는 것이다. 후자의 주장은 민족자본가 역시 봉건제와 제국주의에 착취당한다는 것이다. 그래서 제국주의와 국민당 국가를 전복하기 위해서 민족자본가와 노동계급이 손을 잡아야 하는가이다. 내가 보기에 대만 사회의 성격에 대한 그들의 분석은 한계를 가지고 있다. 그들의 주장은 1990년대에 왜 신사회운동이 등장했는가를 설명하지 못한다. 그리고 세계 자본주의

체제의 협력 덕분에 민족자본은 자기 역할을 바꾸어 반(半)제국주의가
되었다.

결론

내가 보기에 대만의 민주주의 국가는 자본을 규제하는 능력을 잃어버렸
다. 즉 강한 신자유주의 자본 체제를 가진 약한 국가가 되었다. 사회운동
은 이러한 새로운 경향에 대응하지 못했다. 따라서 다음 세 가지 질문에
답을 하는 것이 필요하다. 신사회운동, 세계화 반대 운동과 관련해서
사회운동의 이슈를 어떻게 일으킬 것인가? 그 운동에 어떻게 관여할
것인가? 그 관계는 무엇인가?

우리는 과거의 운동과 신사회운동 사이에서 결정을 해야 한다. 과거의
운동은 리더십에서 실패하였다. 따라서 새로운 운동은 과거의 긍정적인
효과뿐만 아니라 역사적인 실패를 반성할 필요가 있다. 우리는 대화와
토론 그리고 협력을 통해서 노동계급과 사회운동의 관계를 만들 필요가
있다. 우리는 전망을 넓히고 차이를 보여주어야 한다. 유연하고 효과적이
고 역동적인 운동을 만들려기 위한 제안을 해야 한다. 지역에서, 또
국제적으로 더 많은 토론의 장이 필요하다.

주요 이슈

원주민 공동체

대만의 원주민 인구는 대략 40만이다. 츠우, 루카이, 아미, 베이 난, 페이 완, 야-메이 등이 원주민 부족들이다. 17세기에 네덜란드와 스페인 침략자들이 들어온 이후로 많은 부족 사람들이 대만 섬을 넘어서 세계 곳곳을 오갔다. 초기에는 네덜란드와 스페인 상인들이 무역에서 수지가 맞는 사슴 가죽을 구하려고 원주민들에게 사슴 사냥을 시켰다. 나중에 그들은 명나라 장수 정성공(鄭成功, 네덜란드인들은 콕싱아라고 불렀다)과 싸우는 데에도 원주민들을 이용했다. 20세기에 접어들어, 일본이 대만을 점령하고 1899년부터 1945년까지 원주민 사회를 지배했다. 일본은 원주민의 땅을 빼앗았고, 원주민을 고산부족(高砂族)과 평지부족(平埔族)으로 분류했다. 게다가 일본은 2차 세계대전 때 남자들을 징집해 가고, 여자들은 위안부가 되도록 하였다.

경제

수세기 동안 원주민들은 자급자족 경제를 유지해왔다. 그러나 자급자족 경제는 식민지배자들의 개입과 경제적 민족주의에 의해서 차츰 파괴되었다. 많은 부족들이 전통으로 내려오는 일을 포기하도록 강요받았고, 특히 1960년대 이래로 공장에서, 건설현장에서, 고기잡이배에서 비숙련 노동자로서 삶을 연명하게 되었다. 어린 원주민 소녀들은 교사, 경찰관, 성직자들에게 속아서 성 노동자 혹은 도시의 가사노동자가 되는 일이 많았다. 이렇게 파괴된 원주민 공동체에는 알코올 중독과 폭력이 급격히 늘어났다. 이 상황에서 제기해야 하는 질문은 다음과 같다. 국민당 정부의 정책이 원주민들에게 어떤 영향을 끼쳤는가? 원주민 운동은 정의 실현을 추구하는 데 핵심적인 역할을 해왔는가?

토지권

국립공원 대부분은 본래 원주민들이 살던 곳이다. 그곳에서 그들은 수천 년을 살았다. 그러나 국립공원법에 의해서, 전통적으로 사냥을 하던 원주민들이 더 이상 그곳에서 사냥을 할 수 없게 되었다. 관광 또한 원주민 문화를 붕괴시키는 요인이 되고 있다. 1984년에 원주민권리위원회가 세워져서 원주민이 당하는 불의에 도전해왔다. '토지권 되찾기' 운동은 수십 년째 자치권을 요구하고 있다.

운동

최근 원주민 공동체의 삶, 문화를 지속적으로 파괴하고 위협하는 개발에 반대하는 운동이 원주민들 사이에서 일어났다. 아미족 지역에서는 시멘트 반대 운동에서 출발하여 채굴, 벌목, 시멘트 공장 설립 반대운동으로 확산되고 있다. 댐 반대 운동은 여러 개의 댐 건설로 촉발되었는데 댐 건설로 인해 원주민들 땅이 황폐해지고 생계가 위협받고 원주민 수천 명이 이주해야 했다. 그뿐만 아니라 원주민들의 땅이 핵 폐기장으로 이용되어 핵 폐기물 반대 운동이 일어나기도 했다.

에너지 소비

지속적인 에너지 소비 증가는 천연자원이 급속도로 고갈되는 것뿐 아니라 사람들에게 여러 가지 문제들을 일으키고 있다.

원자력

2001년 말에 가동되고 있는 핵발전소는 총 세 개로 모두 시골에 위치하며 총 발전량은 5,144MW다. 1980년, 대만전력핵에너지위원회가 핵 폐기 장소로 선정한 란유는 원주민들이 사는 곳이다. 드럼통 4천 개의 방사능 폐기물로 인해 원자력 사고가 여러 차례 일어났다. 1997년에는 저단위 핵폐기물 20만 배럴을 북한으로 옮기는 것에 대해 북한과 합의하기도 했다.

석유

석유와 기타 에너지 즉 천연가스, 물, 석탄 등의 소비량은 1인당 2.77kl 정도로 계산된다. 석유 소비량은 한해에 5,751만 4천kl다.

물

매해 200억m²의 물을 소비하는데, 1990년에 10%는 일반용으로, 8%는 산업용으로 쓰였고, 81%는 관개수로로 들어갔다.

식량 생산

곡물 생산은 1967년에서 1978년 사이에 최고조에 다다랐으며 그 후 생산량이 줄어들어 20% 감소를 기록한 적도 있다. 1987년에 대만은 곡물 소비량의 72%를 수입했다. 1994년에 미국이 대만에 수출한 농산물 총액이 21억 달러에 달한다.

보건

15년 넘도록 대만의 석유화학산업은 세계 12위를 차지하고 있는데 석유화학산업 때문에 대만의 암 발병률이 높은 것으로 밝혀졌다. 1975

년경에는 석유화학산업 지역 사람들 가운데 암 환자가 매우 많은 것으로 조사되었다. 천식 환자 수가 1985년 이후로 4배가 되었고 대만의 간염 발병률은 세계에서 가장 높다.

토지 황폐화

대만에서는 지속적이고 강도 높게 천연자원을 채굴하고 산업시설을 세워온 결과 섬 전체에서 토지 황폐화, 지반 침하가 심해졌다. 한편 원주민들의 고향 땅은 국립공원으로 지정되었다. 이것은 여러 지역의 부족 공동체를 쫓아내는 결과를 낳았다. 지반 침하로 넓은 농경지와 일부 주거지가 위험에 처해졌다.

빈랑나무

빈랑(비틀 넛)은 대만에서 두 번째로 많이 재배하는 환금작물이다. 빈랑 재배지는 급속히 늘어나서 약 5만 헥타르에 이른다. 빈랑 열매는 수많은 생산자, 상인들의 생계수단이 되어왔다. 그러나 구릉지대에서 재배되는 빈랑은 3.67%에 불과하다. 빈랑 재배를 위해 열대림이 대규모로 파괴되었는데 그로 인해 토양 침식이 일어나서 결국은 구릉지대까지 위험하게 만들었고 생태계의 조화를 깨뜨렸다.

해안 지역

농업용, 산업용, 주택용 지하수, 또 새우 양식을 위한 지하수를 너무 많이 개발한 탓에 해안 지역의 지반 침하가 심각하다. 1년에 평균 5-15cm씩 가라앉고 있다. 0.08m에서 2.54m까지 가라앉은 해안 지역이 1천km²가 넘고 3m나 가라앉은 곳도 있다.

골프장

대만 경제가 호황을 누리던 1980년대, 90년대에 전국에 걸쳐 100헥타르가 넘는 땅에 골프장이 세워졌다. 그 기간 동안, 타이페이에서 한 시간 정도 거리에 있는 작은 도시 콴시에만 8개의 골프장이 만들어졌다. 골프장은 살충제 과다 사용으로 엄청난 환경 피해와 토양 오염을 일으켰고 강 또한 오염시켰다. 그 결과 강 하류 지역에 사는 사람들의 암 발병률이 높게 나타났다.

습지

개발은 습지 보전에 위협이 되고 있다. 강물이 바다로 흘러들어 가는 어귀에 형성된 습지는 많은 동물과 새들의 서식처다. 습지에는 희귀동물과 멸종위기 동물들도 살고 있다. 습지가 서서히 사라진 가장 큰 이유는, 건설업 붐이 일어나면서 모래와 돌이 많이 필요했기 때문이다. 그래서 카오핀, 다지아, 다도 등에서 모래를 채취해 갔다. 또 다른 이유는 환경 영향을 고려하지 않고 부동산 개발업자들이 습지 위에 공업지대를 건설한 것이다. 퀴쿠, 안남, 시앙샨, 우베이 항 등의 습지는 산업화의 압력으로 심각한 위협을 받고 있다. 습지가 사라진 세 번째 이유는 강둑을 따라서 쓰레기 매립장들을 만든 것이다. 대만 정부는 강둑 옆에 쓰레기 매립장을 만드는 데 630억 NT달러를 썼다. 생물 다양성을 위해 특정 지역을 보존해야 한다는 환경단체의 항의가 거세지만 습지를 지키는 것은 매우 힘든 일인 듯 보인다.

자연 재해

대만은 필리핀 해와 유라시아판 사이의 섭입대(해양저가 대륙 지괴 아래로 밀려 들어가는 대륙 연변의 해구 지역)에 위치한 지진 지역이다. 지질학적으로 판 경계 지역에 위치하기 때문에 판의 움직임으로 인하여 지진이 자주 일어난다. 최악의 지진으로 기록되는 것은 1999년 9월 21일에 일어난 것으로, 그 지진으로 인해 2천여 명이 사망했다. 그 외에 자주 일어나는 자연 재해는 태풍 피해다. 2002년 태풍 장셴은 10억 NT달러가 넘는 곡물 피해를 입혔다. 벌목, 농업, 골프장 건설, 대규모 토목 공사 등이 자연재해 피해를 더욱 악화시키지만 그러한 활동들은 줄지 않고 있다.

공해

대기오염

1970년대 이후로 자동차와 공장이 크게 늘어나면서 대기오염이 심각해 졌다. 자동차와 오토바이는 1997년에 1500만 대가 넘는 것으로 조사되 었고, 자동차 보유 대수가 다섯 사람당 거의 3대 꼴인 것으로 집계되었다. 자동차 배기가스가 대기오염 원인의 거의 95%를 차지한다. 공해 억제 조치를 취한 후에도 대기오염 정도가 선진국 수준의 거의 3배에 이른다. 2003년에 이산화탄소, 탄산수소, 산화질소 등이 주된 오염원인 것으로 밝혀졌고 다이옥신이 m^2당 57mg으로 기록되었다. 이산화탄소와 황산 화물은 주로 석유화학공장에서 나온 것이다. 심각한 대기오염을 제어하 기 위한 노력으로 입법원은 1998년 12월 29일 대만대기오염법을 개정 했다.

산업 공해

급속한 산업화의 길을 선택하면서 대만 섬에는 수천 개의 공장들이 세워졌고, 1985년까지 9만 개가 넘는 공장이 농촌 지역에 세워졌다. 공장은 오염의 원인이 되었고 농경지의 20% 정도가 황폐해졌다. 공업지 역의 쓰레기 배출량은 하루에 약 2천만 톤인데 50만 톤 정도만 쓰레기로 처리된다. 공장 주인들은 현재의 산업쓰레기 폐기 규정을 무시하고 많은 산업쓰레기를 주변 수로에 버리고 있는 것이 분명하다.

새우 양식

새우 양식은, 양식업에서 주된 수출 품목이다. 경제가 놀라운 속도로 성장한 1970년대와 1980년대를 거치면서 생산량이 대략 45배 증가하였다. 그런데 새우 양식에 과도한 화학약품이 사용되어 땅과 물을 대규모로 오염시킨 결과, 양식업 자체가 쇠퇴하게 되었다. 그 후 새우 양식업은 베트남, 말레이시아 등 동남아시아 지역으로 옮겨갔다.

토양 오염

화학비료와 살충제의 지나친 사용은 토양 산성화, 아연 손실, 토양 비옥도 저하를 초래하였다. 또 비료가 흘러넘쳐서 지하수를 오염시켰다.

수질 오염

환경보호부 조사에 의하면, 비닐염화물, 크롬, 펜타클로로페놀 등 발암물질이 포함된 쓰레기를 버리는 불법 쓰레기장이 강둑을 따라서 160개가 넘게 있다. 설탕 공장, 전기 도금 공장, 화학 공장, 섬유 · 종이 공장에서 나온 오물, 산업폐기물 등이 10개의 강을 오염시킨다. 예를 들어 카오핑 강은 대만에서 가장 큰 집수지가 있는 두 번째로 긴 강이다. 불법쓰레기뿐만 아니라 돼지 수천 마리가 내놓는 축산 폐수, 주민 수백만 명의 생활하수로 카오핑 강은 심각하게 오염되었다. 수질오염방지법에 따라 정부는 1988-1997년 사이에 강의 수질 개선을 위해 37억 NT달러를 사용하였다.

노동자 착취

일본이 전쟁에서 패한 후로, 1949년에서 1965년까지 국민당 정부가 국영기업과 농업의 통제권을 쥐었다. 그러나 1970년대부터 중소기업체가 생산의 80%를 차지하게 되면서 변화가 일어났다. 1987년, 계엄령이 해제될 때까지 수십 년간 노동자들은 노조 결성, 임금협상의 권리를 가지지 못했다. 운송 노조는 1988년에서 1998년 사이에 여덟 차례 파업을 일으켜 임금인상을 위해 투쟁하였다.

대만 경제는 수출 주도 성장에 초점을 맞추었기 때문에 미국과 일본 시장의 수요에 맞추는 방향으로 나아갔다. 1965년부터 1975년 사이에 100만 명의 농민들이 농업을 포기하고 카오슝, 타이춘 등의 수출 가공구로 옮겨갔다.

1999년 ILO 노동통계연감에 따르면, 영국 노동자의 일주일 노동시간은 32.6시간이고 미국은 37.5시간, 대만은 46시간이 넘는다.

여성 노동자

대만의 여성 노동자들은 남성 노동자에 비해 적은 임금을 받는다. 그리고 가부장제, 자본주의의 국제 노동분업의 개념에 잘 맞는 부불 가사노동을 하는 여성들도 있다. 1987년경에, 여성 노동력은 46.5% 증가해서 300만 명이 넘었다. 가정에서 일하는 것을 권장하는 '거실을 공장으로' 정책은 노동 조건을 열악하게 만드는 결과를 낳았다. 남성 노동자들과 달리 가내 공업 여성 노동자들은 여러 복지정책의 혜택을 받지 못한다.

국제연대

1980년대에 임금 수준 상승, 노동자 의식 확대로 노동 착취가 완화되었다. 대만의 자본가들은 이러한 발전이 탐탁하지 않았고, 더 많은 이익을 지속적으로 얻을 방법을 모색했다. 국민당 정부가 '남쪽으로 내려가기' 정책을 시행해서 그들을 도왔다. 그 정책은 자본가들이 태국, 캄보디아, 태국, 베트남으로 진출하기 쉽게 해주는 것이었다. 어떤 회사는 대만과 외교 관계가 있는 중앙아메리카로 옮기기도 했다.

1999년에, 니엔 싱이라는 대만 의류회사가 니카라과에 투자했다. 니카라과에서 저비용으로 청바지 등 의류를 만들어서 미국에 비싼 가격에 팔았다. 니엔 싱은 니카라과 노동자들에게 노조 결성의 권리를 주지 않았다. 그러나 니엔 싱 공장 노동자들은 니카라과의 신발 섬유 공장 노동자들과 그 외의 노동조합 그리고 대만의 NGO의 지지를 받았다. 니카라과 노동자들을 지지한 NGO는 전국산업총공회(全國産業總工會, TCTU), 전국총공회(中華民國全國總工會, CFL), 노동법 노동자 권리를 위한 행동 위원회, 노동자권리연합, 대만노동전선, 니카라과 대만 연대, 쿨라우드 웹(Coolloud Web), 아시아태평양노동소식, 칭젠노동센터 등이다.

이주 노동자들

1994년 대만에서 일하는 이주 노동자는 총 14만 명이었다. 그중 약 10만 명은 공장과 건설 현장에서 일하는 태국인들이고 2만 5천 명은 필리핀 가사노동자와 간호사였다. 노동위원회는 이주 노동자들이 한 달에 평균 13,350 NT달러를 받는다고 주장하였다. 그런데 그들은 보증금으로 26,000 NT달러를 내야 한다. 그것은 2년 안에 일자리가 적당하지 않다고 그들이 판단하는 경우에 환불해주는 것이다. 어떤 이주 노동자들은 외출도 자유롭게 하지 못하고 감옥 같은 곳에서 위험하고 어려운 일을 하도록 강요당했다. 성 노동을 강요받기도 했다. 어떤 가사노동자들은 오랫동안 고용주에게 성 추행을 당했다. 가족에게 전화를 걸지 못하게 하는 경우도 있고 가족을 데리고 와서 함께 지낼 수도 없다. 어떤 고용주는 고용안정 부담금이나 고용보험, 건강보험, 취업알선비, 교통비 지불을 거부했다. 그러면 취업 브로커는 그 대신 이주 노동자들을 착취한다. 노동 허가를 받는 대가로 4, 5개월치 임금을 브로커가 챙기는 것이다. 그래도 이주 노동자들은 계속 늘어나고 있다.

1999년경에 이주 노동자는 거의 30만 명에 이르렀는데 이주 노동자들은 여전히 대만 사회에서 차별을 당하고 범죄자 취급을 당한다. 1999년 8월 25일에 포모 사 석유화학 공장에서 필리핀, 인도네시아 남성 노동자들 사이의 싸움이 계기가 되어 대규모 폭동이 일어나기도 했다.

성 노동자

대만의 섹스 산업은 1950년에 일어난 한국 전쟁과 동시에 시작되었다. 소비자의 다수는 미국 군인들이었다. 1973년 즈음에는 일본 관광객이 소비자의 70%를 차지하게 되었다. 대만은 남성들의 천국이 되었다. 섹스 산업은 1970년에서 1990년 사이에 네 번째로 큰 규모의 외화 획득원이었다. 성매매 업소, 유흥업소, 마사지업소, 레스토랑 등 섹스 산업 관련 업소가 총 4,291개인 것으로 조사되었다. 이것은 미용실, 목욕탕, 불법 성매매 업소를 포함하지 않은 수치다.

성 노동자들은 대부분 농촌 지역, 원주민 마을, 도시 빈민가 출신이었고 그중 많은 수가 십대였다. 타이페이 시장이었던 천수이볜(陳水扁)은 1997년에 성매매를 불법으로 규정했다. 그러자 성 노동자들은 조직을 만들고 여성 권리를 옹호하는 사람들의 도움을 받아 격렬하게 항의했다.

군사화

센카쿠 열도/ 댜오위다오 분쟁 : 1970년대부터 이 분쟁은 단순히 민족주의 문제라는 주장이 있었다. 대만 어부들의 어업 지역이었던 이 섬은 대만에서 200km 정도 떨어져 있고 일본 오키나와 섬에서 300km 떨어져 있다. 그런데 미국 정부의 압력 아래서 일본에 강탈당했다. 1996년에 대만의 민족주의자들은 일장기를 불태우고 배를 타고 댜오위다오에 가서 네 가지 요구를 하였다. 댜오위다오에 대한 영유권 유지, 합리적인 태도, 타이-베이징 협력 반대, 대만인들의 어업권 보호가 그것이다.

민영화

2001년 1월 11일, 입법부가 통제하던 국영 항공사가 민간 소유로 전환되었다. 외국 자본의 투자도 허용되었다. 그 사이 입법부는 WTO의 요구에 맞춘 법안 6개를 통과시켰다. 그로 인해 법률 서비스 시장과 건설 시장이 개방되었고 1년 뒤인 2002년 1월에 대만은 WTO 회원국이 되었다.

사례 연구

댐 건설 반대 운동과 대안적인 전략들

카오핑 강둑 관리 캠페인

메이농(瀰濃)족은 하카어를 쓰는 소수민족으로 매우 뿌리 깊은 전통을 가지고 있다. 그들은 메이농 강의 남쪽 부근에 사는데 10년 전부터 그곳에서 댐 공사가 시작되었다. 댐 건설은 그들의 사회적 구조, 경제적인 자원, 믿음 체계와 환경을 파괴하는 등 그들 삶에 큰 영향을 미쳤다. 그들이 입은 손실은 회복할 수 없는 정도가 되었다. 하카어를 하는 사람들은 그들이 참여하지 않은 채 이루어진 의사 결정에 의해 직접적인 영향을 받게 되었고, 그뿐만 아니라 그들이 소수민족 집단이라는 사실이 그들의 지위, 운명을 더더욱 복잡하게 하고 있다.

　댐의 역사는 도시개발 계획과도 연관이 있다. 댐은 빈낭 산업단지와 카오슝 내의 농촌, 도시 사람들에게 물과 전기를 제공하는 것이 목적이었다. 따라서 이 댐의 건설은 "농촌의 삶을 대가로 산업발전을 하는 것이 옳은가?"라는 질문을 던지게 했다. 산업 개발을 위해 토지와 자원을 고갈시키는 것뿐 아니라 시골의 삶의 방식과 지형까지 변형시키는 것이 정당한가 하는 것이다. 이와 같은 이른바 현대화는 소수민족의 전통 문화를 파괴하는 결과를 낳았고 식물군과 동물군의 서식지를 사라지게 만들었다. 따라서 이 모든 것들은 정부나 기업가들이 생각하는 것과는 다른 대안적인 해석과 대안적인 관계들에 대한 논쟁의 장이 되었다.

　긴장은 단지 댐 건설 계획과 관련해서만 존재하는 것이 아니라 소수민족 집단의 일상의 모든 조건 속에도 존재했다. 그러던 중에 댐 건설 계획이 하나의 계기가 되었다. 조용히 불만을 가지고 있었던 사람들, 산발적으로 야생 고양이처럼 저항하던 메이농 사람들이 집단적으로 끈질긴 투쟁을 하게 되었다.

메이농은 담배를 많이 재배하는 지역이다. 사람들은 담배주류전매청(TWMB)과 계약을 맺고 농사를 지었다. 지난 수십 년 동안에 메이농의 담배 농부들은 착취적인 관계에 대체로 순종적이었다. 우리와 인터뷰한 담배 농부들은 본인들이 담배 수매 과정에서 전매청을 상대로 때때로 산발적인 파업을 벌였다고 이야기했다. 그러나 그러한 파업은 WTO에 가입하려는 정부 정책에 맞지 않는 것이었다. 그 결과 담배 생산이 큰 폭으로 줄어들고 결국 지역 농민들의 일자리에 영향을 미쳤다. 특히 메이농 지역이 타격을 크게 입어서 지역 농민들이 이런 부당함에 불만이 컸지만, 야당은 그에 대해 별로 대응하지 않았다.

농업 지역과 공업 중심지 사이에, 농촌지역과 도시 사이에 항상 긴장이 있었다. 그러나 댐 건설 이전에 그러한 긴장은 개별적으로 드러나는 것이었다. 댐 건설 사업은 지역 사람들에게 수백 년간 살아온 곳과 그 속에서 이어진 전통적인 삶의 방식을 포기할 것을 요구했고, 농촌 사람들의 삶을 희생한 대가로 도시 사람들만 도시의 삶의 방식을 지속할 수 있도록 하였다. 이것은 발전이 정확하게 무엇을 의미하는가, 누구를 위한 것인가 하는 질문을 제기하게 만들었다.

이 댐의 건설지로 선택된 노란나비계곡(黃蝶翠谷)은 여러 가지 식물과 새들이 서식하는 곳일 뿐 아니라 신화와 전설을 품고 있는 곳이기도 하다. 따라서 이곳은 메이농 사회에서 문화적인 중요성을 가지는 곳이다. 그들이 이곳에 정착한 것은 1763년으로 거슬러 올라간다. 조상들이 그곳에 묻혀 있고, 메이농 강을 따라 그들 특유의 집단주택을 짓고 살고 있었다. 카톱실라 크로케일, 카톱실라 포마로 같은 노란 나비들의 서식지와 메이농 강이 그 계곡에서 시작되어 주요 주거지를 통과해

흘러간다.

댐 반대 운동에서 노란나비계곡은 다차원적인 중요성을 가진다. 그곳은 정체성과 단결의 매개체 역할을 하며, 환경문제에 공감하는 도시사람들과 연결하는 역할도 한다. 풍부한 신화와 전설, 이야기들도 사람들이 그곳에 애착을 갖게 만들어주는 요소다.

이 모든 요소들이 연결되어 집단적인 저항의 성격을 띤 댐 반대 운동으로 나아갔고 많은 사람들의 지지를 이끌어냈다. 또한 환경운동과 하카 전통음악, 문화를 결합한 축제들도 이 운동에 의미를 부여했다.

약 4,000미터 높이의 고지에서 발원한 카오핑 강은 대만에서 가장 긴 강은 아니지만, 가장 넓은 호수를 가지고 있고 가장 많은 양의 물을 흘려보내는 강이다. 가장 중요한 것은 이 강이 큰 강들 중에서 댐으로 막히지 않은 마지막 강이라는 것이다. 다른 큰 강들은 모두 전후 경제 개발 시기에 댐이 세워졌다.

지리학적으로 볼 때 경사가 급한(상류는 0.1% 이상) 작은 저수지들(대부분이 100km^2 미만)은 평균 강수량 2,510mm보다 적은 보유량을 가진다. 게다가 강수량이 계절에 따라 매우 불균등해서 건기와 우기가 큰 차이가 있고 지역적으로도 차이가 크다. 이러한 특성 때문에 수자원 관리를 책임진 공무원들은 경솔하게도 물을 가두어둘 수 있는 곳이라면 어디든 더 많은 댐을 지어야 한다고 믿고 있다.

그러나 대만의 지리적 특성에 대한 해석과 수자원 관리에 관한 그들의 '공학적 추론'이 확실한 것인지 의심스럽다. 분명한 것은 그들이 사회경제적인 문제, 환경 문제에 대해서는 치명적인 실수를 하고 있다는 것이다. 이러한 잘못된 개념은 무척 단순하다. 공급의 관점에서 보아도, 개발 행위는 저수지 수자원의 양과 질을 벌써 악화시켜왔다. 또한 무분별한 산림 개발은 그 지역에서 대규모 산림을 파괴하는 결과를 낳았다. 두 종류의 사람들이 이것에 관해서 비난받아 마땅하다. 하나는 2차 세계대전 이후에 세워진 지방 산림청 소유의 벌목 업체이고, 다른 하나는 지역민이나 대도시 사람 소유의 농장들이다. 그 농장들은 구릉지대의 비옥한 땅을 차지한 경우가 많았다. 이 시기는 많은 사람들이 돈을 벌기 쉬운 때였다. 그러나 1930년 중반에 경기가 침체하자, 농장 소유주들은 심각한 영향을 받았다. 몇몇은 농촌 지역에 파산을 불러왔고, 엄청나게 많은 수의 농장들이 팔렸고, 사람들은 도시로 떠났다. 그들 뒤에 남겨진 것은 민둥산, 점점 침강하는 모래와 흙, 줄어든 강우량 보유율 등 환경파괴의 결과물뿐이었다.

1990년대 초에 풀뿌리 환경단체 몇 개가 메이농댐반대연합이라는 네트워크를 만들었다. 처음으로 메이농 댐 반대 투쟁을 펼친 단체는 메이농민중연합인데, 이들은 이주를 명령받은 이웃의 루카이 원주민에게 마자 댐 건설에 저항하라고 독려하기도 했다. 습지보호연맹이라는 단체는 빈낭 산업단지 계획에 반대하는 운동을 벌였다. 멸종 위기의 검은얼굴노랑부리저어새의 서식지인 치구 해안 습지에 거대한 석유화학공장과 철강산업단지를 세우겠다는 계획이었기 때문이다. 퉁캉강보존연합회는 퉁캉 강을 지키는 활동을 했고 지하수원을 전 지역에 골고루 분배하는 문제를 제기했다. '카오펑 강을 지키는 녹색 연맹'은 카오펑 강 정화 정책을 위한 로비를 오랫동안 해왔다.

그들의 공통된 전략은 정부와 사회 전체가 두 가지 생태 환경 이슈를 살펴보도록 압력을 넣어서 빈낭 프로젝트와 메이농 댐 건설 계획을 백지화하게 하는 것이다. 두 가지 이슈 중 하나는 카오펑 강 저수 관리가 일종의 무정부 상태에 빠져 있다는 것이다. 대만 정부가 강물 관리의 능력이 없어서 강 생태계 전체가 관리 마비 상태에 빠졌다는 것이다. 여기서 핵심은 정부가 강을 관리의 관점에서만 본다는 점이다. 사회경제적인 관점, 환경에 대한 고려가 없다. 그 때문에 포괄적인 하천 관리라는 개념을 가지지 못한다는 것이다. 남부녹색혁명전선이라는 단체는 카오펑 강의 습지의 생태, 그 강 근처의 다양한 문화를 소생시키기 위해서, 환경적으로 건강하고 지속가능한 강어귀 관리 모델을 위해서 캠페인을 한다.

환경단체들이 대중의 관심을 끌고자 하는 다른 이슈는 편중된 산업구조다. 대만의 산업구조는 심한 공해를 일으키고 산업용수와 에너지를 엄청나게 사용하고 한정된 천연자원을 고갈시켜서 그 대신 보잘것없는 생산 가치를 만들어내는 것이다. 그들은 경제정의가 이루어지고 한정된 천연자원을 현명하게 사용하는 포괄적이고 지속가능한 개발 정책을 만들기를 원한다.

카오핑 강 지키기 운동을 오랫동안 벌여온 환경운동 단체들은 공무원들이 현명하고 지속가능한 하천 관리 모델 개발에 관심이 없다는 것을 알게 되었다. 대신에 공무원들은 강을 막는 댐을 세워야 한다는 우둔한 믿음을 버리지 않고, 하천 전체의 오염이나 숲이 줄어가는 것에는 전혀 관심을 보이지 않았다. 이러한 개발로 인해 평범한 사람들이 어떤 영향을 받는가에 대해서는 알지 못하고 관심도 없는 기술관료 행정부 아래서, 이 지역 전체의 환경이 위험에 처해 있다.

여성운동

대만 부통령을 지낸 뤼슈롄(呂秀蓮)은, 1970년대 초에 성장한 대만의 여성운동은 "한 인간으로 행동하는 것을 배우는 것, 그다음 여성이 될 것인가 혹은 남성이 될 것인가를 결정하는 것"이라 정의할 수 있다고 주장한 적이 있다. 그녀는 여성해방에서 가장 중요한 것은 기본적인 인권이라고 보았다. 그녀는 학계와 중산층 여성들 사이에서 꽤 영향력이 있었다. 그러나 그녀가 그 발언을 하던 때와는 많은 것이 달라졌다. 여성들은 더 많이 거리낌 없이 말하고, 때로는 남편, 아버지, 할아버지를 적으로 규정하기도 한다(Wang, 1999:57). 또 다른 페미니스트들은 가부장제와 국민당 정부에 반대하는 정치적 입장을 내세우기도 했다.

1982년, 미국 학계의 영향을 받은 많은 여성들이 계몽회라는 단체를 조직했다. 그 단체는 여성들의 의식화, 여성 리더 양성, 양성 평등을 목적으로 했다. 계엄령 해제 이후 많은 여성단체가 전국에서 나타났다. 예를 들어서 '따뜻한 인생(Warm Life)'이라는 단체는 성매매 여성을 지원했고, 성별고정관념을 바꾸기 위한 노력을 기울였다. 가정주부연합 재단은 소비자들을 조직하여 환경 문제에 관해 로비를 했다(Chiang, 2000:241). 이혼여성협회는 이혼여성들이 능력을 발견하도록 돕는 활동을 했다.

이러한 여성운동 단체들은 주로 특정 핵심 분야에 초점을 맞추어 활동했다(Ku Yen-Lin, 2001).

· 첫째, 오지나 원주민 지역에서 온 젊은 성매매 여성에게 관심을 기울였다. 그리고 여성의 인신매매를 막기 위해서 노력했다.
· 둘째, 취업차별과 직장 내 성차별 이슈를 제기했다.
· 셋째, 미성년자 성매매 금지, 섹스 산업 광고 금지를 촉구하는 캠페인을 했다.
· 넷째, 부부별산제 · 청소년복지법 입법, 혼인법 · 민법 개정 등 법에서의 성 평등을 위해 노력했다.
· 다섯째, 성 평등 교육을 요구하고, 여성의원 수를 늘려서 여성의 정치 참여를 확대하기 위해 활동했다.

그 외에 성희롱, 성폭력, 가정 폭력, 여성에 대한 폭력 방지를 강조했다. 1985-1995년 사이에 활발해진 대만 여성운동은 여성 권리를 요구하는 강력한 세력이 되었다. 그런데 1990년대에 들어와 게이와 레즈비언 단체가 나타나서 운동의 방향이 바뀌었다. 그리고 대학에서 만들어지기 시작한 '여성학 모임'이 늘어났는데 여성학 모임에서는 성희롱 문제를 많이 다루었다. 그렇게 해서 '젠더 정치'에 초점을 두는 그룹과 '성

정치(sexual politics)' 이슈를 제기하는 이들이 뚜렷이 구분되기 시작했다. 젠더 정치 그룹의 리더들 중에는 오늘날 정계에 진출해 있는 이들이 많다. 그들은 국가가 여성의 권리를 위해 노력하고 여성을 보호하여야 한다고 생각한다. 린 후앙메이(Lin Huang-Mei)는 여성운동은 여성의 일상생활, 예를 들어서 육아, 노인 봉양, 치안, 좋은 의료보건체계 등에 대한 것이어야 한다고 주장한다. 그녀에 주장에 따르면, 생활과 밀접하게 연관된 이런 주제들을 다룸으로써 여성운동이 보통사람들과 연결될 수 있다(Kar We-Po, 2000).

그와 대조적으로 성정치 단체는 여성의 성해방을 위해서 싸웠다. 그들이 내건 유명한 슬로건은 다음과 같다. "내가 원하는 것은 오르가슴이지 성희롱이 아니다(Castells, 1997:209)." 그들은 젠더 정치를 '젠더 환원론' 혹은 '보편주의'라고 비판한다. 착한 여자 페미니즘, 주류 페미니즘, 국가 페미니즘이라 이름 붙이고 각각을 구분하기도 했다. '착한 여자 페미니즘'은 가족 가치, 올바른 성과 재생산을 강조하는 것이다. 가진 것이 많은, 정치적 야망을 지닌 페미니스트들에게는 '주류 페미니즘'과 '국가 페미니즘'이라는 이름을 붙여주었다(Kar, 2000). 성정치 단체들은 마약, 성노동자, 대리모 등의 합법화를 지지한다. 여성들의 성적 자율성과 성 평등을 위해서 다른 종류의 섹슈얼리티들이 작동하는 것이 필요하며, 이것을 위해서는 성적 자유가 우선적으로 이루어져야 한다고 호천레이(Ho Chun-lei)는 주장했다.

논평

『가부장제와 자본주의: 여성, 자연, 식민지와 세계적 규모의 자본축적』에서 마리아 미즈(Maria Mies)는 사회주의적 에코페미니즘 개념을 가지고 국제 여성운동을 비판했다(Mellor, 1997:63). 여성운동들이 여성해방에 대해 서로 다른 생각을 가지고 다른 활동을 하고 있는데,

여성운동들은 계급·인종·나라에 따라 나뉘는 또 다른 권력 관계를 드러내기도 한다고 미즈는 생각했다. 서구 페미니스트들은 자매애의 연대를 내세우면서도, 인종차별과 식민주의가 전 지구적 생산관계에서 이루어지는 축적의 결과이고 가부장제의 결과라는 사실을 인식하지 못했다. 결과적으로 페미니스트들은 그들의 목적을 성취하지 못했고, 자매도 되지 못했다. 여성운동은 실제로 분열의 과정이었다(Mies, 1998:7-18).

미즈는 "여성운동은 기본적으로 무정부주의 운동"이라고 본다. "그것은 하나의 (남성) 권력 엘리트를 다른 (여성) 권력 엘리트로 대치하고자 하는 운동이 아니다. 탈계급적이고 탈중심적인 사회를 건설해서 어떤 엘리트도 타인을 착취하거나 지배하지 않는 것을 원하는 운동이다." 미즈는 새로운 여성운동이 '가부장제'라는 보편적인 용어를 택하는 것은 잘못이라고 주장한다. 가부장제는 자본주의 체제와 연결되어 있으며, 글로벌 차원의 생산·재생산 관계 안의 자본주의 없이는 가부장제가 존재할 수 없기 때문이다. 따라서 북반구 여성들과 남반구 여성들의 '가정주부화'는 구분해야 한다. 북반구 여성들은 (무급)소비자/주부이고 남반구 여성들은 (무급)생산자/주부가 된다.

미즈는 또한 마르크스와 엥겔스가 남성을 인류의 생산력의 주된 동력으로 보는 것에 동의하지 않는다. 마르크스·엥겔스의 이론과 반대로, 미즈는 여성이 최초의 자급 경제 생산자이자 생산적 경제의 발명자라고 생각한다(같은 책, 55-56). 남성보다 여성이 일상에서 필요한 것을 더 많이 생산했다. '채집자 여성'은 '사냥꾼 남성'보다 인간 역사 속에서 경제에 더 많이 기여해왔다(같은 책, 60). 불행히도, '사냥꾼 남성'은 사냥 도구만 발명한 것이 아니라, 동료 인간을 죽이고 여성과 아이들을 납치해서 자기 재산으로 삼는 것도 발명했다(같은 책, 64). 봉건제, 자본주의 사회에서 '사냥꾼 남성'은 불평등한 결혼 시장에서 여성이 상품이 되도록 했다고 그녀는 주장했다. 결론적으로 동물을 잡는 사냥꾼은 여성의 생산에 기생하고, 바로 그 이유 때문에 남성은 부를 통제하기 위해서 불평등한 노동 분업에 기초한 사회 시스템을 만들어야 하는 것이다(같은 책, 71).

미즈의 사회주의적 에코페미니즘의 핵심은 단순하다. '인간적인 행복', '생산의 자율성', '반(反)소비주의'가 그것이다(212). 그래서 자급경제(subsistence economy)가 미즈의 사회이론의 모델이다. 우리가 날마다 필요로 하는 기본적인 것(음식, 옷, 집 등)은 필수적인 노동으로 충족될 수 있다(같은 책, 212). 그렇게 되면 여성의 부불노동과 감정노동을 줄이고 더 많은 휴식시간을 가질 수 있다(같은 책, 212). 미즈의 대안적인 경제는 남성이 가사노동과 공동체 노동에 대한 책임을 나누어서 가지는 것이다. 그녀가 꿈꾸는 사회는 중심이나 위계가 없고, 착취적인 세계시장과의 관계를 끊은 사회다. 그렇게 해서 개발도상국뿐만 아니라 선진국에서도 자급자족 경제를 구축하는 것이다(같은 책, 223).

미즈와 대만 여성운동의 연결고리는 무엇인가? 나는 미즈의 이론틀에 동의하지 않으며 대만 여성운동에 대한 그녀의 판단에 동의하지도 않는다. 미즈는 도시 중산층 여성의 운동에 대해서 강하게 비판을 했지만 중산층 여성운동은 그 자체로 역사적인 의미가 있다. 모든 나라의 중산층 여성운동은 역사적으로 절대적인 필요성이 있는 것이라는 미즈의 지적에 나는 동의한다(Mies, 1998:206). 중산층이든, 노동자 계급이든, 다른 계급이든, 여성은 일상에서 다양한 형태의 남성 폭력과 마주하고 있다. 흥미롭게도 미즈는 국제적인 여성운동에 상당한 공감을 가지고 있지만 여성의 불행, 의존, 안전하지 못한 상황을 해결할 방법은 그것의 물질적인 뿌리에 있다고 보았다. 그녀의 인식은 대만 여성운동에 대한 나의 비판에도 적용될 수 있다.

대만 여성운동의 첫 번째, 두 번째 세대는 성매매 종식 운동에서 선봉 역할을 하였다. 그러나 그들은 성 노동자들의 재취업 문제에 대해서는 제대로 대응하지 못했다. 대만의 여성학자 쳉과 슝은 가부장제와 자본주의가 대만의 국가와 사회를 지배하고 있음을 강조하였다. 가부장제와 자본주의가 국가 발전에 기여한 것으로 받아들여졌고 바람직한 것으로 여겨졌다(Cheng & Hsiung, 1993:40). 대만 여성들의 상품화는 외국 관광객 유치와 관광산업 성장에 기여해왔다. 예를 들어서 1957-1973년에 섹스관광객은 주로 미국인들이었다. 그 후 일본 남성들이 그 자리를 대신해서 섹스관광객의 70%를 차지했다(1987년에 824,000명)(54). 기업들이 직원들에게 이러한 방식의 여가활동을 권했다. 성 정치 그룹이 성 노동자들을 많이 지원했지만 그들이 알아차리지 못했던 것은 국제적인 섹스 산업이 여성의 몸을 식민주의 상품화한다는 것이다. 대만 여성운동 안에서 어떤 페미니스트들은 '허스토리 텔링(her-story telling)'에 높은 가치를 두기도 했다. 대만 페미니스트 학자인 샤오촨샤는 국제결혼에 대한 연구에서 외국 신부들이 대만 사회에 받아들여지지 않고, 또 많은 주류 페미니스트들에게 무시되고 있다고 지적하였다.

결론적으로, 나는 대만 여성운동이 다른 대만 페미니즘들에게 도전하기 위해 효과적으로 이론화하는 것에는 대체로 실패하였다고 말하고 싶다. 예를 들어 농촌이나 원주민 공동체에서 캠페인을 벌여온 여성운동가들은 사회주의적 에코페미니즘에 관심을 기울이지 않았다. 여성의 자율성 이슈도 다루지 않았다. 그러나 나는 미즈의 유토피아를 우리의 실천에 적용할 수 있는지는 확신이 서지 않는다. 아무튼 과감하게 생각하고 싸우고 과감하게 이길 생각을 하는 것이 중요한 듯하다.

편백나무 숲 지키기 운동

대만의 국토 면적은 약 3만 6천km²다. 대만에서 가장 높은 곳과 가장 낮은 곳은 거의 4천 미터나 차이가 난다. 해발 3,592미터 높이의 유산은 대만에서, 그리고 동아시아에서 가장 높은 산이다. 세계에서 가장 큰 나무들에 속하는 캐마사이페리스(Chaemacyparis) 속(屬) 나무들은 해발 1,800~2,500m에서 자란다. 캐마사이페리스는 전 세계에 딱 여섯 가지 종이 있는데 대만, 일본, 북아메리카에서 자생한다. 대만은 그 가운데 두 가지 종을 가지고 있는데 홍회목(Chaemacyparis formosensis)과 대만 편백(Chaemacyparis obtusa var. formosana)이 그것이다. 이 나무들은 일반적으로 모여서 자라기도 하고 다른 나무들과 섞여서 함께 자라기도 한다. 어떤 학자들은 백만 년 전 빙하기에 해수면이 낮아졌을 때 아마도 이 두 가지 나무가 일본에서 들어왔으리라고 본다. 오랜 시간이 지난 후에 대만의 고유한 종이 된 것이다.

홍회목, 편백 숲에는 살아 있는 화석이 꽤 많다. 예를 들어 타와니와 크리토메리오이데스 사사프라스 렌데이슨 시노파낙스 포모세나(tawania crytomerioides Sassafras randaiense Sinopanax formosana) 등이 있다. 이러한 종들은 대만 원시림의 역사를 이해하는 데 중요한 자료가 된다. 따라서 캐마사이페리스 연구는 빙하시대 이주 식물 종들의 자연적인 이주의 역사를 이해하는 데 결정적으로 중요한 통찰을 제공한다. 홍회목은 높이가 60m이고 둘레가 20m나 되기 때문에 케나히라라는 일본학자는 이 나무가 동아시아에서 가장 큰 침엽수라고 주장하기도 했다. 홍회목, 편백나무는 웅장한 모습이 멋질 뿐 아니라 생태계에서 차지하는 중요성도 무척 크다. 이 나무는 대만의 안개 낀 숲(1년에 4,000mm 정도의 강우량)에서 자라는데 그 숲들은 수백 개 물줄기의 발원지이기도 하다. 또 홍회목과 편백나무들이 많은 지역은 지질학적으로 볼 때 아주 불안정한 지형인데 그 나무들이 토양 침식을 막는 중요한 역할을 하고 있다. 전 세계적으로 보아도 이것은 독특한 생태계이고 대만을 세상의 다른 곳과 다르게 만드는 것이다. 실로 세계의 자연유산이라고 여겨질 만하다.

홍회 편백 숲의 비극

홍회목, 편백나무는 목재로서 아주 높은 경제적 가치를 가진다. 일제강점기였던 1912년, 일본인은 아리 산, 타이핑 산, 바셴 산 등 세 군데 산림지역에서 광범위한 벌목을 시작하였다. 그곳은 홍회목, 편백나무 분포에서 가장 중요한 지역이기도 하다.

1943년에 일본의 통치에서 중국의 통치로 전환되었고, 장개석의 특별 산림청 공무원들은 이 숲을 보존하는 것이 중요하다고 강조하는 학자들의 의견을 받아들이지 않았다. 오히려 일본이 한 것보다 더 광범위한 벌목작업을 벌였다. 1959년, 대만지역 정부는 '대만 산림경영 원칙'이라는 이름으로 원대한 산림 정책을 발표했는데 그것은 일반 국민들에게는 손실만 일으키는 것이었다. 그 계획은 연구용, 휴식용 공원만 약간 남겨두고 숲을 다 없애는 것이었다. 숲을 없애고 난 뒤에는 인공조림을 한다는 계획이었다. 이 특별한 계획으로 대만 역사상 가장 광범위한 홍회, 편백 벌목의 시대가 열렸다. 1980년대까지 산림에서 벌어들인 총소득의 70%가 홍회, 편백 숲의 벌목에서 나왔다. 몇몇 환경단체들이 계산한 바에 따르면 1980년대까지 홍회, 편백 고목의 거의 90%가 베어졌다.

홍회목과 편백나무는 대만의 현대화와 개발이라는 명목으로 잘려나갔다. 그러나 숲이 사라지자 말할 수 없는 어려움과 끝없는 홍수가 이어졌다. 1958년에는 바치 홍수로 1,123명이 죽거나 실종되었다. 1960년에는 바르 홍수가 210명의 목숨을 앗아갔다. 1963년에는 그레고리 홍수로 361명이 생명을 잃었다. 이러한 인명 손실은 자연의 분노를 분명히 나타내주는 것이기도 하지만 경제적으로도 큰 손실이다. 아이러니하게도 오늘날 특히 여름에는 홍수가 대만 사람들의 일상의 일부가 된 듯하다.

홍회 편백 숲 구하기 운동

거의 10년간의 광범위한 벌목 후에 홍회 편백 숲 가운데 두 개 지역만이 남게 되었다. 치란 편백나무 숲과 쇼쿠 루안 홍회목 숲이다. 1949년에 장개석과 함께 중국 대륙에서 온 퇴역군인들의 조직인 퇴역군인위원회 (COV)가 1959년에 행정원 아래에 만들어졌는데 이 퇴역군인위원회의 임업부가 벌목 사업을 맡아서 했다. 그때 이후로 고목 숲 6,000헥타르가 없어졌다. 그러나 환경운동가들의 노력으로 자연림 벌목은 1991년 이후 금지되었다. 그러나 홍회목, 편백나무의 높은 경제적인 가치 때문에 아직도 많은 산림업자들은 그 목재를 채취할 수 있게 되기를 기대하고 있다. 1994년에 퇴역군인위원회는 바람이나 번개에 쓰러진 나무, 병으로 죽은 나무들을 제거한다는 명목으로 많은 나무를 가져갔다. 그들은 그것이 숲을 살리기 위한 조치라고 주장했다. 이런 식으로 그들이 관리하는 치란산에서 중간층의 활엽수와 산 아래쪽의 관목을 합법적으로 제거한 것이다. 제거 작전 후에는 홍회목이나 편백 씨앗을 심었다. 이런 식으로 800헥타르의 숲의 생태계가 급격한 변화를 겪었다.

1998년에 퇴역군인위원회의 임업부는 5개년 계획을 제안했다. 죽은 나무를 제거하지 않으면 어린 나무가 새로 자라지 못할 것이고 결국 홍회목, 편백이 전부 사라지게 될 것이라고 주장했는데, 사실은 고사목의 높은 경제적인 가치에 매력을 느낀 것이었다. 환경단체들은 퇴역군인위원회의 논리를 납득할 수 없었다. 백만 년 동안 인간이 관여하지 않아도 그 나무들은 멸종하지 않았다고 환경단체는 반박했다. 게다가 퇴역군인위원회의 활동은 원래 생태계에 해악을 입혔고 그 결과 홍수 위험이 높아졌다. 게다가 이것은 산림위원회가 1991년에 정한 '자연림 벌목 금지'를 어긴 것이다. 살아 있는 나무의 불법 벌목 등이 언론에 보도되기도 했다.

이러한 뻔뻔한 벌목에 맞서서 몇 개의 NGO는 '홍회 편백 숲 구하기 운동'을 벌였다. 퇴역군인위원회가 죽은 나무 제거하는 일을 그만두게 하고 그들이 가진 산림경영권을 박탈하자는 운동이었다. 1998년 벌목 찬성 학자들과 토론을 하고 청원을 하는 등 반년간의 활동 끝에 환경단체들은 그런 방식으로는 퇴역군인위원회의 계획을 막는 것이 불가능함을 알게 되었다. 그래서 일련의 행동을 시작했다. 첫 번째로 '천 명 집회' 참가자를 모집하였다. 그러고 나서 3일 후에 대만의 여덟 곳에서 밤샘 청원 활동을 하였고, 국회의원을 상대로 계속 로비를 했다. 1999년 2월에 행정원장은 고사목 제거 작업 중단을 선언했다.

치란산 국립공원

오늘날까지도 퇴역군인위원회와 산림업자들은 지속적으로 여러 방식으로 고사목 제거 사업을 재개하려고 시도하고 있다. 그래서 '홍회 편백 숲 연맹'은 1999년에 다시 한 번 숲 보호를 위한 캐마사이페리스 국립공원 운동을 시작했다. 크리스마스날 이 단체는 '새천년 크리스마스 나무 보호, 치란 캐마사이페리스 국립공원으로부터'라는 캠페인을 시작하였다. 이것은 대만의 대통령 선거와 동시에 진행되었다. 민주진보당(DPP) 대통령 후보 천수이볜은 치란 산의 국립공원 지정을 공약으로 내걸었다.

새로운 국립공원으로 지정된 곳은 우연히도 아타얄족이 오래전부터 살아온 지역이다. 새로운 국립공원 운동은 숲 구하기에서 시작하여 원주민 문제로까지 확산되었다. 환경단체들과 아타얄족 사람들의 대화 이후에, 환경단체들은 그 지역 원주민족을 새 국립공원의 운영에 참여시킬 필요가 있음을 받아들였고 그 후부터 이 국립공원에서 국가와 원주민족의 공동 운영 조직을 설립하기 위해서 활동한다. 새로운 국립공원은 소중한 숲의 보존에 도움이 될 뿐만 아니라, 그 지역 원주민족의 생태적인 지혜를 활용하여 그들의 삶을 향상시키고 문화에 활기를 가져다줄 수 있을 것이다.

환경운동단체와 새 정부의 대화

2000년 대통령 선거에서 천수이볜이 당선되었다. NGO들은 공약을 지킬 것을 요구했다. 그러나 2000년 9월에 새로운 정부는 그 약속을 다소 이상한 방식으로 실현시켰다. 그들은 '치란 산의 지속가능한 생태계 관리 사업'이라는 실험적인 계획을 발표하고 치란 산 관리권은 퇴역군인위원회가 계속 가지게 한다고 선언했다. 이 사업은 12만 1천 헥타르에 걸친 지역을 대상으로 하는 것이었다. 동시에 새 정부는 새로운 국립공원 2만 7천 헥타르는 이 사업에서 제외하는 데 동의했으나 그것은 주요한 홍회 편백 숲을 벗어난 지역이었다.

이 정책은 환경단체와 원주민족을 매우 화나게 했다. 환경단체들은 이익단체를 만족시키기 위한 그런 방식의 타협을 받아들일 수 없었다. 게다가 정부의 계획은 원주민족을 전혀 고려하지 않은 것이었다.

2000년 12월에 환경단체들과 몇 명의 원주민들은 국립공원 주무부처인 내정부의 장관에게 청원을 했다. 그들은 새로운 정부가 환경단체들의 제안을 존중할 것을 요구했다. 이러한 활동은 '마카오 캐마사이페리스 국립공원 자문위원회'의 설립으로 이어졌다. 위원회는 몇 차례 만나서 공동 운영, 국립공원 경계, 시행 등에 관해서 토론했다. 이 위원회의 주된 목적은 지역 원주민족과 숲을 보존하기 위해 새로운 국립공원을 지정하는 것이다. 이 위원회는 환경보호론자, 원주민족, 학자들, 정부의 중요한 토론장이 되었다. 한편 흥미롭게도 이것은 그들 사이에 의심과 불신을 일으키기도 했다.

새 국립공원운동의 곤경

새 국립공원의 진전은 그와 관련된 모든 당사자들이 어떤 행보를 취하느냐에 달려 있다. 지난 몇 년 동안 그들 사이에 복잡한 관계가 있었고 자연에 대한 가치관이 상반되어 타협하기가 쉽지 않았다. 2001년에 메튜 리엔이라는 음악가와 아메리카 원주민 노마 카시와 론 챔버스로 이루어진 세 명의 캐나다 환경보호론자들이 국립공원자문위원회에 초대되어 국립공원과 원주민 문제에 대한 자신들의 견해를 나누어주었다. 국립공원의 공동 운영 문제를 둘러싸고 캐나다 주 정부와의 협상에 성공한 그들의 긍정적인 경험을 듣고 국립공원자문위원회의 공무원, 환경보호론자, 원주민들은 희망을 발견했다며 그러나 이것이 대화와 인내, 지성, 비전, 용기가 필요한 길고 긴 과정이 될 것이라고 말했다. 가장 중요한 것은 모든 이해당사자들 사이의 신뢰라는 것도 강조했다. 대만처럼 민주주의의 역사가 길지 않은 곳에서 대화에서 이러한 요소를 갖추는 것은 중요하지만 드문 일이다. 그러나 이러한 차이에도 불구하고, 사람들은 숲을 보호하는 것을 대만의 미래를 보호하는 첫 번째 단계라는 데 동의했고, 그것은 앞으로 나아가기 위한 좋은 출발점이 되었다.

공동체대학 운동

최근 대만의 교육 위기는 지역 대학 설립이라는 대안으로 이어졌다. 여기서 대만의 공동체대학(community university) 운동을 소개하려 한다.

대만 교육의 주요한 위기는 '수월성(excellence) 교육'을 해야 한다고 주장하는 정부와, 정의를 위한 교육을 해야 한다는 교사, 학부모들 사이의 의견 충돌이다. 정부가 사용하는 '수월성 교육'이라는 표현이 담고 있는 내용은 엘리트주의, 능력, 성취에 중점을 두는 것이다. 이것은 특권계층의 요구를 충족시키기 위한 것이고 또 취약집단이 교육 자원, 교육 기회의 부족에 대해 의문을 품지 않도록 하는 것이기도 하다.

두 번째 위기는 교육 내용의 탈정치화이다. 중국 중심의 교육은 대만에 심각한 부정적인 영향을 미쳤으며 그것은 민족 분쟁과 정체성 위기의 갈등을 낳았다. 계엄령을 해제했음에도 불구하고, 여전히 권위주의가 교육에 깊이 남아 있었다. 게다가 기본적인 인권, 정부의 기능, 정치법과 정당정치, 대만의 미래에 대해서는 학교 교육에서 언급하지 않는다.

이러한 문제를 해결하기 위해서, 우리는 대만에서 사회정의를 위한 구조적인 변혁을 추구하고 있다. 1997년 이후에 시작된 공동체대학은 엘리트 중심의 고등교육에 도전하는 것이었다. 공동체대학의 핵심 아이디어는 공동체 의식, 사회문제 참여를 강조하는 성인교육을 제공하는 것이다. 공동체대학의 공동체 지향 커리큘럼은 직업교육 확대를 위해 교육부에서 지원하는 미국식 커뮤니티 칼리지의 교과과정과는 매우 다르다.

공동체대학의 커리큘럼은 지역공동체의 문화적 요구, 기업의 요구, 주민의 필요를 수렴하는 것을 목표로 한다. 학생들의 조직과 공개 토론회는 여론 형성에 도움을 준다. 공동체대학에서 그 지역 문제에 대해 관여하고 활동하는 것은 학술연구뿐만 아니라 지역공동체 문화의 발전에 기여할 것이다.

공동체 대학의 목표는 해방을 위한 대안적인 교육을 제공하는 것이다. 공동체대학의 커리큘럼은 자본주의 사회의 필요가 아니라 배우는 자들의 경험에 초점을 맞춘다. 학생들의 일상경험이 배움의 과정에 통합되어 배움을 자기 것으로 만들 수 있다. 특히 생활과 예술 과목은 개인 경험과 학교의 지식을 연결하여 실천 지향의 지식과 시민사회 형성에 기여할 것이다. 지금은 대만에 40개가 넘는 공동체대학이 있다.

노동운동의 발전

1980년대 이후로 대만 사회에는 다양한 노동운동 단체가 만들어졌다.

그들의 다양한 정치적인 관점 때문에, 최근의 노동운동은 여러 가지 조직 구조와 연합체를 가지고 있다. 이 글에서는 대만 노동운동 내부의 주요 논쟁에 대해 다룬다. 현실과 이상 사이의 긴장 속에서, 운동단체가 국가, 사회, 다른 조직들과 대화하려면 어떤 대안이 필요한가? 합리주의와 신자유주의적 경제관념 양쪽으로부터 압력을 받는 대만의 노동운동은 어떻게 독자적인 전략을 만들어갈 수 있을까?

역사

산업혁명으로부터 만들어진 계급의식을 기준으로 삼으면, 1920년대를 대만 노동운동의 시작점으로 간주할 수 있을 것이다. 그러나 그 당시 대만의 상황은 독특하다고 할 수 있는데, 자본의 원시적 축적 단계에 있었을 뿐 아니라 식민 지배의 역사도 특수성을 더해주고 있었다.

한 일본 학자의 분석에 의하면, 그 당시 대만에서는 일본 자본의 필요와 시장에 따라 생산이 결정되었다(Tadao Yanaibara, 1929:280). 따라서 농업 생산은 단일경작으로 바뀌어 주로 설탕과 쌀만 재배하게 되었다. 일본 기업과 대만 지주들이 농업을 독점했기 때문에 농촌 프롤레타리아트와 식민지배자들 사이의 갈등이 가장 큰 사회 갈등이었다(Chen Yu Shuai, 1992:51). 한편 일본은 대만을 농업 생산 기지로 여겼기 때문에 공업 생산은 농업을 위한 보완적인 것이었다. 예를 들어 설탕 가공, 비료 생산, 전기 발전 등이 농업을 위한 것이었다. 그 외에 알루미늄, 시멘트, 종이, 철강, 석유 등은 남쪽 침략에 사용하기 위해 생산했다.

일제강점기 동안, 1920-1930년 사이에 활발했던 노동운동은 계급투쟁과 민족자결 요구가 수렴된 공간이라고 볼 수 있다. 그러나 1931년에서 1945년 사이, 즉 일본의 군사 확장 시기에, 사회운동은 심한 탄압을 받았고 그것은 노동운동에도 영향을 미쳤다. 그 후 1948년부터 1984년까지 40년 가까운 계엄령 시기 동안 사회운동은 계속 억눌려 있었다. 거의 60년간의 휴지기를 거친 뒤, 노동운동이 다시 살아나서 1984년이 노동운동사의 새로운 이정표가 되었다(Lin Shu Yang, 2000). 계엄령이 내려진 현실에서도 온정주의 태도, 기업가 같은 성격을 가진 국민당은 노동자들에 대한 통제를 포기하지 않았다. 그 결과 대만 노동자들의 노조 가입률이 아시아에서 제일 높았다. 국가가 노동자들에게 의무적으로 노조에 가입하도록 하고 노조의 운영에 개입했기 때문이다(Liu Chin Ch'ing:191). 루시 챙이나 핑친슝 같은 페미니스트 학자들에 따르면, 이 시기에 여성들은 값싼 노동자로 일했을 뿐만 아니라 무보수 가사노동자이기도 했다. 게다가 대만이 관광산업을 개시함으로써, 섹스 산업이 빠르게 성장했다(Lucie Cheng-Ping-chun Hsiung, 1993:41, 51).

1984-1989 : 1984년의 법률지원연합(Legal Supporting Association)은 노동자들에게 법률 서비스를 하는 단체로서 노동자와 지식인의 연대를 이룰 기회를 제공했다. 그 후로 당시 정부가 입법한 노동기본법을 이용하여 미국 정부가 슈퍼 301조로 압박을 가하자, 노동자 계급은 빠르게 단결했고 국민당이 조종하는 어용노조는 해체되었다. '독립노조' 운동이 이 시기의 특징이 되었다. 이 운동으로 여러 공장에서 노동자들의 행동이 이어졌고 노동자 권리에 대한 폭넓은 토론이 이루어졌다. 1987년에 두 명의 노동자가 국회에 진출함에 따라 노동자들의 정치의식, 법 제정에 도전하는 행동이 노동운동에서 중요한 특징이 되었다.

1989-1997 : 유안후아(Yuan Hua) 노동조합의 파업은 노동운동을 경제적인 단계에서 자율적 노조의 이슈로 단계를 바꾸었다. 그러나 2년도 되지 않아서, 국가와 자본가들이 연합하여 폭력으로 노조 지도자들을 탄압했다. 노동운동가 약 100명이 처벌을 받았다. 국영기업의 민영화

반대가 이 시기에 큰 이슈였다. 동시에 자유무역경제의 영향으로 인한 공장 폐업이 대만의 북부와 남부로 점차 퍼져갔다. 일자리를 잃어버린 노동자들은 생존을 위해서 운동을 조직하기 시작했다.

1997- : 이 시기에는 급증하는 실업이 노동운동과 시민운동 단체들에게 중요한 관심거리였다. 흥미로운 일은 2000년 3월에 민주진보당(DPP)이 처음으로 권력을 잡은 뒤로 대중의 단체행동이 사라졌다는 점이다. 중국노련(中華民國全國總工會)의 '주 44시간 노동' 운동 같은 단체행동이 이 시기에 중요한 이슈가 되었다. 이 운동에 대해 여러 나라의 노동자들이 지지를 보냈다. 그것은 과거에 대만이라는 경계선 안에 한정되었던 운동을 뛰어넘은 것이었고 노동자들의 국제 연대 가능성을 보여준 것이기도 하다.

논쟁

노동권협회(勞動人權協會), 노동전선(台灣勞工陣線), 노동자행동위원회, 대만노총(全國產業總工會), 국영기업노조동맹 등 많은 노동단체는 논쟁에서 각 입장을 대변했다고 볼 수 있다. 노동권협회의 견해에 따르면 1980년대 노동운동이 주로 요구한 것은 다음과 같았다.

· 기본노동법 의거해서 임금을 인상하고 노동시간을 단축할 것을 요구
· 연말 보너스 상향조정, 제도화 등 분배 요구
· 자율적인 노동조합 설립의 자유 요구

여성 노조지도자인 후앙추샹(Huang Chiu Shang)에 의하면, 최근의 독립노조 운동은 노사관계의 역사에서 획기적인 것이다. "고용주가 법을

어기고 국가가 방법을 제시하지도 않을 때 노동자들이 자율을 위해 운동을 벌인 것이다." 지난 10년간 독립노조 운동을 해온 다퉁 노동조합의 지도자 젱, 쉬잔보, 젠샨루, 영 등도 이 이야기를 확증해주었다. 사회학 교수인 완젠후안(Wan Zhen Huan)은 다음과 같이 지적한다.

다른 나라 노동운동과 비교해볼 때, 실로 대만의 노동운동은 매우 온건하다. 대만 노동자들이 요청하는 것은 사회주의도 아니고 노동자 정권을 세우는 것을 목표로 하는 노동조합주의도 아니고 단순히 노동 조합 자율화와 기본노동법의 기본조건을 실질적으로 지키는 것이다.

대만의 노동운동은 정치·경제적 변화, 사회 조건들 그리고 자아의 해방 등 다른 요소들과 계속해서 깊이 연관되어 있었다. 위에서 언급한 것처럼, 노조 지도자들은 온건한 태도를 가지고 있기 때문에 주어진 범주 밖으로 나가려고 하지 않았다. 그럼에도 불구하고, 노동자들과 지식인들 사이의 모순이 존재했다. 이것은 노동운동 내부에서 특정한 정치적 입장을 갖는 것에 반대한 바 있는 루오메이웬(Luo Mei Wen)과 젱마오씽(Zeng Mao Xing)의 태도에서 분명하게 드러났다. 이들은 지식인들 사이의 의견 차이가 사태를 복잡하게 만들었으며 중국과의 통일이냐 독립이냐 하는 딜레마에 빠지게 했다고 한탄했다.

대만에 이미 '계급 사회'가 형성되었는가에 대한 논의와 관련하여 마이클 샤오(Michael Xiao)는 대만의 사회운동이 '정치 권력'을 향해 있을 뿐, '경제 권력'과 '정치 권력'이 합해진 힘과는 맞서지 않는다고 보았다(Michael Xiao, 1989: 32). 따라서 대만은 계급 분리(class segregation)가 존재하는 곳이지 계급사회(class society)는 아니라고 그는 주장한다. 차오 캉은 분석을 더욱 깊이 하면서, 대만에서 계급운동 이 활발하지 못한 것은 '대만 노동자들이 공공의 삶의 관습과 전통이 없기 때문'이라고 주장한다(Chao Kang, 1996:145). 또한 대만의 노동운동은 다소 늦게 시작된 탓에 노동운동의 다양한 근원, 말하자면 역사, 문화, 사회 담론 그리고 저항의 자원 등이 비교적 열악하기도 하다. 또 다른 학자인 시에구싱(Xie Guo-Xing)은 대만에서 노동을 하는 사람들 중 약 70%가 중산층 혹은 작은 규모의 사업가로 분류할 수 있다고 주장하였다. 따라서 그는 대만 노동운동이 '자발적 순종'의 특성을 지닌다고 보았다. 그래서 대만에서 저항 단체가 만들어지기는 매우 어렵다는 것이다.

그러나 운동의 일부 분파들은 그들 경험에 따라 다른 견해를 가진다. 통일 좌파(우선 중국과 통일을 한 다음 사회주의를 추구해야 한다고 주장하는 그룹)를 대표하는 사람들 중 하나인 린수양은 대만 노동계급은 그들만의 목표가 있지만 노동운동은 (중국과의) 분리주의를 일종의 정치적 자산으로 가져야 한다고 생각했다. 그는 통일은 중국에서 제국주의의 마지막 고리를 끊는 불가피한 경로라고 보았다(Lin Su yang, 2001:5).

다른 단체인 노동전선은 사회복지 정책 채택을 주장하는 경향이 있다. 민주진보당이 정권을 잡았을 때 사회민주주의적인 제도를 활용하여 노동자들의 삶의 조건이 나아지도록 하기 위한 것이다. 통일이냐 독립이냐 하는 이슈에서, 그들은 독립을 주장하였다. 한편, 10년 넘도록 노동운동을 벌인 노동자행동위원회는 독립/통일 논쟁을 피해 가려고 했다. 그들은 국민당과 그 후 집권한 민주진보당을 강하게 비판했다. 그들은 과거 정부뿐 아니라 현재 정부에 대해서도 불만을 가지고 있는데 특히 민영화 정책과 시장 결정주의에 대해서 그러하다.

노동자행동위원회의 또 다른 특징은 몸의 주체성(subjectivity)과 계급을 강조한다는 데 있다. 예를 들어, 그들은 성 노동자의 권리 문제를 중요하게 여겼다. 다른 운동가들이 중국이 시장경제를 택하는 것에 대해서 비판할 때, 이들은 개발도상국에서 대만 기업들이 노동착취를 하는 문제에 대해 그 지역 노동자들과 연대하는 구체적인 활동을 시작했다.

공통사항

자본가, 국가, 노동자 사이에 갈등이 생긴 이래로 전 세계에서 노동계급이 형성되어왔다. 어떤 학자들과 노동 기구들은 국가 간(interstate) 관계의 변화에 큰 희망을 품어왔다. 일본, 한국, 대만을 비롯한 몇몇 나라들은 외국 자본을 끌어오기 위해 노동집약적인 생산을 하고 세금 감면 혜택을 주고 토지와 에너지를 싸게 제공해주었다. 민간 기업에 국가가 개입하는 것은 국가적인 개발 정책을 만드는 데 결정적인 역할을 하였다. 그러나 이런 정책은 노동계급의 기본적인 안전을 확보하기 위해서 사회복지체계를 강조하는 케인즈의 원칙과는 맞지 않는다. 한편, 동아시아에서는 사회적, 정치적, 경제적인 분배에서 지역 간 균형을 잡지 못했다.

이러한 동아시아 산업화 국가들의 강한 자본주의적인 힘 때문에, 동남아시아 국가들이 착취를 당해왔다. 이 나라들은 생존을 위해서 자연자원을 착취하는 정책에 의존한다. 예를 들어 많은 필리핀 노동자들은 해외로 나가서 동아시아의 산업화 국가에서 가사노동자로 살고 있다. 이것은 필리핀의 주요 경제 활동이며 상당한 외화 소득을 창출한다. 또 다른 예로는 태국의 섹스 산업을 들 수 있다.

전 세계의 자본주의 생산을 둘러싼 국가의 개발과 착취를 옹호하는 자유주의 경제학 이론은 두 가지가 있다(Wan Mun-Xiong, 2002).

첫 번째는 일렬로 날아가는 기러기 이론(Geese flying in the line theory)이다. 이 이론은 일본이 구축한 것으로, 일본은 자신이 그 열의 선두에서 날면서 동아시아의 산업 구조 재조정을 이끈다고 보았다. 동아시아에서 산업화 과정은 원자재 수입에서 국내 생산으로 전환되어야 하고 그다음, 상품과 서비스 수출, 기술 집약적인 최종 생산물 수출로 전환되어야 한다고 가정했다. 그런 이론에 발맞추어 일본은 다른 동아시아 국가와 동남아시아 국가들에 투자를 늘려왔다. 그 결과 일본은 오랜 기간 높은 실업률에 시달렸고 그로 인해 자살자 수가 급격히 늘어나고 있다. 한국과 대만의 여성 노동자들은 일본의 공장 운영에 저항하는 노동운동을 벌였다. 그러한 저항 때문에 대만과 한국에 있던 일본 회사들이 중국과 동남아시아로 이전하기도 했다.

두 번째는 매우 오래 전부터 있었던 범중국론(Pan-China theory)이다. 이것은 화교가 중국에서 사업을 하는 것과 관련이 있는 것으로, 가족 가치와 중국 민족주의를 강조한다. 유교의 개념에도 초점을 맞춘다. 그러나 이 이론의 문제는 중국 정부의 능력을 과대평가했다는 것, 그리고 대만, 홍콩의 공장들의 열악한 노동 조건을 고려하지 않았다는 것이다. 대만, 홍콩의 공장에서는 많은 노동자들이 목숨을 잃는 일이 벌어지기도 했는데 말이다.

중국과 대만이 WTO에 가입하면 이 두 가지 이론은 모두 설득력을 잃을 위험이 크다.

결론

나는 마이클 하트(Michael Hardt)나 안토니오 네그리(Antonio Negri) 같은 '자율주의(autonomist)' 사상가들의 개념을 빌려 대만의 노동운동을 설명할 수 있다고 생각한다. 그들은 '노동이 경제적, 사회적, 정치적 훈육의 새 장을 부수어 열고 자본주의적 국가 형태와 더불어 근대 자본주의가 지닌 모든 규제 차원을 뛰어 넘는다(Michalel Hardt & Antonio Negri, 2000)'고 주장했다. 그들은 노동을 헌법 제정권을 구성하고 실천하는 주체로 정의했다. 그러나 이러한 주체는 측정할 수 없는 존재론적인 도구이고 확장된 권력이다. 그러나 노동계급은 새롭게 형성된 신자유주의 권력과 경쟁하기 위해서 다른 사회운동과 연대해야만 한다.

대만 노동운동의 주요 집단행동과 국가 노동정책(1980-2000)

1984년		국민당에 반대하는 서로 다른 이념을 가진 사람들이 대만노동단체를 위한 법률 지원연합을 설립했다.
	6월 7일	북쪽의 메이샨에서 광산 사고가 일어나서 177명이 목숨을 잃었다.
	8월 1일	미국 보호주의 영향을 받은 미국 노동단체는 대만의 싼 제품이 들어오는 것을 막기 위해 301조를 개정했다. 국민당 정부는 노동자들의 임금 수준을 높이기 위해서 기본 노동법 시행을 발표했다.
1986년	**9월 28일**	민주진보당(DPP) 설립. 이것은 대중주의 정당으로, 많은 노동자들에게 표를 받았다. 그러나 민주진보당은 의회에서 국가 자원과 국영기업의 민영화를 적극적으로 추진했다.
	12월	텔레콤 노동자 출신의 완콩송과 쓔메이잉이 많은 표를 얻어서 노동자 단체를 대표하는 의원으로 뽑혔다. 과거에는 이러한 의원들이 국민당 안에서 투표에 의해서 뽑혔다.
	7월 15일	계엄 선포. 계엄령은 40년 동안 대만의 결사와 표현의 자유를 제한했다.
	8월 1일	노동위원회 설립. 위원회는 입법부에 속하며, 이 위원회의 위원장은 입법부에 의해서 지명되었다.
	11월 1일	노동당 설립. 노동당은 주로 노동자 대중의 운동에 중점을 두지만 다양한 전략을 가지고 있었다. 당원들은 인본주의 가치를 공유하는 의원들, 노조 활동가들, 좌파 지식인들이었다. 이 당은 훗날 분열하여 영향력이 약해졌다.
1988년	**2월**	타오유안(TaoYuan) 버스 회사 파업. 버스운전사인 쟁마오씽이 노조 위원장으로서 5일 동안의 파업을 이끌었다.
	5월 1일	전국독립노조연합 설립. 약 10개의 독립 노조의 연합체로서 몇 년 동안 활발하게 발전하였다. 이것의 목적은 독립노조의 힘을 보여주는 것이었다. 약 1,400명의 철도 노동자들과 전국 노동자들이 파업을 하였고, 5월 1일 노동절에 힘과 단결을 보여주었다.
	7월	대만노총의 주요 구성원 중 하나인 석유노조는 노동자들의 복지 개선을 위해서 파업을 했다.

	8월	먀오리 철도 노조가 임금 협상을 위해 파업을 했다.
	10-12월	섬유공장 싱구앙이 폐업하자 여성이 대부분인 노동자들이 오랫동안 투쟁을 벌였다.
	11월	'두 가지 법안과 한 가지 판결'에 반대하는 시위. 노동조합에 관한 법안과 노동기본법의 부당한 개정에 반대하고 먀오리 철도 노조 파업으로 구속된 5명의 조합원들을 지지하는 것이었다.
1989년	5월	싱주 지역(대만 북부)의 유안던화학섬유 공장이 파업했다. 회사가 노조에서 감사로 활동하는 사람의 연말보너스를 이유 없이 지급 연기한 것에 항의하기 위한 것이었다. 그러나 경찰과 회사가 무력으로 짓밟았다.
	11월	착취적인 노동법에 항의하는 시위가 벌어졌다. 노동자를 위한 법률 지원 연합과 노동권협회, 대만노총 등의 단체들이 노동조합법 입법, 노동기본법 개정, 국영기업의 사유화에 반대하여 투쟁했다.
	12월	노동당 설립. 1986년의 노동당에서 분리되어 나온 것이다. 당원들은 노동조합 활동가들, 좌파 지식인, 정치범 등이었다. 이 정당은 통일과 사회주의를 주장했다.
1990년	5월	리덩후이 총통이 군부 지도자 하오포쿤 장군을 입법원의 원장(국회의장)으로 지명했다. 정부와 자본가들은 크게 성장한 노동운동을 탄압하기 시작했다. 렌우화학 공장 노조 조합원이 불법 해고를 당했다. 노동운동 단체들과 사회운동은 반군사정부 연합을 결성하고 입법원장 하오포쿤에 반대하는 투쟁을 벌였다.
	5월 29일	입법원이 하오포쿤을 원장으로 임명했다. 하오포쿤은 사회운동과 노동운동을 무너뜨리기 위해서 불법시위 자처벌령을 제안했다.
	9월	노동악법 철폐운동 단체가 대만 전역에 노동악법의 철폐의 필요성을 알렸다.
1991년		여성 노동자들의 건강 문제가 가시화되었다.
1992년	3월	위안파(Yuan Fa) 파업으로 노동운동가 젱마오싱이 거의 석 달간 수감 생활을 했다.
	5월	남대만에서 활발하게 활동하던 노동운동가 위안쿤콴이 투옥되었는데 안쾅, 쉬콴메이 공장 노조를 지원한 것 때문이었다. 위안쿤콴은 독립노조 운동의 지도자였다. 그 뒤로 어용 노조로 바뀌었다.
	6월	노동권 확보를 위해 치렁(Chi Lung) 버스 노조가 파업을

		했다.
	11월	'세 가지 법안과 한 가지 행동' 시위에서 노동자들의 단결을 보여주었다. 세 가지 법은 반(反)노동 기본법, 노동조합법 그리고 노동 단체와의 교섭과 관련해서 고용주의 선호를 보장하는 법안이다. '한 가지 행동'은 치렁 버스 노조를 지원하는 행동을 말한다.
	12월	국가 소유의 은행 몇 개가 노동기본법 아래서 보호받을 권리를 요구하며 시위를 했다. 과거에는 은행 직원의 노조 결성이 허용되지 않았다. 그러나 최근의 사유화 과정과 함께, 직원들이 대거 바뀌었다. 그들은 노동기본법에 의거한 보호를 요청했고, 노동조합 결성을 요구했다.
1994년	5월 1일	민영화 반대 시위.
1995년	5월	대만 저널리스트 협회 구성.
	7월	교사들의 노조 결성권 인정.
1996년	5월 1일	고용 안정을 위한 시위가 벌어졌다. 40여 개 단체와 3천 여 명이 카오슝에 모여서 이주 노동자들의 유입과 노동자의 건강에 대한 보험법, 공장 폐업 보호법의 개정, 어린이 지원 정책과 일주일에 2일 휴무 등을 요구하며 시위를 했다.
1997년	5월 1일	노동자들이 불법적인 노조 탄압에 항의하는 시위를 벌였다. 계엄령 이후로, 300명이 넘는 노조 조합원들이 탄압을 받았다. 이러한 정부의 탄압을 지탄하기 위해 이 시위를 조직했다.
1998년	5월 1일	새로운 사회에 대한 꿈 - 꿈을 이루는 노동자들의 메이데이 시위. 이 시위에서 노동자들은 실직자를 위한 종합적인 사회 안전 제도를 요구했다. 그리고 '세 가지 법'의 실질적인 발효, 민영화를 저지하는 정책, 직업재해법에 따른 보상, 작업장 안전에 대한 감시 강화를 요구했다.
1999년	5월 1일	원주민들의 실직 항의 시위. 그들은 실직에 대한 노동 보험에 대해서도 언급했다.
2000년	3월 18일	민주진보당이 정권을 잡다
	5월 1일	중국노련(中華民國全國總工會) 설립
	9월	외국인 신부인 위안웬시웅(Yuan Wen Xiong), 푸쉬광(Pu Shi Ghuang)이 이주 노동자들의 권리를 지지하는 발언을 한 뒤 입국 허가를 받지 못했다.

2001년	**7월**	노동자행동위원회는 10개 노조의 조합원들로 하여금 정부와 기업가들이 공동 주최한 경제발전 컨퍼런스에 참여하게 하였다. 그들은 노사분쟁 전담 부서를 만들어 줄 것과 법정노동시간을 줄여줄 것을 요청하였다. 노동시간을 2주에 84시간으로 단축하는 안이 노동부 위원회에서 통과되었다. 여러 노동조합의 조직들과 지식인들이 나이아가라 방적 노동자들에 대한 대만 회사들의 탄압에 항의하는 운동을 함께했다.
2002년	**3월**	중국노련은 대만 회사 헤싱(HeXing)의 억압에 저항하는 미국의 컨티넨탈 카본(Continental Carbon)의 노동자들을 지원했다.

자료: Labour Front, Labour Right Association, China times, United Time Coolloud; 1984-2000.
보완 정보: 청슈메이(Chung Hsiu Mei), 2002.

방글라데시

NEPAL

INDIA

INDIA

DHAKA

BURM

Bay of Bengal

물, 토지, 식량 환경재해

방글라데시의 개발

임티아즈 아메드(Imtiaz Ahmed)

비나약 센(Binayak Sen)

방글라데시는 약 1억 3천만 명의 인구(2001년)를 가진 나라이다. 인구의 24%만이 개발된 도시에 살고 나머지는 전혀 개발되지 않은 지역에 거주한다. 그로 인해 도시 농촌을 이분화하는 담론이 만들어지고, 도시 농촌의 이분화는 힘없는 농촌에 대해 도시가 일방적으로 권력을 휘두르는 특징을 보여준다. 다시 말해, 개발이 주로 도시 중심으로 이루어지고 시골사람들 대다수는 도시에 두려움을 느끼거나 그렇지 않으면 도시에서 나오는 물건들만 기다리고 있다.

이렇게 된 것에는 부분적으로 역사적인 배경이 있다. 방글라데시는 1947년 영국 지배에서 벗어났고 1971년 파키스탄에서 독립했다. 두 번의 해방이 (성격은 달랐지만) 식민지 속박으로부터 벗어났다는 점에서 큰 차이는 없었다. 두 번의 해방 시기가 합의의 정치가 없는 상황이었기 때문에 시민사회는 정부와 국가에 대항하는 운동을 벌였다. 그러나 그 과정에서 시민사회는 갈라져서 대립하면서 폭력적인 성격을 띠게 되었고 그것이 국가의 성격을 형성하는 데 영향을 미쳤다. 정치적 입장이나 정당에 따라, 또 종교와 민족에 따라 사회가 분열되었다. 소수인 힌두교도에 대한 배척이 점점 심해졌고 벵골족 무슬림이 대다수인 이 나라에서 산악지대 소수민족들도 소외와 배척을 당했다.

지방 정부, 중앙 정부 할 것 없이 모두 남성이 다수를 차지했고, 정부 조직에 여성은 매우 적다. 그런 성별 불균형 또한 대립과 폭력을 더욱 심하게 만든 요인이다. 여성의 문해율은 29.3%인 반면 남성의 비율은 거의 52%이다. 모든 종류의 정부 서비스를 통틀어 정부에 고용된 여성은 전체 여성의 1.1%에 불과하다. 정부와 비정부기구에서 이 문제를 제기하고 문제 해결을 위해 노력해왔지만, 그곳에 사는 모든 사람들에게 사회적·정치적·경제적으로 매력적인 국가를 만들기 위한 변화는 여전히 느리게 진행되고 있다.

방글라데시의 자원 역시 매력적이지는 않다. 방글라데시에서 풍부한 것은 물과 사람인데, 그 두 가지는 아직 수익성 높은 자원으로 전환되지 않았다. 외채는 GNP의 37%(1998년)가 넘는 반면, 총부채는 재화와 서비스 수출액의 10%(1999년)가 넘는다. 외채 부담은 모든 국민이 져야 하는 것이지만 외채는 빈곤층에게 가장 많은 고통을 준다. 가장 가난한 사람들 즉 하위 20%의 소득이 8.7%인 반면, 가장 부유한 상위 20%의 소득은 거의 43%에 이른다. 빈부격차는 줄어들 기미가 보이지 않고, 그래서 많은 국민들이 정부, 국가로부터 뭔가를 얻게 될 때 점점 더 불만스러워하게 되었다.

어둠의 시대에
노래할 수 있을까요?
그럼요, 노래할 수 있어요
어둠의 시대에 관해.

— 베르톨트 브레히트, 「좌우명(Motto)」

경제 상황이 열악하고 빈부격차가 심한 곳에서 개발은 점점 소수

집단을 소외시키게 되고 주류의 구성원도 점차 소외시킨다. 여기서 두 가지 중요한 점을 강조할 필요가 있다. 첫째는 근대 개발과 다수결주의(majoritarianism)가 불가분하게 연결되어 있다는 것이다. 다수결 주의에 따라 다수 집단의 지지에 힘입어 국가가 재생산되니, 국가가 다수 집단의 경제적 개발을 위해 일하는 경향을 가지게 되는 것은 지극히 당연하다. 특히 다수 집단의 욕구와 욕망을 충족시키는 것에 의해 헤게모니가 재생산되는 국가에서, 소수를 위한 개발을 청원하는 위험을 감수하려는 사람은 거의 없다. 그러므로 바로 (현대의) 정치제도 자체 때문에 소수집단을 위한 개발은 추진되기 어렵다. 그러나 이것은 그 문제의 한 단면에 불과하다.

개발이 소외를 가져오는 문제에서, 또 다른 중요한 요소는 이른바 '개발'이 현대 '서구' 국가를 모델로 이루어진다는 사실이다. 현대의 개발은 매우 엘리트주의적이고 자본집약적일 뿐 아니라, 비숙련의 일반 대중을 비참한 상태에 처하게 만든다. 그 외에도 개발이 가진 또 다른 결정적인 문제는 환경 파괴이다. 댐과 고속도로 건설에서부터 농업에서 비료와 살충제를 과다 사용하는 것까지, 개발은 여러 종류의 환경 파괴를 야기한다. 이러한 개발은 소수집단 또는 빈곤층의 삶과 거주지를 희생시켜 이루어진다.

그런데 환경 문제는 개발을 추진하는 조직의 범위를 넘어서는 것이다. 홍수, 기근, 대규모 가족 등의 요소가 결합되어, 지속가능한 건전한 주거를 어렵게 만드는 환경이 만들어지고 있다. 그러나 홍수 같은 직접적인 자연적 요인과 개발의 부작용 사이의 격차는 그렇게 크지 않다. 현재 우리가 겪는 환경문제 중 많은 부분은 인간이 만든 구조 때문에 생기는 것이라는 연구가 많아지고 있다. 심지어 홍수나 가뭄 등 '신의 분노'처럼 보이는 것도 인간의 무자비한 자연 착취 때문에 생긴 결과인 경우가 많다. 반다나 시바(Vandana Shiva)는 다음과 같이 말한다.

인도의 가뭄은 아프리카의 가뭄과 마찬가지로, 천재(天災)라기보다는 인재에 가깝다 (…) 가뭄과 사막화는 강에서, 땅에서, 산에서 생명의 순환을 파괴한 환원론적 지식과 개발 방식의 결과이다. 돈벌이를 위해 강의 담수지가 파헤쳐지고 숲이 사라지고 농사가 과도하게 이루어지기 때문에 강이 메말라간다. 환금작물 재배에 지하수를 너무 많이 쓰기 때문에 지하수가 고갈되고 있다.[1]

우리는 개발로 인해 환경안전(environmental security, 환경과 관련된 재해 등에 의해 개인이나 공동체, 국가가 위협받지 않는 것을 말한다. 환경 문제를 둘러싼 갈등, 국제 관계 등도 환경안전을 위협할 수 있다—옮긴이)이 무너지는 상황에 처해 있다.

여기에서 환경안전의 붕괴에 관한 문제 세 가지를 다루려고 하는데 그 세 가지는 서로 연관되어 있다. 첫째는 물 부족이다. 엄밀히 말하면 깨끗한 물의 부족인데 이것은 강과 지하수층이 마르는 현상 때문이다. 물 부족 때문에 종종 국가 간 분쟁이나 '물 전쟁'이 일어나기도 한다. 이런 면에서 가뭄은 환경안전 파괴에 결정적인 역할을 한다.

되풀이해서 말하자면, 개발 경제 또는 지속가능하지 않은 경작을 포함하여 인구 팽창, 산림 파괴, 지나친 방목으로 초지가 사라지는 것 등도 환경안전을 파괴하는 요인이다. 화학비료를 예로 들어보자. 화학비료가 효과를 내려면 많은 물이 필요하고 또 화학비료로 인해물이 오염되어 결국 물이 더욱 부족해진다. 다시 말해 이제 농업에서, 특히 다수확품종 재배에서 하나의 규범으로 자리 잡은 화학비료 사용이 물 문제를 일으키는 요인이 되고 있다.

물 문제는 물이 많아서 일어나기도 한다. 방글라데시에서는 강의 범람, 홍수가 자주 일어난다. 높은 인구밀도 때문에 하천부지에 사는 사람들이 점점 더 많아진 탓에 홍수는 더욱 심각한 문제가 되고 있다. 하천부지는 수위가 조금만 높아져도 물에 잠긴다. 제방은 빠른 구제책이 되기도 하지만 제방이 사람들에게 더 큰 고통을 준다는 것, 특히 제방의 반대편에 사는 사람들의 피해가 커진다는 것이 최근 경험에서 드러났다.

두 번째 환경재해는 토지와 관련된 것이다. 토양 악화가 심해지고 지력이 떨어져서 농산물 수확량이 더 이상 늘어나지 않는다. 토양 악화와 수확량의 관계가 이와 같아서, 농부들은 화학비료 사용의 딜레마에 봉착해 있다. 화학비료 없이는 다수확 품종을 재배할 수 없고, 화학비료를 쓰면 오래 지속가능한 농경지는 없어진다는 딜레마다. 실제로 계속되는 화학비료와 살충제 사용으로 땅이 황폐해지고 있다. 한 연구에 따르면, 과거에 남아시아 농부들이 재배한 벼의 품종이 3만 종에 이르렀으나, 현대기술과 단일 품종에 대한 요구 때문에 오늘날에는 겨우 15종만 재배된다.[2] 결국 이것은 농부들에게 환경재해를 가져다줄 것이며 거주 장소를 옮기는 방법밖에 남지 않게 될 것이다. 만일 농촌이 규모가 작다면 희생자들은 지역을 옮길 수 없기 때문에 더 위태로운 상황이 된다. 그러면 결국 국내에서 이재민이 되거나 그렇지 않으면 이웃나라에서 환경 난민으로 살게 된다.

마지막으로 살펴볼 환경재해는 식량 부족 문제다. 그것은 물, 토지 문제로 인해 생기는 것이기도 하고, 부분적으로 과도한 인구 증가 때문에 일어나는 것이기도 하다.[3] 식량 문제는 가뭄뿐만 아니라 홍수 때문에 야기될 수도 있다. 앞서 말한 바와 같이 이러한 갖가지 환경 재해는 많은 사람들이 살던 곳을 떠나, 국내 이재민이나 국제 환경난민이 되게 만든다. 다음에서는 그런 환경재해 상황을 만드는 데 기여하는 개발 행위 세 분야를 살펴보려고 한다.

댐 건설

방글라데시 최초의 환경난민 사례는 근대 식민지 시절로 거슬러 올라가는데, 이러한 유산이 시간이 흐르면서 사라지지 않고 지금까지도 희생자를 만들면서 여전히 이슈가 되고 있다. 1950년대 후반 파키스탄은 동파키스탄(지금의 방글라데시)[4]에서 산업화에 박차를 가하기 위해 치타공 산악지대(CHT)의 수자원을 이용하기로 결정했다. 그 결과로 1957-1962년에 미국의 자금과 기술을 동원하여 랑가마티에 있는 카나푸리 강에 수력발전 댐이 건설되었다. 댐 건설로 캅타이 댐의 북쪽과 동쪽에 거대한 호수가 생겼다. 총 공사비는 240만 루피였다.[5] 정부는 이 사업으로 다음과 같은 이익이 생길 것이라고 주장했다.

· 동파키스탄 동쪽 지역에 120,000kW의 전기 생산
· 카나푸리 강 홍수 방지
· 산악지대 오지에 운항 시설 확충
· 저수지의 수산물 양식으로 심각한 단백질 부족 지역에 단백질 공급
· 접근이 어려운 지역에서 다량의 목재 채취 가능[6]

그러나 댐은 이 나라의 모든 사람에게 이익을 준 것은 아니다. 특히 그 부근에 살던 사람들에게는 전혀 이익이 되지 않았다. 댐은 (벵골족 같은) 주류 집단에게는 전기와 단백질을 공급하여 실질적인 이익을 주었지만, 그 지역에 거주하던 산악지대 소수민족들, 특히 차크마족 사람들에게 큰 피해를 주었다. 댐은 그 지역 경작지의 40%에 해당하는 2만 2천 헥타르를 포함하여 1천 km²를 침수시켰다. 약 144km의 국도와 25km²의 보호림도 물에 잠겼다. 이로 인해 차크마 자영농 1만여 가구, 차크마 화전민 8천 가구 등 10만 명이 넘는 차크마족 사람들이 땅도 집도 없는 상태가 되었다. 또한 이것은 (대부분 가난한) 8천 명의 벵골족 정착민과 1천 명의 마르마족 사람들에게도 영향을 미쳤다.[7] 이는 댐 건설 전에는 존재하지 않았던 사회적인 충격이라고 할 수 있다. 정부는 정착 계획을 황급히 발표했지만 미리 구상한 것이 아니었고 제대로 실행되지도 않았다.

정부는 캅타이에서 (벵골족과 산악지대 소수민족) 수몰민에게 보상금을 지급하는 보상금 사무실을 만들었다. 그러나 흥미롭게도 이 사무실을 운영하는 관료들은 모두 벵골족이었다. 정부는 피해자들의 정착금으로 5,100만 달러 이상을 배정했으나 실제로 배분된 것은 260만 달러뿐이었다.[8] 공무원들이 부정부패를 저질렀을 뿐만 아니라, 재정착 사업에서 소수민족과 벵골족을 차별했다고 산악지대 소수민족 사람들은 증언했다. 실제로 정부는 벵골족에게 먼저 보상금을 지급했다.[9] 소수민족 사람들은 화폐경제에 익숙하지 않아서 대부분은 보상금을 잘못 사용했으며 술과 도박으로 날리기도 했다. 심각한 우울과 좌절이 그 지역 전체에 만연했다. 많은 부족민들이 치타공 산악지역을 떠나기로 결심했다. 실제로 1964년 대부분의 차크마 사람들과, 캅타이 댐의 직접적인 피해자였던 4만에 가까운 소수민족 사람들이 국경을 넘어 인도로 갔다.

흥미롭게도 그 당시 차크마 난민들은 인도와 방글라데시 사이에 긴장이나 갈등을 만들어내지 않았고 그들은 치타공 산악지역으로 돌아갈 생각이 없었다. 그러나 인도 트리푸라 주에서는 약간의 갈등이 가시화되었다. 그곳에서는 정치인과 시민들이 차크마 난민들을 트리푸라에 정착시킬 것인지, 아니면 그들을 비하르 주나 아루나찰 프라데시 주로 보내야 할지 한동안 논쟁을 벌였다.[10] 차크마 사람들은 아루나찰 프라데시를 더 선호하였지만 그곳으로 간다고 해서 문제가 해결되는 것은 아니었다. 실제로 30년이 지나도 아루나찰 프라데시에서 그들은 하층민으로 살고 있다. 최근 그곳에서는 외국인 폭행 사건이 증가했는데 특히 치타공 산악지대 출신 차크마족 난민들을 겨냥한 폭행이 많았다.

그 지방의 정치인이 반(反)난민 운동과 손을 잡으면서 아루나찰 프라데시에 사는 차크마족의 상황은 더욱 나빠졌다. 주 정부는 난민 정착지 세 군데에서 차크마족 피고용인들을 모조리 해고했다. 그리고 차크마족이 공부하는 학교도 모두 문을 닫게 했다. 1994년 11월 티랍 지역에서는 학생 수가 1,200명이나 되는 차크마 학교가 불길에 휩싸였다.[11] 그와 동시에 차크마족과 하종족이 무차별적인 폭력과 약탈을 당했으며, 여성들은 학대와 희롱을 당했다. 공개적으로 학대와 희롱을 당한 경우도 있었다. 농작물도 불태워졌다. 더욱이 1994년 아루나찰 주 정부의 총리 게공 아팡은 차크마족을 위한 모든 공공시설물의 문을 닫겠다고 선언했다. 이로 인해 차크마족은 아주 비참한 상황에 처하게 되었다. 1994-1995년에 차크마족 200명이 말라리아로 사망했는데 대부분이 치료도 못 받아보고 사망했다. 주 정부는 식량과 최소한의 필수품까지 차단했다.[12] 전국 또는 지역의 그 어떤 정당도 차크마족 편에 서지 않았다. 차크마족에게 잘해주다가는 아루나찰 주뿐만 아니라 어디서든 선거에서 지기 쉽다는 두려움 때문이었다. 이러한 정치권력 게임에서 아루나찰의 차크마족은 나라 없는 사람들로 계속 살고 있으며, 그것 때문에 계속해서 고통을 당한다.

방글라데시로 독립한 후에도 치타공 산악지대의 캅타이 댐은 여전히 소외와 분노에 불을 지피고 있다. 이른바 '개발의 위업'은 댐 건설을 위해 수몰시킨 땅과 그 땅에 살던 사람들의 삶에 여전히 관심이 없으며, 피해자들에게 약속한 보상도 대부분 이행하지 않았다. 더욱이 캅타이 댐이 평원에 전기를 공급하고 있는데 산악지역 대부분에는 아직도 전기가 들어오지 않는다는 것도 모순이다. 소수민족 사람들은 점점 더 삶이 힘들어지고 있다고 느낀다. 현재 캅타이 댐은 어떤 면에서 외지인 지배의 상징이 되었으며 소수민족의 땅과 자원을 희생시켜서 이루는 벵골인의 개발과 근대화를 대표하는 것이 되었다. 그러니 어떤 부족민은 '개발의 위업이 국민통합을 가로막는 식민주의적 장애물'이라고 본다.[13]

캅타이 댐은 환경문제와 소수집단이 결합하여 근대 '다수결주의' 국가의 정치적 의제에 대비되는 하위국민 정체성을 재생산한 전형적인 사례다. 그러나 앞서 언급한 것처럼 지금까지는 '가장 작은' 소수집단(방글라데시 인구의 1% 미만)의 구성원들이 환경재해의 희생자였지만, 좀더 큰 소수집단이 희생자가 될 날이 멀지 않았으며 결국 주류집단의 구성원들도 환경재해의 희생자로 추락하게 될 것이다. 대다수를 희생자로 만드는 재해는 더 다양한 원인에서 기인하게 되겠지만 말이다.

제방 건설

오늘날 자연재해가 일어나면 재해의 범위나 피해자 수에서 인간이 초래한 면이 크다고 주장하는 사람들이 많다. 자연재해는 이제 더 이상 신의 분노 때문으로 돌릴 수 있는 것이 아니며, 자연에 맞서서 아무것도 할 수 없다고 말할 수도 없다. 인간에 의해 자연적인 것이 비자연적인 것으로 바뀔 수도 있고 조정될 수도 있다. 그러나 이러한 작업은 단순한 것은 아니며, 오늘날에는 자연과 인간이 함께 자연재해를 만든다. 전적으로 천재(天災)이거나 전적으로 인재(人災)인 것은 없었다.

이런 면에서 홍수 피해를 막기 위해 제방을 쌓는 것은 좋은 예가 된다. 1988년 전직 대통령 후세인 무하마드 에샤드는 대홍수 때 도시 둘레에 제방 몇 개를 새로 건설함으로써 다카 시를 구했다는 이유로 지지자들과 반대 세력 양쪽으로부터 지지를 받았다. 이렇게 제방이 표심을 좌우하는 이슈가 되자, 정부는 재빨리 앞으로 다카 주위에 80km의 제방을 더 건설하겠다고 선언했다. 그러나 이 생각이 과연 타당한가? '다카를 구한' 제방이 다른 한편으로 제방 반대편 사람들에게는 예측할 수 없는 홍수와 고통을 준 것이 아닌가? 방글라데시에는 수백만 명이 사는 촌락이 대부분인데 모든 촌락에 제방을 만드는 것이 가능할까? 모든 촌락에 제방을 건설하는 것 또한 다른 문제를 불러올 것이다.

1988년 다카 대홍수의 시작에서부터 다카-나라얀간지-뎀라(DND)의 '제방 붕괴' 위험[14]까지, 우리가 주목하지 않았던 것 대부분은 부분적으로 에샤드가 만든 다카의 제방에 의한 결과일 수 있다. 그렇다면 다카는 제방으로 둘러싸여 보호받았으니 정부가 홍수 피해를 본 시골 사람들을 구하려는 노력을 오히려 덜 기울이는 것이 아닌가

하는 우려가 생긴다. 홍수 피해 예방이 가장 절실하게 필요한 사람들의 이익을 살피지 않는 홍수 대책은 바람직하지 않다. 이 점에 대해 좀 더 자세히 살펴보겠다.

땅이나 강에 제방을 쌓아 홍수로부터 사람들을 보호하는 것은 1950년 대홍수가 일어난 뒤 파키스탄 정부가 국제원조를 요청한 결과로 시작되었다. 특히 제방 건설은 미국 투자에 의해 이루어졌다. 다름 아닌 미국 공병사령부 구성원이 의장으로 있는 위원회가 홍수 조절을 위한 DND 프로젝트, 보라마푸트라 우안 제방 건설사업, 갠지스-코바닥 사업 등 대규모 수자원 개발 건설을 명령했다.[15] 그러나 파키스탄 시대(1971년 까지)의 반(半)식민 정부는 반식민지의 개선을 위해 자금을 지원할 의지가 부족했기 때문에 결국 이 사업들이 멀리 나가지는 못했다.

그러나 1987-1988년 또다시 대홍수의 참사가 일어나자 제방으로 홍수를 관리하라는 오래전 제안이 크게 부각되었다. 그 당시 정부가 적극적으로 나서고 세계은행이 주된 협력자 역할을 하고 국제원조단체 (총 14개)들이 함께해서 제방 건설을 시작했다. 그런 오래전 방식을 택하긴 했지만, 사람들의 참여를 위한 가이드라인을 추가하기도 했다. 1980년대에 연이은 홍수를 불러일으킨 식량증산계획(FAP)은 방죽을 보호하고 강둑을 개량하는 사업을 포함시켰다. 그 사업에는 FAP1(브라마푸트라 우안 보강 사업), FAP3.1(자말푸르 우선 사업), FAP9B(메그나 강둑 보호 사업), FAP21(강둑보호 시범사업)과 FAP22(치수 및 하천부지 관리 시범사업)로 이름을 붙였다.[16] 차이점을 부각시키기 위한 이름이었지만 옛 술을 새 병에 담은 것이나 마찬가지였다.

더 중요한 것은 제방 방식이 얼마나 안전한가이다. 1988년 10월과 11월에 이미 스튜어트(K. Stewart)가 메그나-도나고다 제방의 안쪽, 바깥쪽에 있는 각각 300가구를 표본으로 연구를 한 바 있다.[17] 연구 결과에 따르면 제방 내부에서 평균적인 손상이 최악이었다. 이러한 손상은 홍수 이후의 배수가 제방으로 둘러싸여 보호되는 쪽보다 제방의 강쪽에서 훨씬 더 빠르게 일어나기 때문에 발생한 것이다. 더욱이 제방 지역은 큰 비 때문에 홍수가 일어날 때보다 상황이 더 심각해졌다. 이 문제를 해결할 방법은 펌프로 물을 퍼내는 것밖에 없지만, 피터 로저스(Peter Rogers)와 그의 팀이 (USAID의 의뢰를 받아 수행한 연구에서) 언급한 것처럼 매우 돈이 많이 드는 일이다.[18] 이 연구팀은 방글라데시 제방 건설의 단기, 장기 이익에 대해서도 의문을 제기했다.

그렇다면 왜 제방 건설이 이처럼 강력하게 추진되는가? 나즈럴 이슬람 (Nazrul Islam)은 이에 대해 이렇게 답한다.

> 이 사업에는 엄청난 경제적 이득이 있다. 커다란 제방 사업은 큰 규모의 국제원조를 가져올 수 있기 때문에 정부에게 이득이 되는 일이다. 이것은 자기가 돈을 끌어올 수 있다는 것을 유권자에게 보여줄 수 있기 때문에 정치인들을 행복하게 만드는 일이기도 하다. 제방 건설 사업은 대규모 예산이 배정되는 일이기 때문에 공무원들도 행복 하게 만든다. 이것은 컨설턴트, 기술자, 건설회사 등이 큰 계약을 따낼 수 있는 사업이기 때문에 이들 또한 행복하게 만든다. 제방 사업에서 직접적인 이익을 얻는 이들을 열거하는 것은 쉬운 일이다. 거기다 불법적인 이익을 바랄 수 있는 가능성까지 더한다면, 제방 사업에 대한 열망이 왜 그렇게 높은지 쉽게 이해할 수 있다.
>
> 대규모 예산이 필요한 제방 사업은 국제 지원 기구(donor agencies)에 게도 좋은 일이다. 국제 지원 기구는 다른 사람들의 돈을 분배할 뿐 사업의 효율성에는 전혀 관여하지 않기 때문에 책임을 지지 않는다.[19]

방글라데시 전체 혹은 삼각주 지역의 제방 건설이 무익함에도 불구하고, 정부 정책이 제방 건설 쪽으로 가는 것은 보통 사람들을 위해 홍수를 관리하 려 한다기보다, 일신의 안일을 추구하는 특정 개인의 이익을 위해 대규모 현금이 어디로 흘러가야 하는가에 따라 정책 방향이 정해지기 때문이다.

정부의 제방 정책은 특히 빈번한 홍수 때마다 제방 반대편에 있는 사람들을 고통스럽게 만들 뿐이다. 그리고 고통받는 사람들이 너무나 많다.

품종 개발과 환경문제

홍수 때의 심각한 걱정거리 하나는 홍수 피해를 입은 사람들이 일할 곳이 없어지는 것이다. 아이러니하게도 홍수 영향권에는 해야 할 일이 무척 많음에도 불구하고 몇 달 동안 일 없이 지내는 사람들이 많다. 예를 들어 1988년 홍수 때 쿠리그람에서부터 키쇼레간지까지, 코밀라에서부터 차파이-나와브간지까지, 게이반자에서부터 고팔간지까지 홍수 영향권 내의 거의 모든 지역에서 일자리 부족 현상이 일어났다. 홍수가 끝나고도(4~5개월 후인 11월까지) 일자리 부족이 계속되었으며, 광범위한 일자리 부족 현상은 브라마푸트라와 자무나에 인접한 거의 대부분의 지역에 큰 영향을 주었다.

피해 지역의 생필품 가격이 떨어지는 것을 보아도 홍수로 대규모 실업이 일어났음을 알 수 있다. 예를 들어 쿠리그람에서는 쌀값이 다카나 베네폴의 쌀값(kg당 20~24타카)에 비해 kg당 14타카 정도로 저렴했다. 보통의 상황에서는 쿠리그람 사람들이 좋아할 일이겠지만 그것은 그 지역에 수개월 동안 실업이 만연해서 구매력이 떨어진 결과다.

그렇다면 왜 일자리를 찾기 힘들어진 것일까? 그것은 아마 부분적으로는 정부가 새로운 경작 방식을 도입했기 때문이라 할 수 있다. 새로운 경작 방식의 도입에는 국제원조기구와 근대 과학을 신봉하는 학계의 압력도 작용하긴 했다. 방글라데시에서 옛날부터 농사짓던 방식은 새로운 경작 방식으로 빠르게 바뀌어 갔다. 나즈럴 이슬람은 다음과 같이 말한다.

방글라데시에서 벼농사 방식은 삼각주 조건에 정교하게 맞추어져 있다. 오랜 세월 동안 자연선택 과정을 통해 '보나 아만'이라는 놀라운 품종이 만들어졌는데 이 품종은 20피트 이상까지 자라서 물속에 깊이 잠겨도 견딜 수 있다. 이러한 기적 같은 벼는 줄기가 물에서 떠다니며 24시간에 한 뼘이나 자랄 수 있기 때문에 홍수 때 수위가 빨리 높아져도 문제가 없다. 그러나 '보나 아만'은 교배를 통해 개발된 새로운 품종에 밀려나고 있다. 방글라데시 농민들은 추수가 끝나고 홍수가 오기 전까지의 짧은 기간 안에 재배할 수 있는 '로파 아만'이라는 품종도 개발했다.[20]

다수확 품종[21]이 등장하니, 농민들은 '보나 아만'이나 '로파 아만'처럼 홍수에 적응한 품종에는 매력을 덜 느끼게 되었다. 예전 품종은 소득이 적은 품종으로 전락했다. 화학비료와 관개에 의존하는 다수확 품종은 큰 홍수가 나면 생존하기가 힘들다. 새로운 품종 재배 시에 정부 지원금이 지급되었기 때문에 많은 사람들이 전에 재배하던 품종을 버리고 새로운 품종을 심었다. 그 결과 홍수가 나면 벼가 모조리 물에 잠겨버렸다. 그러니 일자리가 적어지고 구매력 또한 떨어질 수밖에 없는 것이다. 이런 상황에서 농민들은 다음 중 하나 혹은 둘을 선택하는 것만이 가능하다.

첫째, 저축해둔 것을 쓴다. 이런 면에서 특히 빈곤층의 저축 문제에 있어서 정부 기관은 완전히 무능하다. 방글라데시에서 이런 일에 대해서는 NGO들이 어느 정도 성공을 거두었다. 실제로 '그라민 은행'을 비롯한 NGO들은 장기 대출자가 과거 예금액 전액을 인출할 수 있는 기회를 주었다. 그러나 개인이나 가구의 저축 금액이 그렇게 크지 않기 때문에 이것은 분명한 한계가 있다.

둘째, 가진 것을 파는 것이다. 1988년 홍수 때 만들어진 민원 담당 부서에서 15,467개 마을을 대상으로 전국적인 현장 조사를 벌인 결과, 돈이 쪼들려서 가진 것을 팔아야 했던 비율이 홍수 시기에 매우 높게 나타났다. 다음 표는 이러한 상황을 잘 보여준다.

〈표〉 가진 것을 팔아서 돈을 마련한 일(distress selling)이 평소보다 늘어났는가

(마을 비율)

	토지		가축		기타 재산	
	예	아니오	예	아니오	예	아니오
심각	59.0	41.0	87.1	12.9	73.8	26.2
보통	59.8	40.2	87.9	12.1	71.8	28.2
영향 없음	44.2	55.8	73.5	26.5	56.3	43.7

출처: Binayak Sen, Syed M Hashemi and Imtiaz Ahmed, "Impact of Flood on Rural
Economy: Results from a Large-Scale Rapid Survey," 1998년 대홍수에 관한 세미나
발표 논문(Nagarik Durjog Mokabila Udyog 주최, CIRDAP 강당, 1998년 12월 31일).

돈이 쪼들려서 가진 것을 파는 사람이 정당한 값을 받을 수 있게
해주는 정부 규제 같은 것이 없기 때문에, 큰 홍수는 그런 거래에서
물건을 사는 사람, 대금업자들에게 이익을 가져다준다. 은행은 홍수
피해를 입은 사람들에게 담보를 요구하기 때문에 은행이 이런 과정을
더 악화시킨다.

그렇게 해서 결국 홍수 피해를 입은 사람들이 국내 이재민 또는 국제
환경난민으로 떠돌 수밖에 없는 것이다. 환경난민 문제는 뒤에서 다룰 것이다.

위와 같은 시나리오는 홍수와 관련된 것인데, 가뭄 역시 간과할 수
없는 문제다. 다시 한 번 다수확 품종과 살충제 및 관개에 대해 논의해보
자. 피터 로저스가 말했듯이, 다수확 품종 재배가 성공하려면 "고위험의
몬순 작물로부터 11월부터 5월의 건기에 자라는 저위험 관개 작물로
옮겨가야 한다."[22] 그러나 그렇게 바뀌려면 다수확 품종을 재배함과
동시에 지하수와 얕은 관정을 이용하여 관개를 확대하는 것이 필요하다.

지하수를 과도하게 쓰면 특히 건기에 대수층을 고갈시키고 지하수
수위를 낮게 만듦으로써 재앙을 가져올 수 있다. 지하수의 수위가 낮아진
것이 최근 급속하게 물속에 비소가 증가하게 된 주요 원인이라고 전문가

들은 말한다.[23] 다수확 품종의 재배는 토양 악화라는 결과를 가지고 온다. 그것은 화학비료 사용으로 인한 것이기도 하지만 더 중요한 이유는 때때로 대수층에 물이 보충될 정도로 충분하게 강이 범람하지 않는다는 것이다. 그 결과는 뻔하다. 토양이 일단 악화되면 농부들은 홍수를 맞았을 때와 똑같이 대응할 수밖에 없다. 살던 곳을 떠나 난민이 되는 것이다. 우선 국내 난민에 대해 살펴보자.

1988년 홍수가 일어났을 때 10월에 NGO가 무작위로 대상을 선정해 조사한 결과를 보면, 홍수 피해 지역에서 가구의 9%는 여성 혼자서 가족을 부양하고 있고 남편은 일자리를 찾아서 마을을 떠나 있었다.[24] 호세인 질러 라만(Hossain Zillur Rahman)은 다카의 수재민을 대상으로 설문조사를 한 결과 그들 중 20%가 최근 이주한 사람이라는 것을 발견했다. 이주민 중 52%는 다카로 이주한 이유가 '일자리를 찾아서'라고 했고 8%는 '식량 부족 사태' 때문이라고 답했다.[25] 또한 이주민 대부분은 도시에 온 뒤로 행상, 장사, 인력거 등을 하면서 살고 있다는 것을 이 조사는 보여준다. 하지만 이것은 이주민에게도 도시 주민에게도 결코 바람직하지 않다. 인력거를 예로 들어보자.

이전에 다카에서 릭샤 사업은 꾸준하게 '수평적인' 성장을 하고 있었다. 다카 시가 제대로 관리를 하지 않아서 면허증을 받은 릭샤는 8만 개뿐인데 릭샤꾼은 38만 명에 달했다. 그런데 홍수가 나서 시골에 일자리가 없어지니, 다카 시의 릭샤 업계에 이제 '수직적'인 성장까지 더해졌다. 임대 릭샤를 짧은 시간 동안 다시 빌려서 일하는 릭샤꾼들이 많아진 것이다. 임대 시간이 겨우 2시간인 경우도 있다. 이러한 성장의 부정적 영향은 매우 크다. 이것은 (쉽게 걸어갈 수 있는 곳에 인력거를 타고 가는) 문화적으로 나태한 '바드라(bhadra) 계층'을 양산하고, 이주민들 대부분이 힘들고 불안정하고 임금이 적은 일에 종사하게 만든다. 그런데 이것은 이주민 문제의 한 면일 뿐이다. 외부에서 들어오는 이주 문제 또한 중요하다.

인도(특히 서벵골)에 유례없는 홍수가 일어났을 때, 홍수 피해를 입은 인도 말다, 머시다바드의 주민들이 국경을 넘어 방글라데시로 왔다. 그때의 뉴스는 다음과 같다.

　　서벵골에서 일어난 홍수로 인도 국적을 가진 사람들 수백 명이 방글라데시의 난민이 되었다. 방글라데시 소총부대는 부대 안에 머물고 있는 인도인 2,382명을 보호하고 있다.[26]

　　홍수가 방글라데시를 강타하면 이런 일은 여지없이 반대 양상으로 나타났다. 만약 국경 건너편에 친지가 자리를 잡고 살고 있으면 국경을 넘어가게 되기 쉬운데, 방글라데시에서 인도로 넘어가는 경우가 그 반대 경우보다 더 많을 것이다. 이런 경우 다음 표가 보여주듯이 국경을 넘어간 환경 난민들 중에는 무슬림도 있고 힌두교도도 있다.

〈표〉 방글라데시에서 인도 서벵골로 이주한 불법 이민자들
(State Police/Mobile Task Force/BSF)

연도	힌두교도	무슬림	기타	힌두교도(%)	무슬림(%)
1977	150	2372	422	34.99	55.19
1978	5270	2212	410	66.78	28.03
1979	4543	6670	681	37.26	57.16
1980	3522	6645	366	33.44	63.09
1981	3887	8541	193	30.87	67.60
1982	3263	10296	374	23.42	73.90
1983	4434	18549	281	19.06	79.73
1984	4554	19537	68	18.85	80.87
1985	6982	20031	62	25.79	73.98
1986	9387	27381	-	25.53	74.47
1987	11997	35083	462	25.23	73.79
1988	12490	33887	200	26.82	72.75
1989	11437	32496	104	25.97	73.79
1990	17901	38611	68	31.64	68.24
1991	18304	55237	79	24.86	75.04

출처: Gautam Gupta, Debash Chakrabarty and Sabari Bandyopadhyay, 'Migration from Bangladesh to India during 1971-1991: Its Magnitude and Causes', paper presented at the International Symposium on South Asian Politics and Development: Bangladesh and India, organised by the Maulana Abul Kalam Azad Institute of Asian Studies, Calcutta (India), 1-3 March 1994, p.17.

이 표를 보면 힌두교도와 무슬림 두 집단에서 모두 환경난민이 발생했다는 것을 알 수 있지만 힌두교도 비율이 더 높은 이유는 나타나지 않는다.[27] 현대에 사람들의 이주에 있어서 관계망(지인, 친족, 직장에서 구축된 인맥)은 중요한 역할을 한다.[28] 실로 이전에 이주하여 지금은 어느 정도 정착한 친척과 친구들은 커다란 유인 요인이 되며, 난민이 될 수도 있는 이들에게 안전을 보장하는 자원이 된다. 그러므로 방글라데시를 떠난 많은 무슬림 환경난민이 현재까지 인도에서 상당 기간을 살다고 있는 사실을 감안하면, 관계망을 따라 들어오는 이러한 환경난민의 수는 점점 더 증가할 것이다. 이런 상황이기 때문에 이들은 정치인들에게 무자비하게 이용당하기도 한다.

1971년 이후 힌두교도 난민의 95%가 나마수드라(최하층 카스트)라는 사실은 상황을 더욱더 복잡하게 만들고 있다. 이것은 1971년 이전에는 주로 상층계급인 바드라산탄이 난민 집단을 형성했던 것과는 두드러지게 다른 양상이다.[29] 무슬림과 나마수드라가 난민을 구성하는 것은 카스트에 기반을 둔, 힌두교도가 대다수인 인도에서 국가적인 이슈가 되고 있고, 그 덕에 반(反)난민, 반방글라데시 정서에 호소하는 바라티야 자나타(Bharatiya Janata)당의 지지율이 높아지고 있다. 그러나 그런 정당들은 난민들이 두려움을 더 많이 느낄수록 관계망을 더 활용하고 강화할 것이라는 사실을 알지 못하고 있다. 달리 말해, 위협적인 상황과 두려움은 오히려 피해자들이 그 수를 더 늘리게 만들고 그들의 예전 정체성을 고수하게 만들며 그 정당들이 확보하고자 하는 '치안'—그게 무엇이든 간에—을 저해한다.

그러나 환경난민을 정치적으로 이용하는 것은 그런 인도 정당들만이 아니다. 방글라데시 정부 역시 환경재해 관리에 실패했다는 것이 창피해서 현실을 받아들이지 않으며 환경난민을 위해 아무 일도 하지 않는다. 다른 한편, 인도 정부는 방글라데시의 재해에 부분적으로 인도의 책임이 있다는 것(한 예로 갠지스강 상류 물줄기를 돌린 것)을 잘 알면서도 국내 물 소비를 위해 책임을 회피한다. 하지만 인도와 방글라데시 모두 불법 이민자 문제를 둘러싼 활동을 '국가안보' 문제로 탈바꿈시키는 데에는 열심이다. 그렇게 되면 국경 양쪽의 병력이 모두 이익을 얻을 수 있다. 인도의 '밀어내기' 정책이나 방글라데시의 '밀어넣기' 문제는 보안 병력을 강화하게 만들며 양국 모두에서 주류의 힘과 권력을 재생산하는 데 도움이 된다. 그 와중에 계속 사람들은 고통받는다.

개발을 다시 생각한다

환경재해의 측면에서 볼 때, 근대에 정치제도로 자리 잡은 다수결원칙의 국가는 소수집단뿐만 아니라 상당한 규모의 주류집단의 욕구를 충족시키려는 의지도 잃은 것이 분명하다. 더욱이 물, 토양, 식량 문제로 위기에 처한 소수집단과 다수의 구성원들은 자신이 나고 자란 곳에서 어리석게 살아가는 것보다 '이재민'이나 '난민'의 삶을 택하는 위험을 무릅쓰고 있다. 이것은 커다란 비극이 아닐 수 없다. 이러한 상황에서 일반 대중과 정치가들은 개발을 다시 생각해야 한다. 인간이 만든 재앙이 일어나지 않도록, 자연을 무분별하게 착취하는 일이 없도록 하는 방법을 찾아야 할 때다.

개발을 다시 생각하는 데 있어서 세세한 계획을 세우기는 힘들 것이다. 우리가 할 수 있는 최선의 방법은 여기서 교육이 필요함을 지적하는 것이다. 예를 들어 이 나라 특성에 맞게 사람들을 고양시키려면, 방글라데시에 풍부한 두 자원인 물과 인간을 결합하는 창의적인 노력을 기울여야만 한다.[30] 그러한 노력의 하나가 흙집 짓기라고 할 수 있는데, 이것은 친환경적으로 주택문제를 해결할 수 있다. 강바닥 흙을 파서 집을 지으므로 우기의 홍수 위험을 크게 줄이는 효과도 있다. 그러나 이것은 개발과 관련된 문제의 한 측면에 불과하다. 개발이라는 목표의 재검토가 현실화되면 산업, 교통, 군사, 그 밖의 현대적인 분야들에서도 진실로 창의적인 개입이 필요할 것이다.

국경 지역에서도 즉각적인 창의적 개입이 필요하다. 국경의 한편이 취약하고 가난한 반면, 다른 편은 상대적으로 더 잘 산다면, 난민의 흐름은 계속될 것이다. 그러므로 그곳에 거주하는 사람들의 절박한 요구를 만족시키기 위해 동일한 사회경제적 프로젝트, 환경, 교육 프로젝트가 국경의 양쪽 국가에서 이루어져야 한다. 이런 점에서 NGO들은 국경 양쪽의 나라에 자유롭게 참여해야만 한다. 왜냐하면 아주 구조화된 정부의 개입보다는 NGO 쪽이 더 성공 가능성이 높기 때문이다.

나는 또 이제 물 문제를 해결하기 위한 다른 방법을 찾아야 할 때라고 생각한다. 예를 들어 (우기나 홍수처럼) 물이 넘칠 때 물을 보유할 수 있게 '저수지'를 건설하는 것이 그 예다. 이 방법이 실행 가능한 것이라면, 하지 말아야 할 이유가 없다. 물 보유에 관한 기술 발전 수준을 생각하면 안 될 리가 없다. 그러면 방글라데시가 인도와 물을 나누어 쓰는 문제에서 방글라데시에게 인도에게 의존할 수밖에 없는 문제는 확실히 없어질 것이다. 갠지스 강 전체가 개발과 인구 압력의 증가로 인해 급속히 메말라간다. 갠지스 강이 가까운 미래에 주위와 공유할 수 있는 풍부한 물을 가지게 될 것이라 예측하기는 힘들다. 하지만 갠지스를 공유하는 문제를 둘러싼 정치를 보면 인도와 방글라데시 양국에서 다수 중심의 헤게모니가 더욱 더 재생산되는 방향으로 갈 것으로 보인다. 이 상황에서, 저수지로 물을 보유하게 되면 그런 정치가 종말을 맞을 것이고, 사람들의 생활과 필요에 더 초점을 맞추는 개발이 이루어질 것이다.

그리고 홍수와 더불어 살아가는 문화를 되살릴 필요가 있다. 대홍수의 빈도가 10년에 한 번 꼴로 줄어들게 하는 것이 필요한 동시에, 홍수나 물에 중점을 두는 삶의 방식으로 바꿀 필요가 있다. 임티아즈 아메드, 아자자 딕시트, 아쉬스 난디는 「물에 관한 지식과 물의 정치에 관한 남아시아 선언(South Asian Manifesto on the Politics and Knowledge of Water)」에서 삶의 방식과 방향을 조정할 필요성에 대해 이야기했다. 그들은 이렇게 주장한다.

> 지금까지는 물 관리와 개발에 대한 접근이 통합적이지 않았다. 바다, 강, 지하수를 따로 따로 다루었고 '토지 중심'으로만 접근했다. 수자원 관리는 물에 중점을 두어야 한다고 우리는 생각한다. 물에 대한 총체적 인식, 물이 자연 안에서 하는 역할에 대한 이해에 바탕을 두어야 한다. 포괄적으로 보면, 모든 수준의 교육 과정에서 물에 대한 이해를 높이도록 하는 것이 필요하다. 그러므로 글로벌과 로컬을 통합하는 것, 현재의 의사결정 모델의 구조와 성격을 바꾸는 것, 그리고 교육 환경을 바꾸는 것이 목표가 되어야 한다. 다시 말해 다수의 견해만 수용하는 것이 아니라 자연과 사회에서의 물의 위치를 더 포괄적으로 반영한 의견도 제시될 수 있도록 의사결정 모델과 교육의 변화가 이루어져야 한다.[31]

그러한 변화가 일어날 때 기대할 수 있는 것은 매우 많다. 더 이치에 맞는, 이 나라 땅에 적합한 농사를 할 수 있는 여지가 만들어질 것이고, 오래전에 사라진 '땅을 파서 높이고 집 짓는' 방식도 다시 자리 잡을 것이다. 그것은 벵골에서 수천 년간 내려온 집짓기 방식을 말한다. 벵골 사람들은 집을 지으려면 먼저 도랑을 파고, 파낸 흙으로 땅을 높였다. 그다음 흙이 쌓여 높아진 땅 위에 집을 지었다.[32] 이 과정에서 연못을 새로 만들고 수로에 쌓인 흙을 퍼내게 된다. 건기에 그렇게 해둔 것은 홍수가 났을 때 상당히 도움이 되었을 것이다. 이제 이런 오래된 지혜를 활용해야 할 때다. 현재의 생활에 맞게 적절하게 개선하는 것은 필요하겠지만 말이다.

위에서 언급한 변화가 일어난다면, 매우 절실한 물길 시스템, 홍수에 안전한 가옥 구조, 홍수 때의 학교 교육 등도 만들어낼 수 있을 것이다. 그리고 '홍수와 함께하는 삶'의 문화에 대한 시의적절한 투자가 있어야 한다. 그러면 지금처럼 홍수가 일어나기만 하면 큰 재앙으로 이어지는 상황을 바꿀 수 있을 것이고, 천재(天災)만은 아닌 홍수 한가운데서도 삶이 좀 더 살 만한 것이 되도록 할 수 있을 것이다. 현재의 정부가 그런 투자를 할 능력이 없기 때문에, 이 거대한 과제를 실행하는 것은 홍수의 영향을 받는 수백만 명이 해야 할 일로 남겨져 있다.

이러한 맥락에서 개발을 '민주화'하는 것이 필요하다. 개발을 민주화하는 방법은 두 가지다. 첫째, 세계은행을 포함한 국제적 차원에서 매우 많이 이루어지고 있는 다양한 개발을 효과적으로, 창의적으로 이용해야 한다. 실용적인 측면에서 보면 우리에게 필요한 것은 선진국에서 무슨 일이 벌어지고 있는지 확실하게 아는 것이다. 그렇게 되면 우리의 개발 전략에 대해 효과적으로 협상할 수 있는 위치를 가질 수 있다. 국제기구가 제공하는 어떤 정책 방향을 우리가 원치 않을 때에 그에 대해 협상할 수 있게 되는 것이다. 선진국 정부와 풀뿌리 운동단체를 상대로 개발 로비를 하는 것이 하나의 방법이 될 수 있다. 둘째, 방글라데시에서 이루어지고 있는 개발과는 다른 대안적인 시나리오를 제시해야 한다. 이러한 맥락에서 '유누소노믹스(그라민 은행 총재 무하마드 유누스의 경제이론과 실천)'에 대해 좀 더 탐구해야 할 것이고, 주류 사회에서 그에 대한 토론이 이루어지게 해야 한다. 그의 비전과 경험에 기초한 대안적 경제학 교과과정을 세우는 것도 필요하다. 신고전주의 경제학자들이 일찍이 유누소노믹스를 공격하기 시작했다는 사실은 유누소노믹스에 장점이 있다는 것을 역설적으로 보여준다!

주요 이슈

지방분권과 자치: 누구의 의제인가?

지방분권은 방글라데시에서 많이 토론된 주제이고 많은 사람이 그 필요성에 동의한다. 지방분권은 '좋은 통치'를 촉진할 수 있는 도구 중 하나라고 받아들여진다. 그런데 실제로 지방분권을 실행하는 문제에 부딪히면 지지가 약해지는 것은 다소 모순이다. 실제로 방글라데시 정치계에서 조직을 가진 압력단체들 대부분이 공식적 입장과는 달리 사실 지방분권이라는 아이디어 자체에—이유는 다 다르지만—반대한다. 중앙의 관료들은 '행정개혁' 방침의 하나로 지방분권의 필요성을 인식함에도 불구하고 '지방자치'가 이루어지면 무소불위의 중앙 통치에 위협이 될 것이라고 본다. NGO들도 힘센 지방 정부가 서는 것을 반기지 않는다. 지방 정부가 풀뿌리 차원에서 그들의 활동을 규제하고 감시하게 될 것을 두려워하기 때문이다. 또 정당들, 특히 국회에 진출한 정당들도 지방 분권을 불편하게 여긴다. 왜냐하면 선출직 단체장이 이끄는 강력한 지방 정부가 들어서면 지역구에서 개발 이슈를 둘러싸고 경쟁하는 관계에 놓이기 때문이다. 의사, 기술자, 교사들의 단체 같은 전문가 집단도 지방 분권에 반대한다. 그들은 자신들이 '손댈 수 없는' 존재라고, 즉 지방 정부의 규제 능력 밖에 있는 존재라고 여기기 때문이다. 지방분권은 조직적으로 지지하는 정치 세력이 전혀 없는 수사적 표현일 뿐이다.

빈곤층의 '목소리'를 키우고 그들의 정치 참여를 확대하기 위한 정책과 제도적 장치는 두 가지 영역으로 구분할 수 있다. 첫 번째는 지방분권화인데, 이것은 빈곤 퇴치의 효과가 즉각 나타나게 하는 것과 관련 있다(능력 있는 지방 정부). 두 번째는 풀뿌리 차원의 사업을 지방 정부 영역 외부와 연합해서 시행함으로써, 사람들의 필요에 부응하는, '아래로부터'의 요구를 수용하는 메커니즘을 만들고 지방자치의 질에 대해 압력을 행사하는 역할을 하게 하는 것이다(사회운동). 대중이 참여하는 이와 같은 운동은 지역 민주주의의 질과 기능을 향상시킬 것이다.

이러한 대중 운동이 강력하고 효율적인 지방 정부의 지원을 받으면 소득 빈곤(income-poverty), 인간 빈곤(human poverty)을 줄이는 데 최대의 효과를 낼 수 있다. 방글라데시는 이 영역에서 상당한 진전을 이루었지만, 아직도 할 일이 많다. 그것은 부분적으로는 지방자치에 관한 정책에 지속성이 없기 때문이다. 그래서 종종 정치제도의 변화와 관련하여 서로 모순되는 지시가 나오기도 한다. 지방자치에 힘을 실어주기 위한 중요한 단계가 1999년 유니온 파리샤드(UP, 방글라데시 행정 구역 중 가장 낮은 수준의 단위) 선거다. 또 타나(Thana, 군) 차원에서 지방 의원을 선출하는 선거도 계획되어 있다. 그러나 지방 선거를 하는 것만으로 충분하지 않다. 재정과 행정권이 중앙 정부로부터 지방자치단체로 넘어오는 것이 중요하다. 그런데 불행히도 그런 쪽으로는 진전이 거의 없다. 궁극적인 목표로 재정 연방주의를 지향하면서, 지방에서 스스로 예산 집행을 하는 것부터 시작해서 차차 세금 징수 권한도 지방 정부가 가지고 오는 것으로 나아갈 수 있을 것이다. 지방 차원에서 권한을 가지지 못하는 지방자치는 원하는 결과를 낳지 못할 것이다. 지방자치단체의 권한을 확립하기 위한 적절한 조치로 남아시아의 모범 사례를 따라해볼 수 있다. 지방자치의 진전이 느린 이유는 아마도 정계와 관료들 내부에서 기득권 이익 집단이 완강하게 반대하기 때문일 것이다.

경제 부문의 국정 운영이 형편없는 수준인 것은 공공기관 서비스에 대한 만족도가 매우 낮은 것으로도 나타난다. 경제적·사회적 서비스의 모든 영역에서 그렇다. 도로 보수, 전력 생산, 송전 배전 시설, 통신,

보건 등이 제대로 되지 않는다. 어떤 경우에는 낡고 낡은 기간시설과 시대에 뒤떨어진 기술 탓이기도 하다. 즉 하드웨어의 측면에 문제가 있는 것이다. 그러나 대부분의 경우에 그것은 제도나 사람 같은 소프트웨어의 부족함 때문에 생긴다. 부족한 동기부여, 만연한 부정부패, 규제력의 부족, 지도력 부재 등이 잘못된 국정 운영의 병폐로 알려져 있다. 시장 경쟁(또는 적어도 논쟁)에 더 많이 노출되는 것, 지방분권, 민간 부문(외국 자본을 포함하는)의 참여 확대, 소비자의 '목소리'를 높이는 것, 부정적인 노조주의를 극복하는 것, 공공 기관의 기능을 탈정치화하는 것 등이 위에서 말한 병폐를 치료하는 방법이 될 수 있다. 그러나 이런 방법들은 강력한 제도 개혁 조치가 있어야 이룰 수 있는 것이며 정치적인 노력 없이 경제적인 노선만으로는 달성할 수 없는 것이다.

정부의 경제 운용 체제의 효율성이 떨어지는 것은 '아래로부터의' 대중 운동이 부족하기 때문이기도 하다. NGO, CBO(지역 단체)를 통해 특정 그룹을 타겟으로 대중 운동을 벌이는 것에서는 매우 풍부한 경험이 축적되어 있지만, 그러한 접근법은 촌락 공동체 단 하나만을 대상으로 전제하는 것이다. 즉 '파편'처럼 각각 존재하는 촌락의 개념에 기초한 것이다. 타겟 그룹 접근법은 마을 전체에 공동의 이익이 되는 공공재 요소를 강조하지 않는다. 그래서 사회 자본이 줄어들게 하고 지역 공공재의 효율적인 기능을 방해할 소지가 있다. 도로, 전기 공급, 교육, 보건, 치안 같은 지역 공공재가 제대로 기능하지 못하는 것도 지역 차원의 경제 민주주의의 위기를 단적으로 보여준다. 특히 마을 차원의 민주주의는 일반적으로 지역 공공재에 접근하는 문제, 그것을 차지하는 문제와 관련된 것이기 때문이다.

인간 개발: 양이냐 질이냐

방글라데시는 인간개발의 광범위한 영역에서 괄목할 만한 성공을 거두었다. 이것은 집단적인 지표와 개인적인 지표에 모두 반영되어 있다. 인간개발지수(HDI)는 1960년 0.166에서 1992년 0.309로 지난 30년 동안 약 두 배가 되었으며, 2.7%의 연 평균 증가율을 보인다. 이러한 발전은 1990년대에 더 빨라졌다. 1992년과 1996-1997년 사이에 인간 개발지수가 0.309에서 0.439로 오르면서 40% 증가했는데 이는 연 평균 9.3%씩 증가했다는 의미다.

문맹률이나 사망률 같은 개인적 지표도 상당히 개선되었다. 세계은행 이 발표한 세계개발지표(WDI)에 의하면, 영아사망률은 1970년 출생아 1천 명당 148명이었으나, 1997년에는 81명으로 감소했다. 전국 통계 자료에 의하면 1999년에는 그 수가 65명까지 감소하여 개선 속도는 최근 들어 더욱 빨라지고 있다. 인구조사 자료에 의하면 성인의 문해율도 1981년 29%에서 1991년 39%로 증가했다. 1999년 수치는 56%를 나타내며, 이러한 발전은 1990년대에 훨씬 빠르게 진행되고 있다.

방글라데시는 인간개발의 여러 영역에서 상당한 성과를 이루었지만 충분히 다루어지지 않은 핵심 과제들이 아직 남아 있다. 인간개발 영역 안에서 양과 질의 부조화는 특히 우려할 만하다. 교육, 보건, 영양 섭취, 가족계획과 여성 역량 강화(empowerment) 등에서 광범위하게 양과 질의 부조화가 나타난다. 여기서 몇 가지 사례를 살펴보겠다.

교육

방글라데시에서는 어떤 학년을 마쳤다고 해서 그 수준의 지식을 가지고 있는 것은 아니다. 학력 검사를 포함한 최근 연구를 보면, 8학년에 가서야 5학년 수준의 지식을 가지는 것으로 나타났다. 초등 수준의 교육을 마치는 것으로 사회적 성취나 빈곤 탈출에서 의미 있는 차이를 만들어내지 못하는 이유가 여기에 있는 것이다.

교육의 질은 교육 기관에 따라 상당한 차이를 보인다. 공립이냐 사립이냐에 따라, 마드라사(madrassah, 이슬람교 학교)냐, 벵골어로 가르치는 학교냐, 영어로 가르치는 학교냐에 따라 교육의 질이 다르다. 초등, 중등, 고등교육에서도 그렇다. 교육의 질은 개발된 지역인가 낙후된 지역인가에 따라서도 차이가 크다. 교과 과정에는 기술 교육, 직업 교육, 젠더 문제, 농업 개발, 보건 문제, 환경 문제 등이 별로 포함되어 있지 않다. 학교 교육은 방글라데시에서 경제적 불평등의 주요 요인이 되었다.

보건의료

공공의료 건강관리의 심각한 상태는 발전의 면모를 거의 보여주지 못하고 있다. 1990년대 중반에도 농촌 인구의 15%만이 보건 시설을 이용할 수 있었다. 도시 지역에서도 상황은 만족스럽지 않다. 빈곤층이 아닌 도시 주민들은 방글라데시의 의료를 신뢰하지 못해서 외국에 가서 진료를 받는다. '5차 계획' 자료에 의하면 외국에서 진료받은 환자들이 지불한 총 의료비(교통비 포함)는 1년에 50억 타카(taka)나 된다.

지속가능성

좋은 의도를 가진 많은 사업들이 지속가능성에 대해서는 고려하지 않는다. BRAC의 보건 모니터링 자료에 따르면, 어린이 예방접종률이 최근 감소했다. 90년대 초에 70%가 넘었던 접종률이 55%로 줄었다. 보건인구부문프로그램(Health Population Sector Program)을 통한 새로운 보건정책 시행은 너무나도 천천히 이루어지고 있다. 가가호호 방문 사업이 없어지면서 인구조절 성과가 후퇴하는 것은 아닌지 염려하는 사람들도 있다. 아동노동, 학교 중퇴와 미취학은 여전히 중요한 문제로 남아 있다. 소득빈곤 문제는 모든 어린이가 초등교육을 받게 한다는 목표에 방해가 되고 있다.

홍수와 함께 살기

방글라데시 지역은 세계에서 가장 인구밀도가 높은 삼각주 중의 하나다. 갠지스 강, 자무나 강, 메흐나 강 등 유명한 강들이 이 지역을 통과해서 흐른다. 홍수와 태풍이 자주 일어나서 재해 위험이 높은 것은 방글라데시의 '공통된' 특징이다. 거의 매년 국토의 어떤 지역은 자연재해를 겪는다. 동쪽과 서쪽 지역의 지형이 달라서 같은 해에 어떤 지역에서는 홍수가 나고 다른 지역은 가뭄으로 고통받기도 한다. 심각한 홍수와 가뭄은 정부에서도 신경을 쓰는 문제이고, 정부는 홍수나 가뭄 조절에 개발 자원을 새로 배정하기도 했다.

자연재해는 국가의 발전을 어렵게 하고 있다. 첫째, 홍수와 가뭄은 농산물 생산량에 영향을 주며, 이것은 식량 수급, 일자리, 물가의 불안을 야기한다. 재해로 곡물 가격이 치솟고 일자리가 없어지면 빈곤층은 식량을 구하기 어려워지고 일시적으로 식량문제가 일어난다. 예를 들어 1974년 홍수로 광범위한 기근이 일어났다. 특히 농업노동자들과 농사를 짓지 않는 시골 사람들이 식량을 구하지 못해 어려움을 겪었다(Sen, 1981). 그 후로 자연재해, 특히 홍수는 정부에게 정치적으로 민감한 이슈가 되고 있다.

둘째, 큰 재해는 자본금을 감소시킨다. 성장을 위한 기초를 갉아먹는 것이다. 계획위원회(Planning Commission)의 한 자료에 따르면, 1988년 홍수가 경제에 미친 영향이 얼마나 크고 광범위했던지 홍수 이전의 자본 축적 상태로 경제가 회복되기까지 2년 넘게 걸렸다. 셋째, 빈번하게 발생하는 홍수는 체제의 위험성과 불확실성을 키운다. 이것은 민간 자본의 형성을 어렵게 만들고 따라서 경제의 장기적 성장을 가로막는다. 넷째, 자연재해의 사회적 영향은 만성적 빈곤이다. 빈곤층은 환경 재해에도 취약하기 때문에 재해로 인해 '환경난민'이 되기 쉽다.

자연재해에 접근하는 데 있어서 특히 재난 대비, 재난 완화, 재난 대응의 측면에서 중요한 변화가 이루어져왔다. 가장 큰 변화는 방글라데시 경제에서 충격 흡수력이 높아진 것이다. 1988년 홍수와 1998년 홍수를 비교해보면 알 수 있다. 수질학 자료에 의하면, 1998년 홍수는 1988년 홍수보다 강도에서(1998년 홍수 때는 60일 동안 물이 빠지지 않았다), 그리고 범위에서(지형과 인구에서 더 큰 영향을 받았다) 훨씬 더 심각했다. 그런데도 1998년 홍수가 거시경제와 사회에 미친 영향은 1988년 홍수에 비해 훨씬 적었다. 여기에서 몇 가지 측면이 두드러지게 나타나는데 특히 식량 부족 문제와 관련해서 그러하다.

작물

1980년대 초반, 특히 1988년 이래로 방글라데시의 농촌경제에 상당한 질적 변화가 일어났다. 홍수의 영향을 받는 지역에서 건기 곡물 생산이 크게 늘어난 것이다. 그에 따라 농민들은 손실을 메우기 위해 1년 내내 기다리지 않아도 되었다.

식량 소비 : 농촌 지역에서 쌀이나 밀 등 주요 곡물의 1인당 1일 소비량은 1974년 463g에서 1985-1986년에는 507g으로 증가했으며, 1995-1996년에는 522g에 이르렀다. 이것은 위기 때에 곡물 소비 감소를 저지하는 힘이 커졌음을 의미한다. 평균 식량 소비량이 증가함으로써 음식의 분배도 더 잘 이루어졌을 것이다. 소비 빈곤(consumption-poverty)이 약간 줄어들고 영양부족이 감소한 것을 보면 그렇게 짐작할 수 있다.

곡물 수요의 구조에도 큰 변화가 일어났다. 이제 곡물 수요의 상당 부분이 농촌의 비농업 부문에서 생긴다. 비농업 부문 활동 중 많은 것이 NGO의 소액 대출을 받아 이루어지는 자영업이다. 땅이 없는 사람들 다수가 비농업 부문에 고용되어 있기 때문에 이제는 농촌의 가난한 사람들이 홍수 시기에 농업 노동 일자리를 잃어도 예전에 비해 쉽게 대응할 수 있게 되었다.

분배 : 정책 결정자들은 식량 불안에 있어서 지역 차이에 관해 더 많은 정보를 가지고 있다. 그 결과 가난한 지역과 가난한 사람들을 대상으로 하는 식량분배 시스템이 예전에 비해 더 잘 작동하게 되었다. 그렇다고 분배하는 도중에 새는 것이 없지는 않지만 시간이 지남에 따라 도중에 엉뚱한 데로 새는 양이 줄어드는 것은 확실하다. 1998년 홍수 때 취약계층급식(VGF) 카드의 분배에 대한 몇몇 독립적인 평가 보고서들에서도 그렇게 평가한 바 있다. 중간에 새는 양이 전체적으로 줄어든 것은 정부와 NGO, 지역단체(CBO)가 구호, 재건 단계에서 더 잘 협의했기 때문이기도 하다. 자유 언론과 활발한 야당의 존재도 정부가 취약 영역에 중점을 두게 하는 데 도움이 되었다. 1988년 정부의 재해복구 활동은 1974년의 활동과는 확연히 달랐다. 위와 같은 결과는 심각한 자연재해의 충격에 대응하는 경제적 능력이 1980년 후반부터 점차 커졌다는 것을 보여준다.

'평화 협정' : 끝나지 않은 의제

경제성장과 인간개발을 지속하는 데 있어 사회 평화는 말할 수 없이 중요하다. 폭력과 사회 불안은 경제성장을 더디게 만들고 사회 발전의 속도를 늦춘다. 평화와 사회 안정은 단지 경제성장의 측면에서만 중요한 것은 아니다. 평화 그 자체가 목적이 되어야 한다. 평화와 사회 안정이 없으면 개인의 선택, 자유, 이동이 제한되기 때문이다.

방글라데시는 언어와 문화에서 단일성이 두드러지지만, 소수민족(특히 치타공 산악지역에사는 부족들)의 경우에는 점점 불만이 커져갔다. 그것은 부분적으로는 국민 통합의 실패 때문인데, 벵골 나라에서(방글라데시는 벵골 나라라는 뜻이다) 벵골족 아닌 사람들을 위한 여지가 별로 허용되지 않았던 것이다. 거기다 독립 이후 개발 과정에서 사회적 민감성이 부족했고 제대로 된 보상이 없었다는 것이 결정적으로 상황을 악화시켰다. 민족 분쟁을 법과 질서의 문제로 보고 해결해보려 한 시도도 있었지만, 오히려 분쟁이 군사화되는 결과를 낳았다. 정부는 치타공 산악지역의 평화 유지 작전을 위해 국방 예산 중 큰 부분을 지출해야 했다. 샨티바히니(소수민족 저항 세력의 군사 조직)는 이에 맞서기 위해 군사화 경향을 더욱 강화할 뿐이다. 이런 과정 전체는 수많은 국내 난민을 낳았고 벵골족과 줌마인들(산악지대 13개 소수민족을 일컫는 말) 사이의 반목이 더 깊어지게 만들었다.

그러던 중에 눈에 띄는 타개책이 등장했다. 1997년, 샨티바히니를 지휘하고 저항세력을 이끄는 조직인 자나 상하티 사미티(JSS)와 방글라데시 정부가 1년간의 대화 끝에 평화협정을 체결한 것이다. 이것은 부족 간의 관계에서 새로운 장을 여는 일이었다. 분쟁 기간 중 인도로 피난 간 10만 명 이상의 난민들의 귀향을 보장할 것, 샨티바히니의 무기를 반환할 것, 정해진 시간 안에 줌마인 대표들로 지방의회를 구성할 것 등 몇 가지 사항을 이행하기로 했다. 그 외에 평화협정에서 합의한 것은 토지 위원회를 구성하여 토지 소유 분쟁을 해결한다는 것, 그 지역을 최우선 대상 지역으로 해서 경제 사회 개발에 박차를 가한다는 것이었다. 치타공 산악지역의 사회기반시설, 인간개발 수준이 매우 낮으니 보상 차원에서 그 지역 경제 개발에 예산을 더 많이 배정하겠다는 약속도 받았다.

협정 체결 이후 부족 간의 관계에는 상당한 발전이 있었다. 협정은 제3자의 개입 없이 이루어졌다. 여러 해째 이웃 나라의 난민수용소에 살고 있던 난민들 7만여 명이 고향으로 돌아왔다. JSS가 이끄는 지방의회도 만들어졌다. 그 지역이 풍부한 자연자원 기지로 개발될 잠재력을 보여주는 새로운 장이 열린 것이다. 그러나 혼란도 끊이지 않았다. 첫째, 평화협정의 많은 부분이 아직 이행되지 않고 있다. 예를 들어, 지방의회가 재정과 행정에서 가지는 힘이 매우 제한적이다. 토지 분쟁 사례가 해결되는 속도가 너무 느리다는 것이 사회적으로 중요하고 시급한 이슈인데 적절한 권한으로 뒷받침되지 않으면 토지위원회 설립만 가지고는 실패할 것이 불 보듯 뻔하다. 둘째, 치타공 산악지역에서 평화협정의 성공을 위해서는 사고방식의 변화가 필요하다. 골치 아픈 토지 문제를 해결하고 정치적 이전투구를 끝내려면 상호 신뢰 구축이 반드시 필요하다. 최근 그런 면에서 노력이 약간 이루어지기도 했다. 예를 들어 평화협정 체결 이후 이미 정부군 21개 부대가 치타공 산악지역에서 철수했고 8개 부대가 더 철수할 예정이다. 그리고 국내로 피난을 간 난민들의 복귀가 곧 시작될 것이다. 이주대책팀은 벵골족 마을에 사는 사람들 중에서 치타공 산악지역에 영구 이주하고 싶은 128,364가구의 명단을 완성했다. 그러나 일의 진행 속도는 극히 느리다. 게다가 평화협정을 이행하려면 헌법적 보장과 국민적 합의가 필요하다. 줌마인들과 비(非)줌마인들의 차이를 메우기 위한 노력도 있어야 할 것이다.

인구 증가

방글라데시에서 인구정책은 언제나 정책의 핵심이었다. 정치체제의 목적이나 정부 형태를 막론하고 항상 인구정책이 중요시된다. 국가의 미래 발전 잠재력에 있어 방글라데시가 부정적인 평가를 받는 이유는 대부분 인구 억제 전망이 불투명하다는 것에 있었다. 왜냐하면 방글라데시의 급속한 인구 팽창은 자원에 강력한 압력을 가하고 있으며 최소한의 생존 수준 이상으로 생활수준을 향상시키는 것을 불확실하게 만들기 때문이다. 하지만 이후의 개발에서 확인된 것처럼, 방글라데시가 가장 눈에 띄는 사회적 성공을 성취한 부분이 바로 인구 억제였다. 방글라데시의 합계출산율(TFR, 가임기 여성 한 명이 평생 동안 낳을 것으로 예상되는 평균 출생아 수) 감소는 이웃 남아시아 국가들보다 빠르게 진행되고 있으며, 최빈개도국(LDC)들의 평균 감소율을 웃돈다. 1975년 방글라데시의 합계출산율은 6.8명으로, 파키스탄의 7.0명과 비슷하고 인도의

5.1명보다 훨씬 높은 수치였다. 현재 남아시아의 합계출산율 평균은 5.4명이고 최빈개도국의 평균은 6.6명이다. 1997년에 방글라데시의 합계출산율은 3.1명으로 하락했는데, 이는 현재 인도(3.1명)와 비슷한 수준이고, 파키스탄(5.0명)과 최빈개도국 평균(5.0명)보다 훨씬 낮은 것이다. 1999년 유니세프 보고서에 의하면, 방글라데시의 인구증가율은 연 1.6%로 집계되며, 개발도상국들 중에서 인구증가율이 가장 낮은 축에 속한다. 이 성공에 대해 많은 사람들이 논평을 내놓았다. 방글라데시의 성공은 다른 나라의 개발 경험에 비추어보면 독특한 것이라고 한다. 서구나 동아시아 나라들의 경험과는 달리, 상대적으로 소득이 낮은 상태인데도 고출산율 사회에서 저출산율 사회로 전환하는 데 성공했다는 것이다.

방글라데시에서 피임율이 상대적으로 높은 것은 몇 가지 요인 때문이다. 경제적·사회적 변화로 자녀에 들어가는 비용이 높아졌고 그에 따라 자녀를 적게 원하게 된 것으로 보인다. 출산율 감소는 잘 계획된 공공정책의 성과이기도 하다. 그로 인해 자녀를 적게 낳는 것이 사회에 '좋은 일'이라고 여겨지는 '새로운 사회 규범'이 생겨났다고 볼 수 있다. 인구조절 사업에서는 통상적인 광범위한 접근보다 이러한 의식 변화가 더 중요한 성공 요소인 듯 보인다.

여성에 대한 폭력

최근 몇 년간의 변화에서 가장 큰 문제가 되는 것은 전반적인 범죄율 증가, 특히 여성에 대한 폭력의 증가라고 할 수 있다. 그것은 법과 질서가 전체적으로 지켜지지 않는 것을 배경으로 한다. 이러한 수치는 통계가 말해주고 있다. 무장 강도 사건 수는 1994년 834건에서 1999년 1,018건으로, 강도는 1,118건에서 1,959건으로, 살인은 2,567건에서 3,710건으로, 절도는 13,590건에서 15,246건으로 증가했다. 가장 크게 늘어난 것은 여성에 대한 폭행 사건으로, 같은 기간 동안 1,705건에서 무려 8,710건으로 증가했다. 이전에는 피해 여성들이 신고를 꺼리는 경향이 더 컸는데 이제 신고율이 높아지면서 여성에 대한 폭력 사건이 크게 증가한 것처럼 보인다는 것도 타당한 설명이다. 그러나 신고하지 않은 폭력은 여전히 많을 것이다.

여성에 대한 폭력의 형태를 고려하면, 더욱더 혼란스런 양상이 드러난다. 강간 사건 수는 499건에서 3,504건으로, 산성 물질 투척 행위는 65건에서 122건으로, 신체에 심각한 해를 입힌 폭력은 153건에서 239건으로, 그리고 '이 밖의 다른 폭력'은 1,206건에서 4,845건으로 1994년에서 1999년 사이에 큰 폭으로 증가했다. 가정폭력 형태의 강간은 여기 나타난 수치보다 훨씬 많이 발생할 것이다.

여성에 대한 범죄와 폭력이 크게 늘어나는 것은 뿌리 깊은 사회적 병리현상이 있음을 드러낸다. 그 뿌리에 대해 자세히 살펴보는 것이 필요할 것이다. 그런 많은 문제에도 불구하고 빈곤, 인간개발 등 많은 지표에서 방글라데시는 1990년대에 상당한 성공을 거두었다. 여성에 대한 폭력 중 많은 부분이 가정폭력의 속성을 가지며, 따라서 법과 제도만으로는 이 문제를 해결할 수 없다. 그러나 방글라데시에서는 법과 제도에 의지하는 것조차 할 수 없는 상황이다. 최근 마스탄(조직 폭력배)의 지배(mastanocracy)가 증가하고 정부의 치안이 힘을 잃었기 때문이다. 도시에서 주로 일어나는 현상이었던 폭력이 시골로까지 확산되는 것도 큰 문제다. 도덕적 권위를 행사하는 전통의 힘이 영향력을 잃어가는 것일까? 정치가 범죄와 다름없다는 것이 부분적인 이유가 아닐까? 적어도 지역 마스탄의 힘이 사회적으로 정당화되는 것은 정치인들이 범죄자와 다를 바 없다는 사실과 관련 있는 것이 아닐까? 여성에 대한 폭력 증가는 여성의 역량 강화가 확대된 데 대한 보수적인 반응을 반영하는 것인가? 사회적 유대 의식이 사라져가기 때문인가? 사회 안정과 평화를 위한 정책과 제도에 중요한 함의를 가지는 이 질문들을 회피하기는 어렵다.

여성의 역량 강화

개발 과정에 여성을 참여시키는 것은 개발의 주요 목표 중 하나다. 여성을 수혜자로 보는 복지 위주의 관점에서, 개발에서 여성의 행위자 역할을 강화시키는 정책으로 바뀌는 변화가 최근 몇 년 간 두드러졌다. 행위성 (agency) 관점에서는 여성이 자기 삶을 통제할 수 있는 능력을 강조한다. 즉 여성의 안녕을 위한 변화는 여성의 적극적인 개입을 통해 이루어진다는 것이다. 예전의 '개발 속 여성(women-in-development)' 접근법은 여성의 자기 개발 능력에 주의를 기울이지 않고 여성의 열악한 상황을 개선하는 것에만 집중했다는 점에서 결함이 있다. 행위자 역할이 커지면 복지 관점으로 접근할 때보다 여성의 상황 개선 속도도 빨라질 것이다. 여성의 행위성을 강화하려면 몇 가지에 대한 접근권을 확보해야 한다. 인적 자본(교육, 의료)을 개발할 수 있어야 하고 금융자본(소액대출), 물리적인 자본(토지와 기타 재산의 소유권)을 가질 수 있어야 한다. 또 집 밖의 일자리와 현금을 버는 일에 접근할 수 있어야 한다. 선거권과 피선거권을 포함한 정치적 권리가 확대되는 것 또한 여성 역량을 더욱 강화할 것이고 여성 역량 강화는 여성의 안녕에 중요한 효과를 발휘할 것이다.

개발 과정에서 여성이 발휘할 수 있는 행위성에 무관심한 것은 방글라데시와 남아시아에서 1인당 GDP 증가와 인간개발의 속도가 느린 이유들 중 하나다. 최근 이론과 경험 연구가 보여주는 바로는, 여성 역량 강화 정도가 높은 나라에서 인구조절, 영유아 사망률, 아동 영양상태, 아동의 학업 성취에서 더 좋은 성과를 보이고 있는데 그것은 국가 생산성 향상으로 이어질 것이다.

여성이 받는 차별의 가장 충격적인 사례는 남아시아의 '사라진 여성'

이 수백만 명이라는 것이다(여아 낙태, 여아 살해, 의료와 영양 부족 등으로 다른 나라에 비해 여성이 적은 현상을 인도 경제학자 아마티아 센은 '사라진 여성 현상[missing women of Asia]'이라고 불렀다—옮긴이). 남아시아 국가에서는 세계 어느 곳보다 남성 인구에 비해 여성 인구가 적은데, 이것은 가정에서 아들을 먼저 먹이고 아들만 치료받게 하는 성별 불평등이 있기 때문이다. 음식, 의료, 교육에서 차별받음으로써 여성의 생존 확률이 줄어드는 것이다. 선진국에서는 여성의 기대수명이 남성의 기대수명보다 6년 정도 길다. 이 6년의 차이를 기준으로 여성이 받는 불이익의 정도를 평가할 수 있다. 그 차이가 작을수록 차별이 심한 것이다. 이 기준으로 보면 아시아 개도국 중에서 남아시아에서 가장 차별이 심하다. 방글라데시, 인도, 네팔에서는 여성의 기대수명과 남성의 기대수명이 별 차이가 없고, 파키스탄에서만 2년 차이가 난다. 반면 아시아에서 경제가 발전한 나라들—홍콩, 한국, 싱가포르—대부분은 여성의 기대수명이 선진국 수준과 비슷하다.

과거 20년간 방글라데시에서 여성의 지위가 개선되었고 여성의 기회는 확대되어왔다. 이러한 개선이 이루어진 것은 취업 기회 확대, 인구학적 변화, 교육 개선, 가사의 기술적 발전 덕이다. 이런 변화는 부분적으로 여성을 출산과 육아에서 해방시키는 데 기여했고, 집 밖에서 일하는 여성의 생산성을 향상시켰으며, 가정 내 의사결정에서 여성이 목소리를 낼 수 있게 했다. 그렇지만 방글라데시 여성은 아직 수많은 도전에 직면하고 있다. 방글라데시 여성들이 도전해야 할 목표는 다음과 같은 것이다.

교육

방글라데시는 여아를 위한 초등교육 확대에서 발전을 보여주고 있다. 초등교육에서 성별 차이는 상당히 좁혀졌다. 그러나 여자아이가 중등교육을 받는 비율은 여전히 매우 낮다.

예방접종

아동 예방접종에 있어서 성별 차이는 크지 않지만 아동의 사망율과 유병률에서 남녀 사이에 유의미한 차이가 나타난다. 산모사망율은 상당히 높아서 산모 건강관리는 여전히 위험한 상태에 있다.

노동

노동력조사(LFS)에서 통상적으로 사용되는 개념의 여성노동력참여율을 보면 1991-1992년에 약 9%였는데 1995-1996년에는 14%로 증가했다. 그러나 참여 정도는 사하라 이남의 아프리카와 비교해도 여전히 낮은 수준이다.

소액대출이나 의류 산업 등 여성의 참여가 두드러지는 분야에서도 제대로 다루어지지 않는 문제들이 있다. 여성노동자들의 비율이 약 75%나 되는 의류 공장에서는 여전히 무보수 초과노동이 이루어진다. 여성노동자들의 실질임금은 어느 정도 상승했다고 하지만 방글라데시 의류산업의 급속한 성장에 걸맞은 임금 상승은 이루어지지 않았다. 또 초과노동 문제가 개선되지 않아서 노동자들의 건강과 안전의 문제가 커지고 있다. 소액대출로 사업을 시작하는 여성들이 많아짐으로써 많은 여성들이 소득을 스스로 관리할 수 있게 되었지만, 그렇다고 해서 가정폭력의 위험이 줄어든 것 같지는 않다.

인신매매

여자아이 인신매매, 불법 이민, 난민 유입, 그리고 성별이 유의미한 요소로 작용하는 아동노동 등도 방글라데시에서 점차 심각해지는 문제들이다.

폭력

여성 역량 강화 영역에서 상당한 발전이 있었음에도 불구하고, 최근

들어 특히 여성에 대한 폭력이 증가 추세에 있다. 폭력의 형태는 가정폭력 (폭력 사건의 80%를 차지한다)에서 '염산 테러' 등 상해까지 다양하다. 이것은 방글라데시에서 법과 질서가 힘을 못 쓰는 일반적인 상황을 반영한 것이기도 하지만, 폭력이 성별의 특성을 갖는 것은 재산권 침해 위험에 대한 것과는 차원이 다른 우려를 하게 만든다.

지금까지의 논의에서 나온 핵심 메시지는 다음과 같이 요약할 수 있다. 경제적인 면에서만 보더라도 여성에 대한 투자는 사회적으로 가장 높은 수익을 가져다줄 수 있는 좋은 투자이며 미래 성장 가능성을 엄청나게 높이는 일이다. 이러한 '투자'는 넓은 범위의 활동을 포괄해야 한다. 그렇게 해서 더 좋은 교육, 더 좋은 보건 서비스, 영양 상태 개선, 취업 기회 확대, 자유로운 이동, 자율성, 권한, 시민 행동, 안전 등을 누릴 수 있어야 한다.

유누소노믹스

'유누소노믹스(Yunusonomics)', 즉 무하마드 유누스의 사상과 활동 은 '그라민 은행'의 대중화 이후로 개발의 개념에 지속적인 영향을 미치 고 있다. 빈곤층과 함께하는 은행인 그라민 은행 모델은 현재 이념이나 정치 체제를 막론하고 미국과 중국을 포함하여 전 세계 약 40개국에 전파되었다.

유누소노믹스의 기본이 되는 것은 네 가지 제안이다. 첫째, 가난한 사람이 무담보로 은행 대출을 받을 수 있게 한다. 둘째, 빈곤층이 임금 받는 일자리에 고용되기보다는 창의성을 발휘하여 자영업을 하는 것이 낫다. 셋째, 가난한 사람들이 저임금, 저생산성 일자리에만 가지 않도록 한다. 통상적인 '빈곤 퇴치' 사업의 단점 중 하나는 저임금 일자리에 고용되는 것에만 초점을 두어 장기적으로 가난에서 벗어날 기회는 제공하지 않는다는 것이다. 가난한 사람들이 생명공학, IT 등 다양한 신기술 직종에 접근할 기회를 가지게 해야 한다. 그렇게 하면 현재 빈곤층에게 배당된 자원의 양보다 상당히 더 많은 자원을 가지게 될 것이고, 자산과 경제력의 실질적인 재분배가 일어날 것이다. 넷째는 유누스가 '사회 의식이 있는 시장경제'라고 표현한 개념과 관련된 것이다. 이것은 전통적인 자유주의 입장과는 달리, 가장 가난한 사람들의 복지에 초점을 맞추는 시장경제를 지향한다. 그러면서도 경제 성장과 사회 진보의 주체로서 부유한 사람들이 할 수 있는 역할도 강조한다. 유누스의 사회적 시장경제는 사회정의라는 폭넓은 과제와 '빈곤층 친화적인' 경제 개발의 관점을 통합하려는 시도다(즉 사회 경제적 변혁 과정에서 빈곤층의 참여를 최대한으로 이끌어내는 개발 패턴이다).

기존 경제학은 이 네 가지 제안 각각에 대해, 개발에 대해 다른 시각을 가지고 있었다. 무담보 대출이라는 것은 보통 은행 업무에서는 무척 이례적인 것이다. 전통적인 주류 경제학은 시장경제에서 일반적인 소득 창출 형태, 빈곤 퇴치 수단으로 자영업보다는 임금 노동을 중요시한다. 자영업은 생산성이 낮은 일, 자연을 '매개하는' 노동이라고 정의되고 농업 중심에서 산업 사회로 넘어가는 '중간 단계'의 일이라고 평가한다. 기존 경제학은 또한 경제성장 속도를 내는 것만을 강조하며, 그 성장의 질에는 주의를 기울이지 않는다. 즉 전반적인 성장 과정에서 나온 이익의 분배에 대해서는 관심을 가지지 않는다.

사례 연구

식량 부족

방글라데시에서 식량 소비량은 1973-1974년과 1991-1992년 사이에 1일 1인당(쌀과 밀을 합해서) 439g에서 509g으로 꾸준히 증가했다. 이것은 연간 약 0.8% 증가를 보여주는 것이다. 1996년 방글라데시 사람들의 1일 평균 섭취 열량은 2,158kcal인데 이것은 최소 요구량인 2,122kcal보다 약간 높은 수준이다. 그러나 식량 불안의 정도는 평균 섭취량으로 평가할 수 없다. 식량 소비에는 상당한 지역적, 계절적 변수가 있다. 또한 성별과 경제적, 사회적 특성에 따라 가정과 개인 사이에 차이가 있다.

예를 들어, 1996년 평균 섭취 열량을 보면 디나지푸르에서는 2,470Kcal에 달하는 반면 바제랏에서는 1,819Kcal라는 낮은 수준을 보여준다. 실제로 23개 군(district)(총 64개 군 중 1/3 이상)에서 평균 칼로리 섭취량이 최소 필요량보다 낮다. 식량 소비에 있어서 지역 변수가 계절 변수보다 더 넓게 퍼져 있음을 알 수 있다. 방글라데시개발연구소(BIDS)의 1990-1991년 영양 조사에서도 이러한 사실이 분명히 나타난다. 시골 지역에서 1인당 식량 소비량이 가장 높은 기간인 아만(방글라데시에서 가장 많이 재배하는 벼의 품종으로 주로 11월, 12월에 수확한다—옮긴이) 수확 후에는 884.6g인데 이것은 소비량이 736.9g으로 가장 낮은 기간(아만 수확 전)보다 약 20% 정도 더 높은 수준이다. 한편, 지역별로 보면 1인당 식량 소비량의 가장 높은 수준(1,124g)과 가장 낮은 수준(682g) 사이의 차이는 약 65%다.

가정 내에서 영양실조의 정도는 나이와 성별 같은 개인적 특성에 따라 다양하다. 영양식품학연구소(INFS)의 설문조사 자료에 의하면, 시골 가정에서 평균 섭취량은 칼로리 요구량의 87%에 불과하다. 하지만 20세 이하 집단은 남녀 모두 칼로리 요구량을 만족시키지 못하고 있다. 더욱이 이 연령대 집단 안에서 나이가 어린 아동일수록 영양이 더 부족하다. 수유 중이거나 임신한 여성들도 30% 정도 부족한 양을 섭취하고 있다. 다시 말해, 가정 내에서 식량 분배가 매우 불공평하게 이루어지며 어머니와 어린 아이들이 특히 취약한 상태에 있다. 1990-1991년 BIDS가 실시한 영양 설문조사 역시 가정 내에서 식량이 불공평하게 분배됨을 보여주는 비슷한 결과를 보고하고 있다. 20세 이하 남녀 모두 칼로리 요구량만큼 섭취하지 못한다. 나이가 어릴수록 영양부족이 더 심하고 여자아이들은 남자아이들보다 더 불리한 상태에 있다.

음식 섭취량이 적고 음식이 불평등하게 분배되는 것은 아이들의 영양 실조로 이어진다. 그것은 아이들의 건강과 미래의 생산성에 심각하게 나쁜 영향을 미칠 것이다. 영양 상태를 결정하는 직접적인 요인이 바로 음식과 질병이다. 신체검사는 몸의 치수로 드러나는 영양부족 상태를 파악할 수 있게 해준다. 음식 섭취량이 적거나, 질병으로 인해 섭취한 영양분을 흡수하여 이용하지 못하면 영양부족 상태가 된다. 그러므로 신체검사 결과는 영양실조 지표라고 볼 수 있다.

나이, 체중, 신장을 비교하여 판단하는 영양부족의 범주 또는 유형 세 가지는 아동의 영양 상태를 보여준다. 예를 들어, 신장 대비 체중 지수와 연령 대비 신장 지수는 다른 형태의 결핍을 나타내며, 각각 급성 영양장애(stunting)와 만성 영양장애(wasting)라고 한다. 급성 영양장애는 같은 키의 정상 아동에 비해 조직이나 지방이 부족한 것이다. 그것은 성장 장애나 몸무게 감소로 인해 일어날 수 있다. 만성 영양장애는 같은 나이의 정상 아동에 비해 뼈가 적게 성장했음을 나타낸다. 이러한 지표들은 영양이 부족하여 일어난 다른 종류의 결과들을 나타내는 것이다. 아이의 체중이나 신장이 늘지 않을 수도 있고 체중이 줄어드는 경우도 있을 수 있지만, 영양 섭취에 큰 문제가 있다 해도 키가 줄어들 수는 없다. 일생의 초기 몇 년 동안에, 체중 성장률은 신장 성장률보다 훨씬 더 높다. 신장을 따라잡는 것은 체중을 따라잡는 것보다 훨씬 오래 걸린다. 키가 발육부진의 장기적 지표로 유용하다는 것은 오늘날 널리 알려져 있다. 신장이 체중보다 좀 더 신뢰할 수 있는 성장 척도인 것이다. 작은 키는 만성적으로 부족한 영양 상태를 반영한다. 한편, 신장 대비 체중은 그 시점의 영양 상태를 보여주는 것이다. 세 번째 범주인 연령 대비 체중은 위에서 논의한 두 가지 형태의 신체 계측 방법을 종합적으로 결합한 것이다. 방글라데시는 남아시아에서 5세 이하 아동의 영양실조 비율이 가장 높은 국가에 속하며, 저체중의 비율이 1998년 현재 62%로 평가된다.

과거에 비하면 최근 몇 년간 아동 영양실조에 어느 정도 개선이 있었다. 헬렌켈러인터내셔널(HKI) 자료에 의하면, 급성 영양장애 비율은 1991-1992년 70.3%에서 1993-1994년 63.9%로 감소했다. 개선 속도가 다음 해에는 다소 둔화되어, 1995-1996년에는 급성 영양장애 비율 62.3%를 보여준다. 1990년대 후반에는 상당히 많이 개선되었다. 1998년에는 6~59개월 아동의 54.7%가 급성 영양장애였는데, 가장 최근의 수치는 1999년 10월 54.4%로 나타난다.

저체중(연령 대비 체중이 기준에 미치지 못하는 것을 말한다. 이 개념은 영양 상태의 장기적 변화, 최근 변화를 모두 파악하게 해준다)의 비율도 줄어들었다. 개선 정도는 그다지 뚜렷하지 않지만 말이다. 저체중 비율은 1991-1992년 71.8%에서 1995-1996년 66.3%로 감소했으며, 1998년에는 61.9%로 더욱 감소했다.

영양 결핍으로 발생하는 아동의 야맹증 같은 지표에서도 비슷한 감소를 볼 수 있다. 1982-1983년 방글라데시 야맹증 조사(Nutrition Blindness Survey)에 의하면, 방글라데시 시골에서 학령기 이전 아동의 야맹증은 3.53%로 매우 많았다. 이것은 WHO가 정한 기준인 1%를 훨씬 넘는 비율로, 공중보건의 심각한 문제를 보여준다. 헬렌켈러인터내셔널의 야맹증 조사에 의하면, 1997년에는 이 비율이 0.62%로 감소했다.

쫓겨난 차크마족

산치타 차크마는 텅 빈 듯한 시선으로 나를 쳐다보았다. 얼굴 주름으로는 나이를 가늠하기 어려웠다. 캅타이 댐이 그들의 땅, 집, 마을을 몽땅 '삼켜버렸을' 때 여덟 살 내지 열 살 남짓이었다고 이야기하는 것을 듣고서야 그 주름은 오랜 세월이 남긴 흔적이구나 하는 생각이 들었다. 산치타의 비참한 몸짓과 공허한 눈빛은 그녀가 자신의 힘겨운 상태에 대해 말하기를 주저한다는 것을 알려주고 있었다. 나의 계속되는 설득에 산치타는 다음과 같은 질문을 했는데 그것은 우리 연구자들이 계속 토론해야 하고 우리 내면에서 스스로 해결해야 하는 윤리적인 문제였다. '왜 당신은 알기를 원하는가, 나의 상처를 헤집는 것이 무슨 소용이 있는가?' 지금도 그 공허한 시선과 '상처'라는 단어가 끊임없이 떠오른다.

산치타의 삶은 오늘날 우리가 인권 침해라고 부르는 일과 상처로 점철되어 있다. 그녀는 아름다운 마을에 있는 아름다운 집에 살고 있었다. 생활은 단순했다. 언니가 둘, 오빠가 하나 있었고 산치타는 막내였다. 그러던 어느 날 댐이 세워지고 집을 떠나야만 했다. 그들은 왜 댐 때문에 떠나야만 하는지를 이해할 수 없었으며, 댐이 어떤 것이고 그들에게 어떤 의미가 있는지 알 수 없었다. 아무도 아무것도 설명해주지 않았다. 결국 땅을 떠나야 했을 때 마을 주민들이 통곡을 했다고 회상하면서 그녀의 눈에 눈물이 고였다. 그녀는 이렇게 말했다. "그건 단지 토지한 구획이 아니에요. 우리의 고향이자 삶의 터전이고 조상의 혼이 있는 곳이에요. 우리 삶은 땅을 통해 계속되는 거잖아요. 삶의 뿌리가 뽑힌 채 어떻게 살 수가 있겠어요!"

처음 며칠간은 숙모 집에 있다가 그 후에 밀림 속으로 이동했다. 그래도 삶은 다시 시작되었다. 끔찍하고 고통스러운 시간이었다. 이웃 사람들 몇몇도 같은 지역으로 왔다. 사람들이 국경을 넘어 다른 곳으로 간다는 이야기를 들었으나,[33] 아버지는 조상의 땅을 떠나는 것을 거부했다. 얼마 뒤(얼마나 지난 뒤였는지는 기억나지 않지만) 고향 마을이었던 곳으로 돌아갔다. 그러나 보이는 것은 물뿐이었다. 부모님은 눈물을 뚝뚝 흘렸다. 삶의 터전을 잃었다는 것을 그제야 실감했다. 예전의 삶으로 다시 돌아갈 수 없었다. 오빠가 땅을 잃은 사람들에게 돈과 땅을 준다는 이야기를 듣고 왔다. 그래서 정부 사무실을 찾아갔으나 그들 가족이 땅 소유주라는 것을 증명하는 종잇조각을 가지고 있지 않았기 때문에 빈손으로 돌아올 수밖에 없었다. 오빠는 포기하지 않고 아버지와 함께 다시 사무실을 찾아갔다. 이번에는 약간의 돈을 받을 수 있었지만 오빠는 사랑의 불장난에 그 돈을 써버렸다. 부모님은 오빠에게 불같이 화를 냈다. 그 뒤 어느 날 오빠가 사라졌는데 아직까지도 오빠의 행방을 알지 못한다. 지금 인도에 살고 있다는 소문만 들었다. 이것은 가족에게 커다란 충격이었다. 어머니는 견디기 힘들어하다가 결국 얼마 지나지 않아 돌아가셨다. 그리고 두 언니와 아버지에게 아직도 그 일은 아픔으로 남아 있다. 산치타는 이웃 사람의 아들과 결혼을 했다.

다시 전쟁이 일어났고, 나라가 독립했다는 소식을 들었다. 그러나 그들에게는 상황이 더 나빠졌다. 곧이어 그들이 사는 곳에서 전쟁이 시작되었기 때문이다. 어느 날 군인들이 와서 남편을 데리고 갔다. "정말 무서웠어요! 군인들이 집으로 들이닥쳤을 때 어린 아들이랑 대숲에 숨어 있었어요. 나는 군대가 왜 왔는지 몰랐는데 남편이 나더러 얼른 숨으라고 했거든요." 그 후 그녀는 남편을 찾으러 도시로 갔지만 그 어디에서도 남편의 행방을 찾을 수 없었다. 많은 사람들이 인도로 떠났지만, 그녀는 남편이 언젠가는 돌아올 것이라 믿었기 때문에 그곳에 있어야만 했다. 그러던 어느 날 정부가 숲을 점령할 것이기 때문에 모두 그곳을 떠나야만 한다는 말을 들었다. 정부가 왜 숲을 점령하는지 그들은 이해할 수 없었다. 전에 그랬던 것처럼 그들의 땅을 또 빼앗으려는 것이었다. 이때 어린 아들을 살리기 위해 이웃들과 합류해서 국경을 넘어 인도로 갔다.[34] 그녀는 눈물을 글썽이며 이렇게 말했다. "정부는 오빠와 엄마 그리고 남편을 빼앗아 갔어요. 아들까지 잃는 것은 생각만 해도 참을 수가 없었어요. 나는 이 세상이 가난한 사람을 위해 존재하지 않는다는 것을 깨달았어요. 그래서 모든 것을 버리고 떠났지요. 나에게는 이제 아무것도 중요하지 않아요." 난민수용소에서 산치타는 다른 사람들을 통해서 오랫동안 그들에게 식량과 주거지를 제공했던 숲이 목재업자에게 넘겨졌으며 그렇게 해서 정부는 상당한 돈을 벌 수 있었다는 사실을 알게 되었다. 난민수용소의 삶은 힘들었다. 어느 날 평화협정이 체결되었으며 난민들이 방글라데시에서 땅과 돈을 얻게 될 것이라는 소식을 들었다. 그래서 산치타는 방글라데시로 다시 돌아왔다. 현재 그녀에게 남은 유일한 존재인 아들을 위해 산치타는 지금도 땅 한 조각을 받을 날을 기다리고 있다!

환경 난민

자연적인 기후와 저개발로 인해 방글라데시에 환경 재해가 많다는 것은 잘 알려져 있다. 홍수, 기근에 대규모 가족이라는 요인까지 더해져서 많은 사람들이 국내 난민이 되거나 국경을 넘어 이주한다.[35] 실제로 국경을 넘어 인도로 가는 사람들의 수가 자연 재해 기간에 증가하는 것을 볼 수 있다. 예를 들어 1974-1975년 홍수와 기근이 겹쳐서 방글라데시가 폐허가 됐을 때, 인도로 가는 대규모의 불법 이민자 흐름이 목격되었다. 인도의 인구조사에 의하면 방글라데시에서 인도로 불법 이주한 사람들은 1961-1971년 기간에 총 1,729,310명에 달하며, 1971-1981년에는 559,006명에 이른다.[36) 그런데 후자의 수치는 아삼주를 제외한 것이며, 준공식적인 통계에 의하면 1971-1981년 사이에 약 600,000명이 이주했다.[37) 이 수치도 높기는 하지만, 1961-1971년의 수준을 넘지는 않는다.

방글라데시와 인도 사이 국경 2,000km 전역에서 난민들이 몰려간 1961-1971년 기간에 비하면 파키스탄으로부터 독립한 후로 난민들이 줄어든 셈이지만 이미 인도 사람들은, 특히 정치인들과 지식인들은 방글라데시 난민들에 상당한 경계심을 품어왔다. 독립 이후 사람들의 이동은 주로 힌두교도에 대한 종교적 박해 때문이었다. 아말렌두 드 (Amalendu De)는 방글라데시에서 이슬람 인구는 1951에서 1991년 사이에 76.5%에서 88.3%로 증가한 반면, 힌두교 인구는 같은 기간 동안에 22.0%에서 10.5%로 감소했음을 지적한다.[38) 이것은 많은 힌두 교도들이 불안에 떨고 있으며 그래서 방글라데시를 떠나 인도로 간다는 것을 말해준다.

그러나 이민자 흐름을 더 면밀히 살펴보면, 그 외에 다른 것도 있음이 드러난다. 다음 표는 환경 불안 때문에 방글라데시를 떠나는 사람들이 높은 비율을 차지하고 있음을 보여준다. 가난, 주거지 부족, 직접적인 환경 요인 때문에, 생계가 막막해서 등이 그 이유다.

〈표〉 방글라데시를 떠난 이유(복수 응답)

응답	쿨나-사트키라	라지샤히	디나지푸르	닐파마리	합계(%)
환경 불안					67.00
- 빈곤	19	29	12	33	23.25
- 더 나은 주거	16	23	15	19	18.25
- 환경 요인	7	8	4	5	6.00
- 생계	42	10	2	24	19.50
소수자 배척	0	11	19	0	7.50
사회적 요인 (강제 철거, 결혼, 성매매 등)	16	11	16	14	14.25
밀수	0	8	0	0	2.00
더 나은 교육	0	0	8	5	3.25
친척과 합류	0	0	24	0	6.00

출처: Imtiaz Ahmed, 1997.

쿨나-사트키라와 라지샤히 출신 난민 비율이 높은 것을 보면 물 문제
가 난민 양산의 큰 요인임을 알 수 있다. 갠지스 강 수자원 분쟁, 특히
인도가 파라카 댐을 건설하여 겨울철 방글라데시의 강물이 말라버린다
는 것은 잘 알려져 있다.[39] 이에 대해 아쇼크 스와인(Ashok Swain)은
이렇게 썼다.

> 갠지스 강물 분쟁은 국가 간 갈등의 좋은 사례다. 두 국가가 제로섬
> 상황에서 자기 이익을 합리적으로 계산하는 것으로써 부족한 수자원
> 을 차지하려고 애쓴다. 그러나 그 결과로 방글라데시의 광활한 지역에
> 서 환경이 파괴된 것은 이것에 다른 중요한 차원을 추가하고 있다.
> 농작물 피해, 산업 시설 및 항만 시설 폐업, 어획량 감소, 귀중한
> 산림자원 감소, 침식에 의한 토양 유실, 대홍수는 방글라데시의 쿨나,
> 라지샤히 일부 지역에서 많은 사람들의 생계 수단을 잃게 만들었다.
> 그래서 생존을 위해 고향을 떠나 이주할 수밖에 없었던 것으로 보인
> 다.[40]

스와인의 주장은 일리가 있지만, 오로지 파라카 댐 때문에 환경난민
이 생긴다는 것은 옳지 않다. 방글라데시의 다른 지역에서도 그와
같은 이동이 많다. 다음 표는 문제가 그렇게 단순하지 않음을 분명이
보여준다.

〈표〉 피해자(난민)들의 고향

지역	합계 중 %
파리드푸르	19
라지샤히	17
다카	13
쿨나	10
타쿠르가온	10
파브나	8
제소르	6
고팔가니	5
마구라	5
판차그람	4
디나지푸르	2
바리살	1
합계	100

출처: Ranabir Samaddar of Maulana Azad Institute of Asian Studies, Calcutta, 1996.

　　다카, 타쿠르가온, 파리드푸르에서도 환경난민들이 많이 발생했지만
이 지역은 파라카 댐의 직접적인 영향을 받지는 않는다. 다시 말해,
환경난민이 방글라데시에서 인도로만 향한다는 일방적인 흐름이라고
보아서는 안 된다. 실제로 다카 시의 무단 거주 인구 중 약 180가구를
표본으로 조사한 결과, 무단 거주자들의 1.11%가 방글라데시가 아닌
지역, 주로 미얀마나 인도에서 온 사람들이었다.[41]
　　갠지스 강물 분쟁이 해결되면 사람들이 환경난민이 되어 (불법)이주

를 하는 일이 없어질 것이라고 생각해서는 안 된다. 물, 토지, 식량 문제 등 여러 가지 환경 불안 요인을 복합적으로 고려하는 것이 중요하다. 갠지스 강물 분쟁에 대해, 특히 관련 지역에 대해 잘 아는 사람들은 그 분쟁이 해결되지 않을 것을 알고 있다. 여기에 다른 환경 요소들이 작용하고 있고 그것 역시 똑같이 중요한 요소들이기 때문이다.

통계

〈표1〉 연간 GDP와 부문별 증가율

(1984/85년 물가 기준 %)

	1975-2000	1975-1980	1981-1990	1991-2000
GDP	4.03	2.82	3.85	4.96
농업	2.29	1.25	2.47	2.72
공업	3.95	2.32	2.63	6.25
서비스업	5.18	4.58	4.89	5.85
1인당 GDP 증가율	2.18	1.34	1.85	3.07

〈표2〉 저축 – 투자

(GDP 대비 비율, %)

	1975-2000	1975-1980	1981-1990	1991-2000
총 투자	13.78	10.95	13.38	15.89
국내저축률	4.10	1.60	2.31	7.38
국민저축률	10.78	6.60	9.85	14.23

〈표3〉 대외 부문 지표

(GDP 대비 비율, %)

	1975-2000	1975-1980	1981-1990	1991-2000
수출	9.50	5.58	7.57	13.77
수입	18.72	14.90	18.64	21.10
무역 수지	-9.22	-9.32	-11.07	-7.33
경상수지	-1.84	-0.50	-3.66	-0.83

〈표4〉 재정 적자 및 공공 투자

(GDP 대비, %)

	1975-2005	1975-1980	1981-1990	1991-2000
재정 적자	-6.00*	6.48	6.77	4.84
총 투자	14.08	10.95	13.38	15.89
공공부문	6.31	5.42	6.20	6.57
민간부문	7.78	5.53	7.18	9.32

〈표5〉 GDP 및 산업별 연간 성장률(기초: 1984-1985)

연도	GDP	농업	제조업	서비스업
1975/1976	5.66	8.39	-0.69	4.83
1976/1977	2.67	-3.66	11.69	6.01
1977/1978	7.07	7.83	1.18	7.11
1978/1979	3.80	-0.66	11.19	5.33
1979/1980	0.82	0.16	1.44	4.10
1980/1981	3.39	4.18	-3.08	2.62
1981/1982	1.23	0.16	0.27	2.25
1982/1983	4.89	4.24	1.88	6.93
1983/1984	5.43	3.61	7.50	5.22
1984/1985	3.01	0.69	-1.60	5.37
1985/1986	4.34	3.28	2.60	6.02
1986/1987	4.18	0.40	7.89	6.40
1987/1988	2.89	-0.77	0.62	5.32
1988/1989	2.52	-1.07	2.79	4.73
1989/1990	6.63	10.01	7.39	3.99
1990/1991	3.40	1.61	4.33	4.578
1991/1992	4.23	2.19	7.09	4.83
1992/1993	4.48	1.81	7.98	5.30
1993/1994	4.21	0.34	7.78	5.83
1994/1995	4.45	-1.04	7.35	6.94
1995/1996	5.35	3.66	5.34	6.53
1996/1997	5.88	6.44	3.81	6.34
1997/1998	5.66	2.95	8.13	6.49
1998/1999	5.21	4.25	4.14	5.70
1999/2000	6.03	4.97	5.53	5.92

출처: 'Twenty Years of National Accounting of Bangladesh(1972-1973 to 1991-1992'
1993, BBS(Bangladesh Bureau of Statistics). 'National Accounts Statistics of
Bangladesh(Revisited Estimates, 1989-1990 to 1998-1999)' Statistical Year
Book of Bangladesh, 1974 to 1999, BBS.

〈도표1〉 GDP 성장률(1975-2000)

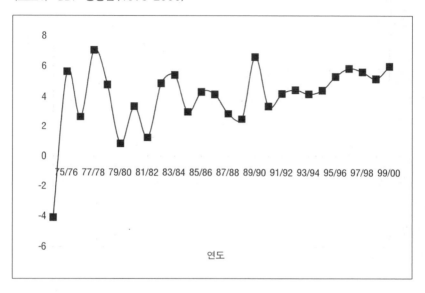

〈도표2〉 산업별 성장률(1975-2000)

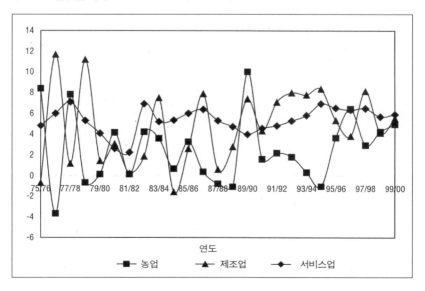

〈표6〉 저축-투자(구舊국민계정체계〔SNA〕 기준)

연도	총 투자	국내저축률	국민저축률
1975/1976	9.9	-3.0	0.9
1976/1977	11.1	6.0	9.5
1977/1978	11.8	1.7	6.8
1978/1979	11.3	1.6	8.4
1979/1980	15.3	2.3	9.8
1980/1981	16.2	3.4	10.6
1981/1982	15.5	0.5	8.0
1982/1983	13.4	0.6	10.9
1983/1984	12.3	1.3	9.9
1984/1985	12.9	2.3	9.3
1985/1986	12.5	3.2	9.7
1986/1987	12.9	3.5	10.8
1987/1988	12.4	3.0	10.7
1988/1989	12.9	2.6	9.4
1989/1990	12.8	2.7	9.2
1990/1991	11.5	4.1	10.9
1991/1992	12.1	5.8	13.0
1992/1993	14.3	7.0	14.4
1993/1994	15.4	7.4	14.9
1994/1995	16.6	8.2	16.1
1995/1996	17.0	7.5	14.3
1996/1997	17.3	7.5	14.8
1997/1998	17.8	8.6	14.2
1998/1999	18.2	8.7	14.5
1999/2000	18.7	9.0	15.2

출처: 'Twenty Years of National Accounting of Bangladesh(1972-1973 to 1991-1992' 1993, BBS(Bangladesh Bureau of Statistics). 'National Accounts Statistics of Bangladesh(Revisited Estimates, 1989-1990 to 1998-1999)' Statistical Year Book of Bangladesh, 1974 to 1999, BBS.

〈도표3〉 실질 GDP(1975-2000)

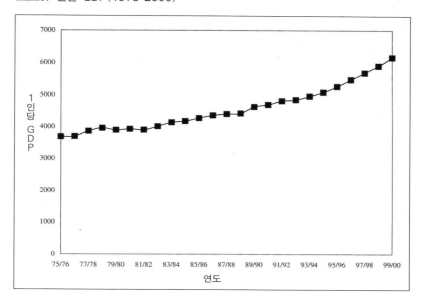

〈도표4〉 저축액-투자액(1975-2000)(구〔舊〕 국민계정체계 기준)

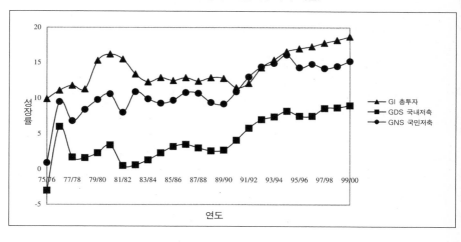

〈표7〉 대외부문 지표

연도	상품수출	상품수입	무역수지	경상수지	재정적자	물가상승률 (GDP 디플레이터 에 기초)
1975/1976	4.8	17.7	-12.9	9.0	-3.19	-16.03
1976/1977	6.7	11.7	-5.0	-1.1	-7.09	2.40
1977/1978	5.7	15.7	-10.0	-4.5	-6.68	16.91
1978/1979	6.1	15.8	-9.7	-3.0	-6.17	14.37
1979/1980	7.2	20.2	-13.0	-5.5	-9.28	11.73
1980/1981	7.3	20.2	-12.9	-5.6	-9.11	14.17
1981/1982	7.3	22.3	-15.0	-7.5	-6.60	10.57
1982/1983	8.2	21.0	-12.8	-2.8	-4.75	8.27
1983/1984	7.3	18.3	-11.0	-2.3	-7.29	14.52
1984/1985	7.7	18.3	-10.6	-3.8	-6.11	11.22
1985/1986	7.3	16.6	-9.3	-3.2	-7.42	9.81
1986/1987	7.0	16.3	-9.3	-2.6	-5.98	11.00
1987/1988	7.5	17.0	-9.5	-1.7	-6.05	7.64
1988/1989	7.8	18.0	-10.2	-3.5	-7.17	7.74
1989/1990	8.3	18.4	-10.1	-3.6	-7.25	4.87
1990/1991	8.8	16.2	-7.4	-0.6	-5.22	9.40
1991/1992	10.0	16.3	-6.3	-0.9	-4.57	4.24
1992/1993	11.9	18.7	-6.8	0.2	-4.09	.10
1993/1994	11.8	18.2	-6.4	1.1	-5.59	4.28
1994/1995	14.2	22.6	-8.4	-0.5	-5.11	8.74
1995/1996	14.2	23.9	-9.7	-3.0	-5.35	5.57
1996/1997	15.4	23.3	-7.9	-1.7	-4.38	1.81
1997/1998	17.2	23.6	-6.4	-0.8	-4.51	4.36
1998/1999	16.7	23.6	-6.9	-1.1	-5.13	6.67
1999/2000	17.5	24.6	-7.1	-1.0		

출처: 'Twenty Years of National Accounting of Bangladesh(1972-1973 to 1991-1992'
1993, BBS(Bangladesh Bureau of Statistics). 'National Accounts Statistics of
Bangladesh(Revisited Estimates, 1989-1990 to 1998-1999)' Statistical Year
Book of Bangladesh, 1974 to 1999, BBS.

〈도표5〉 GDP 대비 수출 비율(1975-2000)

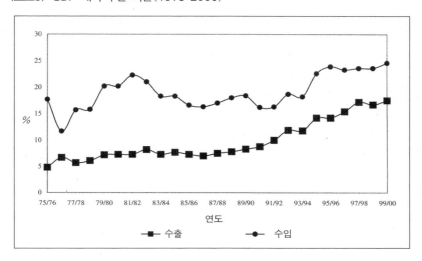

〈도표6〉 무역수지 및 경상수지(1975-2000)

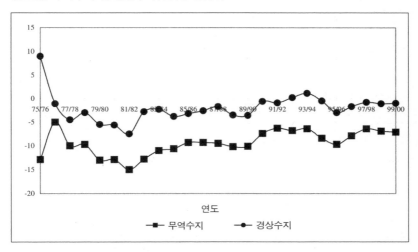

〈표8〉 실질 GDP

연도	1인당 GDP(Tk.)	1인당 GDP 성장률
	고정 물가	
1975/1976	3677	
1976/1977	3688	0.30
1977/1978	3859	4.64
1978/1979	3955	2.49
1979/1980	3892	-1.59
1980/1981	3925	0.85
1981/1982	3900	-0.65
1982/1983	4008	2.77
1983/1984	4136	3.19
1984/1985	4174	0.92
1985/1986	4272	2.35
1986/1987	4358	2.01
1987/1988	4402	1.01
1988/1989	4423	0.48
1989/1990	4628	4.63
1990/1991	4694	1.43
1991/1992	4815	2.54
1992/1993	4850	0.77
1993/1994	4960	2.27
1994/1995	5086	2.54
1995/1996	5262	3.46
1996/1997	5472	3.99
1997/1998	5681	3.82
1998/1999	5898	3.82
1999/2000	6157	4.39

출처: 'Twenty Years of National Accounting of Bangladesh(1972-1973 to 1991-1992'
1993, BBS(Bangladesh Bureau of Statistics). 'National Accounts Statistics of
Bangladesh(Revisited Estimates, 1989-1990 to 1998-1999)' Statistical Year
Book of Bangladesh, 1974 to 1999, BBS.

〈도표7〉 투자 패턴(1975-2000)

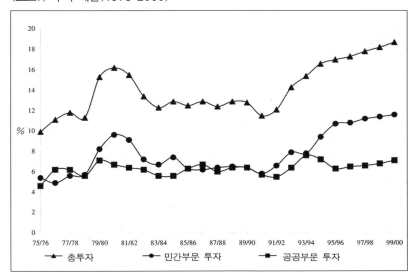

〈도표8〉 GDP 대비 산업별 비율(1975-2000)

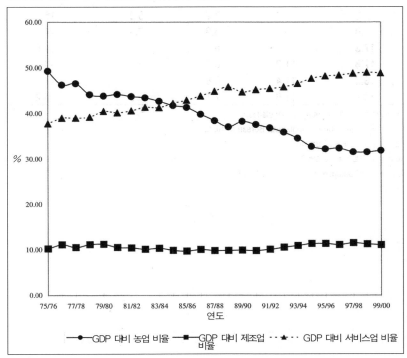

〈표9〉저축 투자 행위

연도	투자			국내저축 (GDS)	국민저축 (GNS)
	총투자	민간부문	공공부문		
1975/1976	9.9	5.4	4.6	-3.0	0.9
1976/1977	11.1	4.9	6.2	6.0	9.5
1977/1978	11.8	5.6	6.2	1.7	6.8
1978/1979	11.3	5.7	5.6	1.6	8.4
1979/1980	15.3	8.2	7.1	2.3	9.8
1980/1981	16.2	9.6	6.7	3.4	10.6
1981/1982	15.5	9.1	6.4	0.5	8.0
1982/1983	13.4	7.2	6.2	0.6	10.9
1983/1984	12.3	6.7	5.6	1.3	9.9
1984/1985	12.9	7.4	5.6	2.3	9.3
1985/1986	12.5	6.3	6.3	3.2	9.7
1986/1987	12.9	6.2	6.7	3.5	10.8
1987/1988	12.4	6.4	6.0	3.0	10.7
1988/1989	12.9	6.5	6.4	2.6	9.4
1989/1990	12.8	6.4	6.4	2.7	9.2
1990/1991	11.5	5.8	5.7	4.1	10.9
1991/1992	12.1	6.6	5.5	5.8	13.0
1992/1993	14.3	7.9	6.4	7.0	14.4
1993/1994	15.4	7.8	7.6	7.4	14.9
1994/1995	16.6	9.4	7.2	8.2	16.1
1995/1996	17.0	10.7	6.3	7.5	14.3
1996/1997	17.3	10.8	6.5	7.5	14.7
1997/1998	17.8	11.2	6.6	8.6	14.2
1998/1999	18.2	11.4	6.8	8.7	14.5
1999/2000	18.7	11.6	7.1	9.0	15.2

출처: 'Twenty Years of National Accounting of Bangladesh(1972-1973 to 1991-1992)'
1993, BBS(Bangladesh Bureau of Statistics). 'National Accounts Statistics of
Bangladesh(Revisited Estimates, 1989-1990 to 1998-1999)' Statistical Year
Book of Bangladesh, 1974 to 1999, BBS.

〈도표9〉 재정적자와 물가상승률 (1975-1999)

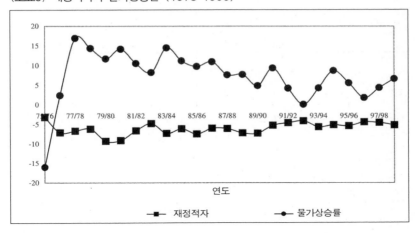

〈표10〉 GDP 대비 산업별 비율 (기초: 1984-1985)

연도	농업					제조업	서비스업
	농업	곡물 원예	축산	임업 관련	어업		
1975/1976	49.33	38.53	3.61	2.48	4.72	10.22	37.80
1976/1977	46.92	35.83	3.57	2.29	4.59	11.12	39.02
1977/1978	46.61	36.13	3.57	2.66	4.34	10.51	39.04
1978/1979	44.18	34.85	3.48	2.88	3.05	11.15	39.23
1979/1980	43.89	34.61	3.40	2.76	3.07	11.22	40.51
1980/1981	44.23	35.12	3.45	2.71	2.98	10.52	40.20
1981/1982	43.76	34.34	3.41	2.85	3.11	10.42	40.61
1982/1983	43.48	34.10	3.46	2.88	3.12	10.12	41.40
1983/1984	42.73	33.90	3.38	2.93	3.01	10.32	41.32
1984/1985	41.77	33.18	2.89	2.69	3.00	9.86	42.26
1985/1986	41.35	32.88	2.90	2.69	2.92	9.69	42.94
1986/1987	39.84	31.56	2.86	2.53	2.87	10.04	43.86
1987/1988	38.43	30.13	2.89	2.64	2.82	9.82	44.89
1988/1989	37.08	28.83	2.84	2.64	2.76	9.84	45.86
1989/1990	38.26	30.32	2.86	2.53	2.64	9.90	44.73
1990/1991	37.60	29.66	2.77	2.50	2.70	9.80	45.24
1991/1992	36.86	28.93	2.74	2.45	2.76	10.09	45.50
1992/1993	35.92	27.92	2.73	2.42	2.82	10.54	45.86
1993/1994	34.58	26.35	2.77	2.41	2.94	10.90	46.57
1994/1995	32.77	24.28	2.88	2.41	3.08	11.34	47.68
1995/1996	32.24	23.69	2.99	2.39	3.10	11.34	48.21
1996/1997	32.41	23.75	3.07	2.35	3.18	11.09	48.42
1997/1998	31.58	22.80	3.13	2.32	3.27	11.49	48.80
1998/1999	31.55	22.62	3.27	2.29	3.37	11.25	49.03
1999/2000	31.89	22.88	3.32	2.25	3.44	11.06	49.88

출처: 'Twenty Years of National Accounting of Bangladesh(1972-1973 to 1991-1992'
1993, BBS(Bangladesh Bureau of Statistics). 'National Accounts Statistics of
Bangladesh(Revisited Estimates, 1989-1990 to 1998-1999)' Statistical Year
Book of Bangladesh, 1974 to 1999, BBS.

〈표11〉 방글라데시의 인간 빈곤 경향

변수	1981-1983	1993-1994	1995-1997**	1997-1998
I. 짧은 수명(P₁)	28.0	20.0	16.0	16.0
-40세 이전에 사망할 확률	28.0 (1983)	20.0 (1993)	16.0 (1996)	16.0 (1996)
II. 지식 결핍(P₂)	62.6	46.4	42.7	41.6
- 성인 문맹률 (가중치:2/3)	70.8 (1981)	58.0 (1994)	54.4^3 (1996)	$52.7^{(c)}$ (1996)
- 학교를 다니지 않는 6-14세 아동 (가중치:1/3)	46.3 (1982-1983)	23.1 (1995/96)	18.9^4 (1995)	$18.9^{(a)}$ (1996)
III. 경제적 원조를 받지 못함(P₃)	75.1	53.3	50.9	50.5
1) 공공서비스 부문				
a)보건 서비스를 받지 못하는 인구 비율(%)				
- 예방접종을 모두 받지 않은 아동	98.0 (1981-1982)	41.1 (1993)	23.7^4 (1995)	$23.0^{(c)}$ (1996)
- 병원 아닌 곳에서 분만하는 산모	97.6 (1983)	90.5 (1993)	901.1^4 (1995)	$92.0^{(b)}$ (1998)
b)안전한 식수에 접근 불가능한 인구	43.4 (1981)	20.0 (1991)	6.9^4 (1995)	$5.0^{(b)}$ (1998)
c)전기 공급을 받지 못하는 인구	95.0 (1981)	77.3 (1994)	72.4^5 (1995)	$72.4^{(a)}$ (1995)
2. 개인 부문	71.5 (1985)	64.2 (1995)	56.3^6 (1996-1997)	$56.0^{(b)}$ (1998)
-5세 미만 영양실조 아동				
IV. 인간 빈곤 지수(HPI)*	61.3	47.2	41.44	40.85

* HPI 지수는 다음과 같이 계산된다.

$$HPI = \{1/3(P_1^3 + P_2^3 + P_3^3)\}^{1/3}$$

** 40세 이전 사망 확률은 다음과 같이 산출된다.

40세 이전 사망 가능성이 20일 때 1993년 IMR은 84. 이 비율을 사용해서 1996년에 대한 IMR은 67이며 1996년에 대한 40세 이전 사망 가능성은 16이 된다.

** 학교에 다니지 않는 6~10세 사이의 아동만 고려됨.

** 훈련받은 의료인의 도움을 받지 않은 분만만 계산함.

출처 1. SAPM Regional Report 1998, p.149(original: calculated from primary data: SAPM: Bangladesh Country Report, 1998).

2. IMR data from Statistical Pocket Book of Bangladesh 1997, p.151.

3. SAMP Country Report, p.IX-18(original: FFYP).

4. Progotir Pathay 1995.

5. SAMP Country Report, p.IX-32(origianl: HDS of BBS).
6. BDHS 1996/97.
   (a) BDHS 1996/97.
   (b) The Status of the World's Children 2000, UNICEF.
   (c) Fifth Five Year Plan of Bangladesh 1997-2002, Planning Commission.
원 출처: Bangladesh Human Development Report 2000, BIDS/Planning Commission,
   Dhaka.

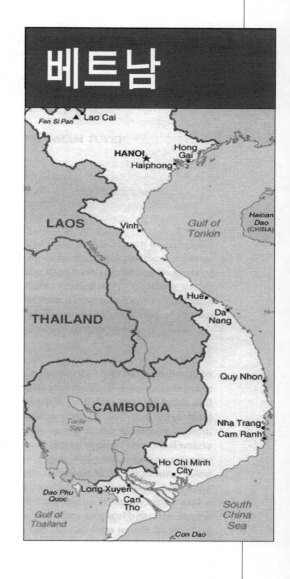

베트남

성과와 과제

개발 중의 베트남

응우옌 민 루언(Nguyen Minh Luan)
레티남 뚜옛(Le Thi Nham Tuyet)

1986년, 베트남사회주의공화국은 경제 정치 시스템의 대대적인 개혁을 통해 경제개발의 길로 들어섰다. 사회주의 지향을 가지면서도 시장의 힘에 따라 운영되고 국가의 관리와 규제를 받는, 여러 부문(정부, 민간기업, 비정부기구 등)의 경제체제를 수립하는 것이 목표였는데, 그 이후 일련의 경제개혁 조치들은 그런 경제체제를 강화해왔다. 이 글은 독립 이후 베트남의 개발 경험을 살펴보고 개혁개방정책(도이모이)이 경제, 사회 개발에서 거둔 성공에 대해 검토해보고자 한다.

베트남은 동남아시아에 위치해 있으며, 북쪽으로 중국, 서쪽으로 라오스와 캄보디아에 접하고 동쪽과 남쪽으로 태평양에 맞닿아 있다. 이 나라는 많은 섬들과 열도들을 포함하며 본토, 바다, 대륙붕으로 구성되어 있다. 국토의 전체 면적은 330,991km²이며, S자 모양으로 남북으로 길게 뻗어 있다. 폭이 가장 넓은 부분은 너비가 600km에 달하는 북부지방이며 가장 좁은 지역은 중부지방으로, 그 너비가 50km도 채 되지 않는다. 동쪽 영해는 100만km² 가까이 펼쳐져 있으며, 해안선은 북서쪽의 멍까이에서 남동쪽의 하티엔까지 길게 뻗어 길이가 3,260km에 달한다. 베트남은 중국과 1,400km, 라오스와 2,067km, 캄보디아와 1,080km의 국경을 맞대고 있다.

베트남은 다양한 지형을 가지고 있으며 열대와 아열대 지대에 걸쳐 있고 몬순기후의 영향을 받는다. 국토는 대부분 산악과 구릉이고 해안 부근 삼각주 지역에 펼쳐져 있는 평야는 전체 국토 면적의 4분의 1에 불과하다. 또 해양 자원이 풍부해서 인도차이나 나라들 중에서 가장 다양한 해양 생물을 보유하고 있다.

1999년 인구조사에 의하면, 10년 동안 1,190만 명이 늘어나 베트남의 인구는 7726만 명에 이르렀다(2012년에 9,000만 명을 넘어섰다―옮긴이). 베트남 인구는 동남아시아에서 두 번째로 많고 세계에서 열세 번째로 많다. 여성 남성의 비율은 50.8:49.2이며, 전체 인구의 76.6%가 시골에 산다. 인구가 나라 전역에 골고루 분포되어 있지는 않다. 인구의 평균밀도 는 km²당 231명이다. 1989년 통계는 km²당 195명이었다. 북쪽 삼각주 는 인구밀도가 높아서 인구밀도가 낮은 고원지역에 비해 17.4배나 높게 나타난다. 14세 이하 아이들이 전체 인구의 34%이고 노동연령 인구가 4,500만 명으로 58.5%를 차지할 정도로 인구가 전체적으로 젊다. 문해율 또한 매우 높다. 1989년에 88%였던 문해율이 상승하여 현재는 10세 이상 인구 중 91%가 읽고 쓸 줄 안다. 13세 이상 인구의 7.6%가 고등교육 을 받았는데 2.3%는 기술직 교육, 2.8%가 중등 직업교육, 0.7%가 전문대 학, 1.7%가 대학, 0.1%가 대학원 이상의 교육을 받았다.

베트남의 민족 구성은 국토만큼이나 다양하다. 이 나라에는 54개 민족이 살고 있는데, 그중 최대민족은 낀족(비엣족)으로 인구의 86.6%(1989년) 를 차지한다. 나머지 53개 소수민족들이 약 천만 명 정도다. 54개 민족 중 4개 민족―낀족, 화족, 크메르족, 짬족―만이 주로 평야, 해안 지역, 중부에 살고, 나머지 소수민족들은 산악지역에 거주한다. 소수민족들이 살고 있는 지역들은 베트남에서 가장 가난한 지역에 속한다. 그러나 베트남 역사에서 줄곧 54개 민족은 서로 연대하며 함께 살아왔다.

1999년 UNDP 인간개발 보고서에 따르면, 베트남은 기대수명, 교육, 소득 면에서 174개국 중 110위를 차지했다. 그러나 1인당 실질소득은 세계 133위다.

정부의 정치적 기반은 1992년 헌법 제9조에 따라서 베트남조국전선이라는 대중조직과 그 회원단체들이다. 베트남조국전선의 회원단체로는 베트남노동총연맹, 베트남농민연맹, 호치민 공산주의청년연맹 및 베트남여성연맹이 있다. 이 조직들은 국가 기관의 구성과 입법에 참여하고 국가기관의 운영을 감시하고, '인민의, 인민에 의한, 인민을 위한' 체제를 지원한다. 모든 국가 활동은 다음 원칙을 기초로 해야 한다. '인민들이 알고, 인민들이 토론하고, 인민들이 참여하고, 인민들이 점검한다.'

식민지 시대

수세기 동안 베트남 역사는 침략자들과 제국주의의 식민 지배에 저항하는 치열한 투쟁으로 점철되어 있었다. 근대에는 주로 프랑스와 미국에 대항하였다. 19세기 중엽 프랑스는 인도차이나라고 불리는 곳을 식민지로 삼겠다는 야망으로 베트남을 침략하였다. 그러나 1900년대가 되어서야 베트남 사람들의 저항을 물리치고 식민 정부를 세울 수 있었다.

베트남은 1945년까지 프랑스의 식민지였고, 이에 따라 반(半)봉건 식민지 체제의 후진적 농업 경제에 머물러 있었다. 쌀이 주요 작물이었고, 전국의 쌀 경작지는 456만 헥타르였으며, 평균 수확량은 헥타르당 10.7ta(1ta=약 100kg)였다. 인구의 2%를 차지하는 지주들이 농지의 52.1%를 소유했고, 97%를 차지하는 농민들이 소유한 농지는 겨우 36%였다. 공업 생산의 비중은 적었는데, 공업 생산은 식민 지배자들이 천연자원과 노동을 착취하는 수단이 되었다.

광석 채굴은 프랑스인들에게 돈이 되는 사업이었다. 광산업에 대한 투자는 1924년 1,870만 프랑에서 1928년 1억 8,440만 프랑으로 치솟았다. 1919년에 채굴한 광물의 총 가치는 460만 동이었고, 1929년에는 1,860만 동으로 증가했다(1동[dong]=11.46프랑). 석탄은 광물 생산의 77%를 차지하는 주요 광석이었으며 주석, 철, 기타 광물이 그 뒤를 이었다. 그러나 광물은 그 지역에서 사용되는 것이 아니라 가공도 거치지 않고 그대로 수출되었다.

직물, 알코올, 시멘트, 벽돌, 유리, 성냥 같은 가공 산업의 발전은 인도차이나와 극동지역으로 시장을 넓히기 위해 주로 지역의 값싼 노동을 착취하는 데 중점을 두었다. 이 산업들은 베트남의 전통 수공예 산업에 부정적인 영향을 미쳤고 프랑스 독점 자본가들에게는 최대의 수익을 가져다주었다.

그 시기에 베트남 인구의 90% 이상은 문맹이었다. 1939년 통계 자료에 따르면 대학생 수는 인구의 0.3%에 불과했다. 그리고 인도차이나 전체에 대학이 세 개뿐이었다. 의료시설 또한 매우 빈약하여 의사 수는 인구 1만 명당 고작 0.23명이었다.

식민지배의 억압으로 베트남에도 민족주의가 자라났다. 사람들은 1920년대부터 여러 지역에서 조직을 만들기 시작했다. 호치민이 마르크스-레닌주의 조직들을 통합하여 1930년에 인도차이나공산당이 만들어졌다. 그들의 우선 과제는 식민지배자들을 물리치는 것이어서, 2차 세계대전 동안에는 베트남을 점령한 일본에 맞서는 저항을 조직하기도 했다. 1941년, 호치민은 베트민(越盟, 베트남의 공산주의적인 독립운동 단체 겸 정당)을 설립했다. 베트민은 사회 전 분야의 사람들을 포함하는 광범위한 통일전선으로, 점차 막강한 세력으로 부상하여 종전 무렵에는 광범위한 대중에게 지지를 받았다.

1945년 8월 혁명

1945년 8월, 공산당 또는 노동당(1951년 노동당으로 개칭)의 지휘하에 있던 베트민은 봉건제를 전복하는 혁명을 성공적으로 완수하고 침략자들을 몰아냈다. 1945년 9월 2일, 호치민 주석은 베트남민주공화국 수립을 선포하는 독립선언서를 낭독했다. 그러나 프랑스는 쉽게 패배를 받아들이지 않았고 신생국가는 곧바로 식민주의 권력의 복귀를 막기 위한 전쟁에 나서야 했다. 몇 년이 지나서야 비로소 침략자들을 완전히 물리칠 수 있었다.

1945년부터 1954년까지는 저항과 국가 건설의 기간이었다. 완전한 자유와 독립을 위하여 프랑스에 대항하는 전쟁을 벌였고, 동시에 새로운 권력이 만들어져갔다. 1946년 1월 6일, 새로운 베트남의 첫 국회의원을 선출하는 총선거를 치렀다. 최초의 의회는 나라의 헌법을 제정했는데, 헌법은 다음과 같이 선언했다.

> 베트남은 독립국으로서 (…) 베트남 국민은 자유에 대한 모든 권리를 가진다 (…) 베트남 여성은 자유에 대한 권리에 있어서 남성과 동등한 권리를 가진다.

국가 건설의 효과는 농업 분야에서 나타났다. 토지세를 낮추고 가난한 사람들에게 일시적으로 토지를 재분배하는 정책을 도입하여 농업 생산성이 상당히 개선되었다. 농업 생산량은 1954년에 300만 톤에 달했는데, 이는 1946년 생산량보다 13.7배 높아진 것이었다. 전쟁 기간 9년 동안 북쪽의 농업 생산은 해마다 10% 증가했다. 베트민은 힘겨운 전쟁 끝에 1954년 5월 7일, 디엔비엔푸에서 승리를 거둠으로써 프랑스의 식민 지배를 끝내고 "전 세계를 뒤흔드는 영광스러운 승리"를 거두었다.

그러나 디엔비엔푸 전투의 승리에도 불구하고 베트남에서 외세의 문제는 끝나지 않았다. 프랑스가 1954년 제네바 협정에 동의하고 군대를 철수했지만, 프랑스군에 도움을 주던 미국은 그러지 않았다. 미국은 "동남아시아에 공산주의가 확산되는 것을 막는다"는 명분을 내세워, 국제 협정을 어겨가며 사이공에 꼭두각시 정부를 세웠다. 수년에 걸쳐 미국은 백만 이상의 미군부대를 주둔시키며 정치적 간섭을 확대했다. 미국의 군사정부에 대항하는 남베트남 내의 저항도 계속 거세졌다. 선전포고도 없이 전쟁을 감행한 미국은 북베트남에 엄청난 양의 폭탄을 투하했다. 그 20년 동안 2차 세계대전에서 사용된 폭탄을 모두 합한 것보다 많은 양의 폭탄이 이 작은 나라에 떨어졌다. 화학탄, 고엽제, 네이팜탄은 농경지의 70%를 파괴했고 1,000만 헥타르를 초토화했으며, 셀 수 없이 많은 사람들을 죽게 하거나 불구로 만들었다. 이웃 나라인 라오스, 캄보디아의 땅과 사람들도 같은 피해를 입었다.

이 새로운 전쟁으로 인해 일찍이 개시된 국가 건설 계획이 중단된 것은 아니다. 1955년에서 1957년까지 단 2년 만에 북베트남에서는 농민에게 땅을 주는 토지개혁을 완수하였다. 소작농들이 땅 주인이 되었고 농업 생산성은 향상되었다. 다음 단계는 1958년부터 1960년까지 추진한 농업 집단화였다. 그 결과 자연재해에도 불구하고 3년 동안 농업 생산량이 매년 5.6%씩 증가하는 기록을 세웠다. 국영 기업이 국가 경제에서 지배적인 역할을 하는 것으로 자리를 잡았다. 그리고 공업 생산의 연간 증가율은 21.7%였다. 1955년부터 1960년까지 1인당 국민 소득은 두 배로 늘었고, 사회의 구매력은 70% 상승했다.

경제개발계획

1961년에 베트남은 산업 성장을 위한 개발계획에 착수했다. 첫 번째 5개년 계획(1961-1965)은 미국이 북베트남에 폭격을 퍼붓고 남쪽에서 침략 전쟁을 벌이고 있을 때 시행되었는데 이때 산업 기반이 재건되고 새로운 산업기반도 세워졌다. 전력 생산, 엔지니어링, 금속, 화학제품, 건설 재료 등 기초 산업 시설이 만들어지고 발달해서 산업 국가의 기초를 닦는 데 기여했다. 산업의 가장 큰 성과 중의 하나는 특히 관개시설, 농기계와 농기구, 비료, 농약 등을 공급하여 농업 발전에 기여한 것이었다. 공장에서 농자재 등을 생산, 공급함에 따라 전통적인 일모작과 저수확 농업 생산이 완전히 탈바꿈하게 되었고, 이로써 식량 수요를 만족시키고 공업 원료를 공급할 뿐만 아니라 농산물 수출까지 하게 되었다. 1965년까지 총 농업 생산량은 매년 4.1%의 성장률을 보였다. 교육시설도 개선되어, 삼각주, 내륙지방, 산간지방의 마을 대부분이 초·중등학교를 가지게 되었다. 하지만 고등학교는 현청 소재지(현[縣]은 한국의 군[郡]에 해당한다—옮긴이)에만 세워졌다. 북쪽의 1,600만 인구 중 450만 명이 학교에 갈 수 있었다. 의료시설 역시 늘어나서 현의 70%에 병원이 있고 삼각주에 있는 촌(社)의 90%, 산악 지대 촌의 70%에서 1차 보건의료기관을 이용할 수 있다.

　이러한 발전에도 불구하고 예측할 수 없는 자연 때문에 농업 생산이 일정치 않았다. 1971년의 맹렬한 태풍으로 광범위한 지역에서 농작물 피해가 있었고 그것은 식량 부족으로 이어졌다. 그래서 1971년부터 1973년까지는 주요 식량원으로 목축을 농업 활동에 포함시켰고 산악 지대의 경제 활성화를 위해 임업을 육성했다. 그 후 2년간은 폭격으로 파괴된 논을 메우고 관개 수로를 복구하고 개량했으며 토지 개간, 삼림 조성 등 경제 복구에 집중했다. 1974년에는 농업 작황이 좋았고 공업 생산과 수공예품 생산도 전년 대비 15% 이상 증가하여 목표를 4% 초과하여 달성했다. 1974년부터 1975년까지는 학령기 인구의 4분의 1 정도인 663만 명이 학교에 다녔다. 55,475명의 학생들이 39개 대학에 다녔고, 69,813명의 학생들이 195개의 중등 직업학교에 다녔다. 의사가 5,513명, 보조의(assistant doctor)가 21,035명, 간호사는 43,499명 있었다. 인구 1만 명당 평균 11.7명의 의사가 있는 것이다.

전쟁 기간 동안, 식량 생산이 더 늘어나서 식량 수요를 충족했고 정치적 안정과 사회 질서도 공고히 유지되었다. 산업 생산액은 1955년부터 1976년까지 매년 14.7% 증가하여 16.6배가 되었다. 1인당 산업 생산량도 여러 부문에서 상승했다. 전력 생산량은 13.8배가 되었고, 석탄은 4.8배, 시멘트 25.2배, 종이 14.5배 등 1인당 생산량이 크게 늘어났다.

오랫동안 끌었던 반미 전쟁이 끝나고, 1975년 5월에 남베트남까지 완전히 해방되었다. 세계 최강의 제국주의에 맞선 베트남 사람들의 영웅적 희생과 용기로 만들어진 베트남 역사의 한 장은 이로써 막을 내렸다. 미국은 선전포고도 하지 않고 시작한 전쟁에 1,500억 달러를 썼고 첨단기술의 대량살상무기와 함께 270만 명의 군인을 보냈다. 미국인 58,000명이 전쟁에서 사망했고, 304,000명이 전투 중 부상을 당했으며, 75,000명이 장애를 얻었다. 베트남이 이 전쟁에 치른 비용을 정확하게 산출하는 것은 불가능하나, 어림잡아 300만 명이 20년 동안의 전쟁에서 생명을 잃었고, 가구의 5분의 3이 한 명 이상의 가족을 잃었다. 전쟁 트라우마, 그리고 고엽제 같은 화학물질의 장기적 영향은 오늘날까지도 베트남 사람들에게 피해를 주고 있다.

통일과 재건

전쟁 후 10년은 남과 북의 정치적 통합에 바쳐졌다. 또 전쟁으로 손상된 나라의 재건을 위하여 국민들이 애쓰는 동안 사회주의가 나라에 자리를 잡았다. 1976년 4월 25일 전국에서 행해진 총선거에서, 통일 베트남의 단일 국회, 제6대 국회의 의원들이 선출되었다. 1976년부터 1980년까지 5년간은, 북쪽은 공업과 농업의 복구 및 통신 체계 구축에, 남쪽은 전쟁으로 피폐해진 농촌을 재건하는 데 중점을 두었다. 그리고 이 시기에 북쪽에서는 국가 경제와 집단농장 경제가 더욱 공고해졌고 남쪽에서는 민간기업과 사업체의 재조정과 개혁이 단행되었다. 남쪽과 중남부 지역은 농경지 일부를 집단 농장으로 가져왔고 사회 노동력이 배분되었다. 그러나 진전은 느렸다. 왜냐하면 생산성이 노동과 자본을 투자한 만큼 따라오지 못했고, 국가 수입이 사회적 소비를 담보하지 못했기 때문이다. 또 물가가 요동쳤고, 금융 시장과 통화 상황은 안정적이지 못했다. 노동하는 사람들의 생활은 여전히 어려웠다.

그러므로 1981년부터 1985년까지 5년간은 경제운용의 단계적 개혁과 국고 보조금 폐지에 맞추어 조정되었다. 이는 시장경제 발전을 위한 기본적인 필수조건이었다. 농업 생산의 연평균 증가율이 1976-1980년 계획 기간 동안은 1.9%에 머물렀지만 1981-1985년 기간에는 4.9%를 달성하였고, 국민소득 증가율도 0.4%에서 6.4%로 늘어났다. 그러나 1986년에 물가가 774.7%나 치솟는 바람에, 국민들의 사회보장과 기본적인 경제안정을 목표로 한 1981-1985년 5개년 계획은 실패로 돌아갔다.

더딘 경제 성장에는 여러 가지 이유가 있었다. 이웃 나라와 국경 분쟁이 있어서 적은 자원 중 일부를 방위비로 돌려야만 했다. 그리고 미국의 통상금지 조치는 무역에 불리한 영향을 미쳤고 인도주의적 원조조차 방해했다.

농업 생산은 자주 홍수, 태풍, 가뭄의 영향을 받아 국내 식량 수요를 충족시키지 못했다. 외채가 많았고 실업률도 높아서 거의 30%에 이르렀다. 더딘 성장의 주요 원인은 베트남이 교조주의적으로 사회주의 건설을 해왔다는 데 있었다. 다른 나라들의 경험을 그대로 따라하려 했던 것이다. 그리고 중앙에서 계획하고 국가 보조금을 지급하는 메커니즘도 많은 부정적인 결과를 낳았다. 그 밖에도 혁명적인 정책을 시행하겠다는 열의에서 심각한 실수가 나오기도 했는데 그것도 상황을 더 나쁘게 만들었다.

개혁과 구조조정

이런 심각한 시점에 1986년 베트남공산당 전당대회가 열렸다. 그때 "진실을 똑바로 보고, 진실을 분석하고, 진실을 말한다"는 정신으로, 국가 건설에서 당이 선도적인 역할을 하는 데 대한 진지한 자기비판이 이루어졌다. 잘된 일은 축하하면서도 실수한 부분에 주목해서 그런 경험에서 교훈을 끌어내고자 했다. 이러한 반성에 기초하여 공산당은 포괄적인 혁신과 여러 부문의 경제를 발전시킨다는 계획을 내놓았는데 그것은 새로운 베트남 건설의 전환점이 되었다.

이로써 시장경제로 이동하기 위한 주춧돌이 놓인 것이다. '도이모이'라 불리는 이 개혁개방정책은 국가 독립을 유지하고, 국민의 부를 창조하고, 강한 나라를 건설하고, 공정하고 문명화된 사회를 보장하는 근대화로 이행한다는 분명한 노선을 따라 경제와 사회를 개발했다. 이 정책은 '인민을 위한, 인민에 의한'이라는 원칙에 의거하여 인민들을 중심에 놓았다. 경제 개발은 더 나은 물질적·도덕적 삶과 더 높은 생활수준을 가능하게 하는 경제성장뿐만 아니라 문화와 사회의 발전도 함께 도모하였다.

이러한 쇄신의 정신으로, 2020년까지의 여러 차에 걸친 5개년 계획이 만들어졌다. 그리고 농업 생산물을 판매할 수 있게 하고 민간 사업체를 설립할 수 있도록 하는 여러 가지 경제 개혁조치가 제안되었다. 새로운 정책들 중에는 국영기업 자립과 민간 부문의 확장을 촉진하는 것도 포함되어 있었다. 1987년 12월, 외국인투자법이 통과되었는데 그것의 목적은 경제를 개방하여 외국 투자를 유치하고 수출을 늘리는 것이었다.

1차 5개년 계획(1986-1990년)은 식량 생산, 소비재, 수출품 세 가지 중요 영역에 역점을 두었다. 5년 동안 눈에 띄는 성과가 몇몇 핵심 분야에서 나타났다. 연간 평균 성장률은 전력 생산 11.1%, 시멘트 11%, 제철 8%, 주석이 16%였다. 원유 탐사와 개발이 해외직접투자(FDI)로 시작되었고, 원유 생산은 1986년 4만 톤에서 1990년 270만 톤으로 급격히 늘어났다. 민간기업의 투자와 생산과정의 기술 발전 덕에 질적으로 전반적인 발전이 있었다.

그러나 이런 성과로도 나라를 사회적·경제적 위기에서 끌어내지는 못했고, 시급한 사회·경제 문제도 풀리지 않은 채로 남았다. 높은 물가 상승률이 지속되어 봉급생활자와 사회수당 수급자들의 삶은 계속해서 악화되었으며 많은 국영기업, 소기업과 수공예 협동조합들은 침체되기 시작하여 손해를 보면서 운영하거나 문을 닫을 수밖에 없었다.

1986년부터 1990년까지의 경험에 기초하여, 그다음 십 년간의 사회 경제 개발은 안정화 전략에 중점을 두었다. 안정이 1990-1995년 계획의 핵심 과제로 정해졌다. 그것은 그다음 시기의 빠른 성장을 위한 조건을 마련하기 위한 것이었다. 그래서 1991-1995년 5개년 계획의 전반적인 목표는 경제 안정과 사회 안정을 가로막는 어려움을 극복하는 것, 정치적 안정을 강화하고 사회 불평등을 뿌리 뽑는 것이었다.

그러나 1990년대 초, 급속한 경제성장이라는 베트남의 목표에 큰 타격을 가하는 일이 벌어졌다. 소비에트 연방, 동유럽 국가들이 붕괴함에 따라 주요 수출 시장이 갑자기 사라지고 자금줄도 없어져버린 것이다.

오랫동안 베트남이 수입하는 물량의 70~80%는 소비에트 연방과 동유럽 사회주의 국가에서 들어오는 것이었고 수출의 50%가량은 이 나라들로 가는 것이었다. 베트남은 소련과 동유럽 국가들과 우호적인 관계였고 그 덕에 자금과 자원, 개발 활동 등을 좋은 조건으로 제공받을 수 있었다. 여러 가지 협력 사업, 합작 투자, 노동협약이 갑자기 파기되고, 자유시장 무역관계로 급격히 바뀌었다. 국제 시장의 등가교환(equal price exchange) 원리를 적용하고 경화(硬貨, 달러같이 널리 국제적으로 통용되는 통화)로 결제하는 것으로 바뀌자 베트남에 외환 위기와 높은 물가상승이 일어났다. 물가상승률은 1990년에 67.1%였고, 1991년에는 67.5%로 상승했다. 수출액은 1990년 24억 400만 루블/달러에서 1991년 20억 8,700만 루블/달러로 떨어지고, 수입액은 27억 5,200만 루블/달러에서 23억 3,800만 루블/달러로 급락했다.

그러나 국내적으로는 도이모이 첫 십 년 동안 괄목할 만한 성과가 있었다. 농업 분야에서는 1985년의 평균치보다 1.5배나 높은 연간 식량 생산량 1인당 400kg을 달성, 매년 4~4.5%의 높고 안정적인 성장률을 보였다. 높은 농업 생산성으로 식량 자급률이 거의 100%에 가까워졌고 농산물 수출까지 할 수 있게 되었다.

1996-2000년 계획은 앞선 10년의 경험을 살리려고 노력했다. 1996-2000년 계획에서 중점을 두는 것은 다음과 같다.

- 다음 세 가지 경제 목표를 동시에 이룬다. 높고 지속적인 성장률의 산업화 추진, 확고하고 안정적인 거시경제, 2000년 이후의 높은 수준의 발전을 위한 기반 마련.
- 경제 부문을 다양화하는 정책을 끊임없이 장기적으로 추진한다.
- 경제 성장과 사회발전을 조화롭게 한다.
- 국가 방위와 안보를 경제 개발과 밀접하게 결합한다.
- 중요한 경제구역들의 개발을 결합하되 지역 간 발전 격차가 커지는 것을 피한다.

이 개발계획 기간 동안 베트남 경제는 안정을 유지하지 못하고, 높고 지속적인 성장률이라는 목표가 위태로워질 만큼 심각한 타격을 받았다. 동유럽 블록 붕괴로 인한 혼란에서 베트남 경제가 겨우 회복되고 있을 때 아시아 금융위기가 터지는 바람에 베트남의 수출이 심각한 영향을 받았다. 베트남은 소련과 동유럽 국가들 대신 아시아의 많은 나라들을 무역 파트너로 삼았던 것이다. 그래서 수출 시장의 70%가 아시아가 되었고 베트남 내 외국인 투자의 70%가 아시아 국가들에서 나온 것이었다. 경제의 체질적인 허약함과 금융 위기가 겹쳐서, GDP 성장률이

1996년 9.3%에서 1997년 8.2%, 1998년 5.8%, 1999년 4.8%로 하락했고 연간 평균 GDP 성장률은 6.95%를 기록했다.

그러나 2000년에 GDP 성장률의 하락세가 멈추고 5개년 계획의 주요 목표를 달성했다. 초과 달성한 부분도 있었는데, 예를 들어 수출은 5개년 계획에서 목표로 한 11~12% 증가를 훨씬 넘어서는 21.3% 증가를 달성했다.

다른 영역에서도 성과가 나타나서 국민들의 생활이 눈에 띄게 나아졌다. 교육이 질이나 규모, 시설 면에서 개선되었고, 매년 100만 개가 넘는 일자리가 만들어졌다. 기아 퇴치와 빈곤 줄이기에서도 상당한 진전이 있었다고 세계가 평가했으며, 국제 관계가 확대되었고 세계경제로 통합되는 것도 활발히 이루어졌다.

아시아개발은행의 통계에 따르면, 1998년 베트남의 1인당 평균 GDP는 320 US$였다. 인도네시아는 540, 중국은 780, 필리핀은 887, 태국은 1,850, 말레이시아는 3,202 US$였다.

2000년 이후

2000년은 사회 경제 개발의 안정화 전략에 중점을 둔 10년 중 마지막 해였다. 이 전략은 어려운 시기에 채택되고 시행되었지만, 경제개발, 사회주의적 시장경제, 세계 경제로 통합되기라는 베트남의 목표에 한발 더 다가가게 했다. 10년간의 경제력 향상으로 산업화와 근대화에 박차를 가하기에 유리한 조건들이 만들어졌다. 새천년의 출발점에서, 다양한 분야에서 만들어진 베트남의 발전은 다음과 같이 요약될 수 있다.

· 극심한 장애물에도 불구하고, 경제는 가장 높은 성장률을 기록했다. 연간 GDP 성장률은 7.5%로, 10여 년간 GDP가 2.06배로 늘어났다. **농업**: 농업 생산의 연간 성장률은 5.4%로, 목표인 4~4.2%를 넘어섰

다. 1인당 식량 생산량은 1990년 330kg이었던 것이 2000년에 435kg까지 증가했다. 농업 생산액은 1995년 헥타르당 1,350만 동이었는데 2000년에는 헥타르당 1,750만 동으로 늘어났다.

어업 : 연 평균 성장률은 8.8%였고, 어업은 농림어업 생산액의 10~12%를 차지했다. 어업 생산물은 농림어업 수출액의 25%를 차지하는 주요 수출품목이 되었고, 총수출액의 약 8%를 차지했다. 임업은 1995년 28.2%에서 2000년에는 33%로 증가하였다.

공업 : 공업 생산액은 목표인 9.5~12.5%를 초과하여 10년 동안 12.9%나 증가하였다. 원유 생산성은 6.1배로 급등했고, 전기는 3배, 시멘트는 4.6배, 철강은 13.9배, 의류는 1.3배, 그리고 종이는 3.8배 증가하였다.

수출 : 공산품과 수공예품 수출은 10년 동안 7.7배로 늘어났다. 2000년도 공산품 수출량은 국가 총수출량의 70%를 차지했다. 대외적인 경제 활동에도 긍정적인 변화가 있었다. 특히 최근 몇 년간 변화가 많았다. 1970년대에는 수출 수입 비율이 1:4였고, 개방개혁 정책 이후에도 처음 몇 년간은 무역에서 수입이 차지하는 비중이 컸다. 이 비율은 점차 개선되어 1999년에는 1:1.06이 되었다. 총수출액이 1976-1980년에 연평균 3억 400만 달러에서 1996-2000년에는 56억 4,600만 달러까지 상승했다. 1999년에는 115억 2,300만 달러까지 올라갔다.

외국인 투자 : 외국인 투자 활동은 1988년과 2000년 7월에 도약을 시작했다. 62개국 700개 기업의 약 3,000개의 프로젝트가 있었는데 수권자본금(registered capital)이 360억 달러, 운전자본이 168억 9,000만 달러에 달했다.

서비스업 : 다각적으로 발전해왔다. 계획 목표인 12~13%보다는 낮은 수치였지만 생산액이 10년간 연평균 8.2%씩 증가했다.

사회기반시설 : 교통, 정보화, 에너지, 관개시설, 상수도, 공단을 비롯한

사회기반시설이 급속하게 발전하고 확대되었다.

· 농업 생산량 자체는 늘어났지만 농업이 GDP에서 차지하는 비중이 1990년 38.9%에서 2000년 25%로 감소함에 따라 경제 구조에 상당히 큰 변화가 있었다. GDP에서 공업, 건설이 차지하는 비율이 22.7%에서 34.5%로, 서비스업은 38.6%에서 40.5%로 각각 증가했다. 사적 소유, 기업 다변화를 장려하는 정책의 시행으로 몇 가지 변화가 일어났다. 농업에서 국가는 3%를 차지하고 비공식 부문이 97%를 차지한다. 서비스업에서는 국영기업과 민간 기업이 비슷한 비율을 차지한다. 그러나 부문 다변화 경제로 전환한다 하지만, 국가 소유 부문이 핵심적인 역할을 한다. 현재, 베트남 전체에 민간기업이 약 22,120개 있고 협동조합 15,480개, 조합식 단체나 생산 집단 13만 개, 개인 농장 10만 개가 있다. 1999년 GDP에서 민간기업 부문의 비중은 49%였고 국영기업과 외국 투자 기업은 40.2%였다.

이렇게 많은 성과를 냈음에도 불구하고 베트남 경제 본래의 허약함과 결함은 아직도 남아 있다. 베트남 경제의 결함은 다음과 같다.

· 지속적인 안정을 유지하기 어렵다. 외부의 변동에 영향을 쉽게 받고 효율과 경쟁력 수준이 낮다. 특히 국가 소유 부문에서 품질이 낮고 가격이 높다. 금융 시스템이 허약하고 투명성이 부족하며, 개발 투자는 장기적 비전이 없이 단편적으로 이루어진다. 경제적 가치를 생산하는 인적 자본은 만들어지지 않고 기술이 발전하지 않으며, 경영의 질이 떨어지는 것도 산업 성장에 방해가 된다. 또 성가시게 하는 비효율적인 행정 체계가 계획과 정책의 적절한 시행에 걸림돌이 되어서 능률을 떨어뜨린다.
· 시급하고 심각한 사회문제들을 천천히 바로잡아가고 있지만, 워

낙 큰 문제들이어서 완전히 해결하는 것은 어렵다. 실업률이 도시
와 농촌에서 모두 높고 교육이나 훈련의 질도 열악하다. 특히
실습이 함께 이루어지지 않는 문제가 있고, 평균 소득에 비해
교육비가 비싸다.

· 환경오염이 증가하여 몇몇 지역에서 심각한 문제를 일으키고 있다.
의료 서비스는 발전하지 못하고 오히려 퇴보하여, 의료가 가장
필요한 빈곤층을 힘들게 하고 있다.

· 약물중독과 성매매라는 두 가지 큰 사회악이 제어되지 못했고
HIV-AID가 많이 퍼졌다.

· 많은 공무원과 당원들의 부패, 낭비, 관료주의가 매우 심각해졌다.

이것은 베트남이 21세기의 첫 십 년 동안 극복하고자 하는 결점들이다.
베트남은 내부의 모든 자원과 잠재력, 특히 인적 자원을 개발하고 정치
안정, 사회 안정을 도모하기 위해 도이모이 정책을 더 광범위하게 더
강하게 추진하는 길을 택했다. 그것은 사회주의적 시장경제를 강화하고
급속한 산업 발전, 과학 기술 발전을 이루어서 현대화, 산업화, 경제적·
사회적 평등, 환경 보호를 이루기 위한 것이다.

주요 이슈

아동과 영양실조

유니세프에 따르면, 베트남은 영양실조와 발육부진 아동의 비율이 높은 나라 중의 하나로 남아 있다. 다섯 살 이하 아동 중 거의 500만 명이 영양실조 상태다. 도시 아이들과 시골 아이들의 영양 상태는 차이가 매우 크다. 시골에 사는 5세 이하 아동 중 47%가 발육부진인데, 이는 도시아동(15%)보다 3.1배 높은 수치다. 기아 외에 질병, 지식 부족도 영양실조의 원인이다. 2000년까지 아동 영양실조 비율을 줄인다는 목표는 새로운 도전에 직면했다. 1998년 영양기구의 조사를 보면, 5세 이하 아동의 영양실조 비율이 39%였다. 남동부에서는 그 비율이 32%로 가장 낮은 반면, 중북부와 고원지역에서는 42~47.2%나 되는 비율을 보였다. 이 조사는 34.4%의 아동이 키가 작아서 또래 아이들 평균 신장에 미치지 못하고 10.6%의 아동이 저체중임을 보여준다.

베트남의 영양학자들에 따르면, 그 아이들이 영양실조가 된 것은 음식을 제대로 못 먹었기 때문이기도 하지만, 아이가 태아였을 때 산모 역시 아마도 몸이 너무 작았을 것이고 산모에게 기생충, 말라리아, 갑상선종 같은 질병과 빈혈이 있었을 것이다. 임산부가 빈혈을 가진 비율은 50~60%다. 대부분은 요오드 결핍으로, 이는 임산부에게 갑산선종을 일으킬 뿐만 아니라 태아의 뇌세포 발달에도 나쁜 영향을 줄 수 있다. 전국적으로 보면 아동 영양실조의 비율이 높지만 몇몇 대도시에서 아동을 포함한 소수의 사람들은 너무 뚱뚱하다. 영양기구의 조사에 따르면, 하노이 아동의 4.1%가 비만이다.

고용과 노동

베트남 보훈사회노동부의 평가에 따르면, 베트남의 노동 인구는 꾸준히 증가하고 있다. 1998년, 노동 인구는 전체 인구의 53%(4,260만 명)를 차지했고, 2000년에는 55%(4,510만 명)로 늘어났다. 그런데 실업자 수도 함께 늘어난다. 1999년 총인구조사에 따르면 전국에서 경제활동에 참가하는 사람(노동력)은 총 3,800만 명이었는데 이는 총인구의 50%, 13세 이상 인구의 70%에 해당한다.

  1991년부터 1998년까지, 790만 명이 고용되어 일했다(1998년에는 130만). 이 중 20~25%는 일자리 창출을 위한 국가 기금 덕에 고용되었다. 그러나 장기간의 아시아 금융 통화 위기의 영향으로 국영 기업과 외국계 회사의 많은 노동자들이 계속 해고되었다. 일자리를 찾기가 여전히 어렵고, 도시의 실업률은 증가하고 있다. 1999년 7월 1일, 중앙고용노동위원회에서 발표한 도시 지역 노동과 고용에 관한 조사에 따르면 도시 지역 노동력에 해당하는 15세 이상 인구의 비율은 62.56%로, 1998년의 비율보다 1.13% 감소했다. 노동연령인구의 실업률은 7.40%(1998년은 6.85%)인데, 이 중 15세 이상 노동 인구의 실업률은 7.15%였다. 여성노동자의 실업률은 각각 7.90%, 8.26%였다. 1998년의 실업률과 비교하면, 도시지역 노동연령인구의 실업률은 0.55% 증가했다. 젊은 노동력(15~24세)의 실업률이 가장 높았다. 하노이는 10.31%(1998년은 9.24%)의 높은 실업률을 나타냈고, 호치민 시는 7.04%(1998년은 6.76%)였다.

일자리 창출

현재 기업의 88.6%가 기술자를 구하려 하지만 훈련된 사람들이 부족하다. 이는 농촌 지역에서 특히 심하다. 잉여 노동력, 부족한 일자리, 사무직 과잉, 숙련 노동자 부족, 비숙련 노동자의 과잉, 전문 기술자 부족, 이런 것들이 현재 베트남 노동의 수요와 공급의 모순이다.

GDP 증가, 투자의 구조적 변화에 기초해서 21세기 초 몇 년의 실업률을 전망해보면, 농업 중심의 경제와 비교해서 실업률이 매우 높을 것이다. 농업 중심의 경제에서는 인구의 80%가 농업에 종사하고 노동력의 70%가 GDP의 26%를 담당하며 필요 노동 시간의 손실이 매우 높다 (25%). 예를 들면, 210만 명의 주부들 중에 40~50%가 일자리를 구한다. 그리고 노동 연령 인구는 증가하고 1997년부터 1998년 수준의 GDP와 노동자원을 가진다면, 2000년 이후의 베트남에는 일자리를 구하는 약 800만 명의 잉여 노동력이 생기게 될 것이다.

정부는 안정적이고 지속가능한 발전을 담보하기 위해 일자리 창출의 문제에 대처하는 수많은 조치를 취해왔다. 2000년까지 매년 130~140만 개의 새로운 일자리를 창출하고, 도시 실업률을 5% 미만으로 감소시키고, 농촌 지역 노동시간 활용을 75%까지 끌어올린다는 목표를 설정했다. 이 목표를 달성하기 위해서는 경제 개발의 단계를 한 단계 올리는 조치가 필요하다. 재개발을 기초로 시골에 더 많은 일자리를 창출하고, 협동조합을 발전시키고 강화하며, 황무지, 헐벗은 산 등 개발되지 않은 지역(현재 베트남에는 1천만 헥타르의 미개간지가 있다)의 농장 경제와 가족 경제의 발전을 장려하는 것이다. 즉 경작하지 않는 땅 300만 헥타르를 개발하여 활용하고, 삼림지 500만 헥타르에는 나무를 심고, 기후 조건이 좋은 지역에서는 1년에 2모작 내지 2.5모작으로 재배 횟수를 늘리는 것이다. 현재는 평균 1.64모작을 하고 있다. 만약 1년에 1.8모작으로 늘리면 경작지가 150만 헥타르 늘어나는 셈이고 150만 명이 더 일을 할 수 있다. 바다를 매립해서 더 많은 땅을 만들 수 있으며, 연안어업 개발 같은 조치로써 어업에서도 일자리를 만들 수 있을 것이다. 연간 370만 톤의 어획량을 기대할 수 있지만 실제 어획량은 고작 90만 톤이며 총 63만 명이 어업에 종사한다. 어업 인구는 짧은 기간에 2~3배 늘릴 수 있을 것이다. 양식장은 바다 수면 10만 헥타르에 만들어져 있는데 최대 200만 헥타르까지 만들 수 있다. 양식장이 그 정도로 늘어나면 150~200만 명의 고용 효과가 생길 것이다.

이 상황을 개선할 수 있는 몇 가지 방법은 다음과 같다.

- 농촌 지역 고용을 다변화하여 농촌 노동의 구조를 계속 변화시킨다. 농업 외 일자리(서비스업), 중소기업(주로 농산물 가공업) 일자리를 꾸준히 개발한다.
- 전통 수공예 마을을 개발하고 재건한다. 1998년에 베트남은 1,000개 이상의 수공예 마을을 가지고 있었으며, 이는 시골 노동력의 29.5%를 고용하고 있었다. 전통 수공예품을 발전시키고, 새로운 것을 개발하는 것은 최소 백만 개의 일자리를 만들 수 있다.
- 농촌을 떠나 대도시로 이주하는 것을 억제하기 위하여 작은 도시와 읍을 발전시킨다.

기업을 위해서 생산의 재조정, 국영기업의 민영화를 추진하는 것과 함께, 고용 안정을 보장하는 것 또한 중요하다. 노동자들을 한 번에 대량 해고하지 못하게 하는 것, 노동시장에서 불리한 위치에 있는 사람들(실직자나 파트타임 노동자)의 취업을 알선하는 직접적인 조치, 전문직 재교육 과정, 새로운 일자리를 창출하는 경우에 특별 저리 대출을 해주는 것 등이 필요하다. 직업 훈련이 노동시장, 생산과 연결되어야 한다. 현재 직업훈련은 직업 훈련 교육 시스템, 인적자원 개발과의 연계가 미약하다.

농촌 노동

농촌 지역의 일자리 부족은 심각한 문제가 되었다. 총 4,200만 명의 노동력 중, 농촌의 노동력은 3,277만 명(76.85%)이다. 매년 노동력에 포함되는 110만 명 중, 67만 명이 시골에 있고 그들의 노동시간은 71.13%만이 활용되었다. 현재 농촌 지역에서 노동 연령 인구의 26.6%를 차지하는 720만 명이 일자리 부족을 겪고 있다. 농업 생산 비용은 늘어나고, 농촌 지역의 경제구조와 노동의 변화는 서서히 일어나고 있다. 농촌의 많은 노동자들이 일자리를 찾기 위해 도시로 이주하고 있지만, 그들이 구할 수 있는 것은 단순 육체노동 일자리뿐이다. 소수의 사람들만이 의류, 신발, 가죽 공장에서 일한다(1997년, 일자리를 찾아 시골에서 하노이로 온 사람은 20만 명이고, 호치민 시로 온 사람은 70만 명이다).

여성 노동

베트남 여성들이 사회 노동력의 50% 이상을 차지하는 만큼, 여성 노동에 특별한 주의를 기울여야 한다. 그러나 노동 강도와 일의 특성이 여성 노동자의 신체적·정신적 조건에 맞아야 한다. 최근 인력감축이나 기업의 재조정이 있을 때마다 많은 여성 노동자들이 퇴출된다. 많은 여성노동자들이 체력이 약하다는 이유로, 직업의식이 투철하지 않거나 능력이 부족하다는 이유로 생산라인에서 쫓겨났다. 기업은 여성노동자들을 쫓아내기 위해 일부러 직업 특성에 맞지 않는 일을 시키기도 한다.

힘들고 위험한 일에 종사하는 여성의 비율은, 여성 노동력의 20.67%이다. 어떤 곳에서는 여성노동자들이 여성에게 금지된 일도 하고 있었다. 여성노동자들은 주로 초등학교나 기술직 수준의 교육을 받았고(85.9%), 9.5%만이 중등교육을 받았다. 25세 이하 여성노동자들 중 초등교육을 받은 사람은 41.7%, 기술교육을 받은 사람은 50%였다. 여성노동자들 중 거의 절반이 6개월이나 1년 정도의 특별과정 교육을 받았다.

환경파괴와 오염

베트남은 빠른 속도로 생태적 개발과 산업화를 추진하고 있다. 2020년까지의 목표는 베트남을 산업국가로 전환시키는 것이다. 세계적으로나 지역적으로 금융위기의 영향을 받아 많은 어려움에 처해 있지만, 앞으로 매년 6~8%의 높은 성장률을 유지해야 2020년까지의 목표를 달성할 수 있다. 베트남이 빨리 발전하여 세계경제와 아시아 지역경제로 통합될 수 있도록 하기 위해서는 높은 성장률이 필요하다. 이는 천연자원의 개발을 가속화할 것이고, 환경 면에서 생산과 소비로 발생되는 쓰레기 양도 증가할 것이다. 효과적이고 시기적절한 예방 조치가 없이는 환경문제, 특히 주요 경제구역에서 발생하는 공해가 심각해질 것이다.

세계은행 전문가들은, 2000년-2010년 기간 동안 베트남의 공해는 3.8%의 비율로 증가할 것이라고 예상한다. 이는 14%의 경제 성장률에 대응하는 값이다. 사람들의 건강 면에서, 공해로 인한 경제적 손실은 현재 GDP의 0.3%에서 2010년 12%가 될 것이라고 평가되었다. 생물다양성 손실, 경제적 이득 중 손실분도 계산하면 그 비율은 더 커질 것이다.

현재의 환경 상태에 대한 모든 보고서가 경고하는 바로는, 숲이 벌거숭이가 되고 광물 자원이 무분별하게 개발되고 땅은 침식되고 황폐해지며, 육지와 바다의 생물 다양성이 파괴되고 있다. 지표수와 지하수는 점점 더 오염되고 있다. 많은 도시와 산업지역이 물, 공기의 오염과 폐기물로 몸살을 앓고 있다. 시골의 환경 조건, 위생 시설은 매우 열악하고 노동의 규범과 식품 안전성은 깨지고 있으며, 환경 재난이 빈번하게 일어나고 있다.

베트남의 자연자원 파괴와 환경오염의 원인이 되는 경제활동은 다음과 같이 요약할 수 있다.

자연자원의 무분별한 착취

- 숲에 대한 무분별한 착취: 목재, 사냥, 임산물
- 숲과 습지로 농지 확장
- 유목 생활, 화전 경작
- 삼림을 개발하여 특용작물(커피, 고무, 면, 차) 재배
- 황무지와 민둥산 방치
- 동식물의 무분별한 사냥, 채취: 희귀한 동물과 목재 거래
- 폭발물, 전극, 독극물을 이용한 낚시
- 지하수 개발에 부적절한 기술 사용

지속가능하지 않은 생산, 경제적·사회적 개발

- 적절한 환경영향평가가 없이 저수지 만들기
- 인구 가족계획이 균형과 안정성을 갖추는 데 실패
- 취사용 땔감과 목재의 채취
- 생선과 새우 양식을 위해 맹그로브(열대 습지에 밀생하는 삼림성 식물) 숲과 습지 파괴
- 담수와 해수로 해양자원의 과잉 이용
- 석회나 기념품을 만들기 위해 산호초를 무분별하게 채취
- 살충제, 화학 비료 사용을 늘리는 집약적 영농
- 외국 동식물 수입으로 토종 동식물이 사라져감
- 사회적 경제개발 프로젝트를 위한 환경영향평가를 소홀히 함
- 통제되지 않는 이주
- 수출입에서 환경보호를 감독하지 못함

환경오염 증가

- 공장들이 쓰레기(폐수, 매연, 폐기물) 처리 장치나 재활용 기술을 갖추지 않음

- 도시나 산업지역의 유해하고 독성이 있는 쓰레기를 엄격하게 관리하지 못함
- 자동차, 비행기, 배에 의한 먼지, 배기가스, 소음을 통제하지 못함
- 관광객, 스포츠, 리조트에 대한 환경 감독을 엄격하게 하지 않음
- 취사용으로 저질의 석탄 사용
- 불합리한 산업지역 선정(예전과 새로운 곳 모두)

환경 위기와 재해의 원인
- 안전하지 않은 석유 개발과 운송
- 과도한 살충제, 동물약품, 화학비료 사용
- 사람들에게 최소한의 깨끗한 물도 공급되지 않음
- 시골 지역, 특히 메콩 강 삼각주에 인간과 동물의 분뇨를 방치함
- 벌목으로 인해 홍수와 폭우의 피해가 커짐
- 환경위기, 재해 예방을 위한 계획이 없음

　　베트남은 환경을 보호하면서 사회 경제 개발, 산업화, 현대화를 추진하는 것을 하지 못했다. 개발 전략, 정책들을 환경 보호를 위한 전략, 정책과 연결시키는 데 실패했다. 과학기술환경부가 UNDP의 지원을 받아 수행한 1997년 프로젝트(21세기를 위한 능력 배양 프로젝트)에서는 "지속가능한 개발이라는 아이디어는 베트남의 사회 경제 개발 전략과 계획에 분명하게 반영되지 못했다"고 지적했다. 게다가 환경정책을 담은 법률은 포괄적·통합적이지 못했다. 환경 관련 법률들은 불완전한 데다 중복되었으며 조율이 부족했다. 다양한 부문, 현장의 개발 목표와 요건에 부합할 필요가 있었다.

　　정부는 지속가능한 개발과 환경보호에 상당한 관심을 보였다. 이것은 헌법(1980)에 분명하게 반영되었고, 1994년 1월 1일에 개원한 국회가 채택한 환경보호법에도 반영되어 있다. 그 외에도 환경에 관련된 법률이

많이 있는데, 예를 들면 1972년 산림보호령, 1989년 광물자원법, 1989년 해양자원 보호령, 1989년 제방 보호령 등이 있다. 1998년 6월 25일, 베트남공산당 정치국은 나라의 산업화와 현대화 기간 환경보호 강화에 관한 지시(36-CT/TW)를 발표했다. 실행 1년 후, 이것은 여러 면에서 변화를 가져왔다. 1999년 12월에 개원한 10대 국회의 여섯 번째 본회의에서는 형법(개정) 제17조에 포함된 '환경에 대한 범죄'에 대하여 토론하였다. 2020년까지 국가적 환경보호 전략을 마련하기 위한 준비도 시작되었다.

식품 안전

이 나라의 식품 안전 문제는 심각하다. 식중독 환자가 많이 발생하는데, 다수의 사망으로 이어진 식중독 사건들도 있었다. 보건부 통계를 보면 1997년에 식중독이 6,000건 있었고 46명이 식중독으로 사망했으며, 1998년에는 6,773건으로 늘어났다. 1999년 초에는 1,174건의 식중독이 발생했고 29명이 사망했다. 식중독의 원인은 살충제 같은 화학약품, 식품 첨가물, 공기 중의 금속 산화물(약 25%), 음식 속 세균(50%), 독버섯, 독성 생선 등 음식에 포함된 독성물질(25%) 등이다. 나머지 15%는 다른 원인이었다. 1998년, 22,530개의 식품과 제조 과정을 조사한 결과, 88.85%만이 위생 기준을 충족했고 73,867여 개의 가게와 레스토랑 중 겨우 87.55%가 기준을 충족했다. 사람들은 높은 수익을 위해 고농도 살충제를 너무 많이 사용했고, 농약 살포와 수확 사이에 두어야 하는 최소한의 시간 간격을 지키지 않았다.

비료 과다 사용도 비슷한 결과를 낳았다. 음식을 만드는 과정에서 화학약품을 무분별하게 사용하는 것은 식중독의 가장 큰 원인이다. 불법 도축이 많기 때문에 돼지고기, 쇠고기, 가금류 고기가 (여러 종류의 세균, 인간에게 쉽게 퍼질 수 있는 기생충의 유충이 있는 채로) 의무적인 검역을 거치지 않고 유통되는 경우가 많다. 거리의 많은 식료품점에는 장염, 기관지염, 폐렴을 일으킬 수 있는 많은 박테리아를 포함한 먼지가 스며들어 있다. 간단하게 말해서 식품 시장이 좋은 상태가 아니다.

선진국들의 경험에서 교훈을 얻은 베트남은 깨끗한 농업을 위한 프로젝트를 많이 시행했다. 화학물질 사용을 억제하고, 질병에 강한 품종을 심어서 환경오염을 막으려는 노력을 기울여왔다. 엄격한 규제와 함께, 식품의 생산자와 판매자를 지속적이고 엄격하게 감시할 필요가 있다. 그러나 문제를 해결하기 위해서는 정부가 주체가 되어 제 기능을 하는 것만으로는 충분하지 않다. 전 국민의 참여를 이끌어내야만 한다. 그러기 위해서 가장 중요한 것은 국민들이 환경 의식을 갖게 하는 것이다.

숲

숲이 빠르게 줄어들고 있다. 현재 삼림 면적은 825만 헥타르이고, 녹지 비율은 현재 고작 28%(다른 동남아시아 국가들은 42%)인데 삼림 파괴 비율은 매년 1.4%다(전 세계 평균은 0.3%). 1인당 환경보존 면적은 동남아시아에서 1인당 0.42헥타르, 전 세계 평균 1인당 0.60헥타르인데 베트남은 1인당 0.12헥타르로 평균을 밑돈다. 1980년부터 1989년까지 사라진 숲은 매년 평균 10만 헥타르 이상이었고 1989년부터 현재까지 매년 평균 6만 헥타르가 사라졌다. 현재 전국에 벌거숭이 땅과 민둥산들이 1,000만 헥타르가 넘는다. 국가 경제가 발전할수록 목재와 임산물 수요는 많아진다. 하지만 천연림은 고갈되어 1,430만 헥타르에서 825만 헥타르까지 줄었고, 인공 조림지 면적은 105만 헥타르에 불과하다.

2005년에 원목에 대한 수요는 35만m^2, 장작 수요는 1,440만m^2가 될 것으로 예상된다(베트남은 현재 10개의 국립공원을 포함하여, 총 면적 약 230만 헥타르의 '특수림' 105개를 가지고 있다). 정부는 베거나 죽여서는 안 되는 진귀한 동식물 종 목록을 발표했다. 보호림 지정으로 열대림에서 진귀하고 소중한 유전자 자원을 보호할 수 있었다. 그러나 어떤 곳에서는 이주자와 지역민들이 경작을 위해, 또는 양식장을 만들기 위해 불법적으로 나무를 베고 숲을 파괴하는 산불을 내기도 한다. 사냥이 금지된 동물들이나 멸종 위기 종이 많이 서식하는 곳에서도 말이다. 1990년부터 1995년까지 총 160만 헥타르의 숲이 사라졌는데, 무분별한 삼림 개발이나 산불 때문에 매년 26만 헥타르가 사라진 셈이다. 40만 헥타르에 이르던 해안의 맹그로브 숲은 지금은 15만 4천 헥타르만 남아 있다.

농업농촌개발부는 민둥산을 녹화하기 위해 조림 사업을 계획하고 있다. 2000년부터 목재벌목량을 매년 30만m²씩 줄일 것이다. 그러면 황폐한 산림 70%가 회복될 것이고, 국토 면적의 43%를 녹지로 회복시키기 위해 500만 헥타르에 조림 사업을 벌일 것이다(200만 헥타르는 '보호림', 300만 헥타르는 목재 생산을 위한 '생산림'). 농업농촌개발부는 매년 3억 5,000만 주의 나무를 심어서 36만 헥타르의 면적을 숲으로 만든다는 계획도 가지고 있다. 이것은 쉽지 않은 목표인데, 임업 전담 부서가 전국 산림의 지속가능한 시스템을 세우고 산림과 산지(forest land)의 관리와 이용을 책임지고 맡는 것이 필요하다. 동시에 토지, 묘목, 과학기술, 자금, 산림 소유권 정책에 대해, 또 숲을 조성하는 조직과 개인들이 가지는 책임과 혜택에 대해 구체적인 방안을 마련하는 것이 필요하다.

산림과 산지의 할당 정책과 함께, 1991년부터 현재까지 민둥산과 헐벗은 땅의 녹화 사업으로 산림 면적은 연평균 20만 헥타르 증가하여 150만 헥타르가 되었다. 그중 천연림은 8만 6천 헥타르이고, 인공림은 9만 6천 헥타르이다. 매년 특용작물을 6만 4천 헥타르, 유실수를 1만 4천 헥타르 심는다. 산림과 산지 할당 정책은 고용 창출에 도움이 되었고 수백만 농가의 소득 증대를 가져왔다. 그리고 민둥산과 헐벗은 땅의 면적이 1,500만 헥타르(1991년)에서 1,200만 헥타르로 줄어들었다. 녹지 비율은 27%(1995년 이전)에서 28%(1995년), 28.4%(1996년), 28.8%(1997년)로 증가했다.

산업 공해

베트남에서 환경이 급속히 파괴되고 있는 것은 많은 부분 공업의 성장 때문이다. 하노이와 호치민같이 공업이 발달한 지역뿐만 아니라, 모든 성(省)과 시, 공업지역까지 오염의 범위가 점점 넓어지고 있다. 오염물질의 수는 점점 더 많아지고 유해한 폐기물을 포함하며 그 영향은 점점 더 오래간다. 이전에는 단지 몇 가지 분야가 오염을 일으켰고 오염 규모도 작았다. 그러나 지금은 여러 곳에서 공해를 일으키고 있는데 화학산업이 그 선두에 서 있다. 탄광, 석재 연마 공장, 내화벽돌 공장의 먼지 오염은 허용 기준의 5배에서 많게는 1,000배에 이른다. 그 결과 눈, 폐, 기관지 질환, 천식이 증가하고 있다. 하노이에서 대기 중 아황산가스 농도는 허용 기준의 14배 이상이고, 이산화탄소는 2.2배 이상이다. 내륙 쪽 현(縣)에서는 공기 중 먼지 농도가 외곽 지역에 비해 5~10배 높다. 도시의 많은 강들은 납으로 오염되었고 생물학적 산소요구량 (BOD), 이산화질소, 황산암모늄도 허용 범위보다 모두 높다.

호치민 시에서는 700여 개 공장과 3만여 개의 소규모 사업장과 수공예품 작업장에서 폐기물과 폐수가 나오고 거기에 400만 인구가 내놓는 처리되지 않은 쓰레기가 추가된다. 먼지, 아황산가스, 이산화탄소, 이산화질소는 모두 빠른 속도로 증가하고 있다. 먼지는 허용 기준의 70배, 다른 가스는 6배를 넘어서고, 관개수로 물의 생물학적 산소 요구량은 1 l 당 120~210mg이다. 이렇게 공해가 심한 이유 중 하나는 공장에서 낡은 설비와 오래된 기술을 사용하기 때문이다.

과학기술환경부의 평가에 따르면 기계, 제조, 가공 분야의 기술과 설비가 50년 내지 100년은 뒤처져 있다. 전자 조립, 건설 기계, 해산물 가공, 상수도는 한두 세대 뒤처졌다. 철도, 도로, 조선은 비슷한 기술 수준의 다른 나라들에 비하여 3~5세대까지 뒤처졌다. 산업부가 42개 공장의 설비 727개와 세 개 제조라인을 조사한 결과, 새로 수입해서 쓰는 설비의 70%가 1950-1960년대 제품이고, 설비의 70% 이상이 내구연한이 다 됐으며, 설비의 50%가 낡아서 수리한 적이 있었다. 그중에는 1929년에 만들어진 것도 있었다.

기계가 현대적이지 않고 깨끗한 기술을 사용하지도 않으니 대량의 유독성 쓰레기를 내뿜는다. 몇몇 해산물 가공 공장에서 암모니아 가스가 새고 있고, 석유 저장고에서는 이산화탄소와 아황산가스가 새어나가서 심각한 대기 오염의 원인이 되고 있다. 화학공장들은 대기에 기준치의 15~30배가 되는 염화가스를 내뿜는다. 인산질 비료 공장들은 공기 $1m^3$당 1,100mg의 먼지를 방출했다. 그것은 공기 중으로 방출된 유해가스의 90%를 차지했다. 낡은 기계와 기술은 수질 오염까지 일으킨다. 바다와 강의 천연가스, 석유 개발, 그리고 어업을 위해 수천 개의 크고 작은 배와 장비를 외국에서 들여왔다. 그러나 그 기계와 장비 대부분이 오래된 기술을 이용하는 낡은 것들이어서 많은 양의 기름과 찌꺼기를 흘리고 있고, 배의 엔진은 심하게 오염된 물과 공기를 바다와 강에 내뿜는다.

전통공예 마을 : 많은 전통공예 마을에서 쓰레기가 질병을 일으킨다. 화학물질(예를 들면 명반, 염료)을 포함한 폐수가 도랑이나 호수, 강으로 그대로 흘러들어 간다. 전통공예 마을들은 기준치의 몇 배가 넘는 먼지와 아황산가스, 이산화질소, 일산화탄소, 이산화탄소 같은 유독 가스 또한 내뿜고 있다. 효과적인 해결책 중 하나는 거주 밀집 지역에서 오염의 원인이 되는 생산 설비를 철거하는 것이다. 그러나 이것은 쉽지 않은 일이다. 사업체의 사정이 좋지 않은 탓에 자금이나 기계가 부족하고 장비가 오래된 것들이기 때문이다. 오래된 기계를 수리하거나 바꾸라는 것은 기계를 없애라는 말과 같고 그것은 생산이 중단된다는 의미다. 이런 종류의 오염을 막기 위하여, 어떤 기구들은 현대화된 기계와 장비를 수입하게 하고 첨단 기술, 깨끗한 기술에 중점을 두게 하는 국가적인 기술 정책을 제안한 바 있다.

수질 오염

베트남은 습한 아열대 지역에 있고 연간 평균 강수량이 1,960mm이기 때문에 담수는 풍부하다. 매년 수자원의 총량은 880km³이고, 이것은 1년에 일인당 평균 12,571km³에 해당한다. 그러나 물의 오염은 중요한 문제다. 폐수, 분뇨, 대장균 등이 특히 심각한 오염원이다. 몇몇 강에서는 상류 강바닥에서 광물을 채굴하기 때문에 오염이 현저하게 증가해왔다.

베트남에서는 비가 고르게 오지는 않는다. 전국 강우량은 연간 500~5,000mm 사이인데 몬순 시기에 65~70%가 집중적으로 내린다. 몇몇 지역에서는 80~90%에 이르기도 한다. 가뭄 시기에는 북쪽에 여러 날 비가 오지 않는다. 그리고 남쪽에서는 100일 넘게 비가 오지 않는 경우도 종종 있다. 수자원 관리, 개발, 활용에 불합리한 점이 몇 가지 있다. 깨끗한 물은 사람들의 일상생활에 필요한 수요에 턱없이 부족하지만, 공장은 물의 재사용이나 순환 시스템을 적용하지 않는다. 농업도 상당한 양의 물을 사용하지만 절약을 위한 효과적인 조치를 취하지 않는다.

깨끗한 물을 쓸 수 있는 사람들의 비율은 특히 농촌 지역에서 낮다 (38%). 빈곤층, 정부 보조금으로 사는 사람들 중에 깨끗한 물을 쓸 수 있는 사람은 고작 38.5%다. 도시 지역에서는 700만 명 정도만이 깨끗한 물을 얻는다. 깨끗한 물을 공급받는 도시 사람들의 비율이 대도시는 60~70%, 중소도시는 50%, 소도시는 30%이다.

농장, 공장, 병원의 쓰레기는 수자원과 환경을 더럽힌다(예를 들면, 하노이에 주요 4개 강 유역 총 길이 38.5km, 총 면적 650헥타르의 110개 저수지와 호수가 모두 오염되었다).

시골의 수자원은 제대로 관리되지 않는다. 그리고 사람들이 강, 수로 등을 배변 장소로 사용하기 때문에 배설물에 의해 심각하게 오염되었다. 시골 가구의 70%가 요리에 쓸 깨끗한 물을 얻지 못하고, 80%의 가구는 위생적인 화장실을 가지고 있지 않다.

조사 대상 촌(社)들에서, 일상생활에 쓰는 물은 거의 대장균 군(우물 물 100ml당 120~830, 연못 물 100ml당 730~4875)과 야생형 대장균 (1ml당 170~1,640)에 오염되어 있었다. 빗물은 깨끗한 물로 여겨지지 만, 빗물의 50%가 기준에 미치지 못했다. 지하수, 특히 깊은 지하에서 끌어올린 물은 깨끗한 물의 기준에서 높은 수준에 도달하지만 대장균이 없는 지하수는 91%에 그쳤고 세균이 발견되지 않은 지하수는 58%였다. 시골에서 물 때문에 병에 걸린 사람들의 비율은 상당히 높다. 설사, 위염, 장염에 걸린 사람들은 1995년 10만 명 중 370명에서 1996년 420명으로 증가했다. 10만 명 중 전염병에 걸린 사람은 장티푸스가 7건(1990년)에서 36건(1996년), 이질이 12건(1992년)에서 56건 (1996년), 직장염이 19건(1992년)에서 69건(1996년)으로 각각 증가 했다.

깨끗한 물의 부족으로 인한 시골 여성들의 유병률 역시 매우 높다 (남친 34~46%, 타이 빈 58%, 박장·박닌 69%). 불결한 물의 사용은 특히 여성과 아동들의 건강 악화와 노동력 악화를 불러일으켰다. 1998 년부터 2005년까지의 기간에 시골의 깨끗한 환경과 깨끗한 물을 위한 국가 프로그램이 설정한 목표는 1만 개의 소규모 상수원을 전국에 만드 는 것이다. 이 프로그램은 세 가지 지속가능성의 형태로 깨끗한 물을 공급하고 시골 지역의 환경을 깨끗하게 지킬 것이다. 세 가지 지속가능성 이란, 경제에 있어서 지속가능성, 활용에 있어서 지속가능성, 기술의 경영과 관리에 있어서 지속가능성을 말한다.

작업 환경

노동자 보호 기구(베트남노동조합총연맹)에 따르면, 생산 부문에 고용 된 노동자의 83%가 상해 위험 요소가 2~8개 있는 환경에서 일한다. 작업장의 50% 이상이 허용 기준치를 넘어섰다. 노동 환경은 먼지, 유독 가스, 소음, 그리고 고온 등 미기후(microclimate) 같은 요소에 의해

오염되었다.

먼지 오염 : 건설 재료를 만드는 공장의 먼지 오염은 허용 기준치의 20~425배, 금속 공장의 경우는 5~125배, 석탄, 암반, 인회석, 고령토 같은 광물을 가공하는 업체는 170배를 넘어서고, 특별한 경우엔 1,150 배를 넘어서기도 한다. 목화솜의 먼지가 폐질환, 기관지염을 일으키는 직물·의류 공장의 먼지 농도는 기준치의 3-5배를 넘어선다. 담배 공장 에서 먼지 농도는 기준치의 2.5~4.5배를 넘는다. 5mm 미만의 먼지가 90%를 차지하며 그 외에도 1~1.4%의 니코틴, 12~36%의 실리카 산화 물 등이 있다. 몇몇 분야에서 노동자들의 규폐증 비율을 살펴보면, 내화 벽돌 공장에서 39.9%, 광산에서 28.8%, 채석장에서 27.7%, 금속주조 공장에서 28.8%나 된다. 노동자의 84.4%가 눈 질환을 앓고 있고, 61.2% 가 기관지염, 17.9%가 코 질환을 앓고 있다.

여성에게 미치는 영향 : 농촌여성들은 가장 힘들게 일한다. 그들은 거의 모든 농사일(재배, 관리, 수확)을 주로 손과 어깨를 사용해서 한다. 깨끗한 물을 접하기가 어려워, 위생상태가 좋지 않은 연못과 호수의 물을 주로 사용한다. 그리고 여러 가지 화학제품(화학비료, 살충제 등)을 많이 접촉하고 뜨거운 태양 아래나 추운 날씨에도 대체로 야외에서 일을 한다. 그러므로 관절염, 위장장애, 여성 질환, 암 등에 걸리기 쉽다.

공장에서 유독성 화학제품이 있는 생산라인에서 일하는 여성이 35만 명 가까이 된다. 이런 노동 조건이 여성 노동자들의 건강을 해치고 있다. 몇몇 힘들고 어려운 직장에서 40~45세의 많은 여성들이 일시적으로 일할 능력을 잃기도 했다. 어떤 사람들은 건강을 해쳐서 영구적으로 일할 능력을 잃고 이른 나이에 일을 그만둬야 했다. 불결한 노동 조건, 깨끗한 물 부족, 화학물질 접촉 때문에 많은 사람들이 성병을 가지고 있다.

여성들의 노동 조건에 더 많은 주의를 기울여야 한다. 법 조항과 현실 사이에 큰 괴리가 있다. 거기에는 몇 가지 원인이 있겠지만, 가장 중요한 것은 많은 관리자들이 여전히 여성 차별 의식을 가지고 있다는 것이다. 여성 노동자의 상황을 개선하기 위해서, 노동부는 여러 가지 면에 관한 몇 가지 권고를 만들었다. 그러나 더 중요한 것은, 노동하는 여성들을 위한 안전과 위생을 위해 사회 전반의 의식이 깨어나야 한다는 점이다.

소음, 고온 : 노동 환경의 소음, 고온 같은 요소 역시 심각한 수준이다. 소음은 종종 허용 기준치를 넘어선다. 노동보호기구에서 밝힌 조사 데이터에 따르면, 11개 공장의 노동자 3,755명 중 411명(10.95%)이 직업병인 청각장애를 가지게 되었다. 온도 역시 노동자의 건강과 생산성에 영향을 미친다. 건설 재료 회사에서 작업장 내부와 외부의 온도차는 4~6℃이다. 여름에 가장 차이가 높은 곳은 야금 공장으로 5~8℃까지 올라간다. 이 조사는 고온 환경에서 일하는 노동자가 보통 기온에서 일하는 노동자들보다 질병에 걸릴 확률이 더 높다는 것을 보여준다. 그에 대비한 기술적 조치가 없다면, 오염은 주변 환경으로 퍼질 것이다.

유독가스 : 심각한 오염을 일으키는 또 다른 요인은 유독가스다. 화학공장, 비료공장, 기계 금속, 건설재료 공장 등 275개 작업장을 조사한 결과, 작업장의 23.75%가 유독가스를 포함하고 있었다. 그 농도는 기준치의 1.5에서 50배를 넘어선다. 일산화탄소, 이산화탄소, 아황산가스, 이산화질소 등 연료를 태울 때, 재료에 열을 가할 때 발생하는 가스가 여러 작업장에서 공통되게 나타났다. 그다음으로 벤젠, 크롬, 연료, 니코틴 등 생산 과정 중에 기화하는 유독가스가 있다. 컬러 금속 공장의 노동자 300명을 대상으로 검사한 결과, 66%가 관절에 통증을 느끼며, 44.6%가 가슴통증, 물체가 여러 개로 보이는 증상, 어지럼증, 두통이 있고, 67.25%가 만성 기관지염이 있었다. 작업장에 아르신(삼수소화비소, AsH_3) 가스가 낮은 농도라도 있으면, 노동자들은 급성 중독을 일으켜서 부신이 부을 수 있으며 이로 인해 목숨을 잃게 될 수도 있다.

자연재해

베트남에서 자연재해는 거의 매년 발생한다. 폭우, 가뭄, 태풍, 열대성 저기압, 홍수, 허리케인 등은 생명, 재산, 생태계에 거대한 손실을 가져오는 원인이 된다. 과거 20년간의 태풍, 열대성 저기압, 홍수 피해에 관한 통계를 보면, 매년 사망자 수가 450명이고 어떤 해(1985, 1986, 1997)는 사망자 수가 천 명 이상이었다.

경제적 손실도 매우 크다. 1994년의 손실액은 2억 6,000만 달러였고, 1995년은 1억 달러, 1996년은 7억 2,000만 달러, 1997년은 7억 달러 정도였다. 1999년에 한 달도 안 되는 기간을 사이에 두고 두 번의 대홍수가 일어났다. 지난 반세기 동안 일어난 홍수 중 가장 큰 홍수가 중앙 베트남을 휩쓴 것이다. 11월 초의 폭우가 길어지면서 중부의 7개 성(省)을 물에 잠기게 했고, 국토의 거의 3분의 1에 달하는 면적에서 바닷물이 범람했다(많은 곳에서 수위가 1.7m나 올라갔다). 두 번의 대홍수는 700명의 생명을 앗아갔고, 수천 헥타르의 곡식과 수십만 채의 집, 학교, 병원을 파괴했다. 총손실액은 4조 동(VND) 이상이었다.

자연재해는 종종 매우 갑자기 발생하며 어디에서나 일어날 수 있지만, 중부 지방에는 자주 끔찍한 재앙이 닥친다.

여러 부서와 다양한 수준의 기관들과 많은 과학자들이 자연재해의 원인, 특히 중부지방의 원인을 해결하려고 애쓰고 있다. 중부지방에서는 강 유역의 숲이 많이 파괴되었는데, 숲이 사라진 것은 빠른 속도로 계곡이나 강으로 흘러가는 빗물을 막는 방패를 잃어버린 것과 같다. 방패도 없는 상태에서 빗물이 빠른 속도로 가면 갑작스러운 큰 홍수가 일어난다. 폭우와 홍수 후에는 여러 곳에서 가뭄의 원인이 되는 강렬한 태양이 뜨고, 그리고 다시 심하게 비가 내린다. 환경 생태계는 파괴되었고, 사막화 과정이 시작되었다. 큰 저수지와 물 보호 프로젝트의 부족은 이런 상황을 악화시킨다.

현재 베트남은 장기적인 대책을 어떻게 세울지, 그리고 자연재해를 어떻게 효과적으로 예방할지 연구하고 있다. 주거 구역과 도로, 다리 구역을 구획하는 것, 태풍이나 홍수의 불리한 조건에서도 견디는 재료로 사회기반시설을 건설하는 것, 홍수 기간의 피신처를 만들어 주기 위하여 모든 마을과 행정구역에 높고 견고한 건물을 만드는 것 등을 연구 중이다. 남부지방은 '홍수와 함께 살기' 프로그램을 잘 진행해왔다. 중부지방에서도 '홍수와 함께 살기', '태풍과 함께 살기' 프로그램이 필요하다.

인구 증가

베트남은 1979, 1989, 1999년에 인구 총조사를 실시했다. 1945년 초에 2,500만 명이었던 인구가 1990년 초 6,500만 명으로 증가했다. 1999년 4월 조사에서는, 1989년 결과에 비해 1,190만 명이 증가해서 총 인구가 7,726만 3천 명이었다(조사 기간 동안 누락된 1.23%를 더하면 76,324,753명이다). 이들 중 38,804,999명(50.8%)은 여성이고 37,519,754명(49.2%)은 남성이다. 17,916,983명(23.5%)은 도시에 살고, 58,407,770명(76.5%)은 농촌 지역에 산다. 100세 이상의 노인이 3,965명인데 855명(23.1%)은 남성이고 2,840명(76.9%)이 여성이다. 그리고 이들 중 17명이 120~130세이다.

성비는 97(남성) 대 100(여성)이다. 65세 이상의 비율은 1989년 4.7%에서 1999년 5.8%로 올라갔다. 그리고 15세 이하 아동은 39%에서 33.5%로 내려갔다. 15세 이상 미혼은 남녀 모두 3% 증가했다. 10세 이상 문해율은 91%이다(1989년에는 88%였다). 13세 이상 인구 중에서 7.6%가 일정 수준의 숙련 노동자이고, 2.3%는 기술직 노동자, 교육받은 전문직 노동자들이다. 이들 중 2.8%는 중등 직업학교를 다녔고, 0.7%는 전문대학을 다녔으며, 1.7%는 대학을 다녔고, 0.1%는 대학원을 마쳤다.

1999년 7월 13일, UNDP의 인간개발보고서는 기대수명, 교육, 소득의 측면에서 인간개발지수(HDI)를 발표했다.

이 지수에 따르면, 베트남은 세계 174개국 중 110위였다. 그러나 1인당 실질소득으로 보면 베트남은 174개국 중 133위이다. 이것은 베트남이 경제적인 효율을 올리려고 노력하고 있지만, 모든 국민이 개발의 성과를 누리도록 해야 한다는 과제를 안겨주는 것이다. 인간개발과 성과에 있어서 남녀 불평등을 반영한 지수에 따르면, 베트남은 143개국 중 91위였다.

인구 규모에서 베트남은 남아시아에서 두 번째, 전 세계에서는 13번째다. 그러나 인구 규모가 크다, 작다 말하려면 인간 생활에 필요한 자연자원과 비교해서 보아야 한다. 즉 국토 면적과 인구의 비율 등을 보아야 한다. 과학자들이 계산한 바에 따르면 인간 생활을 편안하게 하는 평균 인구밀도는 km²당 35~40명이다. 세계에서 인구가 가장 많은 중국의 인구밀도가 km²당 130명인 데 비하여, 베트남은 234명이다(표준 인구밀도의 5~6배, 중국의 두 배 정도). 베트남의 많은 지역, 특히 삼각주 지역의 인구밀도는 더 높다. 1976년에는 km²당 148명이었고, 1986년에 182명으로 올랐으며, 1989년 195명, 1999년 231명이었다.

베트남은 노동력이 풍부해서 경제 개발과 해외 투자 유치에 유리하다. 그러나 인구 규모는 경제적으로 가난하고 기술력이 약하고 천연자원이 적은 나라의 개발 과정에서 어려움을 만들어내기도 한다. 가장 큰 어려움은 현재도 앞으로도 일자리 문제일 것이다(1999년에 노동 연령 집단의 비율은 인구의 58.5%로 4,500만 명이었다). 이는 국가 경제를 위해 도전해야 할 중요한 과제다.

인구증가는 농지와 자연 상태의 토지가 줄어들게 한다. 1992년, 베트남은 말레이시아보다 4배 많은 인구를 가졌지만 국토 면적은 비슷하다. 그리고 태국과 비교하면 베트남의 인구가 1.2배였다. 그러나 자연 상태의 땅은 태국의 64%에 불과하다. 베트남의 1인당 평균 경작 면적은 세계에서 가장 낮다(1993년 1인당 약 0.1헥타르였다).

불균등한 인구밀도

1979년 고원지대의 평균 인구밀도는 km²당 고작 26명인 데 반해, 홍강 삼각주 지방은 km²당 633명으로 20배나 높다. 지역에 따라 인구밀도가 40배까지 차이 나기도 한다. 그에 따라 농촌 지역에서 고원 지방, 동남부 지방, 기타 산악 지방으로 대규모 이주가 이루어졌다. 1981년부터 1996년까지 조직적으로 340만 명이 이주를 했다. 그리고 100만 명 이상이 고원 지방과 동남주 지방으로 이주했다. 이는 심각한 산림 파괴를 가져왔다. 산업화, 현대화 과정, 그리고 큰 도시에 투자가 집중됨으로 인해 도시로 이주하는 사람들이 늘어난다. 계절노동을 위한 이주, 영구 이주 둘 다 늘어나는데 특히 대도시로 많이 이주한다.

통제가 안 되는 이주자들의 분포는, 베트남의 인구증가 억제라는 목표 달성에 문제를 만든다. 통계 지표는 사람들의 삶의 질이 개선되었음을 보여준다. 변화의 폭은 적을지라도 말이다. 일반적으로 말해서 농촌 사람들의 삶에는 개선이 거의 없었다. 빈곤층의 인구증가율은 여전히 높고 빈부 차이는 여전히 크다. 보훈사회노동부의 데이터에 따르면, 상위 20%인 부유층의 소득은 가장 가난한 하위 20% 가구 소득의 13배에 달한다. 빈곤 때문에 사람들은 의료와 교육 같은 사회적 서비스를 제대로 받지 못한다.

1997-1998년의 국민생활조사를 살펴보면, 13세 이상 아동의 40%가 영양실조였고, 성인의 45%는 저체중이었다. 이는 일반 국민들의 건강 상태와 특히 아동의 건강 상태가 나쁘다는 것을 나타낸다. 교육 면에서도 문해율은 93.7%로 높지만, 학교 재학 연수는 짧았다. 1998년에 노동 인구 중 초등학교를 마치지 못한 사람들이 22.4%를 차지했다. 반면에 교육을 받은 사람(기술 교육, 초등, 중등, 직업교육, 전문대학, 대학, 석사, 박사 포함)은 고작 13.1%였다.

인구증가율은 둔화되었지만 아직도 환경에 가해지는 압박은 상당하다. 너무 빠른 인구증가는 실업, 문맹, 의료 서비스 부족, 영양실조를 가져올 뿐만 아니라 경작지 감소, 산림 파괴, 물 부족의 원인이 된다.

1993년 부유층과 빈곤층의 소득 차이는 평균 13배였다. 그리고 극빈층 가구와 아주 부유한 가구의 소득 차이는 27배였다. 가난한 집에는 대개 아이들이 많다. 빈곤 가구당 평균 자녀 수는 3.3명인 반면에, 부유층 가구당 자녀 수는 2.5명이다. 경제활동에 참여하는 사람 수는 가구당 평균 2.7명으로, 부유층과 빈곤층이 비슷하다. 이것은 가난한 가구는 한 사람의 노동력으로 많은 사람을 먹여 살려야 한다는 의미다. 사회조사 보고서에 따르면, 아이가 네댓 명 있는 가족보다 아이가 한두 명 있는 가족에서 아이가 학교에 다닐 확률이 더 크다. 초등교육을 받을 확률은 1.5배 더 크고, 중등교육 5배, 전문대학, 대학은 15배 더 크다. 이 조사는 베트남 아동이 학교에 다니는 기간은 평균 6년에 불과하다는 것도 보여준다. 정부는 이 기간을 늘리려고 노력하고 있다.

출생률 변화

1990년대 초에, 베트남의 출생률은 세계에서 가장 높은 100명당 30명이었다. 매년 인구가 160만 명 이상 늘어났다. 그러나 거의 40년간의 인구정책과 가족계획 실행 후에, 특히 지난 6년 동안, 베트남의 출생률 하락 과정에 큰 변화가 일어났다. 1998년 출생률은 천 명당 21.5명이 되었고 총인구는 1년에 110만 내지 120만 명 증가했다.

1989년 가족당 자녀 수는 평균 3.8명이었는데 현재는 2.3명이다. 2015년까지 한 집에 두 자녀로 줄이겠다는 목표는 10년 앞당겨 2005년에 달성하기로 조정되었다. 이런 성공 덕에 베트남은 1999년에 유엔기구로부터 인구상을 수상했다.

출생률 감소는 삶의 질에 긍정적인 영향을 가져왔다. 베트남이 출생률 감소에 실패했다면, 인구증가율이 상승했을 것이고 그러면 식량, 주택,

의료, 교육, 일자리가 부족해지는 등 많은 문제가 생겼을 것이다. 출생률의 빠른 감소는 연간 1인당 평균 GDP가 87,000동 이상으로 증가하는 데 도움이 되었다. 그러나 출생률이 무척 빨리 줄어들었다 해도, 한 집에 한 자녀 또는 두 자녀라는 목표에 도달하기에는 부족하다. 그러므로 인구 안정화를 이루기에도 여전히 부족하다.

출생률 감소는 지역에 따라 다른 비율로 나타났다. 예를 들면 농촌에서는 도시보다 출생률이 1.6배 높다. 고원 지방의 출생률은 홍강 삼각주 지방과 동남부 지방 출생률의 2배다. 미개발 지역의 높은 출생율과 개발 지역의 낮은 출생률은 다른 지역의 부유층과 빈곤층 사람들에게 다른 영향을 미칠 것이다. 그리고 인구통계학적 문제, 사회문제를 더 많이 일으키게 될 것이다. 그러므로 이 문제에 시급히 주의를 기울이는 것이 필요하다.

또 다른 걱정거리는 많은 사람들이 소규모 가족을 원하게 되면 인구 폭발의 위험은 줄지만 그 대신 낙태 증가의 위험이 커질 것이라는 점이다. 만약 낙태와 건강에 대한 정보가 충분히 제공되지 않는다면 말이다. 그러므로 '재생산 건강과 권리'를 보호하는 것이 베트남의 인구와 개발 전략에서 강조되어왔다.

베트남 인구는 젊고 그 구조는 변하고 있다. 실제로 14세 이하(학령) 아동 수는 매우 많아서 총인구에서 높은 비율을 차지한다(1994년에 전체의 34%). 짧은 기간 사이에 젊은 인구는 아이들의 음식, 교육, 의료서비스에 대한 부담을 더 많이 지게 되었다. 중장기적으로 일자리와 취업에 대한 압박이 커질 것이다.

그러나 출생률의 실제적인 감소와 기대수명의 증가와 함께, 인구의 노화 역시 가속화되고 있다. 이런 변화 때문에 노동하지 않는 사람(아동과 노인)의 수는 줄어들고 노동 연령의 사람 수는 늘고 있다. 이는 베트남에서 12년 동안 발생한 '긍정적인 인구 성장' 현상이다. 이것은 기회일 뿐만 아니라 국가 경제의 어려운 과제이기도 하다. 이 노동

인구가 완전히 교육을 받고 고용된다면, 이 나라는 '긍정적 인구 성장'의 이득을 챙길 수 있을 것이다. 그러나 만약 그렇게 되지 못하면 실업이 늘어날 것이다.

아동과 노인 비율이 증가하면 가족 구조가 바뀌고 소비 패턴, 교육, 여가, 의료 서비스에 대한 요구도 변화한다. 21세기에 베트남은 상당히 젊은 인구를 가지게 될 것이고 인구증가율은 꽤 낮은 수치로 유지될 것이다. 21세기의 첫 20년 동안에 베트남은 아동의 비율이 낮은 수준으로 내려가고, 노인 비율이 너무 가파르지는 않게 늘어나는 '인구의 황금 구조'를 가질 것으로 기대된다. 그리고 노동 연령의 인구 비율은 지금까지 없었던 가장 높은 수준이 될 것이다.

빈곤 퇴치

현재 베트남 인구의 40%가 빈곤선 아래에서 생활한다. 그리고 이들은 대부분 시골 지역, 외딴 지역의 1,715개 가난한 촌락에 살고 있다. 2000년까지 기아를 뿌리 뽑고 빈곤을 10%로 줄인다는 목표를 달성하기까지 수많은 어려움과 도전들이 남아 있다. 1992부터 1999년까지 7년 동안, 빈곤 감소율은 매년 평균 2% 미만이었기 때문이다. 시골 지역 빈곤율은 여전히 높아서 도시 지역 비율보다 몇 배나 높다. 식량 부족을 겪는 사람들 중 시골에 사는 사람 비율은 96.5%이고 도시 거주자 비율은 고작 3.5%이다. 일반적으로 볼 때 빈곤층의 94.5%가 시골에 살고, 5.5%만이 도시 지역에 산다.

빈곤 감소율이 가장 높은 지역은 홍강 삼각주, 북중부, 동남부이다. 몇몇 지역은 빈곤율이 일반 비율보다 높은데 산악지역과 서북부, 고원지방, 북중부 지방이 그렇다. 산악 지역의 소수 민족과 삼각주에 사는 사람들의 생활 조건의 차이는 여전히 크다. 게다가 북쪽 산악지역의 빈곤율은 19.98%로, 홍강 삼각주 지방 빈곤율(7.22%)의 2.6배나 된다.

라이쩌우 성(省)은 빈곤율이 가장 높은 지역이다(35%). 고원지방에서는 꼰뚬 성의 빈곤율이 가장 높다(33%). 소수민족 집단 간에도 빈곤율의 차이가 상당히 크다. 20개 소수민족을 대상으로 조사한 결과, 빈곤율이 가장 낮은 집단은 4.4%의 비율을 보였고 소수민족 집단 중 가장 높은 빈곤율은 93.7%로 나타났다.

빈곤층은 자급을 위한 생산을 하는 경우가 많고, 내다 팔거나 교환할 만한 상품은 매우 적다. 그들의 삶은 자연 조건과 밀접하게 연결되어 있다. 그래서 기후가 좋으면 식량이 충분하지만 홍수나 가뭄이 들면 굶주린다. 가뭄과 홍수는 점점 더 심해져서 산악지역과 삼각주 지방이 모두 식량 확보에 심각한 위협을 받게 되었다. 경작지는 지속적으로 줄어들고 있어서 그와 함께 인구의 급속한 증가가 일어나면 1인당 식량 소비량이 줄어든다.

빈곤 퇴치 프로그램은 (아시아 금융 위기의 영향에 국가 경제의 허약함이 더해지는 바람에) GDP 성장이 둔화되는 상황에서 진행되어왔다. 효과적인 빈곤 퇴치를 위해서 할 수 있는 것은 무척 많다. 빈곤 퇴치를 제도 개혁, 거시 경제와 연결시키는 것도 그중 하나다(예를 들면 투자 자본의 관리와 운영에 적합한 구조가 필요하다). 또 같은 구역의 여러 가지 프로그램과 사업을 통합하게 하는 것, 몇몇 프로그램의 효과는 6~7년이 지나야 볼 수 있으므로 빈곤 퇴치 프로그램의 내용을 재검토하는 것, 빈곤층의 농업 생산에 사용된 토지에 대해서는 토지세를 감면 또는 면제해주는 정책을 연구하는 것, 상품 생산 모델 개발, 작물과 축산의 복합영농 구조로 옮겨가기 위한 모델 개발 등을 통해 빈곤 상태에서 경제 상태 개선으로 나아가는 방안을 연구하는 것도 필요하다.

1999년 베트남의 원조국 자문회의를 위해 준비된, 빈곤 퇴치에 관한 세계은행 보고서는 이렇게 권고했다. "빈곤을 줄이는 것은 세 가지다. 기회를 창출하는 것, 평등을 보장하는 것, 위험 부담을 줄이는 것이 그것이다." 첫째, 고용 기회를 창출하고 노동생산성을 향상시켜서 빈곤층이 소득을 늘려 가난에서 벗어날 수 있도록 한다. 둘째, 모든 지역의 균등한 발전을 통해, 모든 지역에서 동등한 조건으로 사람들이 참여할 수 있는 조건을 만듦으로써 평등을 담보한다. 그리고 가난한 사람들을 위해 예상치 못한 재난(질병, 흉년, 가족 중 생계부양자의 사망)의 위험을 줄이는 데에도 특별한 주의를 기울여야 한다. 앞으로 빈곤 퇴치프로그램이 계속될 가능성은, 농업과 관련 없는 사업체, 중소기업을 농촌에 얼마나 유치하느냐에 달려 있다. 빈곤퇴치 조치의 하나로서 시골에서 잉여 노동력을 위한 일자리를 제공할 것을 전문가들은 제안한다. 사전 조사 자료를 보면, 시골의 약 250만 명이 빈곤 상태에 있는데 이들은 외딴 지역의 가난한 촌락 1,715개 중 1,000개의 촌락에 집중되어 있다.

빈곤을 완전히 뿌리 뽑기 위해서는, 가난한 지역과 촌락에 소규모 저수지 개발, 농업 장려 사업에 우선적 투자, 임산물 개발, 묘목 공급과 소규모 가공 공장 설립 같은 지속가능한 조치에 중점을 두어야 한다.

옮겨 다니며 사는 것과 이주 문제에도 주의를 기울일 필요가 있다. 농업농촌개발부에 따르면, 사람들이 정착해서 살면서 농사를 짓도록 하기 위한 사업을 벌일 계획이다. 새로운 경제구역을 건설하여 이주한 약 6만 3천 가구가 안정된 생활을 할 수 있게 할 것이다. 또 7만 1천 가구의 안정된 삶을 위해 정착 주거와 영농을 위한 600개 프로젝트를 수행할 계획이다. 그들이 수확 전과 후에 굶주리지 않도록, 농사지을 땅을 마련하려고 숲을 없애지 않도록 할 것이다.

농장 운영은 40만 가구가 빈곤을 줄이는 데 도움을 주었다. 조사를 통해서 우리는 지금 약 11만 개의 농장이 있다는 것을 알고 있다. 이는 시골 지역의 총가구 수의 10% 정도에 해당한다. 농장들은 60만 헥타르 이상의 토지와 구릉지를 이용하고 있다. 사람들이 농장에 투자한 금액은 28조 동(VND) 정도이며, 농장들은 매년 4조 동의 농산물과 상품을 만들어낸다. 이것은 농업 부문 생산액의 12%를 차지하는 액수다.

빈곤퇴치를 위한 노력

베트남 정부는 나라 전체에 중요한 과제를 하나 내놓았는데 그것은 기근을 없애고 빈곤을 줄이는 것이며, 불법적 방법이 아닌 합법적인 방법으로 돈을 벌라고 장려하는 것이었다. 빈곤퇴치는 빈부 격차 해소, 양극화 예방, 사회적 평등 실현과 사회 발전에 도움이 될 것이다.

빠른 속도로 경제 개발을 계속한 덕에 1990년부터 1999년까지 매년 평균 성장률은 7.7%였고, 9년 내내(1990-1999) 식량 작물이 풍작이었고 쌀은 12년 연속 풍작이었다. 그리고 산업 생산의 평균 성장률은 매년 13.2%였으며 전국이 균등하게 발전했고 중앙에서 지방까지 빈곤퇴치를 위해 지속적인 노력을 기울여왔다. 베트남은 기대했던 것 이상으로 빈곤을 줄일 수 있었다.

1993년에 식품과 식량 면에서의 빈곤율은 24.9%였는데, 1998년에는 15%로 내려갔다. 그와 비슷하게 일반적인 빈곤율은 58.2%에서 37.4%까지 감소했다. 베트남의 빈곤율은 여전히 높지만, 식량 안전 면에서 빈곤율이 10% 감소하고 5년 만에 일반 빈곤율이 20% 이상 감소한 것은 그동안 기울인 노력을 잘 보여준다.

이 두 가지 빈곤율은 역시 도시와 시골에서 정도의 차이는 있었지만 빠르게 감소했다. 모든 지역에서 식량 빈곤율은, 도시지역이 5.6% 감소했고, 시골지역이 10.8% 감소했다. 도시 지역에서는 일반 빈곤율이 16.1% 감소한 반면, 시골 지역에서는 21.5% 감소했다. 즉 시골 지역의 빈곤율이 도시 지역보다 더 빠르게 감소했다.

여러 지역 중에서 빈곤율 감소가 가장 높은 지역은 홍강 삼각주, 중북부 성들, 동남부 지방이며, 다른 지역들은 빈곤 감소율이 낮았다.

그리고 빈곤층 사람들의 생활수준이 지난 5년 동안 향상되었다. 이는 5년간 빈곤 갭(poverty gap, 빈곤층과 일반 계층 간 소득 격차)이 감소한 것으로 드러난다. 빈곤 갭은 1993년에 18.5%였고, 1998년에는 9.5%로 9% 감소했다. 가난한 사람들의 생활은 갈수록 더 균일해졌고 이는 빈곤 갭의 감소로 나타난다. 베트남의 빈곤퇴치는 세계에서 높이 인정받았다. 세계은행은 베트남이 빈곤 근절을 완수한 좋은 사례라고 평가했다.

빈곤퇴치가 좋은 결과를 거둔 것은 정부 정책과 함께 공동체의 기여와 지지가 있었기 때문이다. 또 물질적인 면에서만 지원하는 것이 아니라 생산 활동을 하고 일자리를 창출하게 하여 빈곤 지역, 빈곤층 주민들의 조건을 새롭게 만들었기 때문이다.

1992년부터 현재까지 빈곤퇴치 예산은 (여러 가지 프로그램을 통해 마련되었는데) 15조 동에 이른다. 이는 지방 예산에 포함된 빈곤퇴치 자금, 가난한 사람들을 위한 은행 대출금, 그리고 다른 통합 프로그램의 예산을 모두 포함한 것이다. 1998년부터 2000년까지 빈곤 퇴치를 위한 국가 사업에 10조 동의 예산이 배정되어 통과되었다.

빈곤퇴치 프로그램은 몇 가지 프로젝트가 결합된 것이다. 사회기반시설 건설을 위한 투자, 인구 재배치, 일자리와 교역 개발과 생산 지원, 빈민 신용제도 마련, 교육 의료 지원, 창업 교육, 임산물 수산물 생산 장려, 정주 영농 신경제구역 사업, 빈곤퇴치 사업 종사자 교육, 빈곤 지역 지도자 교육 등의 사업이 결합되어 있다.

정부는 빈곤 촌락으로 분류된 1,715개 촌락 중에 특히 어려운 촌락 1,000개를 선별해서 135개 프로그램을 시행했다. 이것은 산악지역이나 외딴 지역에 있는 열악한 촌락의 사회 경제 개발을 위한 프로그램이다. 정부 부서와 사회단체뿐만 아니라 마을 공동체도 상호 애정과 상부상조의 마음으로 빈곤 근절 프로그램에 참여했다. 지방 정부와 기업들도 빈곤 근절을 위한 구체적인 활동을 많이 했다. 예를 들면 1999년에 보건부는 가난한 사람들을 위하여 73만 5천 개의 의료보험 카드를 만들었고 교육부는 가난한 아이들을 위하여 310억 동의 학비와 기타 요금을 감면해주었다. 그리고 베트남 여성들이 빈곤근절에 상당한 기여를 했다. 지금까지 빈민 신용제도의 모델이 7만 개 그룹의 참가와 함께 세워졌다. 총저축액은 3,550억 동이었으며, 이것은 어려운 환경의 사람들에게 빌려줄 자본금이 되었다. 여러 수준의 여성노조(Women's Union) 기금에서 내는 돈의 총액이 4조 동에 달했으며 거의 400만에 이르는 빈민 여성들이 생산 자금을 위한 대출을 얻을 수 있었다.

기아 가정과 빈곤 가정

보훈사회노동부가 정부에 제출한 빈곤 기준은 다음과 같다.

· 기아 가정은 월 평균 소득이 쌀 13kg 미만, 1인 소득 45,000동 미만인 가구
· 빈곤 가정은 산악지역, 도서 지역의 경우 월 평균 소득이 쌀 15kg 미만 또는 1인당 소득 55,000동 미만인 가구. 농촌지역, 삼각주, 중부 지방의 경우 쌀 20kg 미만, 7만 동 미만. 도시지역의 경우 쌀 25kg 미만, 9만 동 미만인 가구

빈곤의 몇 가지 원인과 문제는 고립, 그리고 지식과 일자리의 부족이다. 예를 들면 베트남의 빈민들 중 90%는 고립된 시골 지역에 산다. 촌락의 약 15%(1996년)는 도로, 전기, 학교, 병원, 시장, 상수도 같은 사회기반시설을 가지고 있지 않다. 자연적인 고립은 가난한 사람들에게 많은 위험을 가져온다. 예를 들면 여성들은 산전 관리, 산후 조리를 위한 조산시설에 쉽게 접근하지 못한다. 고립된 지역에서는 기반시설이 취약하여 상품과 서비스 가격이 더 높아진다. 도로가 없기 때문에, 외딴 지역의 사람들은 농업 육성 정책의 혜택이나 새로운 영농 기술, 개량된 종자와 가축을 얻을 기회가 적다.

어려운 자연 조건과 가혹한 환경 : 많은 촌락들은 토양이 척박한 바위산 지역에 있다.

너무 많은 위험 요소 : 자연 재해(1999년의 중부지방에서 일어난 두 번의

대홍수), 질병, 흉년

자원 부족 : 예를 들면 토지, 노동, 자본, 노하우의 부족

산림 파괴 : 농사를 짓기 위해 나무를 베어버려서, 그리고 급속한 인구 증가와 고원 지역으로의 국내 이주, 천연자원의 무분별한 채굴 때문에 숲이 상당 부분 사라졌다. 20년 동안 베트남 인구는 두 배가 되었고, 녹지 면적은 28%로 감소되었다. 예전 숲의 거의 50%가 황무지로 변한 것이다.

환경오염 : 이것 역시 도시지역 인구의 10%를 차지하는 빈민들의 걱정거리다.

사회기반시설 건설을 위한 투자 : 산악지역, 오지의 기반시설 투자는 제한적이며 빈곤 지역과 빈곤 가정을 위해 생산 활동, 일자리, 보건의료, 교육, 문화, 기술 이전을 촉진하는 확실한 정책이 없다.

참여 부족 : 정책을 만드는 과정과 빈곤 근절을 위한 노력에 사람들의 참여가 부족한 것 역시 큰 문제다.

빈부 격차

매년 일정한 경제성장률을 얻기 위하여 경제구조를 바꾸고 사회적 노동을 재분배하는 개혁의 과정은 사회 전반에서 빈부 격차를 만들어낸다. 베트남도 예외는 아니다. 개혁 과정에서 큰 성공을 거둔 것과는 별도로, 다른 문제와 어려움이 있다. 가장 눈에 띄는 것은 점점 심해지는 빈부 간의 양극화다. 특히 국가로부터 좋은 서비스와 연금을 제공받는 사람들과 외딴 지역, 산골, 산악지대, 시골 사람들 간에 격차가 커졌다. 빈곤과 기근은 도시와 시골마을의 모든 사람, 인구의 모든 그룹에게 영향을 준다. 그러나 아이들, 여성, 소수민족이 더 큰 영향을 받는다. 아동의 영양실조는 베트남에서 줄어들고 있으나 아직도 그 비율은 37%로 높다. 많은 아이들이 특히 높은 학년에서 학교를 떠나고 있다. 인구의 다수를 차지하는 베트남 여성들은 사회에서 주요 노동력이지만 빈곤의

짐을 짊어지고 있다. 여성들은 보건의료, 교육, 문화와 같은 사회적 서비스에 접근할 기회가 적다. 베트남은 고원 지방에 10개 성(省)이 있고, 산악지역에 9개 성이 있고, 산이 다소 있는 지역에 23개 성이 있다. 소수민족(53개 민족)은 1,000~1,300만 명이다. 기근과 식량 부족은 외딴 지역과 오지에 있는 많은 소수민족에게는 가혹한 현실로 남아 있다. 어떤 소수민족 집단의 1인당 연간 식량 소비량은 너무 적다. 예를 들면 1998년 전국의 1인당 연간 식량 소비량이 400kg이었는데, 동북부 박보 사람들은 1년에 246kg을 먹었다. 북부도 마찬가지였다(삼각주에서 식량을 가져오는 것을 포함하여). 특히 허몽(Hmong), 꺼허(Coho), 에떼(Ede) 바나(Bana) 같은 소수민족이 소비하는 식량은 매년 1인당 쌀 130~140kg에 해당한다. 일반적으로 말해서 외딴 지역과 오지에 있는 가난한 소수민족은 1년에 3~4개월은 식량이 부족하다. 또는 어떤 지역은 6~8개월 동안 식량 부족을 겪는다. UNDP(1996)의 조사에 따르면, 낀족(다수를 차지하는 민족)의 빈곤층은 38.5%인 데 비하여 소수민족은 약 66%가 가난하게 살고 있다.

재생산 건강(Reproductive Health)

베트남이 가족계획과 인구 정책에서 세계에서 인정하는 성공을 거두었다 해도, 성 · 생식 보건 상태는 약간 놀랄 만하다. 1997년에 원치 않는 임신이기 때문에 낙태를 한 경우는 112만 4천 건으로 매우 많다(매년 새로 태어나는 아이 수와 거의 비슷하다). 그중 30만 건은 18세 이하 여성이 받은 것이다. 출산 도중 사망하는 산모는 10만 명당 110~120명이다. 사망의 주요 원인은 과다 출혈과 파상풍이다(1997년 27명으로 아세안 나라들과 비교해 아주 높다). 진료받으러 온 여성들 중 39.4%에서 부인과 질병이 발견되었다. 1998년에 성 전파 질환(성병) 환자가 7만 1,000명이었다. 그 환자들 중 20대에서는 남성보다 여성이 더 많았다. AIDS/HIV는 빠르게 퍼졌다.

몇몇 시와 성에서 실시한 조사를 보면 피임, 낙태, 성병 등 재생산 건강에 관해 잘 아는 사람 수는 무척 적다. 많은 젊은 사람들은 성과 생식을 조절할 권리라는 개념을 이해하지 못한다. 피임 방법을 모르는 청소년들도 있다. 그리고 원치 않는 임신을 했을 때 일어날 수 있는 낙태가 어떤 해로운 영향을 미치는지, 특히 장차 여성의 임신 가능성과 안전한 재생산 건강에 어떤 영향을 미치는지 청소년들은 알지 못한다.

청소년의 재생산 건강

청소년의 비율은 베트남 현재 인구의 22.5%(약 1,600만 명)를 차지한다. 정부는, 특히 카이로 회의 이후에, 청소년의 재생산 건강 개선을 위해 많은 노력을 기울여왔다. 그러나 전체적으로 보면, 해야 할 일이 아직도 무척 많다.

결혼과 가족에 관한 법에는 18세 이상의 여성과 20세 이상의 남성은 결혼할 수 있다고 되어 있다. 그러나 주로 시골, 외딴 지역 및 오지에서는 많은 경우 그 나이에 이르기 전에 결혼을 한다. 최근 들어 미성년자의 결혼이 늘어나는 경향이 있다. 13~14세 미성년자의 결혼 비율은 여아 0.7%, 남아 0.5%이다. 15~17세 미성년자의 결혼은 여아가 4.2%, 남아가 1.9%다.

청소년의 재생산 건강 및 권리는 국민 건강에 영향을 미친다. 그러므로 청소년을 위한 재생산 건강에 있어서 청소년을 위한 보건 교육 시스템을 개선하는 것이 중요하다. 예를 들면 산아제한 방법, 낙태가 청소년의 재생산 건강에 나쁜 영향을 줄 위험성에 대해 교육하고 성 교육 등을 효율적으로 하는 것이 필요하다.

피임법의 선택

자궁내 장치(IUD) : 1994년, 모든 기혼 가임기 여성 중 3분의 1이 IUD를 사용하였다. 그리고 결혼 경험이 있는 여성의 거의 절반이 IUD를 사용하였다고 보고했다. IUD가 아닌 현대적인 피임법 사용이 늘고 있으나 증가 속도는 매우 느리다(Phai et al., 1996). 낙태율은 여성 천 명당 약 100명으로 세계에서 가장 높다(Johansson et al., 1996a). 베트남 인구는 1998년에 약 7,850만 명으로 보고되었다(Population Reference Bureau, 1998). 그리고 피임을 하는 인구는 75%다(현대적인 방법 사용 56%, 주기법 19%).

여성노조에서 모은 통계자료에 의하면, 팬(Phan) 촌락보다 떠이닌 시에서 IUD를 더 많이 사용한다. IUD를 피임법으로 택하는 비율은 떠이닌 시에서는 62%이고, 팬에서는 고작 25%를 차지한다. 이러한 수치는 촌락에서는 전통적인 피임법을 많이 사용한다는 것을 보여준다. 촌락에서는 피임하는 사람들 중 절반이 전통적인 방법을 채택했는데 성도(省都, 한국의 도청 소재지에 해당함—옮긴이)인 떠이닌 시에서 전통적인 피임법을 택한 사람은 1%였다. 떠이닌의 여성들뿐만 아니라 남성들도 대부분 IUD는 편리하고 효과적인 피임 방법이며 다른 방법들과 달리 부작용이 없다고 말했다.

경구 피임약 : 우리는 떠이닌에서와는 반대로 팬 촌락에서 응답자들 대부분이 콘돔 사용에 대하여 적극적인 태도를 지닌 것을 발견하고 놀랐다. 그리고 몇몇 마을에서는 콘돔 사용이 매우 일반적이라고 말했다. 콘돔은 두 가지 이유에서 팬에서 인기가 있는 것 같다. 첫째, 대부분의 여성들이 힘든 일을 한다. 그러므로 그들 중 많은 수가 IUD 사용을 두려워한다(몇몇은 콘돔이 부인과 질환 문제에 있어서 여성에게 좋은 방법이라고 생각한다). 콘돔을 선호하는 여성들이 다른 사람에게 이야기를 했고, 그렇게 해서 유행이 된 것이다.

생식기 감염 : 떠이닌 시에서 성 전파 질환(성병)은 생식기 감염(RTI)의 한 형태로 보지 않는다. 그리고 사람들 대부분은 여성의 질 분비물이 성병을 나타내는 징후라고 여기지 않는다. 성병과 생식기 감염은 다른

원인으로 인한 다른 유형의 문제라고 여기는 것이다. 일반적으로, 남성들은 대부분 소변에 백혈구가 나오는 것은 걱정할 문제가 아니라고 여겨서 그에 대해서는 별로 말하지 않았다. 남녀 모두 성병에 대하여 이야기하는 것을 피하려고 했다.

시골 지역에는 성병에 대해 잘못 알고 있는 사람들이 많았다. 사람들이 정확한 정보를 얻을 길이 없었다. 그리고 그들은 일반적으로 성매매 같은 사회문제가 그들 마을이나 가족에게는 결코 일어날 수 없기 때문에 위험하지 않다고 말했다. 그들 중 많은 수가 자신은 하루 종일 돈을 벌기 위해 일을 하며, 그런 질병에 대하여 생각할 시간이 없다고 면접관에게 강조했다. 그러나 대부분 성병에 노출되지 않게 스스로 보호하는 방법이 무엇인지 알고 있다고 대답했다.

불임수술 : 어떤 사람들은 병원에 가서 수술을 하는 것은 생각만 해도 무섭다고 말했다. 몸이 약하고 마른 사람이 불임수술을 받으면 몸이 더 약해질 것이라고 말한 사람도 몇몇 있었다. 반대로 몇몇 응답자들은 불임수술은 아이를 더는 원치 않는 부부에게 IUD를 대신할 좋은 대안이며 정부가 장려하는 것이기도 하다고 말했다.

사회문제

인간과 사회 환경에 대해 말하지 않고 생태 환경에 대해서만 말하는 것은 충분하지 않다. 베트남은 수천 년의 역사와 문명을 가지고 있다. 역사와 문명은 애국심, 애정, 연대, 자선, 정직함 등 많은 인간적 가치를 만들어냈다. 이 전통적인 가치는 대대로 이어져 내려와 베트남 국력을 강화했고 베트남이 직면한 모든 도전과 어려움을 견뎌내게 했다. 시장경제의 도래는 이 나라와 세계가 맞닥뜨린 새로운 환경에서 이 가치들이 전승되어야 한다는 것을 의미했다. 이와 같이 인간의 환경은 많은 복잡한 요인들의 영향을 받아왔다.

시장경제는 몇 가지 긍정적인 효과를 가져왔다. 사회·경제 개발이 촉진되었고 사람들은 변화를 위해 더 적극적으로 움직이게 되었다. 그러나 부정적인 효과 중 하나는 사람들이 돈을 유일신으로 삼아버리는 위험한 생활방식이 나타난 것이다. 사람들은 물질을 위하여 경쟁하며 살고 있다. 그리고 돈이 사회적 관계를 결정하는 척도라고 생각한다.

　시장경제로 전환하면서 베트남은 이념과 능력 함양에서 잘 준비되어 있지 않았고 부정적인 측면들을 예측하지 못했다. 그러므로 교육, 의료 등에서 실질적인 조치를 충분히 취하지 못했다. 이런 변화는 잠재의식 수준에서 전통적인 가족 개념에 영향을 주고 있고 개인의 자유를 중시하게 만들고 있다. 그에 따라 사람들은 물질적인 면에서 일어나는 변화들뿐만 아니라 이런 가치관의 변화에도 직면하게 되었다. 이혼율도 높아지고 있다. 이전에는 결혼한 부부가 이혼하는 비율이 고작 2~3%였는데 이제는 7%까지 늘어났다. 60세 이상 노년 부부의 이혼율도 비슷한 양상을 보여준다. 어떤 심리연구소의 연구 결과에 따르면, 성 문제 때문에 이혼을 요구하는 경우가 40%에 이른다. 떨어져 사는 가족 역시 아이들에게 심각한 결과를 가져온다. 또 다른 놀랄 만한 징후는 가족 내 연장자를 존경하는 전통이 사라져가는 것이다. 자식이 늙은 부모를 집에서 쫓아내는 일이 종종 일어나고 재산 등의 문제로 가족 간에 싸움이 벌어지기도 한다.

　젊은이들 사이에서 성적인 활동은 일반적인 것이 되었다. 약물남용도 시골과 학교에 퍼지고 있다. 성매매도 눈에 띄지 않게, 또는 공개적으로 이루어진다. 호치민 시 학생들 중 약물남용의 비율은 1996년에 0.68%에서 1998년에 3.25%로 증가했다. 마약 중독자의 약 80%는 실직자들이다. 1999년 4월, 호치민 시에 1만 명의 성 판매 여성이 있다고 보고되었다. 호치민 시 마약중독자는 약 1만 5천~2만 명이다.

약물남용

심각한 것은 약물남용이 젊은이들 사이에서 가장 많이 일어난다는 사실이다. 1999년 하노이의 마약 중독자는 약 1만 명이었다. 그런데 이수치는 경찰에 등록되어 있거나 재활시설에 들어갔다 나오기를 반복하는 중독자들만 계산한 것이다. 진짜 수치는 더 높을 것이다. 1998년에 총 13만 명의 마약 중독자(경찰에 의해 발견되어 등록된) 중 젊은이가 70%를 차지하고 청소년(18세 이하)이 9% 이상을 차지했다. 중고생과 대학생이 마약 중독자가 되는 것이 이제 드문 일이 아니다. 여학생의 경우도 다르지 않다. 많은 재활시설에서 여학생들은 젊은 중독자들 중 10%를 차지했다.

정부는 예방과 억제를 위하여 그리고 약물남용을 일소하기 위하여 적극적인 조치를 취했다. 도시에서 시골까지 전국에 약물중독을 예방하고 그에 대처하는 전담 부서를 설치했고 재활시설도 많이 세웠다. 그리고 매년 한 달을 약물남용 일소를 위한 집중 활동 기간으로 정했다. 그러나 현실은 약물남용과의 싸움이 매우 어렵고, 위험하고, 힘든 일이라는 것을 보여준다.

AIDS/HIV

에이즈예방국가위원회에 따르면, AIDS/HIV 감염자는 2000년에 17,596명이었다. 이들 중 3,142명은 상당히 진행된 경우이고 1,594명이 에이즈로 사망했다. 베트남에서의 AIDS/HIV는 매우 빨리 퍼지고 있으며, HIV에 감염된 사람 중 많은 수가 에이즈로 급속하게 악화되기 시작하고 있다. 가장 큰 걱정 중 하나는 감염자들 대부분이 사회 노동력의 주요 구성원인 30~40대라는 것이다. AIDS/HIV 감염자 중 여성들의 수가 더 많아서, 그들이 임신을 하면 태아까지 감염될 수 있다.

2000년 말까지 조사된 결과에 따르면, HIV 감염자 수는 13만 5천~16만 명까지 올라갔는데, 그중 1만 4천~2만 1천 명이 AIDS로 악화되었고,

1만~1만 5천 명이 사망했다.

대중매체를 통해 많은 정보가 유포되었지만, 많은 공무원과 국민들은 AIDS/HIV에 대해서 아직 잘 알지 못한다. 그래서 AIDS/HIV에 대처하는 조치, 특히 예방과 안전을 위한 조치가 적절하게 취해지지 않았다.

AIDS/HIV가 더 심각해지는 것을 막기 위해서 '에이즈 예방과 퇴치 국가 위원회'는 에이즈의 예방과 퇴치를 위한 2000-2005년 국가 전략을 마련하고 있다. 나라에 있는 모든 역량을 동원하고 국제적인 지원을 모아서, AIDS/HIV의 확산을 억제하고 그것이 사회 경제 발전에 부정적인 영향을 미치는 것을 차단하려고 노력하고 있다.

청소년 비행

청소년 범죄자 수는 어느 정도 줄었지만 청소년 비행 문제는 여전히 문제로 남아 있다. 예를 들면, 1998년에 호치민 시에서 범죄 사건이 13,000건 일어났는데 그중 5,597건이 해결됐고 6,845명이 검거되었다. 그중 18세 이하는 2,181명으로, 31.86%를 차지했다. 아이들이 저지르는 범죄는 절도, 강도, 강간, 살인 등 거의 모든 종류의 범죄를 포함한다.

빠른 인구 증가 등 몇 가지 이유가 이런 현상을 가속화했다. 호치민 시에 특히 교외지역에 이주자들이 많이 늘어났다. 많은 이주자들이 일자리를 찾기 힘들고, 교육 수준이 낮고, 생활이 어렵고, 아이들은 거의 학교에 가지 못한다. 가정에서도 학교에서도 아이들에 대한 엄격한 통제가 이루어지지 않는다. 그리고 아이들로 하여금 온갖 나쁜 생각을 하게 만드는 많은 출판물들도 한 요인이라 할 수 있다.

성매매

1996년 보고에 따르면, 베트남에서 성매매 종사 여성은 20만 명이다. 이들 중 1만 4천 명 이상이 미성년이다. 성매매의 심각성과 규모가 갈수록 커지고 있다. 그리고 이것으로 이득을 얻는 사람들은 점점 더 교묘하게 이 사업을 하는 방법을 찾아내고 있다. 한 사회학 조사에 따르면, 여성이 성매매를 하게 되는 계기는 빈곤, 남편에게 버려짐, 연애 실패, 취업 실패 등이다. 또는 팔려 온 경우도 있고, 강제로 결혼해서 성 노예 노릇을 하다 도망쳐서 섹스 산업에 들어오게 된 경우도 있다.

정부는 시장경제의 부정적 효과를 경계하며 국가의 특성을 살리는 발전적인 문화를 건설하기 위한 조치를 몇 가지 취해왔다. 가정, 마을, 구(區)에서 새로운 문화적 가치를 세우는 사회 운동을 많이 벌였다. 정부는 또한 국민들에게 노인을 공경하고 충효의 가치를 지키자고 독려하고 있다. 마약 거래와 약물 남용을 예방하는 독서 캠페인도 이러한 운동의 한 부분이다.

빈곤 근절, 일자리 창출 정책, 따뜻한 가정 만들기, 외로운 노인과 부랑아 돌보기, 자선 활동도 이 운동에서 큰 부분을 차지했다. 한 예로 '감사를 되돌려주는 기금'은 전쟁 영웅 가족들의 생활수준 향상을 목표로 하는 운동이다. 모든 성과 직할시에 조직이 만들어져서 총 3,000억 동의 기금을 모았다. 노인이 된 전쟁 영웅 생존자 1만 명이 정부 기관, 대중 조직, 개인들의 후원으로 지속적인 보살핌을 받는다.

부랑아

부랑아의 수는 증가하고 있다. 1996년 전국의 부랑아는 14,500명(16세 이하)이었고 1999년 초에는 45,000명이었다. 이 아이들 대부분은 시골 출신으로, 자기 자신과 가족을 위한 돈벌이 장소로 큰 도시를 선택한 것이었다.

거기에는 경제적 원인, 사회적인 원인 두 가지가 있다. 균형 잡히지 않은 경제 발전으로 도시과 시골의 소득 차이가 크고 시골이 경제적 어려움을 겪는다는 것이 부랑아가 늘어나는 직접적인 원인이다. 부랑아 중 70% 이상은 가족의 경제적인 어려움 때문에 거리로 내몰렸다. 주로 농사를 짓는 지역에서는 흉년이 들었을 때, 또는 온 식구가 먹고살 돈이 없을 때 아이들이 거리로 나간다.

부랑아가 증가하는 데는 사회적 원인도 있다. 많은 가정에서 아이들이 돈을 벌어 오라고 시키거나 부추긴다. 아이들 스스로 가정에서의 학대 때문에 떠나기도 한다. 거리의 아이들 중 13.2%가 이 범주에 속한다.

자식이 많은 가족 대부분은 가난해서 아이들을 학교에 보낼 수가 없다(국가가 초등교육을 의무교육으로 하고 무료교육을 제공하지만). 하노이 부랑아에 대한 조사를 보면 56%가 학교를 중퇴했고, 16%가 학교에 간 적이 없으며, 27% 이상이 문맹이다. 그러므로 교육, 가족, 사회 등 모든 면에서 이에 대한 대응책을 긴급히 마련해야 할 것이다.

흡연

보건부 건강교육정보센터가 수집한 데이터를 보면, 25명 중 한 명은 흡연자인데 흡연자 중 50%는 15~20세이고, 11%는 15세 이하이다. 베트남의 흡연율은 세계에서 최고 순위에 든다. 센터의 계산에 따르면, 매년 흡연자는 소득의 4분의 1을 담배 구입에 쓰는데 이것은 교육비 지출의 두 배, 건강을 위한 지출의 세 배에 해당한다.

담배는 큰 사업이기도 하다. 베트남담배공사에 속한 담배공장 25개는 1992-1998년에 매년 12~16%의 성장률을 유지했다. 매년 담배 20~21억 갑, 8,000~8,200만 달러어치를 생산하는 것이다. 전국 담배 경작 면적은 24,500헥타르이며 22,000톤의 담뱃잎이 생산된다. 이것은 담배 공장에서 필요한 원료의 40%만 공급할 수 있는 양이다. 담배 재배 농가는 주로 가난한 지역 사람들이다. 그들은 담배밭 1헥타르당 800~1000만 동(VND)의 수익을 올린다.

도시화

인구증가, 산업화와 함께 도시화 역시 매우 다양한 개발 단계 내에서 아주 빠르게 진전되고 있다. 현재 베트남 행정구역을 보면, 직할시와 성(省)을 합해서 총 61개가 있는데, 도시 지역에는 19개 시(제1급 행정구 2개, 제2급 행정구 6개, 제3급 행정구 11개)와 제4급 행정구 34개, 제5급 행정구 518개, 다 합하면 571개의 구역이 있다. 도시 인구는 19.4%(1992년)에서 23.5%(1999년)로 증가했다. 2010년까지 이 비율은 35%로 늘어날 것으로 예상된다. 현재 약 1,500만 명이 베트남의 도시 지역에 살고 있다.

하수 시설

매년 몬순이 올 때나 장마 후에 하노이와 호치민 시의 많은 도로가 범람하여 교통체증의 원인이 된다. 매우 오래된 하수 시설이 범람의 주요 원인이다. 예를 들어 호치민의 낡은 하수 시설은 약 80만 명을 위한 것이었다. 그러나 그 후 인구는 몇 배로 늘어났는데 하수도를 새로 만드는 것이 인구성장률을 따라오지 못했다. 반면에 주택 건축과 쓰레기 투기로 인해 하수도가 줄어들고 있고, 진흙이 물의 흐름을 막고 있다.

하노이에는 235km의 도로를 따라 160km의 하수도를 포함한 배수시설이 만들어져 있다. 100km에 이르는 다른 도로들은 배수시설 없이 건설되었다. 160km의 하수도 중 약 50%(72km)가 1939년에 만들어진 것이다. 이 배수시설은 하노이 인구가 현재의 40% 정도일 때 적당한 규모다. 하노이 시내에 하수를 흘려보내는, 총 길이 30km의 네 개 하천이 있고 수로 40km가 있지만, 이 개방 하수 시스템은 손상이 심하고 기능이 떨어져 있는 상태다. 그리고 하천과 수로가 주택 건축지로 먹혀 들어가서 (예전에는 수로 폭이 보통 10~15m였는데 지금은 고작

7~10m이다) 도시의 배수와 물의 흐름을 방해하고 있다.

쓰레기

1일 쓰레기 배출량이 급속도로 늘어나는 문제는 주택 문제 다음으로 중요한 문제로 떠올랐다. 과거 몇 년 동안 쓰레기 수거와 처리는 상당한 관심을 받는 이슈였다. 1992년에 500개 이상의 도시에서 9,100m³의 쓰레기가 쏟아져 나왔다. 1996년에는 14,200m³였고, 1998년에는 16,000m³였다(하루에 약 19만 톤 나온 셈이다). 기존의 수용 능력으로는 44~50%만의 쓰레기를 처리할 수 있다. 쓰레기 처리 방식은 소각과 매립인데, 쓰레기 소각은 먼지와 매연을 발생시키고 매립은 토양과 물을 오염시킨다.

예를 들면, 호치민에는 배수로 위와 그 근처에 36,189채의 아파트가 있고 181,924명이 살고 있다. 하수도 70km만 도시 내부에 만든다면 총 표면적이 368만 9천m²가 될 것이고, 그러면 매일 생활하수와 공장 폐수 55만m³를 수용할 수 있을 것이다. 호치민에서 나오는 쓰레기 양은 생활 쓰레기 150톤, 소규모 공장, 가내수공업 작업장에서 나오는 폐기물 100톤, 항구와 시장에서 나오는 70톤, 기타 쓰레기 100톤 등으로 매일 약 450톤의 쓰레기가 나온다.

주거

도시 인구의 증가는 주택, 위생, 환경 문제를 만든다. 주택 부족은 중요한 문제가 되고 있다. 현재 하노이의 인구는 250만 명이고 택지는 1200만 m²이다. 1인당 평균 주거 면적은 매우 작으며 그나마 감소하고 있다. 그것은 1955년에 1인당 6.5m²였지만 1994년에는 1인당 5.5m²였고 1998년에는 1인당 5m²로 내려갔다. 시내 인구의 약 30%가 1인당 3m²(1994년)의 주거 면적을 가진다. 3대 혹은 4대의 대가족이 좁은 아파트에 함께 살고 있다. 심각한 주택 부족을 해소하기 위해, 공유지에 수천 가구를 위한 임시 숙소나 쉼터를 만드는 사업도 진행되었다.

주거지의 질 또한 매우 열악하다. 최소 80%는 단층이나 이층집에 살고, 나머지 20%는 4~5층짜리 블록 집에 산다. 대부분의 집들은 설계도에 따라 체계적으로 지어지지 않았다. 그리고 기술적인 인프라도 거의 없이 지어졌다. 현재 62%의 집이 개조와 수리가 필요하며, 그중 5%는 붕괴 위험이 있고 심각한 균열이 진행되고 있다.

최근 몇 년 사이에, 직할시 당국은 '2000-2010년 주택 개발 사업'을 시행해왔다. 그러나 주택 부족은 여전히 시급히 해결해야 할 문제로 남아 있다.

교통

운송과 교통의 수요가 많아지고 인구가 늘어나면서 다양한 교통수단이 활용되고 있다. 1996년, 전국에 자동차 32만 3천 대(1991년의 두 배), 오토바이 400만 대(1995년보다 27% 증가)가 있었다. 하노이에는 자동차 5만 4천 대, 소형 오토바이 56만 대 이상이 있었다. 호치민에는 자동차 9만 3천 대, 오토바이 116만 대가 있었다. 그 외에도 모든 도시에 수많은 자전거와 기타 재래식 운송수단이 있다.

현재 도로 교통량은 매우 많다. 호치민 시에서 교차로를 지나가는 차량은 시간당 8,000~10,000대다(자전거나 오토바이가 75~80%를 차지한다). 자동차는 시간당 1,800~3,600대가 지나간다. 도로와 교량이 확장되었지만 여전히 매우 붐빈다. 1975년 이전에는 교통수단 하나당 도로 면적이 평균 5.5m²였는데 지금은 고작 1.25m²이다. 도시의 도로 확장은 교통수단의 빠른 증가 속도를 맞추지 못했다. 그리고 도로에서 단속이 없어서 도로는 특히 러시아워에 혼란 상태가 된다. 교통수단에서 나오는 매연, 그리고 공기 중 일산화탄소, 이산화탄소, 일산화질소, 아황산가스 등 공해 물질이 늘어나고 있다. 하노이의 많은 도로들은 소음이 90데시벨(dbn)이 넘고 공기와 도로 위의 납 농도가 허용치의

4~10배 이상이다. 먼지 농도는 5~20배이고, 강하 먼지(대기 물질 중에 무거워서 곧장 지상으로 강하하는 것)는 43~60배이다.

교통사고 수도 매우 많다. 매년 6천 명이 교통사고로 사망하고, 2만 명 이상이 다친다. 1999년 9개월 동안 교통사고가 15,971건 일어나서 5,107명이 사망하고, 18,378명이 다쳤다. 교통사고의 80%는 운전자 과실로 일어났다(이 중 소형 오토바이가 60%다).

전쟁과 그 결과

10/80위원회(전쟁 중 사용된 화학물질 효과를 조사하는 베트남국가위원회)는 이렇게 말했다.

> 1961-1972년의 랜치핸드(Ranch Hand) 작전 동안에 미군 부대는 미 국방부의 지시에 따라 남아시아에 15종의 화학물질 7,200만 *l* 를 살포했다. 이 중에는 다이옥신 성분이 포함된 고엽제 4200만 *l* 도 포함되어 있었다.

이 지역에 살던 200만 명 이상이 그 영향을 직접 받았다. 그리고 300만 헥타르의 숲이 파괴되었다. 화학물질은 자연과 인간에게 남아 영향을 미쳤다. 지금까지 100만 명 이상의 2세대 아이들(베트남 전쟁 참전 군인의 아이들)이 다양한 정도의 기형을 가지고 태어났다. 북부 산악지역을 포함해서 61개의 모든 성과 직할시 중에 에이전트 오렌지(미군이 사용한 고엽제 중 하나의 암호명. 다이옥신 함량이 가장 높다.)의 영향을 받지 않은 곳은 단 한 곳도 없다. 화학전의 영향을 받은 2세대 아이들 중 많은 사람들이 이제 결혼 적령기에 이르렀다. 그런데 3세대 아이가 기형을 가지고 태어난 경우도 있다.

낭비와 부패

베트남은 아직도 가난하고 예산 규모는 작다. 그리고 국내 저축률은 고작 17%이고 GDP 대비 외채율은 빠르게 증가하고 있다. 그런데도 과시용 소비와 낭비가 많고 행정 비용 역시 매우 높다.

횡령

1999년에 부정부패로 징역을 살거나 사형을 선고받은 사람이 100명 가까이 되었다. 그중에는 유령회사를 만들어 은행 직원과 짜고 횡령을 시도한 사람들도 있었다. 산림 감시원들은 숲을 파괴하는 사람들과 유착하였고, 세관 공무원들과 경찰관들은 밀수를 눈감아주고 뇌물을 받았다. 이런 일들은 모두 국고의 손실을 야기했고 국고의 손실은 계속되고 있다. 이러한 상황을 바꾸려는 노력이 많이 이루어졌지만 아직 갈 길이 멀다. 베트남조국전선은 여러 수준에서 사람들에게 근검절약 생활을 하자, 결혼 과소비를 하지 말자고 호소하는 운동을 활발히 벌이고 있다. 밀수 역시 증가하고 있다. 밀수와 밀반입 관련 보고서에 따르면, 1999년 1~9월 동안 당국이 적발한 밀수와 밀반입이 70,224건이며 압수하거나 발견한 물건이 약 4,000억 동어치에 달한다. 사실 적발된 건수는 극히 일부에 불과하다. 관세를 피한 다양한 밀수·밀반입 물건들이 싼값에 시장에서 팔리고 있고 국내 제품들과 경쟁을 벌이고 있다.

특히 위험한 것이 마약 밀수다. 이것은 매우 질이 나쁜 거래이며, 발견하거나 규제하기가 어렵다. 어머니와 아이들도 돈벌이를 위해 마약 밀수에 빠져든다. 밀수단 몇몇이 체포되고 사형을 받았지만 마약거래는 줄지 않았다. 1997년 마약 거래 적발 건수가 1996년보다 80% 증가했고 범법자 수는 110%까지 증가했다.

사례 연구

농촌 여성과 물

물은 여러 가지 면에서 베트남 가정의 복지에 영향을 미치는 중요한 요인이다. 첫째, 홍수, 하수, 관개는 직접적으로 가족의 농업 생산력과 소득, 소비 수준에 영향을 미친다. 둘째, 안전한 물 확보 여부는 아이의 영양 상태, 수인성 질병 발생 등에 영향을 미친다. 안전한 물을 구하기 어려우면 건강이 나빠질 위험이 크고 일상의 만족도가 낮아지며 생산성이 낮아지고 소득과 소비도 줄어든다. 게다가 가정에서 사용할 물을 얻는 데 시간이 많이 걸리면 다른 중요한 집안일과 소득 활동을 할 시간이 줄어든다. 간단하게 말해서, 물은 생산의 여러 요소들—토지, 노동, 자금—에 영향을 미칠 수 있고 결국 그런 것들이 모두 가족의 행복에 영향을 준다.

'수자원 분야의 능력 배양'이라는 제목의 사업에서는 앞으로 관개/배수, 농촌 개발, 빈곤 경감 프로젝트의 계획, 설계, 구성, 시행, 유지, 감독에 있어서 젠더 문제에 대한 이해를 포함시킬 계획이다. 이 사업은 하이훙(Hai Hung)과 닌빈(Ninh Binh) 성(9개 촌락)에서 시행되었다. 총 302명이 설문조사에 응했고(여자 268명, 남자 34명), 18회의 그룹 토론, 54명의 심층면접도 이루어졌다.

세계의 다른 곳과 마찬가지로 베트남 여성들은 세 가지 역할을 한다. 즉 경제적인 생산, 가사 노동과 출산 등 재생산 역할, 그리고 공동체에서의 역할이 그것이다. 이 세 가지 역할을 하는 홍강 삼각주 여성들에게 물은 생존에 결정적으로 중요한 것이고 물 문제는 삶의 조건 개선을 위해 매우 중요하다. 여성들은 물에 기초를 둔 생존 전략을 개발해왔다. 그것은 그 지역 고유의 사정에 맞게, 여성이라는 조건에 맞게 개발된 것이다. 농촌의 도이모이(쇄신) 과정과 성별분업이 결합되었기 때문에 여성들은 열악한 관개와 배수, 홍수, 침수, 가뭄에 가장 큰 영향을 받게 되었다. 게다가 농약 과다 사용으로 인한 물의 오염은 여성의 건강에 해를 입힌다. 가정에서 여성이 주요 노동자이고 의사결정자일 뿐만 아니라, 쌀농사를 도맡아 하고 집에서 주로 물을 쓰는 사람도 여성이지만, 여성은 공식적인 관개/배수 기관에서의 관리나 의사결정에 참여하지 않는다. 특히 촌락, 작업반 수준에서도 참여하지 않는다.

　홍강 평원에서 사람들은 샘물을 사용한다. 그리고 가끔은 연못물과 강물도 사용한다. 베트남 농촌에서는 전반적으로 여성들이 모든 영역에서 주요한 역할을 하는데 물 관리와 사용에 있어서도 마찬가지다. 이것은 아주 오래된 전통이라고 말할 수 있다. 시골에서 중요한 일을 도맡아 하는 여성들은 홍강 삼각주에서 특히 물의 개발과 사용에 있어서는 큰 역할을 한다.

　여성들은 매일 많은 양의 물을 집으로 나른다. 집에서 50~100m나 떨어진 공동우물에서 물을 길어야 하는 여성들도 많다. 물을 길어 올 때 밭을 통과해서 가야만 하는 경우도 있다. 또 관개 수로의 깊이에 따라 두세 배 더 물을 길어 올려야 할 때도 있다. 물을 나르는 길은 미끄럽고 위험할 때가 많다. 물동이에서 물이 쏟아지거나 튀면 땅이 진창이 되기 때문이다.

　여성의 역할은 물을 쓰고 물값을 내고 수로를 깨끗이 하는 것이다(부분적으로는 자발성에 기초한다). 관개 용량이 적어서 논에 댈 물이 충분하지 못하기 때문에 여성들이 물을 길어 와서 논에 부어야 한다. 논뙈기가 여기저기 흩어져 있기 때문에 각각에 물을 대기 위해서는 물 공급 작전을 잘 세워야 한다. 물을 얻기 위해 들판에 웅덩이를 파기도 하고 물이 얼마나 멀리 떨어져 있는가에 따라 때로 물동이를 나르기도 하고 관개 수로의 물에 접근할 작전을 세우기도 한다.

관개수로의 물 사용에 대해서도 여성이 대개 결정한다(아내 55.3%, 남편 16.2%, 둘 다 21.5%). 여성들은 수로 준설공사에서 5일 일하는 것으로 여성노조와 저축기금(Saving Fund)을 위한 자금을 마련했다. 여성들 중 약 45%가 '누가 수자원 회의에 나갈 것인가'를 결정하는 반면, 남성이 그 결정을 하는 경우는 22%뿐이다. 누가 갈 것인지 결정하는 것이 여성이라고 해서 반드시 여성이 가는 것은 아니지만 말이다. 그러나 협동농장이나 촌락 차원의 수자원 회의에 남성보다 여성이 더 많이 참석하는 것은 사실이다. 그중 60%가 관개수 사용에 관하여 결정을 한다.

여성들은 물의 관리에도 참여한다. 예를 들면, 푸띠엔(Phu Tien) 배수관개관리회사의 회장은 여성이며, 양수장 기사의 7%가 여성인데 그들 중 80%는 기혼이다.

미번 현(縣)의 배수관개관리정보회사에는 150명의 직원과 100명의 펌프 기사가 있는데 이들 중 70%는 여성이고 30%는 남성이다. 이 회사는 박흥하이(Bac Hung Hai) 관개 사업에 참여한 11개 회사 중 하나다.

자가 경영을 하는 여성들의 비율은 매우 높다(농업 58.2%, 축산 66.4%, 부업이 17.2%).

베트남 여성들의 고단한 생활은 남편과 충분히 공유되지 못하고 있다. 남성은 가사노동 중 겨우 6%를 분담한다고 한다. 그리고 집안일에 필요한 기본적인 필수품도 부족하다.

우리의 관찰과 수집된 자료에 따르면, 농사에 필요한 물과 일상생활을 위한 물은 여성의 건강과 직접적인 관계가 있다. 물을 운반하는 것이 너무 힘든 일이고 또 농촌 여성들은 오염된 물을 사용하고 있어서 병에 걸릴 위험이 높기 때문이다. 농촌 여성들은 고여 있는, 비위생적인 물을 일상적으로 사용한다. 주로 마을의 공동 샘과 연못물을 길어 쓰는데 아무 처리도 하지 않은 채로 사용한다. 호수나 연못이 논과 공공용지보다 더 낮은 고도에 있기 때문에 장마철에는 논에서 넘친 물이 호수, 연못으로 들어가며 주택 지역까지 들어오는데 이때 온갖 불결한 것이 함께 쓸려 오게 된다(쓰레기, 가축 분뇨, 화학비료와 살충제의 유독성 물질 등). 그 우물물을 여성과 아이들이 목욕, 세탁, 설거지, 요리 등에 사용하는 것이다.

트라코마(세균 감염으로 인한 눈의 만성 염증), 설사증, 부인과 질병이 여성과 아이들에게 많다. 부인과 질병과 피부병이 많은 것은 여성들이 더러운 연못에서 옷을 빨고 오염된 물속에 서서 쌀과 황마를 수확하기 때문일 것이다. 안뜩 마을의 여성 중 약 80%는 부인과 질병을 가지고 있다. 홍수가 나면 여성들은 처참한 위생상태 때문에 더 힘들어진다. 모든 들과 일상생활 공간이 물에 잠기기 때문에 몸을 피할 곳이 없다. 음식을 만들 물을 길어 오는 것도 큰일이다. 나뭇가지, 땔감을 찾는 것도 어려워진다. 홍수가 쌀 생산에 영향을 미칠 뿐 아니라 인간 감정에도 큰 영향을 미친다.

조사 대상 촌락들 대부분에서, 사람들은 오염된 물 사용이 위험하다는 것을 알고 있었다. 그러나 경제적인 어려움 때문에, 농가가 빗물탱크나 우물을 만들지는 못한다. 비용이 대략 70만 동에서 150만 동 정도 드는 일이기 때문이다. 전에 우물을 파려고 한 적이 있었다. 그러나 철 성분이 너무 많아서 식수로 쓸 수 없었고 빨래에도 쓸 수 없었다. 꽝쩌우(Quang Chau)는 더 힘든 상황이다. 왜냐하면 토양의 특성상 우물을 깊이 팔 수 없기 때문이다. 그래서 여성들은 이용 가능한 모든 곳에서 물을 가져와야 한다.

농민들이 사용하는 화학비료와 살충제의 양이 많을수록 물의 오염은 광범위해진다. 가축 분뇨는 물의 질에 심각하게 나쁜 영향을 준다. 한국의 한 연구에 따르면, 소의 분뇨에서 나온 인산염이 물을 오염시키는데, 소 한 마리가 배출하는 인산염이 0.5헥타르의 경작지에서 비료 효과를 낼 수 있다. 화학비료는 물에 생화학적 산소요구량(BOD), 화학적 산소요구량(COD), 인산염을 증가시킨다. 홍강 유역의 농민들은 비료와 살충제를 많이 사용한다. 비료와 살충제가 희석된 물이 관개 수로, 하수도, 그리고 결국은 강으로 흘러들어간다. 강물의 유독 화학물질은 아직 의학적으로 조사되지 않았다. 베트남은 매년 15,000~25,000톤의 살충제와 농약을 사용한다. 경작지 1헥타르당 평균 0.4~0.5kg가 사용되는 것이다. 그리고 홍강 삼각주의 쌀 재배지역에서는 1헥타르당 0.5~2.0kg이나 사용된다.

자기 우물을 소유한 가족은 매우 적고 대부분 공동 우물에 가서 물을 길어온다. 공동 우물은 제대로 관리가 되지 않아서 늘 불결한 상태다. 어떤 지역에서는 공동 우물이 공동묘지나 논 한가운데에 있다.

이런 이유 때문에 부인과 질병을 가진 여성들이 많은 것이다(끼엔꾸옥 80%, 동쩐 55%, 닌녓 65%, 안뜩 85~90%). 우기에 농민들은 물에 잠긴 벼를 수확해야 한다. 그것도 가능하면 빨리 해야 한다. 그러지 않으면 홍수에 다 떠내려가기 때문이다. 황마 재배 지역에서 부인과 질병을 가진 여성들 비율이 높은데 그것은 황마 수확기에 10~20일 동안 하반신이 물에 잠긴 채로 일을 해야 하기 때문이다. 그래서 많은 사람들이 가려움으로 고생한다. 물속에서 장시간 일하는 것의 간접적 영향에 대해서는 아직 밝혀지지 않았다.

건기에는 양수장이 보조 수로에 물을 공급할 수 없어서 강한 햇빛과 물 부족으로 벼가 타 죽기도 한다. 그러면 여성들은 논에 물을 대기 위해 양동이를 들고 물을 길러 떠난다. 어떤 지역에서는 물 항아리와 대나무 지게를 사용해서 물을 나른다. 건기에 여성들은 곡식을 지키려고 논물을 대기 위해 밤낮없이 일을 한다.

인신매매와 아동 성매매

여성과 아동의 인신매매는 베트남 국내에서, 그리고 그 주변 나라들에 걸쳐 국제적으로 많이 일어난다. 그러나 특히 안장, 껀터, 하이퐁, 호치민, 끼엔장, 랑썬, 라오까이, 꽝닌, 떠이닌, 타인회, 뚜옌꽝, 이엔바이에서 심하다. 인신매매의 희생자들은 속아서 또는 강제로 성매매를 하게 된다. 그들 중 대부분은 어려운 사정에 처한 사람들이거나 일자리가 필요한 사람들이다. 게을러서 또는 돈을 쉽게 벌려고 그 일을 하는 사람은 적다. 인신매매를 하는 사람들은 시골로 가서 일자리와 돈을 약속하며 아이들을 꾀는 데 아주 능하다. 그들은 아이들을 데리고 국경을 넘어가서 중개인이나 관광회사를 통해 아이들을 판다. 최근 몇 년 동안 그런 거래 연결망이 많이 적발되어 해체당했으나 다른 사람들이 그 자리를 메워서 곧 새로운 연결망이 형성되었다.

뚜쟁이와 매음굴 주인들이 외화벌이에 눈이 멀어서, 베트남-캄보디아 국경 부근의 짜라이에서 끼엔장 현에 이르는 지역까지, 수천 명의 여성을 베트남의 남서 국경선으로 데리고 왔다. 평화유지군으로 캄보디아에 와 있는 UNITAC 군인들 수천 명을 상대로 하는 섹스 산업 시장이 있고 태국의 섹스 관광 시장도 커지고 있기 때문에 인신매매상들이 여성과 아이들을 그 지역으로까지 데리고 간 것이다. 그들은 국제 연결망을 따라 베트남인들을 캄보디아나 중국으로 보내는데, 중국인을 베트남과 캄보디아로 보낸 다음 미국으로 보내기도 한다. 피해자들은 일본, 싱가포르, 태국의 큰 도시로 갈 수 있게 해준다는 말을 듣고 따라가지만 도시와는 거리가 먼 농촌, 산악 지역에서 팔려 갔다.

대부분의 소녀들은 열다섯에서 열일곱 살이며, 주로 다른 성에서 하노이로 온다. 게다가 소녀들은 속아서 또는 강요를 당해서 성매매를 하게 되며 일부는 스스로 방탕의 길로 빠져들기도 한다. 중개인이나 뚜쟁이는 섹스 산업의 연결망에서 없어서는 안 되는 존재다. 그중에는 돈 때문에 이 일을 하는 평범한 노동자들도 있다. 성 구매자 중에는 다양한 연령의 공무원들도 있고 학생들도 있다. 업소 대부분은 레스토랑, 호텔, 게스트 하우스, 바, 댄스클럽으로 가장하고 영업을 한다.

성 판매 여성들은 대개 강요를 받아서 하는 사람들이거나 팔려 온 사람들이다. 여성들을 조달하는 방법은 매우 다양하다. 그것은 국내에서만이 아니라 국경을 넘나들며 벌이는 활동이다. 이전에 아동 매매를 하는 사람들은 입양이나 아동노동을 알선하는 조직에 아이들을 팔아넘겼다. 이제 아동 매매는 주로 성 노예화를 목적으로 이루어진다. CPCC(1995)의 보고서에 의하면 전국에 16,000명의 부랑아가 있고 그중에 13,000명은 작은 가게 등에서 일하면서 돈을 벌고 있다. 유니세프의 보고서에 따르면 부랑아의 수는 5만 명에 이른다(유니세프, 1997, 「베트남의 아동과 여성」, 33). 이 보고서는 부랑아와 노동을 하는 아이들이 많은 어려움을 겪고 있음을 보여준다. 그들은 거리에 살면서 일을 한다. 위험한 작업, 오염된 환경에서 일하기를 강요당하며 착취당하기도 한다. 성적 학대, 폭행을 당하고 약물중독에 빠지기도 한다. 교육부의 통계에 따르면, 문맹 아동 수가 130만 명으로 6~14세 아동의 10%를 차지한다. 문맹은 아이들을 거리로 내모는 원인 가운데 하나다.

성매매는 양적으로 증가하고 있을 뿐 아니라 점점 더 복합적인 것이 되어 간다. 이른바 '현대적인' 세련된 형태의 섹스 산업에서 그 복합성을 볼 수 있다. 성 구매자의 활동이 복합성을 띠기 때문에 이 사업의 방식 또한 복합적으로 되는데 특히 어린 여자아이들과 관련해서 그렇다. 성 판매 아동의 수에 대해서는 논란이 있어왔다. 베트남 통계청에 따르면, 성 판매 여성(20만 명) 중 미성년자(18세 이하)는 10.5%에 달한다.

호치민 시 통계청의 수치를 보면, 성 판매 아동은 5.22%(1990년)에서 20.8%(1995년) 증가했다. 그러나 다른 자료는 성 판매 아동의 비율은 1990년에 10%였던 것이 1997년 15%로 증가했고, 그 수는 2만 명이라는 것을 보여줬다(유니세프, 1997).

업소 주인, 뚜쟁이 등이 아동 매매를 하게 만드는 가장 큰 요인은 돈이다. 그 사업으로 얻는 수익이 매우 높기 때문에 많은 사람들이 구속되어 징역을 살고 난 뒤에도 석방되면 다시 이 사업으로 돌아온다. '상품'의 질이 높고 낮은가에 따라 인신매매꾼들, 뚜쟁이들의 이익이 달라진다. 때로는 그들 손에 떨어지는 것이 겨우 20달러에 불과할 때도 있고 높을 때는 1,000~2,000달러까지 치솟을 수도 있다.

인신매매는 피해자들, 특히 소녀들에게 큰 영향을 미친다. 그들 대부분은 가정형편이 좋지 않고 불우한 가정 출신이다. 그들의 가족은 가난하고 문맹이고 안정된 직업이 없다. 경제적으로 어려운 가정에서는 빚을 갚기 위해, 또는 물건을 사기 위해, 일자리와 교환하는 조건으로 부모가 딸을 팔기도 한다. 그런 상황에서 여자아이들은 학교를 중퇴하고 가족을 위해 돈을 버는 일을 해야 한다. 인신매매꾼들은 좋은 옷을 입고 싶고 예쁘게 보이고 싶은 여자아이들의 욕망을 부추기며 매춘은 쉽고 편하게 돈을 버는 일이라고 아이들을 꼬드기기도 한다. 가족들도 여자아이가 돈을 벌어 오기를 원하기 때문에 꼬드김에 공모하여 그 일을 하라고 압박한다.

인신매매와 성매매의 요인으로는 앞에서 말한 것 외에도 다른 중요한 요인들이 있다. 그것은 윤리적·정신적·문화적 가치보다 경제적 가치를 우선시하는 시장의 부작용을 보여준다. 그렇기 때문에 가족들이 자녀가 돈을 더 많이 벌어 오는 것을 그렇게 중시하는 것이다. 음란 잡지 등도 한 요인이라 할 수 있을 것이다. 그 외에도 젊은 여성들—특히 시골에서 와서 도시의 유혹에 쉽게 넘어가는—이 무지하고 잘 속는 것도 문제를 더욱 악화시킨다. 실제로 일자리를 찾아서 도시에 온 젊은 여성들이 종종 인신매매의 희생자가 된다. 그 외에 불행한 가족을 피해 나왔거나 성적 학대를 당했거나 심리적으로 문제가 있는 여성들이 인신매매꾼들에게 걸려든다.

학교 중퇴

많은 아이들이 학교를 그만두는 것은 시장경제로 전환한 것에서 기인한, 시장경제와 밀접하게 관련된 현상이다. 현재 학교 중퇴 비율은 놀랄 만한 수준이며 계속 증가하고 있다. 최근 언론에 공개된 통계 보고서에 따르면, 모든 학년에서 매년 평균 200만 명이 학교를 그만둔다. 재적 학생 수는 현재 초등학생이 10,431,337명, 중학생이 5,252,144명이고, 고등학생이 1,390,206명이다.

학교를 그만두는 아이들 대다수는 여자아이들이고, 그런 경향은 농촌 지역에서 뚜렷하다. 1990년 공식 조사에서 드러난 문맹 550만 명 중에 70% 이상이 여성이다. 여성과 소녀들을 위한 많은 문맹퇴치 운동이 있었지만, 문맹률에는 변화가 없었다.

평화복구 시기(1954-1955)부터 개혁 이전 시기(1985-1986)까지 다른 시골 지역과 비교하여, 홍강 삼각주 지역은 모든 면(시설, 교사, 규모, 질, 젠더 평등)에서 가장 발전되고 균일한 교육 체계를 가지고 있었다. 홍강 삼각주의 촌락 세 곳, 부호이(타이빈 성 부투 현), 까오년(하이퐁 시 투이응우옌 현), 하레(흥옌 성 안티 현)는 시장경제가 가져온 변화를 경험했고 교육 시스템에 차이가 있으며 사회 경제 변화가 젠더에 미치는 영향을 정확하게 평가할 수 있는 명확한 지표를 보여준다.

부호이, 까오년, 하레, 세 촌락에서 모두 학교 중퇴자 중 다수가 여자아이들이었다. 여자아이들은 초등학교 때보다 중학교 때 그만두는 비율이 더 높다. 여자아이들은 학기 중간에 그만두기도 하지만 여름방학에 학교를 그만두는 일이 많다(이것은 새 학기를 시작할 때 학교에 가지 못했다는 것을 의미한다). 여름방학 때 학교를 그만두는 학생들이 학기 중에 그만두는 학생들보다 많다. 1990-1991년에 세 촌락에서 중학교에서 여학생 비율은 평균 52.6%였다. 1992-1993년은 50.6%이고, 1996-1997년은 겨우 29.7%였다.

80년대 후반과 90년대 초에 매우 많은 아이들이 학교를 그만두었다. 이 시기에 정부는 교에 대한 국가보조금을 폐지하고 재정 지출을 긴축했으며, 농업협동조합이 와해되었고 교육을 위한 많은 사회적 수당이 없어졌다. 하레 촌락의 학부모들은, 초등학생에 드는 돈이 가계 예산의 1.5~2%를 차지하고, 중학생은 2.5%, 고등학생은 4.3%를 차지한다고 계산했다. 중앙 계획 경제, 보조금 체제에서 시장경제로 전환하면서 일어나는 변화들에 대해 심리적으로 익숙해지지 않는다고 그들은 말했다.

가족과 가구가 농업에서 주요 생산 단위가 될 때 가족 노동력이 더 많이 필요해지기 때문에 여자아이들은 경제활동에 더 많이 참여해야 한다. 보조적인 일도 하지만 주요한 일도 함께한다. 세 촌락에서 학교를 그만둔 아동 340명 중에서, 여자아이들 71.3%는 가족과 함께 농사일을 하고 있었다. 반면에 학교를 그만둔 남자아이들은 22.9%만 가족과 일을 했다. 남자아이들보다 여자아이들이 더 많이 가족과 함께 일하는 것은 딸은 집에 두어야 한다고 부모들이 생각하기 때문이다. 부모들은 점점 더 돈벌이에 집중하고 자녀와 함께하는 시간은 거의 없다. 그러다가 수확기나 병해충이 심할 때, 홍수나 가뭄이 왔을 때에는 노동력이 절실해진다. 여자아이는 학교를 그만두고 가족과 함께 일을 하라는 압박을 항상 느끼게 된다.

학교가 너무 먼 것도 여자아이들이 학교를 그만두게 만드는 이유다. 많은 여자아이들이 집에서 동생들을 돌보기 위해 학교를 그만두어야 했다. 왜냐하면 농촌지역에서는 보육시설, 유치원 시스템이 붕괴되었기 때문이다. 학교를 그만둔 소녀들 중 46.2%가 그것을 중퇴 이유로 들었다.

베트남 사람들은 대개 딸은 아들만큼 교육시킬 필요가 없다고 생각하는데 특히 농촌 지역 부모들 중에 그런 생각을 가진 사람이 많다. 학교를 그만둔 아이의 부모 중 25.7%가 딸을 고등학교까지 보내야 한다고 했고 5.2%는 대학교육까지 필요하다고 했다(아들의 경우는 각각 46.6%와 13.6%였다).

교사와 마을 지도자는 교육에 대한 관점이 비교적 진보적이지만, 그들의 관점에도 부모들이 내면화한 불평등이 반영되어 있다. 그들 중 25%만이 여자아이들도 대학교육을 받아야 한다고 말했다. 반면에 남자아이가 대학교육을 받아야 한다고 말한 사람은 33.3%였다.

여자는 고등교육을 받을 필요가 없다는 이야기를 부모, 교사, 마을 지도자에게 들어왔기 때문에 여자아이들도 그런 생각을 많이 가지고 있다. 그래서 학교에 가는 것이 자신에게 가장 중요한 일이라고 대답한 여자아이는 36.9%에 불과했고 대다수 여자아이들은 다른 일이 더 중요하다고 대답했다. 예를 들면 가족을 돕는 일(36.6%), 일 배우기(20.7%), 돈을 벌기 위한 생산과 사업에 참여하기(3.5%는 이것이 가장 중요하다고 말했고, 14.3%는 이것이 두 번째로 중요하고, 26.1%는 세 번째로 중요하다고 말했다)와 같은 것이다. 어른들의 그런 생각은 어린 여자아이들에게 교육이 자신을 위한 것이 아니라고 느끼게 만들고 학업에 대한 관심을 축소시킨다. 그렇게 되면 학습 능력 또한 줄어든다. 이것이 그들이 학교를 떠나는 또 다른 이유다.

사회에서 여성 성인과 아동의 상황을 개선하기 위해 취할 수 있는 몇 가지 조치는 다음과 같다.

· 성 불평등을 줄이기 위한 가장 빠르고 효과적인 방법은 교육이므로 여성의 교육 기회를 확대한다.
· 아버지들의 의식 개혁을 위한 활동을 한다. 아버지는 집안의 어른으로서 가족 경제에서 노동 분배를 결정한다. 학교를 그만두는 것이 누구의 조언에 따른 것이었는가 물었을 때, 여자아이들 중 80%가 아버지라고 말했다.
· 마을 지도자들의 의식 개혁을 위한 활동을 한다. 마을 지도자는

사회적 관계에서 중요한 영향력을 가진 사람이며 국가 정책과 법을 집행하는 사람이기도 하다. 그들 중 몇몇은 어떤 법적인 책임도 지고 있기 때문에 그들도 포함시키는 것이 필요하다.

· 자기 결정권, 교육의 가치에 대해 여자아이들을 교육한다. 사회에서 의 자기 역할을 더 잘 이해할 수 있도록 한다. 딸의 장래에 교육이 얼마나 중요한가에 대해, 젠더 평등에 대해 어머니들을 교육한다. 여학생들의 필요에 더 많이 주의를 기울이도록 교사들을 교육하는 것도 중요하다.

· 교육의 중요성, 평등과 젠더에 대한 사회 여론을 만들어낸다. 여성 이 사회에 얼마나 중요한지 알려주는 자료, 젠더 평등에 대한 자료를 수집하고 배포한다.

· 여성들의 업적을 인정하고 본보기로 제시한다.

국가는 교육비 감면이나 면제, 저금리 대출 등으로 여자아이들의 교육을 적극 지원해야 한다. 여학생 쿼터제를 도입하고 여학생에게는 식사, 책, 문구 등을 무료로 제공해야 한다. 대학 입학 쿼터제에서 여학생 을 위한 쿼터가 따로 있어야 한다. 그 외에 국가가 할 수 있는 일은 다음과 같다.

· 농촌, 오지 등 시골의 모든 지역에서 골고루 교육 서비스가 발전되도 록 한다. 시골 학생들에게 교과서, 참고서, 공책, 학용품, 교복 등을 제공한다. 국가는 통학을 위한 보조금을 지급하고 시골에서 교육 서비스를 제공하는 사업체에게는 세금을 감면해준다.

· 학업장려기금을 만들어서 교육비 용도로 저금리 단기 신용 대출을 해준다.

· 농가 사정에 맞게 수확철에 맞추어 수업료를 걷게 한다.

· 시골 여학생 인재 지원을 위한 기금을 만든다. 가난한 가정 출신의

뛰어난 여학생의 교육비를 국내외 개인들과 단체가 지원하는 운동을 벌인다.

국가는 교육 예산을 좀 더 합리적으로 조정해야 한다. 그리고 국가가 자금을 대고 지역 사람들이 노동력을 제공하여 학교를 짓게 함으로써 시골의 교육발전에 투자해야 한다. 시험응시료는 폐지해야 한다. 액수는 크지 않지만 여자아이들이 학교를 그만두게 만드는 원인 중 하나이기 때문이다.

좋은 교사들이 시골로 가도록 장려해야 하고, 시골로 가는 교사들에게 전문적인 훈련과 교육을 받을 기회를 제공해야 한다. 젠더가 모든 교육 평가의 지표로 포함되어야 한다.

일자리 창출 사업, 빈곤 근절 사업, 정보화 사업 같은 전국적인 프로그램에는 적당한 비율의 농촌 지역 투자가 포함되어야 하고 여성이 혜택을 받을 수 있도록 우선권을 주어야 한다.

국가는 다음과 같은 일도 해야 한다.

· 여러 단체들이 아이들, 특히 여자아이들이 학교에 가도록 하는 운동을 펼치도록 한다. 학교들을 정기적으로 시찰하고 그때 검사 기준에 성별을 포함시킨다.
· 시골의 교육 형태를 다변화한다. 정규 교육에 직업 훈련을 포함시키고 보충 교육, 계절 강좌 등 비정규 형태의 교육을 늘린다(농촌 사람들은 수확기 외의 시간에는 한가하다). 그리고 과학기술, 인구, 환경, 젠더 등에 관한 단기 과정을 제공한다.
· 가끔 커리큘럼을 수정하고 교사들이 교수법을 향상시켜서 여학생들이 수업을 제대로 이해할 수 있도록 하고 배운 것을 현실에 적용할 수 있도록 한다.
· 시골에 보육시설, 유치원을 설치해서 교육 시스템과 연계되게 한다.

그러면 여학생들은 마음 편하게 학교에 갈 수 있게 될 것이고 그 지역 학령기 여자아이들 수를 정확히 파악할 수 있게 될 것이다.

베트남 중부를 휩쓴 홍수

베트남 사람들은, 특히 중부지방 사람들은 2000년에 세계적인 기후 변화와 깊은 관련이 있는 '대홍수'를 겪었다. 끼엔장 강(광빈), 타익한 강(광찌), 흐엉 강(후에), 부쟈 강(광남), 꼰 강(빈딘), 까이 강(냐짱) 등 중부를 가로지르는 모든 강들이 3수준의 경계 수위까지 올라갔다. 그리고 100mm 넘게 폭우가 쏟아졌다. 그래서 이 강들의 모든 유역에서 동시에 높은 수위의 범람이 일어났다.

폭우와 함께 범람한 물이 강 유역에서 매우 빨리 차올라서 많은 인명과 재산 피해를 냈다. 전국적으로 621명 사망, 259명 부상, 24명 실종, 638,370가구 침수, 41,912가구 붕괴 또는 유실, 학교 건물 67,545m³ 파괴, 20,830개 병원과 의료시설 붕괴 또는 유실, 48,357헥타르의 논밭이 침수되었다. 21,717헥타르의 경지는 완전히 망가졌으며, 323,857마리의 소, 돼지가 죽었고, 3,586헥타르의 양식장이 파괴되었으며, 575척의 보트와 배가 가라앉았다. 통신 시설, 저수지, 전기 시설의 손실은 3조 5,000억 동으로 평가되었다(복구 작업 기간의 경제적 사회적 비용은 포함되지 않은 액수다). 이 홍수로 150만 명이 굶주림에 시달리게 되었고 많은 이재민이 생겼다.

베트남 사람들의 재해 극복을 돕기 위해 베트남의 중앙 정부 당국과 부서들뿐만 아니라 해외의 베트남인들, 해외 단체들이 물심양면으로 도움의 손길을 내밀었다. 그 결과 모금액과 구호물품의 양이 목표를 넘어섰다(600억 동 이상). 모든 성과 직할시, 정부 부서, 입법부, 사법부가 할당량을 초과했다. 구호물품과 구호금은 전부 운영위원회가 관리하는 통일된 시스템을 통해 분배했는데 피해가 큰 지역에 더 많이 배분했고 골고루 나누어지도록 했다. 구호물품은 도착하자마자 지체 없이, 누락되는 것 없이 바로 분배되었다. 많은 병력이 동원되어 무료 운송을 했다. 대체로 구호물품이 매우 효율적으로 운송되고 분배되었다. 홍수 피해지역 주민들의 긴급한 요구에 부응하여 때맞추어 그리고 여러 부분의 역할이 매우 잘 조율되어 구호가 이루어졌다.

그런데 모든 홍수는 결국은 직간접적으로 인간이 만든 것이다. 무분별한 천연림 벌목은 유역(watershed, 비가 하나의 수계로 모아지는 영역, 강의 물이 모여서 흘러드는 지역) 산림의 기능과 용량을 심각하게 축소시켰으며 구릉지의 침식 속도 또한 훨씬 빨라지게 만들었다.

좁은 공간에 다양한 지형으로 이루어진 서부지방에서 긴급하게 유역 산림을 회복시키고 다시 녹화하는 것이 필요하다. 건기에 물을 저장해두고 홍수 때 유역을 낮게 억제하는 저수지를 만들기 위해 서부 산악지역에 댐을 건설하는 것도 필요하다. 이러한 저수지의 수와 규모를 결정하기 전에, 호수, 늪, 하천, 바다를 포함해서 그 지역 전체의 물의 교환이 균형을 이루도록 검토해야 한다. 해안 지역에서 강물을 틀어서 물이 곧바로 바다로 가게 하는 것, 몇몇 죽은 강을 살리는 것, 해안으로 똑바로 가도록 수로의 방향을 바꾸거나 새로 수로를 만드는 것 등도 모두 호수, 늪지, 좁은 하구의 범람을 줄이는 역할을 할 것이다.

다른 한편으로 물이 빠진 뒤에 몇몇 기술을 활용하여 하구, 호수와 늪의 유출구를 다지는 데 적절한 투자를 해야 한다. 수력발전을 위해 강폭을 줄이는 것은 피하고 물의 자연스러운 흐름이 유지되도록 하면서 바닷물 유입을 막는 댐을 건설해야 한다.

마지막으로, 전 지구적 변화 조사 사업 중 하나로 해안 지역에서의 육지와 바다 간의 상호영향 조사를 위한 국가 위원회를 만드는 것이 중요하다. 이 위원회는 해안 지역의 효과적인 사용 및 관리와 관련된 모든 부처를 규합하는 조직이 될 것이고 정보와 경험을 교환하는 네트워크로 기능할 것이다.

인간 빈곤 극복하기

좀 더 부유한 동아시아 나라들을 따라잡는 것이 베트남 지도부의 장기적 목표다. 그렇게 하려면 분명 국민들이 높은 삶의 수준과 복지를 누리는 것이 필요하다. 동아시아 국가들을 따라잡는다는 것은 가난한 사람들이 뒤처지게 두지 않는다는 의미이기도 하다. 베트남은 일인당 소득이 200달러로, 인간 빈곤(human poverty) 감소에 큰 진전이 있었다. 기대 수명은 66세로 늘어났고 성인 문해율은 93%가 되었으며 인구의 90%가 의료 서비스를 받을 수 있다. 1990년과 1995년 사이에 5세 이하 사망률은 천 명당 55명에서 46명으로 줄었다. 인간빈곤지수의 측정에 의하면 베트남의 인간 빈곤은 현재 26%다.

베트남 정부는 1990년대 후반 몇 년간 만성적인 기근 근절을 목표로 정했다. 그리고 새천년의 시작에는 빈곤율을 반으로 낮추는 것을 목표로 했다. 그리고 2010년까지 빈곤을 완전히 뿌리 뽑고 2020년까지 일인당 소득을 8~9배까지 늘리기로 했다. 성장의 원동력은 산업화와 현대화다. 몇몇 원로 공무원들은 동아시아를 따라잡을 지름길을 찾자고 이야기하지만 다른 나라의 경험에서 볼 수 있듯이 쉬운 지름길은 없다.

베트남의 많은 사회 경제적 성과는 국가와 비국가 부문 양쪽의 힘에 많은 도움을 받았다. 국가는 나라의 자원 할당에서 지배적인 역할을 하고 있다. 국가 예산을 통해 직접적으로 자원을 할당하고, 또 간접적으로는 정책과 국영기업을 통해, 또 외국 자본과 국영기업의 합작 사업을 통해 자원을 할당하는 역할을 한다. 그러므로 지속적이고 급속한 사회 경제적 발전, 빈곤 퇴치는 공적인 자원 할당과 투자의 질에 달려 있다. 정부의 2000년 개발계획에 다르면, 국내 총 투자 414조 달러가 목표다.

금융 부문이 자원 동원과 할당에 효과적인 역할을 더 많이 할 수 있도록 금융을 발전시키는 것이 필요한데, 그러려면 은행 금융 시스템에서 신뢰를 구축해야 한다. 국제 기준을 적용한 정기적인 회계감사를 발표함으로써 투명성을 확보하는 것이 금융 시스템 강화와 신뢰 구축의 기초가 될 것이다.

외국인 개인의 직접 투자는 베트남의 생산 능력을 키우기 위하여 기술과 함께 경험과 사업 노하우를 전수받는 가장 효과적인 수단 중 하나가 될 것이다. 금융 부문 일반을 좀 더 강화하는 것과 함께 소자본 대출이 가능한 환경을 만들어야 한다. 금융 감독의 기준과 실효성을 개발하는 것이 필요하다. 내부 감사와 통제, 회계 시스템도 강화되어야 한다. 몇몇 대중 조직에서 베트남 사람들이 광범위한 훈련을 받는 것도 고려해야 한다.

유엔의 베트남 빈곤 근절 보고서에 따르면, 토지 할당, 안전, 관리가 빈곤의 주요 원인으로 밝혀졌다. 베트남 농촌 지역은 토지개혁에서 몇 가지 중요한 단계를 거쳤다. 1992년부터 1995년까지 베트남 농업은 행의 대출자 수가 7배 이상(90만 명에서 700만 명으로) 증가하였다. 그리고 지역 사업을 통한 농촌 인프라 건설로 고립과 빈곤이 줄어들기 시작했다. 그러므로 토지 이용권과 토지 담보 대출을 보장하는 토지개혁의 심화가 필요하다. 토지를 담보로 쓸 수 있게 해서 농업 생산에 금융대출을 활용할 수 있게 하는 것, 농촌 지역 공장 유치, 일자리 창출 등이 필요하다. 그와 관련된 역량 개발 이슈는 행정부의 여러 수준에 널리 다루어지고 있다. 현과 촌락 수준에서 대부분 이행되는 문제이므로 현, 촌락 수준에서 특히 중요하다. 단지 최근 토지법의 시행과 직접 연결되는 업무와 관련된 것만이 아니라 신용대출, 도로 건설을 아우르는 다양한 역량이 요구된다.

고립, 어려운 금융대출, 위험 등은 베트남 농촌의 빈곤이 근절되지 않는 중요한 원인이다. 그러므로 고립과 위험을 줄이는 것이 빈곤 퇴치에 중요하다. 개선 이전에 몇몇 역량 이슈들이 다루어져야 한다. 국영기업들의 대규모 인프라 건설, 자금 마련, 투자와 소규모 인프라 건설 사이에 효율적인 균형이 이루어지도록 공공투자 프로그램이 검토될 수도 있다. 그러나 중앙정부의 개입은 적절히 이관함으로써 지역 불균형을 바로잡는 역할 정도에 그쳐야 한다. 건설 사업의 계획, 디자인, 공사, 자금 조달 과정에서 인프라 이용자들 중에 가능한 한 많은 사람들이 소유권을 가질 수 있게 해야 한다. 경제적으로 정당화할 수 있는 한, 여럿이 자기 자본을 가지고 들어오게 하는 것이다. 높이 평가되는 동아시아 발전 모델에서 정부 활동의 특징 한 가지는 경제적 효율성이 높은 인프라를 제공한다는 것이었다. 소유권을 분산함으로써 자본 규모를 늘리고 동시에 질도 향상시킴으로서 경제적 효율성을 높일 수 있었다.

빠르고 공평하고 안정적인 성장을 이루려고 하면 사람들이 개발의 중심에 있어야 한다. 그러려면 최소한의 수준의 의료가 보장되어야 한다. 사람들이 건강하게 지속가능한 생활을 영위하고 사회에서 생산 활동을 할 수 있어야 하기 때문이다. 핵심 의료 서비스는 생식 보건, 예방 보건, 기본적인 치료 서비스 등이다. 예방 보건에 포함되는 것은 영양, 깨끗한 물, 하수 시설, 예방접종, 기타 질병 원인에 대한 조치(예를 들어 말라리아 발병을 줄이기 위해 모기장 사용을 권장하는 것, 기초 보건 교육) 등이다. 이 서비스들은 위험과 고립을 줄여줄 수 있고, 효과적이고 책임감 있는 사회 경제적 참여를 도와준다.

베트남의 경험은 깨끗한 물이 건강 개선에 큰 역할을 한다는 사실을 잘 보여준다. 1986년부터 1992년까지 몇 년에 걸쳐서 응이아쭝, 남하에서 이루어진 조사는 이 사실을 증명한다. 1987년부터, 응이아쭝 촌락은 마을 전체에 우물을 파고 하수도를 설치하여 깨끗한 물과 위생적인 하수 처리를 위해 노력했다.

교육은 빈곤의 사이클을 깨뜨리는 핵심 요소다. 특히 여성들이 최소한의 교육만 받아도, 영양상태가 좋아지고 아이들의 건강과 교육이 개선되고 피임율이 높아지고 소득 창출 활동을 더 많이 하게 된다. 도이모이 이후 정부가 교육비를 전담하는 것은 폐지되었지만 최근 몇 년 사이 베트남 교육에 많은 성과가 있었다. 그러나 모든 국민이 초등보통교육을 받도록 하기까지는 할 일이 많다. 법 조항에서 시행 규칙을 더 명확히 하고 강제 조항을 갖추는 것이 필요하다. 소수민족 학생들을 위한 이중 언어 프로그램을 개발하면 학교가 더 매력적이고 효과적인 곳이 될 것이다. 보통교육에 유치원을 포함하는 것도 도움이 될 것이다. 저개발 지역과 오지의 소수민족을 전국 표준으로 끌어올리려는 지속적인 노력이 필요하다. 문해 능력은 지역의 기술 요건과 연결되어 있다. 단기 훈련은 시장과 잘 연결될 수 있을 것이다. 훈련센터들은 시장 조건을 잘 이해해야 한다. 교육과 훈련 프로그램 시행을 맡은 관청은 믿을 만한 정보를 얻을 수 있어야 한다. 그렇게 해서 지금의 문제와 앞으로 등장할 문제에 대처해야 한다.

빈곤층이 사회부조에 대해 알고 그것에 접근하도록 돕기 위해서는 명확하고 단순한 정보를 제공해야 한다. 복지 사각 지대를 정확히 타게팅 하는 것이 필요하다. 연금을 지급하기 위해 세입에 의존해야 하는 현재 시스템은 좋지 않다. 사회보장제도는 보험통계상 건전하게, 즉 징수금만으로 장래의 지급금을 감당할 수 있도록 기금이 만들어지는 것이 가장 좋다. 그렇게 하지 못하면 베트남 혁명에 기여하지 않은 가장 가난한 사람들을 돕는 데 쓸 수 있는 공적 자원을 없애는 것이 될 수도 있다. 홍수 선박 보험이 폭풍, 홍수 피해자들을 돕는 보완적 수단이 될 수 있다. 보험은 새로운 빈곤층을 만들어내는 재해의 위험을 분산하는 데 도움이 될 것이다.

전반적인 발전(progress)을 빠른 속도로 이루는 것, 빈곤을 만드는 문제들을 체계적이고 효율적으로 시정하는 환경을 만드는 것이 목표가 되어야 한다. 지난 몇 년간 이룬 획기적인 발전을 목격한 사람들은, 경제문제에 시장원리를 적용하면 단기간에 큰 성과를 이룰 수 있다고 확신했을 것이다. 그러나 빈곤층을 포함하여 대다수 국민들에게 시장이 좋은 역할을 하도록 하려면, 이전의 프레임과도 일치하도록 투자를 하는 것이 필요하다. 즉 재해 위험과 고립을 줄이는 것, 생산적인 투입에 접근하고 참여할 수 있게 하는 것, 환경재해가 빈곤 악화에 결정적인 역할을 하므로 환경을 개선하는 것 등도 필요하다.

과거 500년 동안보다 최근 50년 동안에 발전이 더 많이 이루어져서 전 세계의 빈곤이 크게 줄었다. 빈곤은 개발도상국만이 아니라 모든 나라들을 괴롭히는 문제다. 사실 북아메리카, 아시아, 유럽의 부자 나라에서 빈곤 수준에서 사는 사람이 1억 명이 넘는다. 베트남에서는 인구의 90%가 의료 서비스에 접근할 수 있으며 기대수명이 66세에 이른다. 그리고 성인 문해율은 93%까지 증가했다. 문해율은 싱가포르와 홍콩과 비슷한 수준이다. 베트남 정부는 개발 전략의 우선 과제로 빈곤 근절을 설정했다. 그리고 많은 전략이 성공을 거두었고 빈곤 근절을 위한 통합적인 노력으로 눈에 띄는 기록을 만들어왔다. 정부는 2010년까지 소득 빈곤을 근절할 것을 목표로 한다. 그리고 궁극적으로는 동아시아의 성공한 이웃나라들을 따라잡는 것을 목표로 한다.

시장경제가 교육, 의료, 문화에 미치는 영향

관료주의적이고 중앙집권적인 통제경제에서 시장경제로 옮겨가는 것은 베트남 전체에서 일어났다. 도이모이(혁신) 덕에 베트남은 모든 영역에서 획기적인 성과를 거두었다. 그러나 시장 메커니즘이 교육, 의료, 문화 등 정치·사회·경제에 해로운 영향을 주는 것은 피할 수 없다. 1992-1993년 조사에 따르면, 베트남의 3세 이상 인구의 83.76%가 읽고 쓸 줄 안다. 전체 인구의 3.38%는 읽을 줄은 알지만 쓸 줄 모른다. 12.87%가 문맹인데 대부분은 시골이나 오지 사람들이다. 과거 5년간의 교육부 통계자료를 보면 일반 학생 수와 학교 수는 매년 10% 감소했고 중퇴자 수가 무척 많다. 중퇴자와 문맹율이 증가하는 추세다. 백따이 성에서는 학교를 중퇴한 아이들이 7천 명가량 있는데, 그중 4천 명은 초등학교를 다니다 말았다. 중퇴자들 중 대다수가 고원지대와 오지의 소수민족 아이들이다. 그런데 졸업을 해도 일자리를 구하기 힘들다. 졸업자 실업률은 현저하게 증가해왔다.

교육에서 중요한 또 다른 요인은 교사의 질이다. 일부 교사들은 자질 미달이기도 하지만, 시장을 강조하는 경향으로 인해 선생님을 존경하는 전통이 파괴되고 있다. 현재 교사의 30%는 평균 이하의 생활수준으로 살고, 60%는 중간 정도의 생활수준으로 살고 있으며, 10%는 평균 이상 으로 잘산다. 학교 건물이 많이 세워져야 하는데 그에 배정된 예산은 충분하지 않다.

의료 서비스를 보면, 과거 수십 년간 노력한 덕에 공중보건에서 훌륭한 성과를 이루었다. 베트남은 도시에서 농촌까지 주민들 건강을 돌보는 폭넓은 보건 네트워크를 구축했다. 그러나 시장경제로 많은 것이 변했다. 과거에 정부가 지원했던 공중보건은 이제 시장경제에서 기인한 많은 어려움과 맞서야 한다.

최근 조사에 따르면, 아픈 데가 있는 사람들 중 34.63%가 검진과 치료를 충분히 받지 못했고, 40.24%는 치료에 필요한 약을 복용하지 못하고 있다. 최근 몇 년 동안 의료 자체가 열악한 조건에 처해 있다. 많은 병원, 의원들이 인프라가 부족한 상태이고, 의료진은 환자를 무관심 한 태도로 함부로 대하는 잘못을 저지른다. 게다가 의료진 대다수가 재교육을 받지 않아 최신 의학 정보나 기술을 접할 기회가 없었다. 의료인의 소득이 낮고 생활이 어렵다는 것을 비롯한 많은 이유 때문에 병원에서 도덕적 가치가 사라지고 있고 의사의 직업윤리가 약해져간다.

시장 지향 경제의 특징 중 하나는 빈부격차다. 부자들은 좋은 의료 서비스를 원하고 또 좋은 의료 서비스를 받을 수 있다. 예전에는 병원과 기타 의료 기관들이 국가 보조를 받았고 의사와 환자의 관계는 '주고받는' 사이였는데, 시장 지향 시스템에서는 팔고 사는 관계가 되어버렸다. 모든 환자들이 치료비를 낼 수 있는 형편은 아니다. 의료비가 너무 비싸기 때문에 가난한 사람들은 치료비를 낼 수가 없다. 그리고 의사·약사 시스템도 문제가 있다. 국영 기관에서 초과 노동을 하는 의사, 약사 중 일부는 일에 흥미를 느끼지 못하고 마지못해 일하기 때문이다. 심지어 환자를 빼돌려 개인적으로 환자를 보고 돈을 벌기도 한다. 시장경제로 전환함에 따라 의료 서비스의 최소 비용 중 40%만 국가 예산에서 지원된다. 국가는 환자에게 병원비 일부를 받고, 건강보험제도를 시행하고, 의사·약사의 개인적 영업을 허용하기로 결정했다. 국가는 의료에 할당하는 예산을 늘려야 할 뿐만 아니라, 의료에 대한 투자를 다른 데서 끌어오기 위한 적당한 정책을 만들어야 할 것이고, 모든 국민의 건강 증진이라는 목표를 이룰 정책을 시행해야 할 것이다.

공산당과 베트남 정부는 교육, 의료, 문화, 과학에 좀 더 많은 관심을 기울여야 한다. 이 각 분야에 관련된 지침, 해결 방안, 정책들을 내놓아야 하고, 지방정부 교부금 외에 중앙정부 예산에서 교육, 의료, 문화, 과학에 더 많은 투자와 지원을 해야 한다. 교육, 의료, 문화, 사회문제, 과학, 기술은 인간 복지의 근본적 요소이기 때문이다.

NGO 육성법

NGO의 역할

건전한 NGO 부문을 육성하는 것은 경제성장에 도움을 줄 수 있고, 사회문제 해결에 방해가 되는 경제적 요인을 제거하는 데 도움이 될 것이다. 그러나 세계의 법 체계는 다소 다르고, 지역마다 법안을 만드는 전통도 다르다. 물론 NGO법은 그 나라의 상황에 맞아야 하고 NGO 대표들과 협의하여 준비되어야 한다.

어느 나라에서든 NGO의 활발하고 독립적인 활동을 촉진하는 법률을 만들려는 이유는 다음과 같다.

· 집회, 언론의 자유
· 사회적 다원성과 관용 증진
· 사회 안정성과 법치 촉진
· 효율
· 공공부문 시장의 실패
· 시장경제에 대한 지원 제공

많은 NGO들이 사기업보다 더 효과적인 것은 사실이다.

NGO 관련법

정부는 NGO에 영향을 줄 수 있는 큰 힘을 가지고 있다. 정부가 법률을 입안하거나 시행하기 때문이다. 법률과 규제를 통해 NGO에게 도움을 주거나 또는 그들을 방해할 수도 있다. 정부는 NGO 설립 절차를 정할 수 있고, 활동 방향을 규제할 수 있고, 과세할 수도 있고 기금(공적 기금, 사적 기금, 외국 기금)을 마련할 수 있게 할 수도 있고, 보고서를 요구할 수도 있고, 감사를 할 수도 있다. NGO가 정부 사업이나 정책에 참여하게 할 수도 있고 참여하지 못하게 할 수도 있다.

NGO를 자유롭게 설립하고 활동할 수 있도록 하는 법률은 집회 언론의 완전한 자유가 실제로 보장되는 것과 불가분의 관계가 있다. 국제법에서는 건전한 NGO법을 제정하는 것을 각국의 의무로 정해놓고 있다. NGO 법은 민주 정부의 특징이며, NGO는 다른 나라에서도 중요한 역할을 한다. 이런 모든 이유 때문에 NGO들은 종종 필요한 물품과 서비스를 제공하는 데 있어서 정부의 중요한 파트너 역할을 한다. 많은 개발도상국에서 정부와 NGO들은 개발 원조금을 두고 경쟁 관계가 되기도 한다. 공적개발원조(ODA)의 25억 달러가 매년 북반부의 NGO들로 들어가고, 점점 많은 원조 단체들이 남반구 NGO들에 직접 자금을 지원하는 프로그램을 운영한다. 많은 나라들에서 ODA의 원조금 중 정부로 들어가는 것과 NGO로 가는 것 사이의 균형이 시간이 지나면서 상당히 변하고 있고, 국가와 NGO 두 영역 사이에서 '더 큰 파이'를 차지하기 위한 경쟁이 끊이지 않는다.

일반적으로 NGO를 위한 특별한 법이 필요하지는 않다. NGO도 단순히 다른 법인과 같은 법적 권리를 가지면 된다. 마찬가지로 다른 법인과 같은 의무를 가지고 같은 제재, 처벌을 받아야 한다. NGO에 영향을 미치는 모든 조치와 결정은 일반적인 법인에 대한 것과 마찬가지로 행정적·법적 검토를 받아야 한다. 특히 NGO 설립 불허나 세금, 벌금 부과, 기타 제재 조치, 단체의 해체 등의 결정에 불복할 때는 법원에 소송을 제기할 수 있어야 한다.

NGO 관련법은 공정하고 공평하게 만들어지고 집행되어야 한다. NGO를 법인으로 설립하는 것은 비교적 신속하고 쉬워야 하고 비용이 적게 들어야 한다. 외국 단체, 국내 단체의 지부 설립도 허가해야 한다. NGO 설립에 필요한 서류는 최소한으로 해야 하며, NGO 설립은 공무원의 개인적 판단이나 재량권이 개입되지 않고 법에 따라 처리되도록 해야 한다. 설립 주체가 설립을 완료하기까지 시간 제한(예를 들어 60일)을 적절하게 정해야 하며, 정해진 시간 안에 하지 못하면 가상의 승인이 되게 하는 것도 좋다. NGO의 존속기간을 무기한으로 하는 것도 승인되어야 한다(또는 설립자의 선택에 따라 일정 기간만의 존속도 가능해야 한다). 자연인, 법인 둘 다 NGO 설립 자격을 가질 수 있게 해야 한다. 유언장에 따라 NGO(예를 들어 재단)을 만들려는 개인은 허가를 받아야 한다. 상호협력단체(mutual benefit organisation), 일반사회단체(public benefit organisation)도 허가를 받아야 설립할 수 있다. 일반적으로 회원제 단체에서 회원 가입은 자발적이어야 한다. 회원 가입을 요구하거나 탈퇴를 자유로이 하지 못하게 해서는 안 된다.

단체를 새로 설립할 필요 없이 정관을 수정하는 것도 가능해야 한다. 단체가 독자적으로 정관을 수정하지 못하더라도 정관을 수정하는 절차가 있어야 한다. NGO들의 합병이나 분리를 허용하는(강제하는 것은 아닌) 명확한 규칙이 있어야 한다. 단체들의 합병은 비슷한 활동을 하는 단체들끼리만 가능하도록 제한해야 할 것이다.

NGO가 활동을 그만두고자 할 때 이사회의 결정에 따라 자산을 처분할 수 있어야 한다. 중범죄를 저질렀거나 규칙 위반(예를 들면 제출해야 할 보고서를 계속 내지 않는 것)이 계속될 때만 감독 기관이나 법원이 NGO 해체를 명령할 수 있다. 범죄 등의 경우를 제외하면 대개의 경우 NGO들이 강제 해체를 당하기보다는 위반사항을 스스로 바로잡을 수 있도록 해야 한다.

NGO 관련법은 NGO 설립 시 주요 규칙을 담은 정관을 제출할 것을 요구해야 한다. 예를 들면 이사회는 얼마 만에 한 번씩 소집한다, 이사회만이 단체의 기본 정관을 수정하고 합병, 분리, 해체를 결정할 수 있는 힘을 가진다, 이사회가 단체의 재무제표를 승인한다 등등.

NGO 관련법은 NGO에게 (발기인들이나 이사회를 통해) 조직의 구조와 운영 방식을 정하고 변경할 폭넓은 재량권을 부여해야 한다.

NGO 관련법은 NGO의 간사, 이사, 직원들이 개인적으로 단체의 채무, 의무를 질 수 없게 해야 한다. 간사와 임원들은 그들이 할 일을 제대로 하지 않음으로써 피해를 입은 제3자나 단체에 대해서는 책임을 져야 한다.

NGO의 간사나 이사가 단체에 대한 충성심을 가질 의무, 성실하게 단체에 대한 책임을 다할 의무, 단체에 관련한 비공개 정보를 발설하지 않을 의무도 NGO 관련법에 포함되어야 한다. 이 의무를 지키지 않은 것에 대해 단체가, 또는 관련자가 소송을 할 수 있다.

단체의 간사, 이사, 직원이 자기 개인 사업의 이익과 단체의 이익 사이에 충돌(실질적인 또는 잠재적인)이 일어나지 않게 한다는 것을 어느 정도로 법에서 규정할 것인가는 주의 깊게 고려해야 한다. 영리 단체의 직원과 이사들의 이익 충돌에 관한 법을 NGO에도 적용할 수 있을 것이다. 잠재적인 충돌은 거부 절차를 통해 피할 수 있다. 이해관계 충돌로 인한 피해에 대해 NGO가 소송을 할 수 있도록 해야 한다.

NGO가 비영리 활동을 뒷받침하기 위한 합법적인 경제활동, 사업, 상행위를 하는 것은 허용되어야 한다. 단, 수익이나 소득이 발기인, 회원, 간사, 이사, 직원에 분배되지 않는 경우에 한해서, 그리고 그 단체의 설립, 운영 목표가 기본적으로 비영리 활동(예를 들면 문화, 교육, 보건 등)에 있는 경우에 한해서 말이다.

정부기관의 허가와 규제를 받는 활동(의료, 교육, 금융)을 하는 NGO 는 일반적으로 개인, 사업체, 공공기관의 그런 활동에 적용되는 것과 같은 허가, 규제의 필요요건을 갖추어야 한다.

일반적으로 NGO는 정당이 아니며 공직 선거 후보를 지원하기 위한 모금이나 공직 선거 후보자 등록 등 모든 종류의 정당 활동을 해서는 안 된다. NGO들은 종종 정책 토론과 정책 수립에서 중요한 참여자이며, 그들의 입장이 정부 정책과 일치하지 않더라도 연구, 교육, 토론에 자유롭게 참여할 권리를 가져야 한다.

NGO가 사람들에게 기부금을 청한다면 자기 단체에 대해 정확한 설명을 하도록 해야 한다. 모든 NGO는 기금 조성을 할 때, 기금 마련을 위한 직간접적 비용으로 기금이 어느 정도나 사용되는지, 그 단체가 공개적인 모금을 할 수 있는 단체로 허가를 받았는지 공개해야 한다. NGO가 기금 조성을 위해 하는 복권 사업, 자선 파티, 경매, 그 외 비정기적인 행사는 기금 조성의 한 형태이므로 경제활동이나 상행위로 간주되어서는 안 된다.

NGO의 최고 의사결정기구는 단체의 재정과 운영에 관한 보고서를 제출받아 승인해야 한다. 단체 내의 어떤 기구를 두어 단체의 장부와 기록을 조사하도록 해야 한다. 상당한 자산을 소유하거나 활동이 많은 단체는 외부의 공인회계사에게 감사를 받아야 한다. 다른 법인과 마찬가지로 NGO도 일반적인 제재를 받아야 하고 NGO가 저지르기 쉬운 위반 사항에 대해서는 특별 제재를 할 수 있도록 하는 것이 적절하다.

상호협력단체든 일반사회단체든, 회원제 단체든 비회원제 단체든, NGO의 소득에 대해 과세해서는 안 되고 기부자나 정부기관(보조금이나 계약)으로부터 받은 것, 회비, 이익배당, 임대 수익, 저작권료나 부동산 양도 소득에 대해서도 과세해서는 안 된다. 정부가 NGO 육성을 얼마나 바라는가에 따라 다른 세법에 따른 면세나 혜택을 고려해볼 수 있다.

외국 NGO와 외국 기금도 중요한 요소다. 다른 국가의 법에 따라 조직되고 운영되지만 이 나라에서 운영되고 사업을 벌이고 자산을 가지고 있는 NGO는 일반적으로 이 나라의 NGO처럼 활동할 수 있도록 해야 한다. 또는 이 나라의 법률에 의거하여 협력 단체나 지부를 만들 수 있도록 해야 한다. 그래서 그 지부나 협력 단체 등은 이 나라 NGO처럼 권리를 가지고 혜택, 면제 등도 받을 수 있어야 한다. 외국 NGO의 활동이 현지국의 공공질서에 부합한다면 말이다. 또한 이 나라의 NGO에게 적용되는 모든 요건, 의무, 책임, 제재도 받아들여야 한다.

NGO의 정치활동 규제, 기금 조성과 사용에 관한 보고서 요구, 감독기관이 장부와 기록을 조사하고 감사할 권리를 갖는 것 등을 통해 외국 기금이 부적절하게 사용되는 것을 방지할 수 있다. 특이하고 매우 민감한 상황에서는 외국에서 온 기금이나 자산을 수령하기 전에 사전 승인을 받게 하는 것이 적절할 수도 있다.

NGO들이 자기 규제를 통해 높은 수준의 업무 기준을 세울 수 있도록 해야 한다. 거기다 NGO 부문의 조직들을 조사하고 평가하는 파수꾼 조직을 세우도록 장려하는 것이 좋다. 회원 가입을 의무로 만드는 것이 적당한 어떤 상황에서, 법률이 그 단체에게 회원에 대한 허가, 규제, 감독, 제재의 권한을 위임하는 것도 좋다.

요약하자면, 좋은 NGO법을 갖는 것은 힘세고 독립적이고 믿을 만하고 투명한 NGO 부문을 만들기 위한 필요조건이지만 충분조건은 아니다.

거시경제의 변화가 여성에게 미치는 영향

정부 부문의 높은 여성 실업률은 소득 불안정, 남녀 간 임금 불균형을 야기한다. 여성은 베트남 노동력의 52%를 차지하며, 농업에 종사하는 노동 연령의 70%가 여성이다. 여성은 제조업, 무역, 금융 같은 분야에도 많이 진출해 있으나 그 분야의 여성들이 총 여성 노동력에서 차지하는 비율은 적다. 행정과 과학 분야에서 일하는 여성들도 적다. 정부 부문의 관리자급의 약 3분의 1이 여성이다. 도이모이 정책으로 인해 나타난 변화 하나는 농업, 운송, 통신, 건설, 서비스업에서 일하는 여성의 수는 적어지고 상업, 공업 부문에서 일하는 여성의 수는 늘어난다는 것이다 (그러나 이 추세는 느리다).

정부의 산업 개발 정책이나, 인프라 건설, 수출자유지역 설치, 거대 건설 사업 발주, 그리고 정유 공장, 남북 송유관, 그 외에도 세금, 환율 정책 등은 모두 여성들에게 영향을 미친다. 그리고 다른 아시아 국가에 대한 수출이 늘면서 여성들의 노동 참여도 늘어났다. 시장경제의 발달은 여성들을 공적 영역에서 집 안으로 내쫓는 경향이 있는데, 그와는 달리 수출 증대로 인하여 여성의 경제활동이 늘어난 것이다. 둘째, 정부 재정 구조도 여성들에게 큰 영향을 미쳤다. 어떻게 세금을 걷는지, 그것을 어디에 쓰는지는 여성들의 일자리에 중요한 영향을 준다. 그러나 거시경제적 정책과 베트남 농촌 여성들의 일상생활 문제의 관련성은 뚜렷하게 나타나지 않는다.

거시경제 개혁의 우려할 만한 영향 중 하나는 학령기 아이들이 학교를 그만두는 비율이 높아진 것이다. 유니세프에 따르면 학교에 다니는 아이들의 비율은 최근 몇 년 사이에 0.8% 감소했으며 그 비율은 계속 떨어지고 있다. 이것은 앞으로 여성들의 삶에 영향을 미칠 것이다. 교육 부족이 기회의 부족을 만들고, 여성 차별의 기회를 만들기 때문이다.

도이모이 정책하에서, 여성들은 가내 생산 경향의 변화 때문에 괴로움을 겪었다. 국가 예산에서 나오는 의료 서비스와 교육 등의 혜택은 줄어든 반면에 새로운 제도는 안정적이지도 균형적이지도 않았다. 게다가 도이모이 과정에서 소득 불안정성이 심해져서 성매매 등 위험한 직업에 여성이 들어갈 수밖에 없게 만든 것은 아닌지 평가해보는 것이 필요하다.

토지 개혁 역시 여성들에게 영향을 미쳤다. 타이빈에서는 새로운 토지법 때문에 조혼이 늘었다. 더 큰 땅을 차지하기 위해서 신랑 가족이 서둘러 결혼을 추진했기 때문이다.

모든 개혁에는 물론 긍정적인 결과와 부정적인 결과가 있다. 산업정책, 환율 조절 등 거시경제 정책이 성별에 따라 어떤 다른 영향을 주었는지 분석하는 것은 새로운 분야다. 대부분의 경제학자와 정책 입안자들은 그것을 '여성문제'라고 보기 때문에 그런 분석에 관심을 가지지 않았다. 외채, 높은 물가상승률 등 심각한 거시경제적 불균형도 빈곤층에 영향을 준다. 그런데 베트남 사회에서 대부분의 여성은 남성에 비해 소득이 낮고 실업률이 높아서 빈곤층에 속하므로 개혁은 여성에게 부정적인 영향을 미쳤다고 말할 수 있다.

재생산 건강에 지속적 영향을 미치는 고엽제

1961-1971년의 베트남 전쟁 동안에, 남베트남과 라오스, 캄보디아 일부에 군사 목적으로 엄청난 양의 고엽제가 살포되었다. 살포 후 25년 이상 지난 지금도, 고엽제 특히 에이전트 오렌지의 장기적 영향을 아직도 찾아볼 수 있다.

10년 동안 살포한 고엽제는 총 72,454,000 *l* —그중 4,400만 *l* 가 에이전트 오렌지였다—이며 다이옥신(TCDD) 함량을 모두 합하면 약 170kg에 달했다. 고엽제 살포 지역은 내륙지방과 맹그로브 숲 약 300만 헥타르였는데 그것은 남베트남 전체 면적의 18%에 해당한다. 대규모 산림 파괴는 우기에는 홍수를, 가뭄 때는 산불을 가져왔다.

오늘날에도 인체 조직의 다이옥신 잔류 농도는 여전히 걱정되는 문제다. 고엽제 살포 지역 주민들, 그리고 남베트남에서 복무한 북베트남 참전 군인들의 지방 조직에서 다이옥신 농도가 높게 나온다. 이런 영향은 모유의 다이옥신 농도에서도 뚜렷이 나타난다.

예전 미군 공군기지에서 다이옥신 오염이 일어나고 있다는 의혹이 제기되어 미국이 비엔화 시 주민들의 건강 문제를 조사했다. 비엔화 시는 전쟁 기간에 미 공군이 사용한 큰 공군기지가 있던 곳이다. 조사 결과, 먼 곳에 사는 사람에 비해 기지 내의 화학물질 창고 가까운 구역에 사는 주민들 중에 암 발병, 선천성 결함이나 선천성 장애 비율이 높았다. 1999년 3~6월, 그 창고에서 가까운 비엔화 시 주민들의 혈중 다이옥신 농도를 검사했더니 전쟁 이후 베트남에서 가장 높은 다이옥신 수치가 나왔다. 한 가족 안에서 몇몇 구성원들이 공통되게 높게 나타나는 것이 눈에 띄었다. 십 년 후인 1980-1981년에 태어난 아이들도 혈중 다이옥신 농도가 높게 나타났다(노출되지 않은 사람들의 평균 농도가 2.2ppt인데 이 아이들의 경우는 그보다 20~40배 높은 57~58ppt로 나왔다).

에이전트 오렌지를 비롯한 다이옥신 등 화학물질이 이 인체의 건강에

미치는 위해성을 파악하기 위해 베트남에서 몇몇 연구가 행해졌는데
연구 결과는 다음과 같다.

· 암 발병률이 증가했다. 특히 초기 간암, 후두암이 많아졌다.
· 임신 이상(유산, 사산, 포상기태, 융모암, 선천성 결함 또는 장애)이
  많아졌다.
· 면역체계 이상을 보이는 사람들이 많다.
· 신진대사 이상(지질, 당질), 뇌졸중, 심장발작, 당뇨병이 증가했다.

　베트남 전쟁 중 살포된 엄청난 양의 고엽제는 사람의 건강뿐만 아니라
생태계에도 심각하고도 지속적인 해를 입혔다. 그 후유증은 30년도
더 지난 오늘날까지도 뚜렷하게 드러난다.
　전쟁 기간 중 고엽제 살포 외에도 예전의 미군기지 내 화학물질 창고가
여전히 다이옥신 오염원으로 남아 있다. 그곳을 깨끗이 하는 것이 시급하
다. 고엽제 다이옥신 문제는 베트남이 해결해야 할 큰 과제다. 베트남
적십자, 그리고 '에이전트 오렌지 피해자 지원 기금'에서는 고엽제 피해
극복을 위한 국제사회의 도움을 기다리고 있다.

통계

경제

〈표1〉 1998년 경제 성과 지표

	1945년 9월 이전	1998년	증가량 (x)
농업 생산성 (100kg/ha)			
쌀	12.4	39.6	3.2
옥수수	9.3	24.8	2.7
땅콩	7.8	14.3	1.8
사탕수수	216.0	489.2	2.3
생산량(백만 톤)			
쌀	5802	29142	5.0
땅콩	19.5	386.0	2.0
콩	15.0	141.3	9.4
커피	3.2	409.3	127.9
차	9.6	51.0	5.3
고무	58.0	225.7	3.9
축산			
물소	1100.0	2951.4	2.7
소	1050.0	3984.0	3.8
돼지	3750.0	18132.1	4.8
공업 생산(10억 동(VND), 1989년 물가 기준)	801.7	38916.0	48.5
공업 생산			
전기(백만 kWh)	86.4	21847.0	252.9
석탄(mt)	2.62	10.71	4.1
원유(10억 톤)	0	12500	
강철판(천 톤)	0	853.1	
화학비료(천 톤)	0	973.9	
시멘트(천 톤)	306	9390	
철도 교통			
화물(천 km)	310	1470	4.7
승객(천 명 km)	346	2685	7.8

출처: Vietnam Economic Time Sep 1, 1999.

〈도표1〉 1998년 부문별 생산량

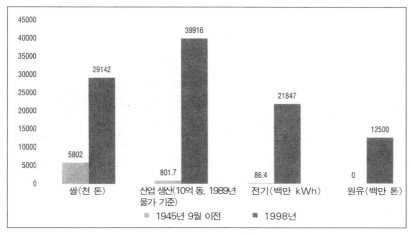

출처: Vietnam Economic Time Sep 1, 1999.

〈도표2〉 부문별 국내총생산(GDP), 1994-1997

(%, 1989년 물가 기준)

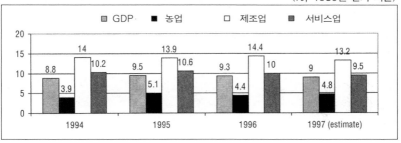

출처: Vietnam Economic Time.

〈도표3〉 GDP 대비 정부 수입 및 지출 비율 1994-1997

(%)

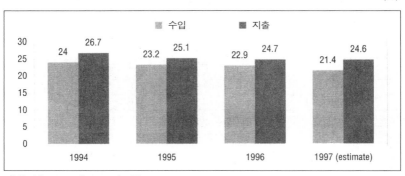

출처: Vietnam Economic Time.

〈도표4〉 물가상승률 1966-1999   〈도표5〉 수출과 수입 1994-1997

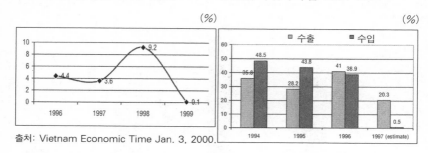

출처: Vietnam Economic Time Jan. 3, 2000.

〈도표6〉 ODA의 원조금 1993-1998

(백만 US$)

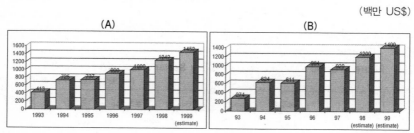

출처: Vietnam Time Jan. 3, 1999.   출처: Vietnam Economic Time Jun 14, 1999.

제조업

〈표2〉 주요 제조업 분야의 생산량 1997-1998

생산	단위	1997	1998
전기	백만 킬로와트	19,170	20,328
석탄	천 톤	10.700	11,000
강철판	천 톤	981	1,155
질소 비료	천 톤	130	130
화학 비료	천 톤	834	860
자동차	대	38,815	42,050
종이	천 톤	242.7	258.8
원료	백만 미터	280.5	357
의류	백만 점	227	240
우유	백만 상자	143.8	150
표백제	천 톤	201.6	225

출처: Vietnam Economic Time.

〈도표7〉 1997년 주요 제조업 부문의 생산

(1996＝100)

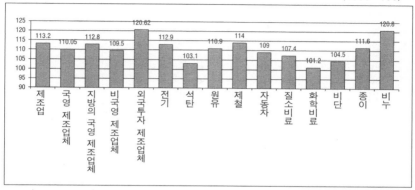

출처: Ministry of Industry.

〈도표8〉 1998년 중소기업의 상태

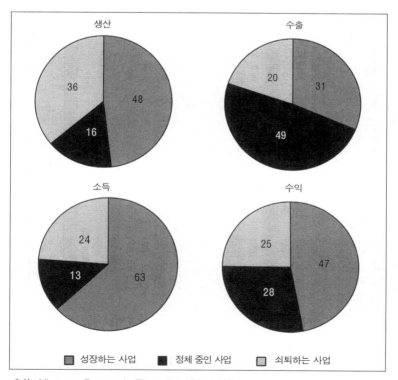

출처: Vietnam Economic Time July 24, 1999.

농업

〈표3〉 농업 부문 성장 1990-1997

	단위	2000년 목표	90	91	92	93	94	95	96	97	목표 달성 비율 (%)
						달성량					
전체 식량 생산량	백만 톤	30-32	21.5	21.98	24.21	25.5	26.2	27.6	29.2	30.6	102
쌀	백만 톤	27-28.8	19.20	19.62	21.59	22.8	23.4	25.0	26.4	27.7	100
커피	천 톤	315-350	92.0	103	110	136.1	180	218.0	253.9	350	111.1
차	천 톤	56	30	38.9	42.9	44.6	49.7	40.2	46.8	51	91.0
고무	천 톤	220.0	57.9	64.5	66.0	96.8	128.7	122.7	146.9	180.6	81.1
육류	천 톤	2000	1007.9	1035	1080	1100	1202	1322	1408	1500	75.0
농업 생산 중 축산 비율 (1989년 고정 가격)	%	30-35	22.5	21.9	22.8	22.5	22.7	22.27	22.29	22.5	73.3
농업 생산량 증가율	%	4.5-5		3.2	7.1	3.8	3.9	4.6	4.4	4.8	106.8
GDP 대비 농업 비중	%	20-21	40	39.5	33.0	28.8	29.9	29.04	27.20	27.0	
수출											
쌀 수출	백만 톤	-	1.62	1.03	1.95	1.72	1.95	2.1	3.04	3.5	
커피	천 톤	-	89.6	93.5	116.2	122.7	176.2	192	230	330	
차	천 톤	-	16.1	8.0	13.0	21.2	23.0	17.0	21.0	27	
고무	천 톤	-	75.9	62.9	81.9	96.7	105.1	130	110	170	
땅콩	천 톤	-	70.7	78.9	62.8	105.5	100.8	130	127	126	
캐슈넛	천 톤	-	24.7	30.6	51.7	47.7	57.4	95.5	110	112	
농산물 수출액	백만 US$	-	1149	1089	1276	1444	1948	2521	3267	4320	
전체 수출 중 농산물 비율	%		47.8	52.1	49.5	48.4	48.1	46.3	45.0	48	
총 농업생산량	10억 VND		65277	67365	72147	74888	78332	82037	86489	90736	(1994년 고정 기준)
산업용 작물 비율	%		14.5	16.6	15.4	16.37	17.92	18.5	18.4	19.0	42

출처: Vietnam Economic Time.

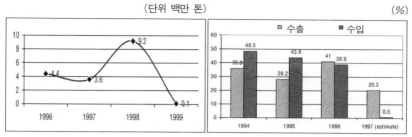

〈도표9〉식량 생산량 1991-1997

(단위 백만 톤)

출처: Vietnam Economic Time.

〈도표10〉농업 생산액 1996-1999

(%)

출처: Vietnam Economic Time November, 1999.

〈도표11〉겨울-봄 경작 쌀

(1992-1997)

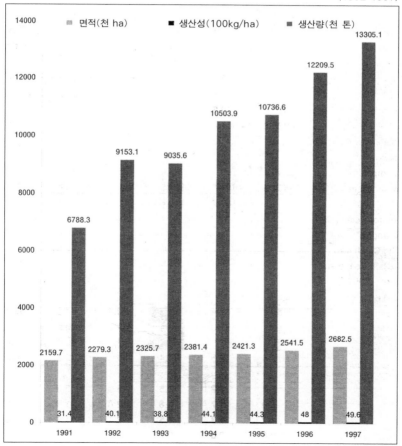

출처: Vietnam Economic Time

〈도표12〉 쌀 수출 1991-1999 (백만 톤)

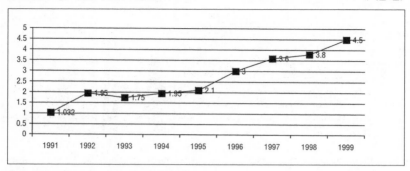

출처: Vietnam Economic Time Jan. 1, 2000.

환경

〈표4〉 환경 상태 1990-1996

	1990	1991	1992	1993	1994	1995	1996
1. 국토 면적(천 ha)	33,104.2	33,104.2	33,104.2	33,104.2	33,104.2	33,104.2	33,104.2
농경지	6,993.2	7,007.9	7293.5	7,348.5	7,367.2	7,367.5	7,973.6
산림	9,395.2	9,617.2	9,524.0	9,641.1	9,915.1	10,785.0	16,872.0
특정	972.2	1,002.5	1,106.0	1,108.7	1,122.2	1,271.0	1,301.8
택지	817.8	809.2	774.0	774.0	717.5	827.0	867.8
사용하지 않는 토지	14,925.8	14,667.4	14,406.8	14,232.9	13,982.2	12,843.6	13,089.1
2.인구 밀도(명/㎢)							
3. 용수 생산							
기업 수	46	50	55	55	57	60	62
용수량(백만㎥)	461.9	405.6	394.0	401.6	492.6	521.0	538.1
4. 자동차 (천 대)		167.7	190.6	211.7	263,1	296.1	323.7
5. 모터사이클 (천 대)						3,188	4,051.7
6. 먼지 농도(mg/㎥)							
하노이(트루옹친 가)					2.51		
HCMC(딘치엔호앙 가)							1.8
7. 하루 발생 폐기물(천 톤)							190
8. 비료(kg/ha)							
쌀	80.3	82.4	86.5	80.4	87.3	89.5	63.2
옥수수	50.4	51.3	53.4	54.5	49.6	56.7	52.1
채소류	30.1	42.5	36.4	27.9	40.2	35.4	36.2
기타	25.4	19.5	27.4	30.5	32.1	34.2	35.4
9. 살충제(kg/ha)							
쌀	2.5	2.2	1.5	3.0	2.9	1.3	1.2
옥수수	1.9	1.7	1.8	2.0	1.3	2.1	1.7
채소류	1.2	1.3	1.5	2.1	1.4	1.2	1.8
기타	0.8	0.5	0.7	0.6	0.9	1.2	1.0
10. 화전/파괴된 산림(ha)	37,775	20,257	40,209	21,688	14,436	25,898	

출처: Vietnam Economic Time Sep. 22, 1999.

〈표5〉 산림 손실

	세계	아시아 10개국	베트남
1995년 산림 면적(백만ha)	3,454.40	202.60	9.20
녹지율(%)	27.00	47.00	28.00
1인당 녹지면적(ha)	0.60	0.42	0.12
1990-1995년 연간 산림 손실 비율	0.30	1.40	1.40

출처: Vietnam Economic Time, June 16, 1999.

〈표6〉 목재 소비 예상량 2005-2010

(천 미터)

용도	2005	2010
기초 공사	1,000	1,500
제지, 섬유	1,000	6,000
합판	2,000	3,000
가정용품	2,000	2,500
특정 용도	350	500
전체 필요량	9,350	13,500
땔감용 전체 필요량	14,400	10,000

〈도표13〉 부문별 목재 소비 예상량 2005-2010

(m^3)

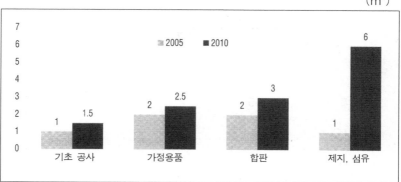

인간개발
〈표7〉삶의 질 지표 1998

	1945년 9월 이전	1998년	증가
학교 수	4037	23,286	5.8
대학 수	3	110	36.7
학생 수(인구 1천 명당)	557	20,540	36.9
기술 중등교육	2.3	124.6	54.2
대학교	0.6	357.6	596.0
인구 1만 명당 학생 수	282.6	2.703.0	9.6
병원 수(지방)	584	13,330	22.8
종합병원	26	1,944	74.8
의원, 보건소	507	11,201	22.1
병상 수(천 개)	13	199.1	15.3
보조의 및 의사 수(전통의학, 약사 포함)	547	96,300	176.1
고급 약사 및 의사	212	40.000	188.7
중급 보조의 및 약사(인구 1만 명당)	335	56,300	168.1
보조의 및 의사 수(인구 1만 명당)	0.28	12.7	45.4
출판사 수	825	8,363	10.1
출판물 수(백만 권)	1.57	161.5	102.7
도서관 수	4	618	154.5

〈그림14〉빈곤인구 1993-1998

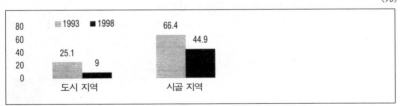

〈그래프15〉빈곤층 분포 1998

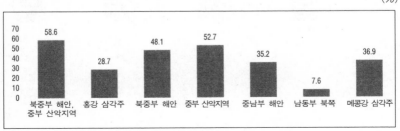

〈표8〉 기아와 빈곤 1993-1998 (%)

	1993			1996		
	전체	도시	농촌	전체	도시	농촌
식량 부족						
전체	24.9	7.9	29.1	15.0	2.3	18.3
산악지역, 중북부	37.6	14.2	41.7	29.2	1.0	32.8
2. 홍강 삼각주	25.8	1.8	30.1	7.5	1.0	9.0
3. 북중부 해안	35.5	17.8	37.2	19.0	1.1	21.3
4. 남부 해안	22.0	11.7	26.5	17.4	6.6	21.5
5. 중부 고원지역	32.0	-	32.0	31.5	-	31.5
6. 남동부 북쪽	10.3	4.1	15.2	1.8	0.5	3.1
7. 메콩강 삼각주	17.7	8.2	19.7	11.3	4.5	12.8
빈곤율						
전체	58.2	25.1	66.4	37.4	9.0	44.9
산악지역, 중북부	78.6	46.3	84.2	58.6	8.3	65.2
2.홍강 삼각주	62.9	13.9	71.7	28.7	4.8	34.2
3. 북중부해안	74.5	49.6	76.9	48.1	14.9	52.3
4. 남중부 해안	49.6	27.8	59.2	35.2	17.7	41.8
5. 중부 고원 지역	70.0	-	70.0	52.7		52.4
6. 남동부 북쪽	32.7	16.3	45.8	7.6	2.5	13.1
7. 메콩강 삼각주	47.1	25.0	51.9	36.9	15.3	42.0
빈곤 갭(Poverty gap indicator)						
전체	18.5	6.4	21.5	9.5	1.7	11.6
산악지역, 중북부	26.8	11.5	29.5	16.8	1.0	18.9
2. 홍강 삼각주	18.8	1.7	21.9	5.7	0.7	6.9
3. 중북부 해안	24.7	14.6	25.7	11.8	2.0	13.1
4. 남중부해안	16.8	8.0	20.7	10.6	4.0	13.2
5. 중부 고원지역	26.3	-	26.3	19.1	-	19.1
6.남동부 북쪽	9.2	4.1	13.2	1.3	0.4	2.4
7. 메콩강 삼각주	13.8	6.8	15.4	8.2	3.2	9.3
빈곤 갭 지수(Squared poverty gap index)						
전체	7.9	2.4	9.2	3.6	0.5	4.4
산악지역, 중북부	11.8	4.1	13.2	6.5	0.2	7.3
2. 홍강 삼각주	7.4	0.4	8.6	1.8	0.2	2.2
3. 북중부 해안	10.5	5.8	11.0	4.1	0.4	4.5
4. 남중부 해안	7.9	3.1	10.0	4.7	1.4	6.0
5. 중부 고원지역	14.0	-	14.0	9.6		9.6
6. 북부 남동쪽	3.7	1.5	5.5	0.4	0.1	0.7
7. 메콩강 삼각주	5.6	2.7	6.2	2.7	0.9	3.1

출처: Vietnam Economic Time October 30, 1999.

〈도표16〉 학생 1인당 연간 교육비 (천 VND)

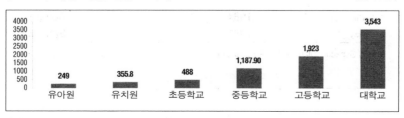

유아원	유치원	초등학교	중등학교	고등학교	대학교
249	355.8	488	1,187.90	1,923	3,543

출처: Vietnam Economic September 8, 1999.

전쟁이 건강에 미치는 영향

⟨도표17⟩ 북베트남 참전군인 지방 조직의 다이옥신 농도

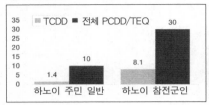

출처: Vietnam Economic Time Jan. 3, 2000.

⟨도표18⟩ 우유의 다이옥신 농도, 1970-1985

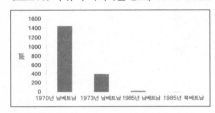

출처: Vietnam Time Jan. 3, 1999.

⟨도표19⟩ 인체 지방 조직의 다이옥신 농도 (149개 샘플)

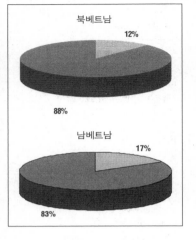

⟨표9⟩ 가족 구성원 혈액 샘플의 다이옥신 농도

번호	이름	생년월일	TCDD	PCDD/TEQ	비고
VN99-6	응우옌 반 당―남	1945	163.8	179.8	아버지
VN99-1	응우옌 티 호아―여	1954	271.0		어머니
VN99-2	응우옌 탄 헝―남	1980	87.0		아들
VN99-3	응우옌 티 느함―여	1942	68.3	81.55	어머니
VN99-10	응우옌 딘 한―남	1935	74		아버지
VN6/99-11	응우옌 민차우―남	1981	62		아들(쌍둥이)
VN6/99-12	응우옌 비엣 차우―남	1981	57		아들(쌍둥이)

비엔형 구역(1993년 6월 3일); Arnol Schecter-Olap Papke(Pg/g또는 ppt-Lipid).

비나약 센(binayak sen) 모스크바 러시아과학원 동양학연구소에서 박사학위를 취득했으며 관심 분야는 빈곤의 경제학과 소득 분배, 성장 정치경제학, 보건과 영양, 젠더 연구와 경제사이다. 이에 대해 광범위하게 집필해왔으며 현재 방글라데시 개발연구원(BIDS) 선임 연구원으로 재직 중이다.

청시우메이(Chung Hsiu Mei), 청융-펑(Chung Yung-Feng), 흥신란(Hung Hsin Lan), 슈추안쳉(Hsiu Chuan Cheng), 리청친(Lee Chung Chih), 린이런(Lin yi h Ren) 수년 동안 대만의 환경운동 및 기타 민중운동에 참여해왔으며, 특히 메이눙 댐 건설에 반대해 투쟁했다. 이 팀의 리더인 청시우는 대만의 여성운동에서도 활발하게 활동하고 있다. 아레나(ARENA) 위원회 구성원이다.

한나 판디안(Hannah Pandian) 예술, 저널리즘, 개발 문제에 심도 높은 경험을 가지고 있으며 싱가포르, 시카고, 워싱턴 및 런던에서 활동했다. 개발에서의 젠더 및 매체 연구 및 프로그램을 시작하기 전 몇 년 동안 싱가포르에서 유명한 연극평론가로 활동하였으며, 이후 생식 보건 및 개발에 대한 연구를 계속하였다. 영문학(영국 워릭대학교), 언론학(미국 노스웨스턴대학교) 석사 학위를 가지고 있다.

임티아즈 아메드(Imtiaz Ahmed) 방글라데시 다카대학교 국제관계학과 과장이자 교수이고, 대안센터 소장이기도 하다. 『이론적 관점: 사회과학 및 예술 저널』, 『남아시아 난민 주시』, 『정체성, 문화 그리고 정치학:

아시아 아프리카인 대화』를 펴냈고, 저서로는『국가 및 해외 정책: 남아시아에서의 인도의 역할』,『남아시아 민족국가의 효과: 탈 민족주의적 비평』,『디아스포라의 건설: 일본 거주 남아시아인』 등 다수가 있다. 가장 최근의 출판물로는『남아시아의 물의 미래』가 있고『미래: 정책, 계획 및 미래 연구 저널』 특별호가 있다.

이루완토(Irwanto) 1992년 미국 퍼듀대학교에서 심리학 박사학위를 취득했다. 1983년부터 인도네시아 자카르타 아트마쟈야대학에서 교편을 잡고 연구를 해왔다. 특별 보호가 필요한 아동, AIDS/HIV, 마약 사용 및 남용 문제와 관련한 다양한 국내외 단체에서 컨설턴트로 활동하고 있으며, 국내외적으로 연구물도 계속 발표해왔다.

레티남 뚜옛(Le Thi Nham Tuyet) 사회인류학 교수직에서 퇴임하여 베트남 하노이에 있는 개발에서의 젠더, 가족, 환경 연구 센터(CGFED)의 소장으로 활동하고 있다. 베트남의 역사 및 문화 영역뿐만 아니라 젠더, 여성, 노동 및 가족 문제 등 광범위한 주제에 관해 연구하고 집필해왔다.

미나 쉬브다스(Meena Shivdas) 젠더 및 개발 전문가로 아시아 여성단체 및 정부에서 근무했다. 최근 연구 영역은 네팔과 인도 뭄바이 사이에서 일어나는 여성 밀매로, 젠더 역동성과 정책 참여에 초점을 맞춰 성 노동을 연구하고 있다. 이전에 싱가포르에서 저널리스트로 활동한 바 있으며 개발의 이면에 대한 칼럼을 지역 뉴스 잡지에 쓰기도 했다. 현재 ARENA 이사회 및 편집위원회의 일원으로 참여하고 있다.

미요 니운트(Myo Nyunt) 1966년부터 1979년까지 버마 랑군대학교에서 경제학을 가르쳤고 버마 정부의 무역부에서 고문으로 활동했다. 1979년부터 1983년까지 말레이시아 사바에서, 1983년부터 1989년까지 파푸아뉴기니에서 국제 개발 컨설턴트로 웨스턴 오스트레일리아 보건부와 함께 활동했다. 호주 에디스 코완대학교의 '버마 연구 그룹'의 설립자이자 명예 연구원으로서 버마의 정치경제학에 대해 연구했다. 그는 현재 워싱턴 버마기금의 기술자문 네트워크(TAN)의 일원이며, 저서로는 『버마의 경제 발전: 버마 경제학자의 연구』가 있다.

낸시 허드슨-로드(Nancy Hudson-Rodd) 호주 에디스 코완대학교 대학원 과정의 개발학 프로그램 과장으로 재직 중이며 에디스 코완대학교 국제대학원에서 인권, 문화 사회 지리학도 가르치고 있다. 만달레이, 페구, 랑곤에서, 그리고 태국, 라오스와 접한 국경 마을에서 현대 버마인들의 삶에 대해 연구해왔다. '버마 연구 그룹'의 설립자이기도 한 그녀는 워싱턴버마기금의 기술자문 네트워크(TAN)의 일원으로도 활동하며, 미요 니운트와 긴밀하게 협력하며 버마의 토지권 및 재산권에 대해 연구하고 있다.

응우옌 민 루언(Nguyen Minh Luan) 베트남 하노이 소재 사회과학 및 인문학 국가센터 산하 사회학 연구원의 부책임자를 역임했고 현재 CGFED 젠더 및 환경부의 연구팀장으로 재직 중이다. 젠더 및 개발 이슈와 관련한 사회적, 정치적, 경제적 변화, 특히 베트남에서의 사회 환경에 관심을 가지고 있다.

| 주(註) |

책머리에

1) Galeano, Eduardo(1997). 'To Be Like Them', in Majid Rahnema with Victoria Bawtree, eds., *The Post-Development Reader*. Dhaka: The University Press Ltd, p.214.

2) Spivak, Gayatri Chakravorty(1999). *A Critique of Postcolonial Reason: Toward a History of the Vanishing Present*, Cambridge, Massachusetts: Harvard University Press, p.366(가야트리 스피박, 태혜숙 옮김, 『포스트식민 이성 비판』, 서울: 갈무리, 2005).

3. De Semarclens, Pierre(1997). 'How the United Nations Promotes Development Through Technical Assistance', in Majid Rahnema with Victoria Bawtree, eds. 앞의 책, p.194.

4. De Semarclens, Pierre, 앞의 책.

5. Escobar, 'The Making and Unmaking of the Third World Through Development', in Majid Rahnema with Victoria Bawtree, eds. 앞의 책, p.91. 이 책이 드러내고자 하는 것은 바로 발전의 추구가 보통 사람들에게 어떤 의미를 갖느냐는 것이다. 헤게모니에 저항하고 대안을 상상하기 위하여 사람은 가면을 벗고 개발주의 지배 담론에 대항해야 한다. 이 가면을 벗는 것은 '발전'에 대한 광기에 가까운 추구로 인한 폭력, 이를테면 우리 자원의 파괴, 공동체의 해체, 정체성과 역사의 말살, 앎과 생명-형태의 약탈과 상품화, 특히 여성주의자들이 빈곤의 여성화라고 부르는 결과로서 여성의 착취와 억압 등을 이해하는 데에서 출발한다. 전 세계 사람들의 안전한 미래를 담보로 잡는 결과를 초래했던, 여기에서 차마 다 언급할 수조차 없는 수많은 부작용 역시 함께 이해해야 한다.

인도네시아

1) 통계청(Central Bureau of Statistics, CBS). 인도네시아어로는 Biro Pusat

Statistik(BPS).

2) 노동 통계는 열 살 아동의 고용을 집계하기 시작했다. 1999년 정부는 최저 고용 연령에 관한 ILO 협약 138호를 비준하였다. 20호 법률(1999년)은 기존의 국가 규제에 따라 14~15세 정도의 청소년은 가벼운 일에만 종사할 수 있다고 정하였다. 약 1년 전 이 법이 시행된 뒤로 요청을 통해 데이터를 이용하는 것은 통계청이 인정하는 관련 통계를 획득함으로써 법적 수단의 유효성이 공익을 극대화할 때만 가능하다.

3) 아디오에토모(Adioetomo, 1997)는 1994년 당시의 2.9명의 출산율과 54%의 피임약 보급률로 볼 때 인도네시아가 2010년에는 순 재생산률이 1에 도달할 수 있을 것이라 주장하였다.

4) 0~19세 인구의 성장률은 2010년 당시 0.0이었다.

5) 미국 및 연합국과 소련 사이에 냉전이 시작되자 사회주의, 특히 중국에게 호의적인 입장을 보이는 수카르노에 대해 군부는 매우 적대적이었다. 1965년 쿠데타 실패 이후 수하르토 장군의 군대는 수카르노 지지 철회를 선언하고 권력을 이어받았다.

6) 1978년 정부는 대학정상화법을 발표하였고 1984년 수하르토는 모든 형태의 조직이 판차실라(Pancasila, 인도네시아 국가 5대 원칙)가 조직의 고유 이념임을 선언해야 한다고 공표하였다.

7) 1998년 국제투명성기구(Transparency International)는 부패 정도에 따라 85개국의 순위를 매겼다. 인도네시아보다 높은 순위에 있는 나라는 8개국뿐이었다. 동아시아에서 인도네시아는 부패가 가장 심한 것으로 나타났다(Feridhanusetyawan & Anas, 2000).

8) 1978년 아세안 국가들은 회원국에게 연구 정보와 가격 통제를 제공하는 아세안식량안보비축기관(ASEAN Food Security Reserve)을 설립하였다(Birowo & Sanusi, 1985).

9) 페르타미나 사(인도네시아 국영석유공사, 석유와 가스), 가루다 사(인도네시아 국영항공사, 국내선 및 국제선 항공), PT 티마 사(목재 및 금광), 누르타니오 사(항공기 제조).

10) 혼인법(No.1/1974년)은 양측이 21세 이상이면 부모의 동의 없이 결혼할 수 있다고 명시한다. 그 나이 이전의 결혼은 부모의 허락을 전제로 신부의 나이가 16세, 신랑의 나이가 19세 이상일 때 가능하다. 출생신고가 항상 가능한 것이 아니기 때문에 많은 결혼이 기만적으로 또는 은밀하게 행해진다.

11) 여기에 논쟁의 여지가 없는 것은 아니다. 매닝(Manning, 1988)의 연구에 따르면, 지역의 많은 가구들이 녹색 혁명과 오일 붐으로 혜택을 받았지만 어떤 가구들은 고용 확대의 혜택을 누리지 못했다.

12) 1988년 인도네시아 환율은 1달러당 1,750루피아였다.

싱가포르

1) 연간통계(Yearbook of Statistics), 2001.

2) 싱가포르는 1959년에 자주 정부를 얻었고, PAP 정부는 같은 해에 권력을 얻었다. 하지만 싱가포르는 1963년에 말레이시아 연방에 합류했고, 1965년에 연방에서 분리되어 1965년에 완전한 독립을 이루었다.

3) 싱가포르는 1970년대부터 노동력이 부족하다는 이유로 여성의 노동력 참여를 독려했다.

4) 2000년에 55.5%.

5) 이러한 문구는 하르시 세티(Harsh Sethi) 덕분이다.

6) 1988년 민족 구성은 중국계가 76%, 말레이계가 15.2%, 인도계가 6.5%였다.

7) 1959년 합계출산율(TFR)은 6.14였는데 1965년 4.62까지 감소했다.

8) 연령별 출산율은 특정 연령 여성 1천 명당 그해 출생아 수로 계산한다.

9) 어린이들은 초등학교 3학년(평균 연령 9세)에서 영재, 고급, 일반, 단일 언어 트랙 등으로 분화된다.

10) 2천 명의 싱가포르인에 대한 설문조사는 ACNielsen eRatings.com에 의해 이루어졌다.

11) 2001년 3월 13일자 온라인 신문 『뉴스 팩터 네트워크(News Factor Network)』의 「싱가포르 인터넷 중독 공격」이라는 기사에 의하면 거의 절반에 이르는 싱가포르 가구가 인터넷에 접속할 수 있다.

12) 대체 수준의 출산율은 여성이 주어진 인구에서 자기 자신을 '대체하기'에 충분한 수만큼의 딸을 평균적으로 가지는 것을 의미한다.

13) A등급 같은 높은 등급 병동보다 C등급과 같은 낮은 등급의 병동에 있는 병상에서 비용의 증가가 더 컸다.

방글라데시

1) Shiva Vandana(1989). *Staying Alive: Women, Ecology and Development*, London: Zed Books: 179.

2) Anwar Jamal(1993). *Bangladesh: The State of the Environment*, Dhaka: Coastal Area Resource Development and Management Association: 55.

3) Ehrlich Paul R, Anne H Ehrldich, Gretchen C Daily(1993). 'Food Security, Population, and Environment', *Population and Development Review 19*, No.1, March.

4) 더 자세한 것은 다음을 참고할 것. Imtiaz Ahmed & Amena Mohsin, 'Dam, Nation, Damnation: The Kaptai Dam and the Hill People of Bangladesh', Centre for Alternatives(mimeo), July 1999.

5) Jenneke Arens, 'Foreign Aid and Militarisation in the CHT', in Subir Bhaumik, etal(eds.)(1997). *Living on the Edge*, Calcutta: SAFER & CRG: 49.

6) Islam Nazmul(1998). 'The Karnaphuli Project: Its Implications on the Tribal Population', *Public Administration*, Vol.3, No.2, University of Dacca, Dacca:3.

7) Zaman MQ(1982). 'Crisis in CHT, Ethnicity and Integration', *Economic and Political Weekly*, Bombay, 16 January: 77.

8) Kamaluddin S(1980). 'A Tangled Web of Insurgency', *Far Eastern Economic Review*, May 23: 34.

9) Zaman MQ(1982), 77.

10) Talukdar SP(1988). *The Chakmas: Life and Struggle*, Delhi: Gian Publishing House: 101-4.

11) 다음을 참조하라. Ravi Nair, 'The Stateless Chakmas and Hajongs of the Indian State of Arunachal Pradesh', South Asia Human Rights Documentation Centre, New Delhi, 1 October 1997(mimeo), p.17.

12) Basu Ray Chaudhury Sabyasachi & Ashis K Biswas(1997), 'A Diaspora is Made' the Jummas in the North-East India', in Subir Bhaumik et al.(eds.), *Living on the Edge*, Calcutta: SAFER & CRG: 146-7.

13) Tripura Prasanta, 'Colonialist Barriers to National Integration: Modern Bangladesh and the Hill People', in Imtiaz Ahmed & Meghna Guhathakurta

(eds.)(1992), *SAARC: Beyond State-Centric Cooperation*, Dhaka: Centre for Social Studies.

14) DND 제방은 거의 무너지기 직전이었다. 수천 명의 주민들이 거의 일주일 내내 모래주머니를 쌓아서 말 그대로 제방을 구했다.

15) 더 자세한 것은 다음을 참조하라. Nazrul Islam, 'Flood Control in Bangladesh: Which Way Now?' in Imtiaz Ahmed(ed)(1999), *Living with Floods: An Exercise in Alternatives*, Dhaka: University Press Limited.

16) Hanna Schmuck-Widman(1996). *Living with the Floods: Survival Strategies of Char Dwellers in Bangladesh*. Berlin: FDCL: 8 & 96.

17) See, K Stewart(1989). 'Post Flood: Assessment and Nutritional Status of Children in Matlab, Bangladesh', paper presented in *Regional and Global Environmental Perspectives*, Dhaka, 4-6 March 1989. Also cited in Peter Rogers, Peter Lydon & David Seckler, *Eastern Waters Study: Strategies to Manage Flood and Drought in the Ganges-Brahmaputra Basin*. Arlington, Virginia: ISPAN, April 1989: 52.

18) Rogers Peter et al., 앞의 책.

19) Islam Nazrul, 앞의 책.

20) Islam Nazrul, 앞의 책.

21) 다수확 품종 재배 지역은 1973년에는 14%였던 것이 1993년에는 54%로 늘었다. 게다가 '보로' 품종의 90%이상이 다수확 품종이다.

22) Rogers Peter, Peter Lydon, David Seder & GT Keith Pitman(1994), *Water and Development in Bangladesh: A Retrospective on the Flood Action Plan*. Arlington: ISPAN: 17.

23) Islam Nazrul, 앞의 책.

24) Oxfam, Dhaka, conducted the survey.

25) Rahman Hossain Zillur(1998). 'Early Warning on Post-Flood Coping: Findings on In-Migration to Dhaka'. Paper presented at the National Seminar on *The Deluge of 1998*, organised by Nagarik Durjog Mokabila Udyog, CIRDAP auditorium, 31 December 1998.

26) *The Daily Star*, 6 October 2000, p.11

27) This has been argued by Amalendu De. See, Imtiaz Ahmed, 'The Plight

of Environmental Refugees: Reinventing Bangladesh Security', *South Asian Refugee Watch*, Vol.2, No.1 July 2000: 52.

28) 자세한 것은 다음을 보라. Charles Tilly(1990). 'Transplanted Networks', in Virginia Yans-McLaughlin(ed). *Immigration Reconsidered: History, Sociology, and Politics*. Oxford: Oxford University Press.

29) Datta-Ray Sunanda K(1989). 'Deceit in the East: Wishing Away Bengali Refugees', *The Statesman*(India), 6 August.

30) 그 의견에 대해 더 자세히 보려면 다음을 보라. Abdur Razzaque(1981). *Bangladesh: State of the Nation*. Dhaka: University of Dhaka.

31) Imtiaz Ahmed, Ajaya Dixit & Ashis Nandy(1997). *Water, Power and People: A South Asian Manifesto on the Politics and Knowledge of Water*. Colombo: Regional Centre for Strategic Studies: 10-11.

32) 자세한 것은 다음을 참조하라. Nazrul Islam, 앞의 책.

33) 캅타이 댐 이후 산악지역 사람들 약 5만 명이 인도로 갔다.

34) 방글라데시로 독립한 이후에도 산악지역 소수민족 5만 4천 명이 군대의 잔혹행위와 국가의 토지 몰수 때문에 국경을 넘어 인도로 갔다.

35) 다음을 참조하라. Atiur Rahman(1985). *Impact of Riverbank Erosion: Survival Strategies of Displaces*. Dhaka: Bangladesh Institute of Development Studies; K Maudood Elahi & John R Rogge(1990). *Riverbank Erosion, Flood and Population Displacement in Bangladesh*. Dhaka: Jahangirnagar University. 정부 지원을 받는 CHT 정착민 대다수도 환경 난민이라고 말할 수 있다. 사실 CHT에서는 소수민족 사람들이 그들을 '난민'이라고 종종 부른다.

36) Gupta Gautum, Debash Chakrabarty & Sabari Bandyopadhyay(1994). *Migration from Bangladesh to India during 1971-91: Its Magnitude and Causes*. Paper presented at the International Symposium on 'South Asian Politics and Development: Bangladesh and India', organised by the Maulana Abul Kalam Azad Institute of Asian Studies, Calcutta (India), 1-3 March: 3.

37) Franda Marcus(1982). *Bangladesh: The First Decade*. New Delhi: South Asian Publishers Pvt. Ltd 235.

38) De Amalendu(1994). *Changing Demographic Scenario of Bangladesh and North-Eastern Parts of Indian Analysis of Its Impact on the Socio-political Life of the Region.* Paper presented at the International Symposium on 'South Asian Politics and Development: Bangladesh and India', organised by the Maulana Abul Kalam Azad Institute of Asian Studies, Calcutta(India), 1-3 March: 1.

39) Government of the Peoples Republic of Bangladesh(1976). *White Paper On the Ganges Dispute*, Dhaka, September; A Hannan(1980). *Impact of Reduced Flow of Major Rivers of Bangladesh.* Paper presented at the Department of Water Resources Engineering, BUET, Dhaka, 23 August; BM Abbas(1982). *The Ganges Water Dispute.* Dhaka: University Press Limited; MRafiqul Islam(1982). *The Ganges Water Dispute: International Legal Aspects.* Dhaka: University Press Limited; Khrushida Begum(1987). *Tension Over the Farakka Barrage: A Techno-Political Tangle in South Asia.* Dhaka: University Press Limited; M ManiruzzamanMiah(1989). *Floods in Bangladesh: A Case for Regional Cooperation.* Paper presented at the ICSAC Seminar, New Delhi, February; B G Verghese(1990). *Waters of Hopes Himalaya-Ganga Development and Cooperation for Billion People.* Dhaka: Academic Publishers.

40) Swain Ashok(1996). 'The Farakka Barrage: A Double-Edged Sword', *Theoretical Perspectives*, Vol.III, October.

41) 자세한 것은 다음을 참조하라. Dilshad Jahan, et al.(1996). 'Squatter Settlements in the Dhaka City! Causes and Problems', Department of International Relations, University of Dhaka(unpublished report) April: 19.

인도네시아

Abdul Hakim Garuda Nusantara & Tanuredjo Budiman(1997). *Dua Kado Hakim Agung Buat Kedung Ombo, Tinjauan Putusan-putusan Mahkamah Agung Tentang Kasus Kedung Ombo.* Jakarta: ELSAM.

Abdullah T(2001). 'Harta lokal yang terabaikan'. Paper presented at the National Dialogue on Local Cultures of the Mallucas Communities: The New Indonesia, held by the Go East Institute, 14-17 March 2001 at Langgur island, Key Kecil, the Mallucas.

Abimanyu A(1997). 'Recent economic events in Indonesia: From rapid economic growth to national car policy', in GW Jones & TH Hull(ed) Indonesia Assessment: Population and Human Resources. Singapore: ANU & ISEAS(pp.39-56).

Adam AW(1999). 'Pengendalian sejarah sejak Orde Baru', in H Ckgmbert-Loir & HM Ambary(ed) *Panggung Sejarah: Persembahan kepada Prof. Dr Denys Lombard.* Jakarta: Ecole-francaise d'Extreme-Orient, Pusat Penelitian Arkeologi Nasional, & Yayasan Obor Indonesia.

Adioetomo SM(1997). 'Fertility and family planning: Prospects and challenges for sustainable fertility decline', in GW Jones & TH Hull(ed) Indonesia Assessment: Population and Human Resources. Singapore: ANU & ISEAS(pp.232-45).

Aditjondro G J(1998). *Dari Soeharto ke Habibie: Guru kencing berdiri, murid kencing berlari-Kedua puncak Korupsi, Kolusi, dan Nepotisme Rezim Orde Baru.* Jakarta: MIK & Pijar Indonesia.

Ananta A & EN Anwar(1995). *Projection of Indonesian population and labour force 1995-2025.* Jakarta: Lembaga Demografi Universitas Indonesia.

'Aspek hukum anak-anak yang bekerja di Jermal', Konvensi, vol.4, December

1998.

Asra A(1998). *Working children in Medan and Deli Serdang North Sumatra, Indonesia 1995*. Jakarta: Central Bureau of Statistics.

Barlow C & J Hardjono(1995) *Indonesia assessment: Development in Eastern Indonesia*.

Birowo AT & NA Sanusi(1985). 'Kerjasama pangan dan pertanian ASEAN', in H Esamara(ed) *Memelihara momentum pembangunan*. Jakarta: PT Gramedia(pp.81-96).

Booth A(1999). 'Pembangunan: Keberhasilan dan kekurangan', in DK Emmerson(ed) *Indonesia Beyond Soeharto:* Negara, Ekonomi, Masyarakat, Transisi. Jakarta: PT Gramedia(pp.185-234).

Bresnan J(1995). *Buchori's Dilemma: Indonesian Society in Transition*. New York: Council on Foreign Relations.

CBS(1996a). *Maternal & Child Health Survey 1995*. Jakarta: CBS.

____(1996b). *Welfare indicators 1995*. Jakarta: CBS.

____(1997). *Child and Youth Welfare Indicators 1996*. Jakarta: CBS.

____(1998a). *Child and Youth Welfare Indicators 1997*. Jakarta: CBS.

____(1998b). *National Labor Force Survey 1997*. Jakarta: CBS.

____(2000). *Welfare Statistics 1999*. Jakarta: CBS.

Chambert-Loir H & HM Ambary(1999). *Panggung Sejarah: Persembahan kepada Prof. Dr Denys Lombard*. Jakarta: Ecole-francaise d'Extreme-Orient , Pusat Penelitian Arkeologi Nasional, & Yayasan Obor Indonesia.

Convention of the Rights of the Child: First Periodic Report(CRC-FPR) - Indonesia 1993-June 2000. Draft report.

Cribb R(1999). 'Bangsa: Menciptakan Indonesia', in DK Emmerson(ed) *Indonesia Beyond Soeharto : Negara, Ekonomi, Masyarakat, Transisi*. Jakarta: PT Gramedia(pp.4-64).

CSIS staff(2002). 'The weakening trend in Indonesia's economic growth', *The Indonesian Quarterly*, vol.30(1): pp.20-30.

CSDS(2000). *Social-survey and mapping of street children in 12 cities in Indonesia*. Unpublished report to ADB.

Dianto Bachriadi & Anton Lucas(2001). *Merampas Tanah Rakyat, Kasus Tapos dan Cimacan.* Jakarta: Kepustakaan Populer Gramedia.

Djaka Soehendra, Masalah Perambah Hutan dan Peladang Berpindah: Alternatif Pemecahannya, in EKM Masinambow(ed) *Hukum dan Manajemen Budaya.* Jakarta: Yayasan Obor Indonesia, 2000.

Editor weekly magazine(11 February 1989) *Unjuk Rasa Karena Waduk.* No.24/THN.II.

Emmerson DK(1999). 'Akanah Indonesia bertahan?' in DK Emmerson(ed) *Indonesia Beyond Soeharto: Negara, Ekonomi, Masyarakat, Transisi.* Jakarta: PT Gramedia(pp.645-66).

Esamara H(1985). *Memelihara momentum pembangunan.* Jakarta: PT Gramedia.

Fealy G(1997). 'Indonesian politics, 1995-1996: The making of a crisis', in GW Jones & TH Hull(ed) *Indonesia Assessment: Population and Human Resources.* Singapore: ANU & ISEAS(pp.19-38).

Feridhanusetyawan T & T Anas(2000). 'Revisiting the cause of the Indonesian economic crisis', in M Ishida(ed) *Economic crisis in Indonesia.* Chiba, Japan: Institute of Developing Economies, Japan External Trade Organisation(pp.1-60).

Firman T(1997). 'Patterns and trends of urbanisation: A reflection of regional disparity', in GW Jones & TH Hull(ed) Indonesia Assessment: Population and Human Resources. Singapore: ANU & ISEAS(pp.101-17).

Gobang P, Iswanti, G Nafanu, H Cahyadi, H Tabadepu(2001). *Otonomi Daerah: Untuk kepentingan siapa? Laporan penelitian di lima media cetak.* Jakarta: PAKEM.

Hill H(1992). 'Survey of recent developments' *Bulletin of Indonesian Economic Studies,* 28(2):3-41.

Hugo G(2000). 'Changing patterns and processes of population mobility', in GW Jones & TH Hull(ed) *Indonesia Assessment: Population and Human Resources.* Singapore: ANU & ISEAS(pp.68-100).

Hull TH(1993). 'Workers in the shadows: a statistical wayang', in *MajalahDemografi Indonesia,* 20(40):49-60.

_____(1999). 'Defining a future for population data', in GW Jones & TH

Hull(ed) *Indonesia Assessment: Population and Human Resources.* Singapore: ANU & ISEAS(pp.285-91).

ICJ(1990). *Reservations by Asian countries.* Geneva: International Commission of Jurists.

ILO/MOM/NPB(2000). *Consultative forum on a strategy for employment-led recovery and reconstruction in Indonesia.* Jakarta: ILO.

Imawan(1999). *Dampak krisis ekonomi pada perkembangan jumlah pekerja anak berdasarkan data terbaru Desember 1998.* Paper presented at the National Workshop on Child Labour: Looking for best practices, Bogor, West Java(July).

Irwanto(1997). *Studies of child labour in Indonesia: 1993-1996.* Jakarta: ARC-ILO/IPEC.

_____ & MG Tan(1996). 'Aging in Indonesia: Emerging Issue', in Y Hagiwara(ed) *Aging and elderly in Asia.* Tokyo: Social Work Research Institute, Japan College of Social Work.

_____, A Hendriarti & Y Ratrin(1999). *Alternative approaches to education in Indonesia.* Paris: IIE- UNESCO.

_____, M Farid, & J Anwar(2000). *Analisis situasi anak yang membutuhkan perlindungan khusus.* Jakarta: UNICEF.

_____, F Nugroho, & D Tobing(2001). *Perdagangan anak di Indonesia,* Jakarta: ILO-IPEC.

Ishida M(2000). *Economic crisis in Indonesia.* Chiba, Japan: Institute of Developing Economies, Japan External Trade Organisation.

Islam I & S Nazara(2000). *Minimum wage and the welfare of Indonesian workers.* Jakarta: ILO.

Jakarta Post(26 January 2002). *Indonesia a truly sick nation: A scholar,* p.l.

Jawa Pos daily(23 January 1989). *Yang Ngotot Mulai Takut, Genangan Air Melebar.*

Jones GW & TH Hull(1997). *Indonesia Assessment: Population and Human Resources.* Singapore: ANU & ISEAS.

Kedaulatan Rakyat daily(16 January 1989). *Penggenangan Waduk Kedungombo, Tidak Lagi, Penghujan tak Bisa 'Dodok' Kemarau tak Bisa 'Cebok'.*

_____(18 January 1989). *Wagub Jateng Drs Soenartedjo, Calo dan Penghasut Penduduk.*

Komnas PA(2001). Annual Report 2001.

Kompas daily(25 September 2000). *Sengketa Agraria, Warisan Konflik yang Tidak Kimjung Usai.*

_____(29 August 2001). *Mendagri Hari Sabarno tentang pelaksanaan Otonomi Cenderung tonjolkan 'daerahisme' yang sempit.*

Kusnaka Adimihardja(1999). *Hak Sosial Budaya Masyarakat Adat, dalam Menggugat Posisi masyarakat Adat Terhadap Negara.* Proceedings of the 'Sarasehan Masyarakat Adat Nusantara', Jakarta: 15-16 Maret, Sekretariat Aliansi Masyarakat Adat Nusantara.

Loir Botor Dingit(1999). *Kasus Sengketa Tanah Adat di Jelmu Sibak dalam Menggugat Posisi masyarakat Adat Terhadap Negara.* Proceedings of the 'Sarasehan Masyarakat Adat Nusantara', Jakarta: 15-16 Maret, Sekretariat Aliansi Masyarakat Adat Nusantara.

Mahfud M(1998). *Politik hukum di Indonesia.* Jakarta: LP3ES.

Malarangeng A(2001). 'Paradigma Sentralistik', Tempo weekly magazine, 27 August-2 September, 2001, p.48.

Malley M(1999). 'Daerah: Setralisasi dan perlawanan', in DK Emmerson (ed) *Indonesia Beyond Soeharto: Negara, Ekonomi, Masyarakat, Transisi.* Jakarta: PT Gramedia(pp. 122-81).

Manning C G(1992). *The forgotten sector: Employment structure and growth in services in Indonesia.* Jakarta: ILO

Manurung J & FD Saragih(2000). 'Growth, capital accumulation, and net debts: The theory and evidence in Indonesia', in M Ishida(ed) *Economic crisis in Indonesia.* Chiba, Japan: Institute of Developing Economies, Japan External Trade Organisation(pp.93-130).

Mboi N & Irwanto(1999). Indonesian experience with child labour: looking for best practices. Unpublished report to ILO-IPEC: Jakarta.

McNicoll G(1997). 'Indonesia's population growth and distribution in the 21st century: projection and speculation', in GW Jones & TH Hull (ed)

Indonesia Assessment: Population and Human Resources. Singapore: ANU & ISEAS(pp.264-84).

Ministry of National Education(2000). *Education for all: The year 2000 assessment.* Jakarta: MONE

Nachrowi ND, DJ Fergus & CB Dwiwati(1995). 'Labor market issue in Indonesia: An analysis in a globalisation context', in *Journal of Population* 1(1):71-105.

Negara SD(1998). 'Foreign direct investment in Indonesia: Trend and prospect' in *Jurnal Ekonomi dan Pembangunan* 6(2): 1-22.

Ngo M(2001). *Tentang latar, ranah, dan resolusi konflik: Tiga model penjelasan kerusuhan di Sambas dan Sampity Kalimantan.* Paper presented at a Workshop on Comprehensive Social Conflict Resolution in the Mallucas, Sulawesi, and Kalimantan held by KONTRAS in Cipayung, Bogor, 28-30 May 2001.

Pardoen S, S Sihotang, & R Adi(1999). *Children in hazardous works in the informal sector in Indonesia.* Jakarta: ILO-IPEC Sc CSDS Atma Jaya University.

Pargal S & D Wheeler(1995). *Informal regulation of industrial pollution in developing countries: Evidence from Indonesia.* Washington, DC: World Bank.

Putra HA(1999). *A focused-study on Child Abuse in Indonesia.* Unpublished report to UNICEF.

Rusman R, T Handayani, M Noveria, E Djohan, & H Yogaswara(1998). *Prihatin Lahir Batin: Dampak Krisis Moneter dan Bencana El Nino terhadap Masyarakat, Keluarga, Ibu dan Anak di Indonesia dan Pilihan Intervensi.* Jakarta: UNICEF & lipi.

Saptari R(1999). *Gerakan buruh di Indonesia: Kendala dan potensi.* Paper presented at the Dialogue on Finding Solutions to Structural Poverty: Labour Focal Point, Lembang, West Java, 10-12 December 1999.

Schwarz A(1994). *A nation in waiting: Indonesia in 1990s.* St. Leonard, NSW: Allen & Unwin.

_____(1999). *A nation in waiting: Indonesia's search for stability.* 2nd ed. St.Leonard, NSW: Allen & Unwin.

Sharp I & A Compost(1997). *Green Indonesia: Tropical Rainforest Encounter.*

Kuala Lumpur, Malaysia: Oxford University Press.

Sjahrir(1992). *Analisis ekonomi Indonesia*. Jakarta: PT Gramedia.

Soesastro H(1995). 'The economy: A general review', in C Barlow & J Hardjono(ed) *Indonesia assessment: Development in Eastern Indonesia.*

Starine S & Rohman(1999). *Anak-anak korban pedofil di Bali.* Unpublished report to Aus-aid.

Suara Merdeka daily(15 January 1989). *Kedung Ombo Mulai Diisi, Sebagian Warga Belum Pergi.*

_____(9 February 1989). *Mendagri Soal Kedung Ombo, Penduduk Yang Belum Mau Pitidah Tak Perlu Dipaksa.*

_____(10 February 1989). *Kasus Waduk Kedung Ombo, Penduduk Harus Bisa Mengerti Sikap Mendagri.*

Sujata A(2000). *Reformasi dalam penegakan hukum.* Jakarta: Jambatan.

Suryana A & IW Rusastra(1998). 'Dampak kekeringan dan krisis moneter terhadap produksi pangan', in R Rusman, T Handayani, M Noveria, E Djohan, & H Yogaswara, *Prihatin Lahir Batin: Dampak Krisis Moneter dan Bencana El Nino terhadap Masyarakat, Keluarga, Ibu dan Anak di Indonesia dan pilihanIntervensi.* Jakarta: UNICEF & UPI.

Suyono H(1997). *Program penghapusan kemiskinan.* Jakarta: Kantor Menteri Negera Kependudukan dan BKKBN.

Syah M(2001). *Perberdayaan Maluku Utara dalam pengembangan masyarakat menuju Indonesia Baru.* Paper presented at the National Dialogue on Local Cultures of the Mallucas Communities: The New Indonesia held by the Go East Institute in 14-17 March, 2001 at Langgur island, Key Kecil, the Mallucas.

Tempo weekly magazine(11 February 1989). *Kedung Ombo, Mereka Masih Bertahan.*

_____(27 August2 September 2001). *Interview with Hari Sabarno: Kita bukan negara federal.*

_____(27 August-2 September 2001). *Sang hakim pun tafakur di depan alkitab*, pp.20-2.

_____(27 August-2 September, 2001). *Hukum bukan lagi milik kita*, p.23.

_____(February 18, 2002). *Overdoing the revision*, pp.30-1.

UNDP(2001). *Human Development Report 2001: Making new technologies work for human development*, New York Oxford University Press.

UNICEF(2000a). *Challenges for a new generation: The situation of children and women in Indonesia, 2000.* Jakarta: GOI & UNICEF.

_____(2000b). *Data pembuka mata.* Jakarta: LIPI & UNICEF.

Wignjosoebroto S(1994). *Dari hukum kolonial ke hukum nasional: Dinamika social-politik dalam perkembangan hukum di Indonesia.* Jakarta: PT RajaGrafindo Persada.

Wiranatakusumah MD & EN Anwar(1994). 'Aging in Indonesia: Demographic characteristics', in G Hugo(ed) *Future directions in aged care in Indonesia.* Proceeding of Joint Indonesia-Australia Seminar, Jakarta, July 1994.

World Bank(1996). *Indonesia: Dimension of growth.* Report No.15383-IND, May, Country Department III, East Asia and Pacific Region, Washington DC: World Bank.

_____(1998). *Education in Indonesia.* Washington DC: World Bank.

_____(2000a). *Indonesia: Public spending in a time of change.* ReportNo.19845-IND.

_____(2000b). *Indonesia: Accelerating recovery in uncertain times.* Brief for the Consultative Group on Indonesia. Washington DC: World Bank.

_____(2000c). *Indonesia oil and gas sector study.* Washington DC: World Bank.

_____(2001). *Indonesia: Imperative for reform.* Washington DC: World Bank.

싱가포르

Amnesty International Report 2001: Singapore.

Chan Heng Chee(1975). 'Politics in an Administrative State: Where Has the politics Gone?' in Seah Chee Meow(ed.), *Trends in Singapore*, ISEAS: Singapore.

_____(1989). 'The Structuring of the Political System' in Kernial Singh Sandhu & Paul Wheatley(eds.), *Manadement of Success, The Moulding of Modern Singapore*, ISEAS: Singapore.

Chan JS & Kong LLL(2000). 'Patriarchy and Pragmatism: Ideological contradictions in state policies.' *Asian Studies Review*, 24, No.4(2000) pp.501-31.

Chua B H(1995). *Communitarian ideology and democracy in Singapore*, Routledge: London.

Chung Yuen Kay(1987). 'A Factory Life, A Woman's Life' in Koh Tai Ann & Vivienne Wee(eds.), *Women's Choices Women's Lives, Commentary*, NUSS Journal, Vol.7 No.2 & 3.

_____(1989). 'Gender, Work and Ethnicity: An Ethnography of Female Factory Workers in Singapore', PhD thesis, National University of Singapore.

George Cherian (2000). *Singapore, the air-conditioned nation: Essay on the politics of comfort and control, 1990-2000.* Landmark Books: Singapore.

Gibson William, *Wired*, April 1993.

Goldberg Suzanne(1987). 'Mixed Messages: Pubic Policy and Women in Singapore' in Koh Tai Ann & Vivienne Wee(eds.), *Women's Choices Women's Lives, Commentary*, NUSS Journal, Vol.7 No.2 & 3.

Heyzer, Noeleen & Vivienne Wee(1994). 'Domestic Workers in Transient Overseas Employment: Who Benefits, Who Profits', in Noeleen Heyzer, Geertje Lycklama a Nijeholt & Nedra Weerakoon(eds.) *The Trade in Domestic Workers, Causes, Consequences and Mechanisms of International Migration*, APDC: Kuala Lumpur & Zed: London.

Koh Tai Ann(1987). 'There's No Need to Regret Treating Women as Equals: Notes from the Margin', in Koh Tai Ann & Vivienne Wee(eds.), *Women's*

Choices Women's Lives, Commentary, NUSS Journal, Vol.7 No.2 & 3.

_____ & Vivienne Wee(1987). editorial, *Women's Choices Women's Lives, Commentary*, NUSS Journal, Vol.7 No.2 & 3.

Kong LLL & Chan J S(2000). 'Patriarchy and pragmatism: Ideological Contradictions in State Policies', *Asian Studies Review*, Vol.24, No.4, December 2000.

Liak Teng Kiat(1994). 'A Declining Birthrate', in Trends, No.44, *Business Times*, weekend edition, 30 April-1 May 1994, SPH: Singapore.

Licuanan Patricia(1994). 'The Socio-economic Impact of Domestic Worker Migration: Individual, Family, Community, Country', in Noeleen Heyzer, Geertje Lycklama a Nijeholt & Nedra Weerakoon(eds.) *The Trade in Domestic Workers, Causes, Consequences and Mechanisms of International Migration*, APDC: Kuala Lumpur & Zed: London.

Lo jacqueline(2002). 'Prison House, Closet and Camp: Lesbian Mimesis in Eleanor Wong's plays', *Interlogue*, Vol.3: Drama, Singapore.

Pandian Hannah(1998). 'Keeping the Babies in the Microwave: The Necessary Stage's Role in Separating Minority Issues from Urban Myth', *in 9 Lives: 10 years of Singapore Theatre*, Singapore.

Perry M, L Kong, B S A Yeoh(1997). *Singapore: A Developmental City State*, John Wiley: Chichester.

PuruShotam Nirmala (1992). 'Women and Knowledge/Power: Notes on the Singaporean Dilemma'in K C Ban, A Pakir & C K Tong(eds.), *Imagining Singapore*, Times Academic Press: Singapore.

_____(2000). 'Between compliance and resistance: Women and the middle-class way of life in Singapore', in Krishna Sen & Maila Stivens(ed) *Gender and power in Affluent Asia*.

_____ & Chung Yuen kay(1992). 'Double Trouble: The Work of Women Wage Earners in Singapore', paper presented at ASEAN Workshop on Industrialisation and Women's Health, 22-25 April 1992, Singapore.

Quah Jon S T & S Quah(1989). 'The Limits of Government Intervention' in Kernial Singh Sandhu & Paul Wheatley(eds.), *Management of Success:*

The Moulding of Modern Singapore, ISEAS: Singapore.

Quah Stella R(1993). 'Social Discipline in Singapore: An Alternative for the Resolution of Social problems', *Journal of Southeast Asian Studies* 14.

Rodan G(ed) (1996). *Political oppositions in industrialising Asia*. Routledge: London.

Saw Swee Hock(1990). 'Changes in the Fertility Policy of Singapore', *IPS Occasional Paper No.2*, Institute of Policy Studies, Times Academic Press: Singapore.

SBC(1997). Singapore Broadcasting Authority Act, Chapter 297.

Scott J C(1985). *Weapons of the Weak: Everyday forms of peasant resistance*. Yale University Press: New Haven.

Singam C(1997). 'The Workings of Power in Singapore', unpublished MA dissertation, Curtin University, Australia.

Singam C et al.(eds.) (2002). *Building Social Space in Singapore: The Working Committee's Initiative in Civil Society Activism*, Select Publishing: Singapore.

Soin Kanwaljit(1996). personal communication: notes and papers prepared for Parliamentary Debates for term of office as Nominated Member of Parliament, Singapore.

The Straits Times(16 May 2000). Singapore.

_____(April 6, 2002). Singapore.

Tan Chong Kee(2002). 'Impact of Technology in Enabling Discussion and Interaction', in C Singam et al.(eds.) *Building Social Space in Singapore: The Working Committee's Initiative in Civil Society Activism*, Select Publishing: Singapore.

Tay Kheng Soon(2002). 'Prospects of civil society in Singapore', in C Singam et al.(eds.) *Building Social Space in Singapore: The Working Committee's Initiative in Civil Society Activism*, Select Publishing: Singapore.

TWC(2002). *Building Social Space in Singapore: The Working Committee's Initiative in Civil Society Activism*, C Singam et al.(eds.). Select Publishing: Singapore.

Vogel Ezra(1989). 'A Little Dragon Tamed' in Kernial Singh Sandhu & Paul
Wheatley(eds.), *The Management of Success: The Moulding of Modern
Singapore*, ISEAS: Singapore.

Wagner Norbert(1990). 'From 'Stop at Two!' to 'Have Three if you can Afford
it!': Singapore's Population Policy', in *Internationales Asienforum*, May
1990.

Wee Vivienne(1992). 'Women in Singapore: A Country Discussion Paper',
presented at the Southeast Asian Network meeting, Global Fund for
Women, 18-22 August 1992, Singapore.

버마

All Burma Student's Democratic Front(ABSDF) (1998). *Tortured Voices:
Personal Accounts of Burma's Interrogation Centres*, Bangkok: ABSDF.

_____(1997). *Terror in the South: Militarisation, Economics and Human Rights
in Southern Burma*, Bangkok: ABSDF.

Alternative ASEAN Network on Burma(ALTSEAN-Burma) & Documentaion
and Research Centre & ABSDF(1997). *Burma and the Role of Women*,
Bangkok: ALTSEAN.

Amnesty International(1999). *Myanmar: Atrocities in the Shan State*, London:
Amnesty International Publications.

_____(1996). *Myanmar: Human Rights Violations Against Ethnic Minorities*,
London: Amnesty International Publications.

_____(1995). *Myanmar: No Place to Hide: Killings Abductions and Other
Abuses Against Ethnic Karen Villagers and Refugees*, London: Amnesty
International Publications.

_____(1992). *'No Law at All': Human Rights Violation Under Military Rule*,
London: Amnesty International Publications.

Anker R & H Melkas(1996). *Economic Incentives for Children and Families
to Eliminate or Reduce Child Labour*, Geneva: ILO.

Apple B(1998). *School for Rape: The Burmese Military and Sexual Violence*,

Chiang Mai: Earth Rights International Report.

Asia Watch, Women's Rights Project(1993). *A Modern Form of Slavery*, New York: Human Rights Watch.

Asian Human Rights Commission(1999). *The People's Tribunal on Food Scarcity and Militarisation in the Union of Burma*, Bangkok: AHRC.

Asian Indigenous People Pact(1989). *Indigenous Peoples in Asia: Towards Self-Determination*—Report of the Peoples Forum, Chiang Mai, Thailand, August 1988, Bombay: Asian Indigenous Peoples Pact.

Asian Wall Street Journal(2000). 'A pipeline brings prosperity to Myanmar's poor', January 28.

Babson B(1999). *Myanmar: An Economic and Social Assessment Human Rights Watch*, December 16, Washington: World Bank.

Bachoe R & D Stothard(eds.)(1997). *From Consensus to Controversy: ASEAN's Relationship with Burma's SLORC*, Bangkok: ALTSEAN.

Ball D(1999). *Burma and Drugs: The Regime's Complicity in the Global Drug Trade*, Working paper No.336, Canberra: Strategic & Defence Studies Centre, ANU.

_____(1998). *Burma's Military Secrets*, Bangkok: White Lotus Press.

Bamforth V, SLanjouw & G Mortimer(2000). *Conflict and Displacement in Karenni: The Need for Considered Responses*, Chiang Mai: Burma Ethnic Research Group.

The Bangkok Post(1996). 'UNOCAL to study contamination around its rigs', June 20.

Barua S, S Wakai, T Shwe & T Umenai(1999). 'Leprosy elimination through integrated health services in Myanmar: The role of midwives', *Leprosy Review*, June, 70, 2: 174-9.

Beyrer C(1998). *War in the Blood: Sex, Politics and AIDS in Southeast Asia*, Bangkok: White Lotus.

_____ & Hnin Hnin Pyne(1998). 'Addressing the AIDS/HIV Epidemic in Burma: Dilemmas in Policy and Practice, Departments of Epidemiology and Health Policy and Management', John Hopkins University School of Hygiene and

Public Health.

Burma Centre Netherlands(BCN)-Transnational Institute(TNI)(1999). *Strengthening Civil Society in Burma: Possibilities and Dilemmas for Interantional NGOs*, Bangkok: Silk Worm Books.

Burma Ethnic Research Group(1998). *Forgotten Victims of a Hidden War: Internally Displaced Karen in Burma*, Chiang Mai: BERG.

Brunner J, K Talbot & C Elkin(1998). *Logging Burma's Frontier Forests: Resources and the Regime*, Washington: World Resources Institute.

Canadian Friends of Burma(1996). *Dirty Clothes, Dirty System*, Ottawa: Canadian Friends of Burma.

Chambers R(1994). *Challenging the Professions: Frontier for Rural Development*, London: Intermediate Technology Publications.

_____(1998). 'Us and them: finding a new paradigm for professionals in sustainable development', in D Warburton(ed) *Community and Sustainable Development*, London: Earthscan, pp.117-47.

Chandler D(1999). 'The UN in Burma', unpublished paper presented in Washington, October 5.

Chelala C(1998). 'Burma: A country's health in crisis', *The Lancet*, Vol.352: 1230.

_____ & C Beyrer(1999). 'Drug use and AIDS/HIV in Burma: Statistical Data Included', *The Lancet*, September 25.

Cho-Min-Naing, S Lertmaharit, P Kamal-Ratanakuh & A Saul(2000). 'Modeling factors influencing malaria incidence in Myanmar', *Southeast Asian Journal of Tropical Medicine and Public Health*, September 31, 3: 434-8.

Clements A(1997). *Aung San Suu Kyi, The Voice of Hope*, New York: Seven Stories Press.

Cook P(1993). 'Myanmar: Experience with aid management development during transition', *Public Administration and Development*, Vol.13: 423-34.

Department of Basic Education-UNICEF(1998). *A Study on Quantitative Assessment of CAPS and ACIS Projects*, Rangoon, June.

Department of Planning and Statistics, Ministry of Health and UNICEF(1999). Rangoon.

Diran R(1997). *The Vanishing Tribes of Burma*, New York: Watson-Guptil Publication.

Ejov M, T Tun, S Aung, S Lwin & K Sein(1999). 'Hospital-based study of malaria and associated deaths in Myanmar', *Bulletin of World Health Organisation*, 77, 4: 310-4.

Fahn J(1996). 'Fears of environmental damage on natural gas pipeline project: Villagers may be at risk from landslides and erosion', *The Nation*, February 23.

Far Eastern Economic Review(FEER)(1999). *Asia 1999 Yearbook: A Review of the Events of 1998*, Hong Kong.

Fink C(2001). *Living Silence*, London: Zed Books.

FAO(1999-2000). *Support to the Reorientation of Forestry Policies and Institutions in countries of Asia in Reform to Market Economy*, Project GCP/RAS/158/JPN. http://www.prpject158.org/

Forest Department, Ministry of Forestry(1997). *Country ReportUnion of Myanmar*, Asia Pacific Forestry Sector Outlook Study, Working Paper No.8, Rome: FAO. http://www.fao.org/forestry/include/frames/english.asp?section=froestry/FON/FONS/outlook/Asia

Fourth International Heroin Conference Record Book(1999). Yangon.

Green November(1996). *Exodus: An Update on the Current Situation in Karenni*, Mae Hong Son: Green November.

Hawke B(1998). 'Burma's weapons industry', *Jane's Intelligence Review*, December.

Hla-Shein, Than-Tun-Sein, Tin-Aung, Ne-Win & Khin-Saw-Aye(1998). 'The level of knowledge, attitude and practice in relation to malaria in Oo-do village, Myanmar', *Southeast Asian Journal of Tropical Medicine and Public Health*, September 29, 3: 546-9.

Houtman G(1999). *Mental Culture in Burmese Crisis Politics: Aung San Suu Kyi and the National League for Democracy*, Tokyo: Tokyo University of Foreign Studies, Institute for the Study of Languages and Cultures of Asia and Africa.

Hudson-Rodd N(1998). 'Sex, drug and border patrol along the Thai/Burma frontier', *The Asia-Pacific Magazine*, No.13, December: 7-11.

Human Rights Documentation Unit(HRDU)(2000). *Human Rights Yearbook 1999-2000 Burma*, Nonthaburi: NCGUB.

_____(1997). *Human Rights Yearbooks*, NCGUB: Washington.

_____ & Burmese Women's Union(BWU)(2000). *Cycle of Suffering*, Mae Hong Song: BWU.

Human Rights Watch(2001). 'Burma still using forced labour', New York: June 13.

ILO(2001). *Child Labour: Targeting the Intolerable*, Genena: ILO.

_____(2001). *Trafficking in Children for Labour: Exploitation in the Mekong Sub-region: A Framework for Action*, Discussions at the Sub-regional Consultation Meeting, Bangkok, July 22-24.

_____(2000). *Commission into Forced Labour in Myanmar*, Geneva: ILO.

Image Asia(2000). 'Tracking Burma's invincible killiers', http://www. Imageasia.org/land-mines/introduction.html

Institute of Population and Social Research(IPSR) & ILO(1998). *Trafficking in Children for Labour Exploitation in the Mekong Sub-region: A Framework for Action Discussed at Sub-regional Consultation*, Bangkok, July 22-24, Mahidol University.

International Work Group for Indigenous Affairs(1997). May.

Investor Responsibility Research Centre(IRRC)(1996). *1996 company report B-UNOCAL Corporation: Human Rights and Burma*, May 13, San Francisco.

The Irrawaddy(2001). 'Research-Price', http://www.irrawaddy.org/Reserach %20Page/price-salaries.html Bangkok.

Japan Development Institute(JDI)-Engineering Consulting Firms Association(ECFA) (1995). *Comprehensive Study on Sustainable Development for Myanmar*, Tokyo.

Japan Forest Technical Association(JAFTA)(1999). *Activity Report of Wide*

Area Tropical Forest Resources Survey(Union of Myanmar), ISDP-98-1 Information System Development Project for the Management of Tropical Forest.

Kardlarp Somsak(1995). 'Myanmar gas for Ratchaburi power plant: The good impact on Salween Dam', *Bangkok Post*, April 17.

Khin Maung Kyi, R Findlay, R Sundrum, Mya Maung, Myo Nyunt & Zaw Oo(2000). *Economic Development of Burma: A Vision and a Strategy*, Stockholm: Olof Palme International.

Kywa Nyunt(1998). *Report on Workers' and Farmers' Situation in Burma*, Bangkok: Research Unit Workers' and Farmers' Affairs Committee, National Council Union of Burma(NCUB).

Kyaw US(2000). *National Progress Report of Myanmar: Highlights of Achievements, Experience, Important Issues and Intended Follow-up Action*, Country Paper to the 18th Session of the Asia-Pacific Forestry Commission, Noosa, Australia.

Kwee Htoo(1996). 'Not the total story', *The Nation*, Bangkok, January 9.

Landmine Monitor Research for Burma(2000). *Landmine Monitor Report 1999*, Bangkok: Nonviolence International Southeast Asia.

Larmer B(2001). 'The rising cost of labour', *Newsweek International*, May 21.

Lawyers Committee for Human Rights(1992). *Summary Injustice: Military Tribunals in Burma*, Bangkok.

Liddell Z(1999). 'No room to move: Legal constraints on civil society in Burma', in BCN-TNI(eds.) *Strengthening Civil Society in Burma*, Chiang Mai: Silkworm Books: 54-69.

Lin K. S Aung, S Lwin, H Min, NN Aye & Webber(2000). 'Promotion of insecticide-treated mosquito nets in Myanmar', *Southeast Asian Journal of Tropical Medicine and Public Health*, September 31, 3: 444-7.

MacKinnon J(1996). *Review of Biodiversity Conservation in the Indo-Malayan Realm*, Draft report prepared for Asia Bureau for Conservation in collaboration with the World Conservation Monitoring Centre,

Washington: The World Bank.

Maung Maung(1959). *Burma's Constitution*, The Hague: Martinus Nijhoff.

McCaskill D & K Kampe(eds.)(1997). *Development or Domestication? Indigenous Peoples of Southeast Asia*, Chiang Mai: Silk Worm Books.

McConville F(1995). *A Rapid Participatory Assessment of the Health Needs of Women and Their Children in an Urban Poor Area of Myanmar*, London: World Vision UK(based on a 3-month study of 200 mothers in a satellite town of Rangoon).

Mon Information Service(1998). *Continued Human Rights Abuses in Burma*, Bangkok: Mon Information Service.

Mya Maung(1991). *The Burma Road to Poverty*, New York: Praegar.

_____(1998). *The Burma Road to Capitalism: Economic Growth verses Democracy*, Westport: Praegar.

Myanmar Ministry of Health, Union of Myanmar and United Nations Population Fund(1999). *A Reproductive Health Needs Assessment in Myanmar*, Yangon: Ministry of Health.

Myint T & M Htoo(1996). 'Leprosy in Myanmar, epidemiological and operational change, 1958-92', *Leprosy Review*, March 67 1: 18-27.

The Newsletter Monthly(1996). 'Mine explosion in Burma-Bangladesh border', July 15.

Nicholas C & Singh(1996). *Indigenous Peoples of Asia*, Bangkok: Asian Indigenous Peoples Pact.

Non-violence International, nd, *Burma and Anti-personnel Landmines: A Humanitarian Crisis in the Making*, Bangkok.

Office of Strategic Studies(1997). *Human Resource Development and Nation Building in Myanmar*, Yangon: Ministry of Defence.

Pangi C, T Shwe, D Win, W Saw, K Gyi, M Yee, Y Myint & T Htay (1998). 'A comparative study of intervention methods(full, partial and non-integration) on late case detection and treatment irregularity in Yangon, Myanmar', *Indian Journal of Leprosy*, 70, supplement 97S-105S.

Phongpaichit P, S Piriyarangsan & N Treeat(1998). *Guns, Girls, Gambling,*

Ganja: Thailand's Illegal Economy and Public Policy, Chiang Mai: Silk Worm Books.

Phuchatkan(1999). 'Burmese troops said to plant mines along the Thai border', January 14.

Phyusin Ngwethaw(1999). *A Policy Analysis Exercise on Micro-Credit Project in the Irrawaddy Delta Area of Myanmar(for U Hla Phyu Chit, Program Office of UNDP Myanmar)*, Singapore: National University of Singapore.

Pomfret J(2001). 'China's lumbering economy ravages border forests: Logging industry taps unregulated markets for wood', *Washington Post*, March 26.

Porter D(1994). *Wheeling and Dealing: AIDS/HIV and Development on the Shan State Borders*(Background Paper supported by the UNDP Rangoon Institute of Economics and the Australian National University, October).

SAIN-ADSDF(1994). *Burma, Human Lives for Natural Resources*, June, Bangkok.

Schwartz P & B Gibb(1999). *When Good Companies Do Bad Things: Responsibility and Risk in an Age of Globalisation*, New York: John Wiley.

Sein K & T Shwe(2000). 'Leprosy Elimination Campaign(LEC) in Myanmar 1997 to May 1999.' *Leprosy Review*, June, 71, 2: 244.

Selth A(1997). *Burma's Defence Expenditure and Arms Industries*, Working paper No.309, Canberra: Australian National University.

_____(1996). *Transforming the Tatmadaw: The Burmese Armed Forces Since 1988*, Canberra Papers on Strategy and Defence No.113, Canberra: Australian National University.

_____(1995). 'The Myanmar army since 1988: Acquisitions and adjustments', *Contemporary Southeast Asia*, Vol.17, No.3: 237-64, December.

Shan Human Rights Foundation(1998). *Dispossessed: Forced Relocation and Extrajudicial Killing in Shan State*, Chiang Mai: Shan Human Rights Foundation.

SLORC(1993). *National Programme of Action for the Survival, Protection and Development of Myanmar Children in the 1990s*, Rangoon.

Smith M(1999). 'Ethnic conflict and the challenge of civil society in Burma', in BCN-TNI(eds.) *Strengthening Civil Society in Burma*, Chiang Mai: Silkworm Books: 15-54.

_____(1996). 'Fatal silence?: Freedom of expression and the right to health in Burma', *The International Centre Against Censorship*, London: Article 19.

_____(1994). *Ethnic Groups in Burma: Development, Democracy, and Human Rights*, London: Anti-Slavery International.

_____(1994). *Paradise Lost? The Suppression of Environmental Rights and Freedom of Expression in Burma*, September, London.

_____(1991). *Burma: Insurgency and the Politics of Ethnicity*, London: Zed Books.

Supradit Kanwanich(1998). 'Burmese landmines: Caught in the crossfire', *The Bangkok Post*, August 30.

Tan A(1998). *Preliminary Assessment of Myanmar's Environmental Law*, Singapore: Asia Pacific Centre for Environmental Law, Faculty of Law, National University of Singapore.

Tang E(2001). 'Myanmar's lost generation', *The Straits Times*, May 18.

Team Consulting Engineers Co. Ltd. Petroleum Authority of Thailand(1996). *Assessment of Natural Gas Pipeline project from Yadana Field to Ratchaburi*(Interim Report), Bangkok.

Thin M(1997). *Forest Management in Myanmar*, Information Sheet No.A0183(1) Myanmar Information Committee, Yangon, http://www.myanmar-information.net/inforsheet/1997/97-1026.htm

Tim R & K Subhan(2000). *Yadana Humanitarian Report*, Commission for Justice and Peace, Dhaka: Total Fina Elf. Hibtimm@citechco.net

U Mya Than, Representative of Myanmar to the Conference on Disarmament, nd, *Explanation of Vote on Anti-Personnel Landmines*, Yangon.

UNICEF(2000). *The State of the World's Children*, Geneva, UNICEF.

_____(1999). *The State of the World's Children*, Oxford University Press.

_____(1995). *Report on Children and Women in Myanmar: A Situation Analysis*,

Rangoon.

_____(1994). *The State of the World's Children*, Oxford University Press.

_____(1992). *Possibilities for a United Nations Peace and Development Initiative for Myanmar*, (Draft for Consultation, March 16: plan abandon after document was leaked).

United Nations Conference on Trade and Develoment(UNCTAD)(1998). *The Least Developed Countries 1998 Report*, New York and Geneva.

UN Commission on Human Rights(1996). *Rights of the Child Report of the Special Rapporteur on the Sale of Children, Child Prostitution and Child Pornography*, Document No.E/CN.4/1996/100, January 17, p.7.

United Nations Development Programme(UNDP). *The Human Development Initiative. Helping People to Help Themselves*, Yangon: UNDP.

_____(1994). *Agriculture Development and Environmental Rehabilitation in the Dry Zone*, Project of the Government of the Union on Myanmar, MYA/93/004/A/01/12.

U Win Mya(2000). Presentation by His Excellency U Win Permanent Representative of the Union of Myanmar to the United Nations and leader of the Myanmar Delegation to the 22nd Session of the Committee on the Elimination of Discrimination Against Women(CEDAW), New York, January 21, 2000: 9.

UNOCAL Corporation Department of Corporate Communications(1995). *The Yadana Project*, November.

_____(2000). *Special Report: The Yadana Natural Gas Development Project*, http://www.unocal.com/myanmar/00report/index.htm

US Department of Labour, Bureau of International Labour Affairs, September, 1999, *Report on Labour Practices in Burma*, Washington DC: US Department of Labour.

Veash N(2001). 'Burma faces financial collapse', *The Irish Times*, Monday, July 2.

Win Naing Oo(1996). *Human Rights Abuses in Burmese Prisons*, Sydney: Australian Council for Overseas Aid and the Burma Office.

WHO(2000). *World Health Report*, Geneva: WHO.

Women's League of Burma(2000). *Womenin and from Conflict Areas in Burma*, Report submitted to the Asia Pacific Development Centre.

International Planned Parenthood Federation Country Profile 1998.

World Bank(1995). *Myanmar: Policies for Sustaining Economic Reform*, New York.

_____(1999). *Myanmar: An Economic and Social Assessment*, Poverty Reduction and Economic Management Unit, East Asia and Pacific Region(ix). www.myanmar.com/e-index.html/

Yokota Y(1995). *The Human Rights Situation in Myanmar*, ECN.4/1995/6.

Young H & S Jaspar(1995). *Nutrition Matters*, London: Intermediate Technology Publication.

대만

Anderson James & James Goodman(1998). *Dis/Agreeing Ireland: Context, Obstacles, Hopes*, Pluto Press.

Castells Manuel(1997). *The Power of Identity*, Oxford, Blackwell and Co.

Cheng Kuang Hsu & Michael Hsiao(1996). *Taiwan's State and Society*, Dun Dai, Taipei.

Cheng Lucie and Hsiung Ping-chun(1993). 'Women, Export-oriented Growth and the State: the Case of Taiwan', *Radical Quarterly in Social Studies*, 14.

Chiu Fred YL(1997). *Re-reading the 'Taiwan Studies' of A Japanese Colonial Anthropology: a Proposal for Re-evaluation*, A Radical Quarterly in Social Studies, No.28.

Chung Yung-Feng(1996). *Sociology Activism: The Meining Anti-Dam Movement 1992 to 1994*, University of Florida.

Chung.S Lin(1987). *The Forty years of Economy in Taiwan*, Zi-li publisher, Taipei.

Du Yan(1986). *The power of civil society: The Apocalyptic of Taiwanese*

Society, yu liau press, Taipei.

Edwards Louise and Mina Roces(2000). *Women in Asia: Tradition, Modernity and Globalisation*, Women in Asia Publication series.

Foweraker Joe(1995). *Theorising Social Movements*, Pluto Press. USA.

Hopkins Terence K & Immanuel Wallerstein(1996). *The Age of Transition: Trajectory of the World-System*, 1945-2025, Zed books.

Hsia Hsia-chuan(2000). 'Transnational Marriage and Internationalisation of Capital: The Case of the 'Foreign Bride' Phenomenon in Taiwan', *Radical Quarterly in Social Studies*, 39.

Kanlin Hsu(1997). *The Logic of Political Domination or the Logic of Market? : Rethinking 'Party-owned Enterprise'*, A Radical Quarterly in Social Studies, No.28.

Kar We-po(2000). 'The Debates of the School of 'Sexuality' and 'Women's Rights' in Taiwan', www.neu.edu.tw/eng/csa/journal-forum-52.htm

Ku, Yen-Lin(1989). 'The Feminist Movement in Taiwan 1985-1995', *Bulletin of Concerned Asian Scholars*, vol 1: 12-22.

Kuang Hsu Cheng & Michael Hsiao(1996). *Taiwan's State and Society*, Dun Dai, Taipei.

Kuang Hsu Cheng & Sun Wen-li(1989) *Taiwan's blooming social movements*, Taipei, Ju-Liu.

Lin Jung-Xiong(1987). *The Spreading Economy in Taiwan from 1950 to 1990*, Independece Press, Taipei.

Melucci, Alberto(1996). Challenging Codes: Collective action in the information age, Cambridge Press, USA.

Mies, Maria(1998). *Patriarchy and Accumulation on a World Scale*, London, Zed Books.

Ming-chang Tsai & Jia-huei(1996). Chen *The State, Foreign Worker Policy, and Market Practices: Perspective from Economic Sociology*, A Radical Quarterly in Social Studies, No.27.

Ming-chang Tsai(1996) *The Impoverishment of Taiwan: The Analysis of the Structure of Lower Class*, Zeu-Lieu, Taipei.

Oliman Bertell(2001). Why does the emperor need the Yakuza: Prolegomenon to a Marxist Theory of the Japanese State, New Left Review, No.8. Mar/April.

Shieh GS(1997). *Labour Only: Essays on the Labour Regime in Taiwan*, Institute of Sociology Academia Sinica, Taiwan.

Touraine, Alain(1974). The post-Industrial Society: Tomorrow's social History: Classes, Conflicts and Culture in the Programmed Society, London, Wildwood house.

Wallerstein, Immanuel(1999). *The End of the World: As we know it, University of Minnesota Press*, London.

Wan Mun-Xiong(2002). The Industrialisation of East Asia and its crisis with the analysis of Marxism, heep://www.pen123.net.2002-3-22, China.

Wang Y. K.(1999). *Taiwan's Her-story of Women's Liberation*, Taipei, Jin-liau.

Yan Chi Yu, Yi Jin Huang Chen Quen Hung(n.d.). 'Local Feminism: The Interaction of Women's Livelihood and Cultual Action in the fishing Village'.

베트남

Dang cong san Viet Nam: Du thao chien luoc on dinh kinh te va phat trien kinh te-ca hoi cua nuoc ta dau nam 2000(Vientnam Communist Party: Stretegic Draft for stablishing economy and developing socio-economy of Vietnam in early 2000), Nha xuat ban Su that(Su that Publishing House). Hanoi:1991.

Dang cong san Viet Nam: Van kien Dai hoi dai bieu toan quo clan thu VII(Vientnam Communist Party: Document of Nation-wide Congress of Delegates), Nha xuat ban chinh tri quoc gia (National Political Publishing House), Hanoi:1996.

Du thao bao cao chinh tri cua Ban chap hanh trung uong Dang cong san Viet Nam khoa VII trinh Dai hoi dai bieu toan quo clan thu I(Political Report Draft of VII Vietnam Communist Central Party for IXth National Congress).

Ho Tien Nghi, Doan Manh Giao, Tran Dinh Nghiem, *Chinh Phu Viet*

Nam(Government of Vietnam) 1945-1998(Document), National Political Publishing House, Hanoi: 1999

Luong Ninh, Lich sh Viet nam gian yeu (A Brief History of Vietnam) National Political Publishing House, Hanoi:2000, pp.412-3.

Pham Xuan Nam, *Doi moi kinh te ca hoi- Thanh tuu can de na giai phap(Socio-economic renovationAchievements, Problems and Solutions)*, Social Sciences Publishing House, Hanoi:1991.

Vien chien luoc phat trien(Development Stredegies Institute), *Co so khoa hoc cua mot so van de trong chien luoc phat trien kinh te-xa hoi Vietnam den nam 2010 va tam nhin 2020(Scientific basis of some issues in Vientam socio-econimic development strategies toward 2010 and 2020 vision)*, National Political Publishing House, Hanoi:2001.

빼앗긴 사람들

아시아 여성과 개발

초판 발행일 2015년 7월 15일

편저 우르와시 부딸리아
기획 이화여자대학교 아시아여성학센터
엮은이 장필화, 노지은
옮긴이 김선미, 백경흔, 이미경, 정규리, 최형미, 홍선희
펴낸이 강수걸
편집장 권경옥
편집 양아름 문호영 정선재
디자인 권문경 박지민
펴낸곳 산지니
등록 2005년 2월 7일 제14-49호
주소 부산광역시 연제구 법원남로15번길 26 위너스빌딩 203호
홈페이지 www.sanzinibook.com
전자우편 sanzini@sanzinibook.com
블로그 http://sanzinibook.tistory.com

ISBN 978-89-6545-294-2 94300
       978-89-92235-87-7(세트)

*책값은 뒤표지에 있습니다.
*이 도서의 국립중앙도서관 출판예정도서목록(CIP)은 서지정보유통지원시스템
 홈페이지(http://seoji.nl.go.kr)와 국가자료공동목록시스템(http://www.nl.go.kr/
 kolisnet)에서 이용하실 수 있습니다.(CIP제어번호: CIP2015011261)